■ 丛书主编／黄升民　张金海　吴予敏

■ 丛书主审／丁俊杰　陈培爱

刘　泓　编著

广告社会学

Advertising Sociology

高等学校广告学系列教材

武汉大学出版社

WUHAN UNIVERSITY PRESS

图书在版编目(CIP)数据

广告社会学/刘泓编著．—武汉：武汉大学出版社，2006．8(2018．1 重印)

高等学校广告学系列教材

ISBN 978-7-307-04940-6

Ⅰ．广… Ⅱ．刘… Ⅲ．广告学：社会学—高等学校—教材 Ⅳ．F713．80

中国版本图书馆 CIP 数据核字(2006)第 005557 号

责任编辑：任　翔　　责任校对：程小宜　　版式设计：支　笛

出版发行：**武汉大学出版社**　(430072　武昌　珞珈山)

(电子邮件：cbs22@whu.edu.cn　网址：www.wdp.com.cn)

印刷：虎彩印艺股份有限公司

开本：720×1000　1/16　印张：18.5　字数：338 千字　插页：1

版次：2006 年 8 月第 1 版　2018 年 1 月第 5 次印刷

ISBN 978-7-307-04940-6/F·972　定价：36.00 元

高等学校广告学系列教材编写委员会

内容提要

本书把广告的传播过程看成是一种社会活动，从广告与商品、广告与现代人、广告与社会生活、广告与大众文化、广告与社会控制、广告与大众传媒以及广告与后现代社会等多角度出发，研究广告与社会的互动关系及其现象。作为一种跨学科的研究，本书将对所涉及的社会学、传播学、市场学和文化学的学科知识进行整合，联系广告实践现状和广告案例展开分析，进而提升了广告学科知识体系的文化含量，有利于形成科学的广告理论体系。本书是国内第一部广告社会学教材，不仅可作为广告学专业的教材，而且也可作为新闻传播学科其他专业的本科高年级和相关专业硕士研究生的选修课教材。

努力加强广告学专业教材建设
全面提升广告学高等教育质量

（代序）

中国广告学高等教育至今才20多年的发展历史，是如此的年轻，谁曾料想到，20多年后的如今，全国竟发展至200多个广告学高等教育专业教学点。毫不夸张地说，广告学是我国高等教育近20年来发展速度最快的专业之一。

我们现在经常提“跨越式发展”、“超常规发展”，这几乎成了我们所处的转型期社会的一种社会常态，尽管有人反对，却也有许多人主张。“跨越式发展”或称之为“超常规发展”，在一定程度上有悖于事物发展的自然规律，然而在某一特殊的社会时期，未必不是一种必需。对于中国广告学高等教育的发展，似乎也应作如是观。中国广告学高等教育的“超常规发展”，正是现代中国社会经济持续高速发展的必需，中国广告产业持续高速发展的必需。

不可否认，与“跨越式发展”或称之为“超常规发展”相伴随的，常常是一种我常戏称的“跨越式发展症”或“超常规发展症”。因此，问题的存在也是一种必然。不过，我一直不太认同对我国广告学高等教育“高速低质”的总体评价。

诚然，与许多传统学科和专业相比，广告学高等教育的确存在师资力量欠缺、教学欠规范、理论研究相对滞后等诸多问题，但20多年的进步，却是巨大而有目共睹的。全国广告学高等教育工作者多年来辛勤劳作，默默奋争，并承受着某些偏执的学科与专业歧视，不断推进着我国广告学高等教育质量的全面提升。我曾拜访过诸多广告业界人士，他们对我国广告学高等教育也有一些意见和看法，但总体评价却是肯定的。与积淀浸润上百年、几百年的传统学科相比，我国广告学高等教育不过20多年的历史，在某些层面自然不具有可比性，若论与社会实践的结合度，以及广告学高等教育的社会参与度与活跃度，在我国高等教育领域，至少是值得我们自许的。

与起步初始阶段相比，目前我国的广告学高等教育无论是在师资力量、教学规范上，还是理论研究上，早已不可同日而语。在本科教育的基础上，具有广告学硕士学位授予权的高校，目前已有30多所，招收广告学博士研究生的也有上十所高校。在我国新闻传播学学科范围，将广告学提升为二级学科的呼声日高。“低质”的评价也许出在评价的参照系上。如果说我国的广告学高等教育“速度的增长”与“质量的提升”的非同步发展，以及全国高等教育范围内各广告学专业教学点非均衡发展，也许更切合实际。

广告学高等教育专业教学点，从最初的一家、几家，仅20多年的时间，发展到现在的210多家，的确是令人惊讶。随着广告学高等教育的飞速发展，高等教育的广告学专业教材也与日俱增。这同样是一件正常而可喜的事。教材建设是专业建设的基础。有人认为广告学专业教材建设过“滥”，我倒以为没有一定的“量”就不可能有一定的“质”，任何事物的发展都有一个从“量的增长”到“质的提升”的过程，所谓“大浪淘沙”、“吹尽黄沙始见金”，这是一个规律。再者，现在又是一个知识更新频率不断加快的时代，广告学深处其中，没有淘汰，没有更新，倒真是不正常的事。

1996年，武汉大学出版社曾组织出版过“珞珈广告学系列丛书”，共10种，数十所高校采用为广告学专业教材，先后两版十多次印刷。现在看来，也有陈旧之嫌，亟待更新。出版社多次与我商谈，要求我们重新全面修订。我们考虑，与其在原有范围内修订，不如花大气力在全国范围重新整合力量，推出一套新教材更好一些。我们的这一想法得到出版社的认同，并立即组织实施。

现有的200多个广告学高等教育专业教学点，分布于全国各地，分置于不同的学科背景。有的设置于艺术类学科之下，有的设置于经济类学科之下，有的设置于新闻传播学科之下。各高校各学科类型的广告学专业，都具有各自的办学特色，各自各具优势的培养目标。正是这样一种教学格局，适应了我们广告业对广告专业人才的多种需求。也正是这种教学格局，决定了广告学高等教育不可能有一种“放之四海而皆准”的教学模式。在许多场合下，我都曾明确主张过广告学高等教育的教学模式的多元发展。也正因为如此，要编纂一套具有完全普适性的广告学专业教学的教材，也只是一种良好的愿望。本系列教材的编纂，也只是尽可能把握广告学高等教育的基本规律和基本特征，在书目的确立和内容的厘定上，使之具有更大的可选性。

本套教材初步拟定的书目达20种之多，参加编写的高校也有20多家。中国传媒大学广告学院院长、教授、博士生导师，全国广告学高等教育研究会副会长黄升民先生，深圳大学文学院院长、教授，全国广告学高等教育研究会副会长吴予敏先生，以及本人一起应邀担任本丛书的主编。中国传媒大学副校长、教授、博士生导师丁俊杰先生，厦门大学文学院副院长、教授、博士生导师，全国广告学高等教育研究会会长陈培爱先生，应邀担任本丛书主审。上海师范大学的金定海教授、上海大学的张祖健教授、华中科技大学的舒咏平教授、南京师范大学的陈正辉教授、天津师范大学的许椿教授、华中农业大学的吕尚彬教授、武汉理工大学的夏晓鸣教授、西北大学的杨立川教授、暨南大学的杨先顺教授、福建师范大学的刘泓教授、中南民族大学的张贤平副教授、湖北大学的余艳波副教授、江西财经大学的罗书俊副教授等，应邀担任本丛书的副主编和编委。能与这么多的学者和朋友一起合作，本人深感荣幸。因本丛书的编纂，作者和内容涉及面都比较广，规模又比较大，受出版社委托，具体组织和联络工作由武汉大学的姚曦副教授、程明副教授担任，故二人应邀担任本丛书的常务副主编。

我们都来自五湖四海，为了一个共同目标走到一起。这个目标就是，促进中国广告学高等教育的健康发展，全面提升我国广告学高等教育的质量。但愿我们的努力切实而富有成效。

张金海

二〇〇六年四月六日于武汉大学

目　录

导 言

一

无论对于文化还是经济，对于资本还是艺术，商业社会所遵循的市场逻辑都是按照自己的市场份额来昭示自身的影响力。而在激烈的市场竞争中，广告传播显然在市场空间的占领和扩展的工作当中占据着显著的位置。在市场经济条件下，任何内容的市场营销离开了广告，就如同在黑暗之中对你的情人暗送秋波，你知道自己在干什么，而对方却什么也不知道。特别是随着经济、社会、城市化和消费文化的高速发展，我们生活的任何角落都已被广告所渗透。广告在当代社会更显示出其引领消费、表征时尚和社会商业指南针的作用。No one is too big for publicity——没有谁面子大到用不着宣传。有人说，这句话就是广告业本身所做的最好广告。

广告从古代走到今天，尽管其存在形态与活动形式并无本质上的改变，但是，进入20世纪70年代后，随着市场环境与传播环境的巨大变化，广告也在不断地丰富自身的内涵，不断地改变着自己的存在方式和活动方式。这不仅表现为广告从单一的广告创作、单一的广告分布走向整体的广告运动，进而在广告理论的系统建构上表现出更为开阔的空间，而且广告活动在现代社会中已成为一种整合或组织社会经济活动的系统过程。广告不仅解说着产品的性能和功用，传递着市场的信息和趋势，引领着大众的购物行为与购物欲望，反映着社会和时代的变迁，而且广告的无处不在更使之愈来愈发挥出社会整合力量的功能。如果说“物以类聚，人以群分”体现的是一种传统社会形态的社会阶层划分，那么在今天消费社会形态之中，广告成为了区分社会格局、整合社会秩序的重要力量。广告在引起消费者对商品的理解、接受和记忆，诱发消费者对广告内容的兴趣，刺激他们的购买欲望，促使他们产生购买行为的同时，也在制造特定的读者、听众和观众，划定特定的社会空间，培养特定的社会趣味。今天的人们无论如何都无法回避广告的存在，在某种意义上说，广告通过其运动方式、影像符号和创意性的传播主宰着人们的生活时空，塑造人们的生活态度和社会行为，同时，提供人们用以铸造自身身份的材料，促进了日常生活结构的形成。广告对我们的社会历史来说犹如一面镜子，它反映了文化的价值及其中所潜藏的我们对生活的渴望。

显然，广告的本质首先表现为其商业属性，或者说，它本身就是人类经济社会生活发展的伴随物。但是，人类社会的经济发展史可以证明，经济的发展历程是与社会生活的演进相联系的，也是对社会文化的召唤过程。无论是当年美国人弗雷德里克·泰罗提出的“科学管理文化”，还是今天舒尔茨等人提倡的“整合营销传播（IMC）”，实际上都是企业在经济活动和发展过程中所涌现出的深刻的文化革命。而对于当代经济活动来说，选择富有号召力和生命力的文化来充实企业文化和品牌内涵，以此构成企业文化和品牌文化的主体部分，进而利用主体文化的内涵及外延去构筑起足够的影响力，在传播的时代显得相当的重要。在这样的背景下，广告传播也就成为了企业传达产品营销理念、企业经营哲学和公众认同企业文化价值的一种重要载体。

在2002年度宝洁公司大中华区营销研究人员年度会议上，一份总结了宝洁公司多年营销经验的《我们需要以文化为核心的营销研究》的研究报告指出：“过去市场营销研究人员在单独看一个消费者的时候是有偏差的，事实上，一个消费者是有他内在的东西的，其消费的价值观是受社会文化作用而形成的。一个人通常有三个层次：第一个是他的表象，第二个是有内在的价值观的一个人，第三个则是在特定社会文化作用下的人。因此，对‘什么在支配消费者的选择？’的深度研究，在很大程度上，是通过对于文化刺激因素的研究挖掘导致事物发生的根本原因……我们同时要看到两个因素，一个是社会群体间的文化联系，文化向往，导致了其消费行为。还有一种社会群体内的文化影响——排斥与模仿。所以群体内的文化在很大程度上决定了群体内人们的互动方式、影响方式的不一样。”①

同样，在日常生活中，当被问到为什么选择某种消费方式与品牌时，人们常常是做出“因为这样做是对的”这种似乎很肤浅的回答，实际上也反映了社会观念或文化价值对我们消费行为的根深蒂固的影响。L. G. 希夫曼和 L. L. 卡纽克的《消费者行为学》中指出：“在消费者行为方面，文化被界定为已习

① 什么在支配消费者的选择. 中国经营报，2002. 6. 17. 第9版

得的信念、价值观和风俗的总和，这些信念、价值观和风俗有助于规范具体社会中的消费者行为。信念和价值观是消费者行为的指南，风俗是常见的且被人们接受的行为方式。文化对社会的影响是如此的自然和深刻，以至于人们很少会注意到它对行为的影响，然而，文化却在人类解决问题的每个阶段，为社会成员提供规则、方向和指南。文化是动态的，并渐进地、持续地演变以便满足社会的需要。"①

希夫曼和卡纽克在这部研究消费者消费行为的论著中，曾专门开辟一章来探讨"在社会和文化结构下的消费者"。该书从参照群体和家庭影响、社会阶层与消费者行为、文化对消费者行为的影响、亚文化与消费者行为以及跨文化的消费者行为等方面阐述了消费者消费行为的文化支配力。在谈到世界市场的全球性广告营销沟通策略时，他们认为既要强调推崇"世界品牌"的共同信息的营销沟通，又要采用使广告信息适应特殊文化具体价值观的策略。麦当劳就是试图为它所营销的跨文化市场的消费者制作带有地方色彩的广告，使它成为"全球地方性"公司。Ronald McDonald 在日本被重新命名为 Donald McDonald，因为日本语言中没有"R"的发音。今天的麦当劳是真正的"多元化—地方性"公司。该书还总结了美国人所持有的许多核心价值观，包括成就和成功、积极、效率和实用、进步、物质享受、个人主义、自由、顺从、人道主义、年轻、健壮和健康等与消费者行为的相关性。②

由此看来，对广告传播与消费对象的研究，假如只是停留在产品层面上或消费的心理状态和行为层面上，而忘却了消费者消费行为中文化支配力的作用，缺乏对广告的社会文化审视，在消费主义时代的今天，就会而且已经影响到广告传播的效果。

而从另一方面来讲，广告对于我们生活的影响不仅以其特有的经济功能全面渗透于社会经济生活的方方面面，成为经济发展的强大驱动力，更以其特有的文化张力全面参与社会文化的建构，覆盖了我们的生活方式，改变了我们的文化形态，影响了我们的价值观念。广告已经成为当今社会经济活动的风向标、时尚潮流的流行图谱甚至当代人的知识谱系。正如卢卡奇曾说的，一旦商品形式在一个社会取得了支配地位，它就会渗透到社会生活的所有方面，并按照自己的形象来改造这些方面。伴随着市场经济而来的广告，可以说正为商品

---

① ［美］L. G. 希夫曼，L. L. 卡纽克. 消费者行为学. 俞文钊，肖余春等译. 上海：华东师范大学出版社，2002. 459

② ［美］L. G. 希夫曼，L. L. 卡纽克. 消费者行为学. 俞文钊，肖余春等译. 上海：华东师范大学出版社，2002. 458

形式找到了一套入侵社会生活领域的方法，同时对这一领域进行“按照自己的形象”的相当彻底的改造。因此，广告及其产业、产品与文化共同构建了罗兰·巴特意义上的一种“历史性的协同行为”。广告对于今天社会生活和文化影响的这种普遍渗透性，已经使之成为现代社会生活中须臾不可离的要素之一。从某种意义上说，广告的渗透已经构成了我们社会生活空间的更为强大的符号系统和认同体系。

美国社会学家丹尼尔·贝尔因此也有过耸人听闻的疾呼：在当代社会，汽车、电影和无线电本是技术上的发明，而广告术、一次性丢弃商品和信用赊买才是社会学上的创新。戴维·M·波特评论说，不懂广告术就别指望理解现代通俗作家，这就好比不懂骑士崇拜就无法理解中世纪吟游诗人，或者像不懂基督教就无法理解19世纪的宗教复兴一样。广告在我们的文明的门面上打上“烙印”。在他们看来，解读广告是打开当代文明的一把钥匙。

因此，对于今天的我们来说，更为重要的是广告传播所承载的理念和价值已经在点缀、侵蚀和重构着我们的社会生活世界，广告传播的文化灵魂已构成社会文化空间的重要维度。广告的各种知识、意义和符号结构与整个社会中的社会和文化钳制原则存在着密切联系。忽视广告和社会生活之间的互动的研究，就必然无法全面领略当代社会和文化的丰富而又复杂的版图。

因此，每一个关注广告传播和当代文化发展的人，都应该对“广告社会学”这一课题投以足够重视的目光。

二

近年来，广告界和一些学者总结了广告界的实际状况，提出了“新广告运动”，旨在改变传统以单纯推销商品为特性的广告模式，发扬广告注重商业行为的合理性的同时，寻求广告商业行为和人文精神的交汇。这种交汇“既非常重视广告促进销售的作用，非常关切广告主的利益回报，同时，又相当重视广告对于人们消费生活、人文精神的引领，相当关注消费者的整体利益”。①应该看到，在现代市场活动中，一方面，广告是推销物质消费的高手，广告投放量的多少在某种程度上反映了经济的兴衰；另一方面，广告更是广泛地吸收全球资本体系中新兴的社会价值系统和消费文化风格，将社会中诸多象征意义反映在不同商品的传播策略上，并与当地社会的变迁脉动紧紧相随，甚至承担了带领流行、建构文化品位与生活形态的重任。从消费意识形态理论出发，广

① 张金海，姚曦. 广告学教程. 上海：上海人民出版社，2003年. 第32页

告所强力促销的产品，也并非单纯为满足消费者的基本功能需求。消费者通过广告的符号消费得以将实际的使用价值转换为抽象性的情感文化价值，在产品消费行为中建立社会文化的共同价值认同体系。广告对社会精神状态和价值观念的嬗变起着推波助澜的作用，特别是广告的影像叙事和修辞极大地丰富了当代大众文化的内涵，塑造了新的文化创造和文化消费群体。

因此，广告的影响范畴，实际上可以说是涉及经济、社会与文化的各个层面，它的表现形式、象征性意义及其符号语言对于社会的影响效果，更成为社会大众所关心的焦点。作为商品与社会的桥梁，广告主导了大众消费生活的存在方式，改写了时尚流行的文化符码，影响消费者的价值观与对于世界现实的认同感。广告还与媒体的传播文化相结合，为消费者建构了一套观看世界和表达世界的方法，从而推动和改变了当代审美文化的发展趋势与形态，甚至以其所承载的资本权力的“霸权”意识形态，改造公共空间的话语表达，建构消费者的社会生活和精神秩序。

因此，运用社会学批判诠释视角来研究广告现象，既是对目前广告实务存在问题的回应，也是广告理论空间扩展的一个重要课题。这一视角可以让我们对广告的认识，不再停留在单一的经济行为上，而是更多地看到广告与现实世界、现行体制和其他体制的关系，在更为复杂、更为多元的社会、文化等权力关系中去反思广告传播的性质和功能，从而在一个广阔的话语世界中掌握广告传播的意义。正所谓新广告运动的“消费生活人文精神的引领深层次的拓展，涉及人性、人生价值、人生意义等一系列问题，这些问题必然指向人类生存境遇等终极关怀”。① 实际上，要真正实现新广告运动的主旨，实现商业行为与人文精神的交汇，顾客满意与终极关怀的融合，忽视了对广告与社会文化的互动的研究是难以做到的。

近些年来，广告研究的有关理论专著层出不穷，或侧重于广告策划，或侧重于广告制作，或侧重于广告创意，或侧重于广告心理，或侧重于广告语言。而从目前国内对广告传播的研究来看，内容主要集中于研究广告信息传播的产生及发展，广告信息的传播模式，广告传播的规律及广告媒介的特点、选择及利用等。众多的广告传播研究的著作，大凡涉及广告传播的发展过程、广告的特性与作用、广告组织、广告传播计划、广告媒介、广告媒介战略和广告表现战略、广告文稿的撰写、广告图画的表现技巧、广告制作、广告效果的测定、广告管理等等，林林总总，蔚为大观。但令人遗憾的是，这些琳琅满目的广告书籍，都好似介绍广告实战的指南手册，除了书名不同之外，几乎是同一本

① 张金海，姚曦. 广告学教程. 上海：上海人民出版社，2003. 32

《广告学》的翻版，广告研究走入一个视野狭窄、层面单一而又无法走出的困境之中。尤其当我们以社会学批判诠释视角的文化背景和理论视阈来看待当今的广告研究时，就会发现，长期以来的广告传播的研究，特别是国内的广告研究更多地处于实践操作层面上，而缺乏宏观的社会和广告互动的观照，对于广告传播的社会价值、意义生成和转换以及对社会文化的影响的研究和批评更是贫乏。

毫无疑问，广告的商业本质和功能，在任何时候都将是广告理论的主题。或者说，尽管广告本身并不承担过多的社会文化责任，它并不为文化而生，也不为文化而长，但是，在广告的商业传播过程中，却与社会文化发生了种种联系，并对社会文化的塑造和建设产生了多重的影响。因此，在论及广告传播的未来发展之时，我们不能不关注广告和社会文化的关系。这一点已经引起广告学术界的关注。①

2004 年北京市人民政府通过了关于“禁止带有车身广告的车辆通过天安门前的长安街”的《户外广告管理办法》，引发了广告界关于“广告犯了什么错”的议论。不少人愤愤不平地责问。《中国广告》杂志主编张惠辛在他的《广告犯了什么错？——中国广告批判之九》的文章中指出：关键的问题在于我们“是广告社会学的研究做得太少，传播得就更少。近二十年来，广告的理论研究确实实现了长足进展，然而这里的研究过度集中在‘用’的层面，即探讨怎样把广告做得更有效，更漂亮，因此，创意、策划、广告策略等方面研究得很多，而关系广告自己生存的‘体’的方面，却无私地敷衍了事。比如，广告到底对于社会是有益的还是有害的？广告生存的社会学与人类学依据等等，我们几乎到现在还不甚清楚，更何况进行传播了”。②

2004 年 12 月国家广电总局下令禁播的美国耐克公司的最新篮球鞋广告片“恐惧斗室”，以及在此之前，“立邦漆滑落中国龙”等引起全国舆论轩然大波的广告，也都充分暴露了广告界对广告与社会文化互动研究的缺位。“理论的缺位，使广告丢失的不仅是尊严，还有话语权。”③ 因此，以更广泛的广告社会学理论视野去观照广告传播和社会文化的互动，必然成为当下广告理论研究的又一新的持续的重点，同样也是广告传播实践活动面临的紧迫课题。

在某种程度上说，广告已主宰了我们的日常生活，成为了我们生活的注意

---

① 张金海. 20 世纪广告传播理论研究. 武汉：武汉大学出版社，2002. 185

② http://www.cnad.com/autonews/suibi/20041081717597l168.htm

③ http://www.cnad.com/autonews/suibi/20041081717597l168.htm

力和活动中的背景，也构建了一种富有诱惑力的前景。因此，对于今天那些一生都沉浸在消费社会和媒介文化中的人来说，学会如何理解、解释和批判广告社会学的意义是举足轻重的。“获得一种对媒体的批判性的读解能力是个人和公民在学习如何应对这一具有诱惑力的文化环境时的一种重要资源。学会怎样阅读、批评和抵制媒体的操纵会有助于个人获得一种与占主导地位的媒体与文化打交道的力量。它可以提升个人面对媒体文化时的自主权，能给予个人以更多的驾驭自身文化环境的力量以及创造新的文化形式所必需的教养。”①

基于前述的理论预设，针对广告传播的实际，本书将以广告传播和社会生活的互动关系为基本逻辑起点，以广告学和传播社会学的知识为理论谱系，结合广告运动案例或广告创作实例，探讨广告社会学的理论概念体系和分析批评模式；围绕广告传播和社会生活的多维度关系，展开对广告社会学一般理论命题、广告与商品、广告与现代人、广告与社会生活、广告与大众文化、广告与社会秩序、广告与大众传媒以及广告的未来发展的社会学意义等问题的学术思考和讨论，力图建立广告社会学的学科基本框架，以达到广告社会学批判研究的新高度。

当然，在今天社会文化背景下的广告社会学的研究，已经不能囿于狭义的某种理论模式或学派研究的预设，而应该是对社会学各种理论学说进行兼收并蓄，为我所用，并采用开放的角度进行描述。这种兼收并蓄的立场，对于本书的写作当然构成风险，最根本的在于作为一本论著无法拥有一个共同认可的立场，进而使人产生对所述知识的“合法性”的怀疑。然而，面对多元化和互为建构的学术环境，“若是自限于复述各种流派，那么无异于捍卫一张前苏联的地图，或牛顿关于宇宙运行规律的论述”。② 因此，这个风险我们认为值得一试。

实际上，我们更愿意赞同这样的观点或态度：知识的学习过程，是一个“民主的过程”，“在这个过程中所有的人——而不仅仅是‘西方传统’的知识卫道士——能够参与商议什么是重要的”。③ 因而，在谈到我们追求的共同文化判断时，“我们不应当总是谈论统一性，谈论所有人都服从的东西。相反，

---

① ［美］道格拉斯·凯尔纳. 媒体文化——介于现代与后现代之间的文化研究、认同性与政治. 丁宁译. 商务印书馆，2004. 11

② ［加］文森特·莫斯可. 传播政治经济学. 胡正荣等译. 华夏出版社，2000. 导论第 4 页

③ ［美］迈克尔·W·阿普尔. 意识形态与课程. 黄忠敬译. 华东师范大学出版社，2001. 序第 7 页

我们应当提问的恰恰是‘在创造意义和价值时的自由、贡献和共同参与过程’”。①

正如教育家威廉姆所说：“共同文化的观念决不仅仅是简单的赞同社会，当然也不只是服从社会的观念。（它包括）所有人的对意义的共同决定，有时以个体、有时以群体形式活动，在这个过程中没有特殊的终结，它从来不会被视为最终实现了自我而变得完美。在这样一个共同的过程中，惟一的绝对将是要保持交往的渠道和机构通畅，以使所有人都能做出贡献，并在贡献中受益。”②

【思考·练习】

1. 如何理解广告社会学研究的价值和意义？
2. 结合具体实例，阐述广告对现代社会生活的影响。

---

① ［美］迈克尔·W·阿普尔. 意识形态与课程. 黄忠敬译. 上海：华东师范大学出版社，2001. 序第7页

② 转引自［美］迈克尔·W·阿普尔. 意识形态与课程. 黄忠敬译. 上海：华东师范大学出版社，2001. 序第7页

第一章 广告社会学的一般问题

总的来说，广告社会学的研究还处于刚刚起步阶段。迄今为止我们对广告社会学的理解和认识还不能说是全面和深刻的，更不用说广告社会学作为新学科所面临的众多问题。

本章即从广告社会学的一般问题入手，首先探讨作为学科的广告社会学的研究范畴，对广告的系统结构进行梳理，对广告发展历程所呈现出的社会形态关系进行阐述，继而论述广告社会学研究的批判诠释方法的可能性，分析广告社会学作为新学科的地位和研究目标，提出广告社会学研究的意义和价值，藉此奠定广告社会学的学科基础，并由此达到对全书的理解和把握。

第一节 研究范畴与研究方法

对广告社会学研究范畴的探究，涉及对广告本质属性和社会功能的认识，同时也直接影响到广告社会学学科的“合法性”地位。因此，在进行广告社会学研究之初，先探讨广告社会学的研究范畴和研究方法也就是情理之中的事了。

广告和社会互动关系的研究，显然是社会现象的系统结构研究的组成部分。如何进行广告与社会互动的研究，这当然涉及研究的方法和技巧。但是研究方法和技巧的背后却同样存在着对广告与社会互动关系的认识论问题。

一、问题的提出

（一）广告的系统结构

据考证，广告的英文“Advertising”来源于拉丁语“Advertere”，本意是唤起大众对某种事物的注意，并诱导于一定的方向所使用的一种手段。17 世纪中后期，英国开始了大规模的商业活动，广告一词因此得以流行，并受到人们的青睐。随着时代变迁而不断演变，广告“Advertising”这个词，作为社会生活的一个基本概念得以确定，并被广泛地运用于社会生活之中。汉语“广告”一词，大约在20世纪初期开始出现，只是“广而告之、广泛宣告”的意思。

广告从古代到现代，从单一的形态存在到整体的系统运动，人们对广告的认识也随着广告实践的发展而发展。但是，由于广告现象的普遍性及其作用的广泛性，使得众多的专家、学者从各自的理论视角出发对广告的内涵和外延进行探索，各持己见。

纵观国内外的广告定义，具有代表性的大概有几种：

（1）美国《广告时代》在1932年曾经公开征求广告定义，最后把广告的内涵重点定性为劝服和影响：“个人、商品、劳务、运动，以印刷、书写、口述或图画为表现方法，由广告者支付费用公开宣传，以促成销售、使用、投票或赞成为目的。”①

持这一劝说型观点的论者认为，广告的本质意图，即说服顾客、劝导消费。为此，广告是一种广义性的劝说与说服工作，一种说服性的武器，一种传播信息的说服艺术。其目的是影响广泛的公众，使他们认同广告倡导的价值观念和介绍的商品与服务，按照广告主的期望进行社会活动、消费活动。这种理论在突出了广告主在整个广告宣传过程中的主导、支配地位，强调了广告主的主观需要和动机的同时，却存在着一个致命性的缺点，即忽略公众的积极能动作用。而在当今传播互动的时代，这种单向性的广告传播，对消费公众的忽视，显然已经直接影响了广告战略的成效。

（2）《简明不列颠百科全书》对广告的解释，定位于传播：“广告是传播信息的一种方式，其目的在于推销商品、劳务，影响舆论，博得政治支持，推进一种事业或引起刊登广告者希望的其他反应。广告信息通过各种宣传工作，其中包括报纸、杂志、电视、无线电广播、张贴广告及直接邮送等，传递给它所想要吸引的观众或听众。广告不同于其他信息传递形式，它必须由登广告者付给传播信息的媒介以一定的报酬。”②

在这种传播、宣传型广告观点看来，广告的基本性质就是传播，只不过宣传的内容侧重于商业信息。我国1980年出版的《辞海》给广告下的定义也是类似的表述：“向公众介绍商品、报道服务内容或文娱节目等的一种宣传方

① 何修猛．现代广告学．第2版．上海：复旦大学出版社，1998．3
② 何修猛．现代广告学．第2版．上海：复旦大学出版社，1998．4

式。一般通过报刊、电台、电视台、招贴、电影、幻灯、橱窗布置、商品陈列等形式来进行。"①

从这种意义上说，广告是作为信息占有者的广告主把各种商品信息呈现给公众，让他们接受信息，并成为某种商业信息的拥有者、消费者。但是这种广告观必须是以公众能够理解、接受并发生共鸣为前提的。事实上，人是有社会差异、文化差异、心理差异的，这种差异现象直接影响着广告的进程、模式及其效果。尤其是在市场经济普遍存在的"信息不对称"的情况下，由于信息占有者和公众之间的"错层交流"或公众的"诠释过分"和"诠释不足"，会造成广告信息传播的误差，因而也就形成不了信息的共同分享。② 在跨社会、跨文化的广告宣传过程中，这是值得注意的问题。

(3) 最有影响的是美国市场营销协会为广告下的定义："广告是由可识别的出资人通过各种媒体进行的有关产品（商品、服务和观点）的、有偿的、有组织的、综合的、劝服性的非人员的信息传播活动。"③ 美国广告主协会、《美国小百科全书》、美国著名的广告专业权威教材威廉·阿伦斯的《当代广告学》等都持相似的观点。

简单地说，这一观点认为，广告是一种促销、营销手段，帮助广告主获得商业利益是广告的本质。这种广告观，强调了广告的市场营销功能，从广告的商业属性来看，这确实揭示了广告的真实的意图。然而，其商业色彩，使其对广告的认识陷入某种商业化的局限，失去了广告发展中所表现出来的文化需求和驱动力的支持。

可见，广告发展到今天，人们对广告的定义因人而异。由于人的理解和需要的不同，审视的角度不同，得出的广告概念都有其独特的视点。对广告定义的界定的不同理解，是因为广告理论流派的不同和人们探究广告所选择的角度的不同而形成的，但总结起来有代表性的就是"营销说"和"传播说"。

张金海、姚曦主编的《广告学教程》在系统梳理了广告的含义时，曾对各类广告定义进行了总结，在论述广告究竟是营销还是传播时阐述道："广告既是营销，又是传播，既不是单纯的营销，又不是单纯的传播，广告为营销服务，是一种重要的营销工具和手段，其终极目标指向就在于有效实现商品的销售。但是，广告是通过商品信息的有效传播来服务于营销，来实现商品的有效销售的。因此，完整的表述应该是：广告是一种营销传播，或者说是营销传播

① 辞海. 上海：上海辞书出版社，1980，844

② 颜纯钧. 信息不对称和通道设置. 东南学术，2002 年第 3 期

③ ［美］威廉·阿伦斯. 当代广告学. 丁俊杰等译. 北京：华夏出版社，2001. 7

的一种。广告是营销的表述，忽略了广告营销手段和方式的特异性；广告是传播的表述，又忽略了广告的终极目标的指向性，均有所缺憾。”①

应该承认，从市场营销工具的角度，“营销说”关注广告对于商品市场销售过程的相对独立性，理论的视阈在于其市场营销内部机制的制约性，对广告的经济本质属性进行了有效的把握；而从商品信息传播的角度，“传播说”也是针对经济活动过程的信息传播系统，对广告传播过程进行了概括。但是，无论是营销说还是传播说，都仅仅是从广告的营销内部或传播过程来考虑问题，都忽视了广告作为社会传播的系统结构，不能揭示出广告作为营销传播的全貌。营销传播是一种社会传播，只有用普遍联系和相互作用的观点看问题，才能科学地把握广告传播活动的全局。

早在1959年，美国的社会学家J. W. 赖利和M. W. 赖利夫妇在《大众传播与社会系统》一文中，就提出了一个引人注目的传播的系统模式。赖利夫妇的传播系统模式认为，任何一种传播过程都是一定的系统的活动，而多重结构是社会传播系统的本质特点。各种类型的社会传播系统中，每一个系统既具有相对的独立性，又与其他系统处于普遍联系和相互作用之中；每一种传播活动，每一个传播过程，除了受到其内部机制的制约以外，还要受到外部环境和条件的广泛影响。这种结构的多重性和联系的广泛性体现了社会传播是一个复杂而有机的综合系统。

对于传播和社会系统的关系，赖利夫妇的传播模式揭示出传播的复杂的社会互动过程，而这种复杂的互动性不仅仅存在于有形的社会作用力之间。1963年，德国学者马莱茨克在其著作《大众传播心理学》中揭示了这种互动性，同时揭示了它是无形的社会作用力——社会心理因素之间的互动。因此，社会传播是一个极其复杂的过程。不仅信息内容的选择、加工、处理和传播渠道对传播过程产生影响，信息接收者和传播者的自我印象、人格结构、同僚群体、社会环境、组织形态等心理因素和社会因素对社会传播过程也构成影响力。因此解释任何一个传播过程，即便是单一过程的结果，都必须对涉及传播活动的各种因素或影响力进行全面、系统的分析判断。

因此，随着广告的进一步发展和广告与其他社会、经济、文化领域的复杂性的互动，对广告的传播系统结构的把握自然就进入了广告学理论研究的视野。张金海、姚曦主编的《广告学教程》正是从系统结构的角度对现代广告的内涵进行了概括，认为可以由两个基本范畴构成：第一，现代广告是一个整体的运动形式；第二，现代广告是一种营销传播。该书在阐述现代广告的营销传播独特性时认为，随着传播学导入中国，许多学者开始尝试用“广告传播”的理论来打破传统的“广告营销”的模式，是传播学理论导入以建立新的广

① 张金海，姚曦. 广告学教程. 上海：上海人民出版社，2003. 5~6

告传播理论体系的自觉表现。并且相信，“建立广告是一种营销传播的认识，主张对广告作营销与传播的交互式的双重理论观照，有利于广告实务的深入发展，也有利于广告学理的建构”。①

（二）广告的社会功能

在我们开始讨论广告社会功能的理论命题之前，可以先来看一看发生在我们生活中的几个“广告事件”。

2003 年 12 月，日本丰田汽车被迫撤下了公司在 30 多家杂志和报纸上刊登的一则广告，并向中国公众正式道歉。该广告上是两只石狮向霸道陆地巡洋舰运动型多用途车敬礼并鞠躬的画面（见图 1-1）。

图 1-1

2004 年，耐克公司有一则描写美国篮球明星勒布朗·詹姆斯与一位卡通武林高手较量的篮球鞋广告片在中国遭到了禁播。广告讲的是在一个游戏场景中，美国篮球联盟（NBA）克利夫兰骑士队的篮球明星詹姆斯分别打败一位功夫高手以及两条巨龙的故事（见图 1-2）。

图 1-2

网络论坛上的一些匿名文章就耐克广告发表了评论，

① 张金海，姚曦. 广告学教程. 上海：上海人民出版社，2003. 6

认为最终包括中国龙在内的所有中国形象都被打败了，这是在辱华，表明中国人无能。广告还把飞天仙女和美元放在一起，这是在玷污中国文化。中国国家广播电视总局向各省、自治区、直辖市广播影视局（厅），中央电视台发出《关于立即停止播放“恐惧斗室”广告片的通知》。《通知》指出，近来，一个名为“恐惧斗室”的耐克篮球鞋广告片，在广大观众中引起强烈不满。经审看，该广告违反了《广播电视广告播放管理暂行办法》第六条“广播电视广告应当维护国家尊严和利益，尊重祖国传统文化”和第七条“不得含有⋯⋯亵渎民族风俗习惯的内容”的规定。因此请速通知所辖各级播出机构立即停播此广告。同时，要健全广告内容审查制度，坚决杜绝一切不良广告的播放。

图 1-3

2004 年秋天，李奥贝纳广告公司制作的一则户外广告也遇到了同样的问题，广告中一只盘龙从廊柱上滑落，以突出立邦漆的木器清漆的光滑度（见图 1-3）。

图 1- 4

2005 年 6 月，麦当劳在成都某电视台播出一则新广告，因其中含有消费者向商家下跪“求折扣”的镜头，引起了许多成都市民的质疑和反感①（见图 1- 4）。

① 这则广告片的内容如下：顾客：“一个星期就好了，一个星期⋯⋯（老板摇头）三天时间，三天时间好不好？”老板：“（态度坚决）我说了多少遍了，我们的优惠期已经过了。”顾客：“大哥，大哥啊⋯⋯”（跪地拉着老板的裤管乞求）旁白：“幸好麦当劳了解我错失良机的心痛，给我 365 天的优惠⋯⋯”

在这些广告事件中，值得我们关注的是，在全球化时代，即便最敏锐的国际公司在进行广告传播和市场推广时也会常常落入社会文化和伦理的陷阱。龙是中国传统文化中的一个重要形象，而石狮在中国传统文化中是权力的象征。人们显然无法容忍广告所传达的某些对于中华文化或传统道德情操的污辱。因此，广告在这时候就不再是单纯的商品信息的传播或营销手段和工具，而是一种社会生活价值观和文化尊严甚至国家利益的平台。可见，广告对于今天的人们来说，是必须面对的社会文化问题。当代社会生活越来越受到广告的指引和评价，这促成了广告传播范式的发展。广告业人士在对社会行为进行改变的同时也在重新思考新的社会行为及其社会价值。

对于广告的社会功能和价值的分析，历来都是广告研究的重要命题。埃弗利特·E·丹尼斯和约翰·C·梅里尔编著的《媒介论争——19个重大问题的正反方辩论》中，针锋相对地介绍了人们对于广告的社会功能的不同的观点，可以说代表了双方的基本立场。

丹尼斯认为，广告是一种积极的社会力量。自古以来，广告就伴随着我们，在我们的文化中发挥了特殊的作用。广告就是一种现实，它的价值主要在于把消费信息提供给公众，为公众提供一种教育服务，同时刺激经济的发展。

与此相反，梅里尔认为，广告是一种消极的社会力量。“广告促使人们购买他们不需要的东西，使人们抛弃掉尚完好无损的商品，使收入不高的人产生力所不及的购买欲望，使庸俗文化广为传播，形成过高的、难以实现的期望值，从而促进了一个享乐主义的社会。”① “广告充斥我们的媒体，其影响力盖过了严肃的新闻和辩论，助长了没有必要的购物热，恶化了阶层嫉妒，导致奢侈浪费……广告夸大其词，欺骗误导，诉诸性与轻浮的言行，无原则地进行颂扬，形成过高的期望值，推动社会的享乐主义倾向。”②

人们从不同的理论视野或道德动机就广告进行了针锋相对的论争。这些论争或提出的问题，显然都是与广告在社会生活中所造成的冲击和影响有关。而随着理论交锋的深入，这些论争和讨论也成为历史学家、哲学家、社会科学家以及媒体研究人员评价的目标。

我们研究广告的社会功能，除了通常所说的经济、文化功能外，更为重要的是要探究广告的种种形态及其表现形式怎样诱使个人认同于社会的意识形

---

① ［美］埃弗利特·E·丹尼斯，［美］约翰·C·梅里尔. 媒介论争——19个重大问题的正反方辩论. 王纬等译. 北京：北京广播学院出版社，2004. 139

② ［美］埃弗利特·E·丹尼斯，［美］约翰·C·梅里尔. 媒介论争——19个重大问题的正反方辩论. 王纬等译. 北京：北京广播学院出版社，2004. 141

态、立场以及表征，从某种程度上说，就是探讨广告对社会和文化所造成的某些结果。当然，社会生活的意识形态教化体系正是通过广告等消费文化所带来的娱乐促使人们赞同现成的社会生活。在一系列眼花缭乱的货物商品和服务之中，广告引导人们参与某种商品化的满足体系。所以，广告的使命在于通过其所表征的消费文化，制造出与现存的价值观、体制、信仰和实践相一致的思维和行为。

可以说，在过去的时代，宗教赋予了整个世界以某种意义，然后从中产生价值；而今，广告正在继承着宗教的使命，做着同样的工作。马克斯·韦伯在《新教伦理与资本主义精神》中说，多数的新教改革运动都把矛头对准天主教会宣称有神力的许多东西，从神圣的教区土地到献祭的圣水。这场宗教世俗运动系统地除掉了这些物体上被赋予的意义。但是，市场经济又使得广告拾起那些被抖掉的意义用在产品上面，人们从广告里看到了商业主义的宗教原型。所以人们把初期的百货商店叫做“消费教堂”，这实际上说明了广告通过在物质上附加价值、在物体上附加意义，给产品注册商标，广告和宗教一起扮演了一个历史性的角色。“实际上，第一代广告业人士是和教堂的门离得很近的。他们甚至经常研究教义。他们对于承诺、信心、信用等各种劝服手段的重要性——让顾客保持注意力——认识得非常精确。”①

但是，真正开始关注并且突出研究广告社会功能问题是在20世纪中期以后。这种关注与当时的社会转型有着紧密的联系。20世纪50年代，社会学家就宣布了后工业社会的到来。贝尔就认为，在这一社会里，知识和信息将会是遵循“轴心的原则”，现代社会围绕它而组建。而到了20世纪70年代，鲍德里亚和利奥塔等则宣告进入了新的后现代时期。在这样的后现代话语爆发时期，一些后现代社会学家认为，当代社会的新的技术和新的文化形式构成了与现代社会的决定性的断裂。“沙发上的嚼土豆片一族”对影像、信息娱乐的上瘾和着迷，使得这些后现代的主体不得不去适应大量激增的文化碎片。在电视频道的冲浪和电脑空间的捕猎中，媒体及其构建物成为了人们历险的新鲜事物。而广告作为媒介社会重要的文化碎片参与并构成了这些新的文化形式，成为后工业社会或信息社会相当重要的社会沟通和文化交流的载体。

与此同时，政治经济学家也开始论证我们进入了新的“后福特主义”社会。“在这种社会中，以大批量的生产和消费、国家对经济的管制，以及单一

① ［美］詹姆斯·B·特威切尔. 震撼世界的20例广告. 傅新营，蔚然译. 上海：上海人民美术出版社，2003. 16

的大众文化等为标志的资本增益制度正被‘更加灵活的’资本增益制度所替代。”① 跨国公司的全球化使得民族国家时代的时空界限被抹去，而晚期资本主义的新的合法性危机、风险问题、生态问题、贫富分化以及种族文化冲突等新问题也同样地不断涌现。这些问题都伴随着国际品牌的广告传播成为了当代社会生活中日益凸现的问题。

因此，在今天的消费社会和媒介社会的时代，关于广告和社会的互动关系的探讨依然进行。尽管人们对广告的认识和价值都需要重新的审视，但就广告的社会功能和价值的话题却如同以往一样生机勃勃。人们都在深切地关注广告在社会和文化中扮演的角色和广告如何塑造我们的生活态度，以及广告如何影响我们的消费行为方式。

二、批判诠释的研究方法

（一）社会学的研究传统

社会学是对于人类社会和社会互动进行系统研究的一门学科。社会学的视角可以帮助我们去理解影响一个问题的多方面的社会因素，即注意问题的整体关系，穿透社会表面现象的过程。这就是社会学家彼德·伯格所说的“揭穿真相”。也就是说，社会学总是把某一个社会现象放在社会整体与结构、社会关系与互动网络或社会历史漫长过程的背景之中来加以观察和研究，或是从更一般的社会互动关系来对每一个社会事实进行解释。

社会学家关于一切人类行为的基本假设是：人类行为由社会和社会环境所塑造。每一种社会背景都被视为社会力量相互作用的一个复杂的网络。从社会学的角度思考问题就是用更加开阔的视野去观察，就是能够自如地跳出个人的情境的即时性，同时又能将事情放在一个更广泛的背景下加以思考。用美国社会学家米尔斯的术语就是“社会学想象力”。因此，假如用社会学的想象力思考一下“咖啡”，咖啡就并不只是一种提神的饮品，还具有象征价值；由于是含有咖啡因的饮品，对大脑有刺激作用，且是药品控制等社会问题的组成部分；种植咖啡还等于卷入遍及世界的复杂的社会和经济关系，通过它，足以推定过去社会和经济发展的全过程；甚至咖啡还是当代许多关于全球化、国际贸易、人权和环境破坏的争论的焦点。

在谈到人类知识的类型时，哈贝马斯认为有三种类型：即经验分析知识、历史—释义学知识、批判—反思性知识。经验分析知识侧重于对普遍规律的探

---

① ［美］道格拉斯·凯尔纳. 媒体文化——介于现代与后现代之间的文化研究、认同性与政治. 丁宁译. 北京：商务印书馆，2004. 32

求，它是以普遍命题推演出经验命题来达到对现实事物的解释、预测和工具性控制。历史—释义学知识侧重于理解、阐释历史和他人所表述的主观意义，这种理解实际上是通过与历史（或传统）、与他人的对话和相互沟通而对社会历史现象达到主体间的共识。批判—反思性知识侧重对社会现实、对各种意识形态理论的反思和批判，它通过对社会弊病和意识形态教条的揭露、批驳，使人从各种压制当中解放出来，并提供一种理想的价值观。① 与此相对应，根据社会学理论研究的成果，从社会科学的研究历史来看，在社会学研究方法上，从一开始也就有三种截然不同的研究取向：

一种是以孔德、斯宾塞等社会学创始者为代表的研究取向，它经古典社会学的代表人物涂尔干发展后日趋成熟。他们认为社会现象和自然现象之间并无本质的区别，它们遵循着同样的方法论准则，都可以用普遍的因果律加以说明。“社会学这门学科只有在认识到把社会事实当做实在的物来研究时才能诞生。”② 因此，在方法论取向上，社会科学应以自然科学为标准模式，建立统一的知识体系，并由此开创了实证主义社会学研究传统，且在很长时期里成为社会学乃至整个社会科学研究方法的主流。

另一种是以韦伯等古典社会学家为代表的研究取向，认为社会现象有其独特的性质和规律，绝不能盲目效仿自然科学方法来研究社会科学，而应确立自己独特的研究方法。“社会学是一门科学，其意图在于对社会行动进行诠释性的理解，并从而对社会行动的过程及结果予以因果性的解释。”③ 因此，韦伯将社会学的任务规定为试图对社会行动做出解释性理解，并由此形成了人文的、理解的社会学研究传统，且从 19 世纪下半叶开始就从来没有停止过对实证主义社会学的批评与抨击。

第三种则是由马克思开创的批判主义社会学研究传统，认为社会学理论知识的主要任务和作用就在于对现实社会的批判性检视，其基本特征就是不断强调社会学理论批判的、革命的性质，强调理论和理论家在改造、变革现实社会中的重要作用，反对那种旨在维护、修补现存社会结构的单纯解释性的“科学”研究和把现代工业社会的既定现实当做合法的做法。主张以辩证的“总体分析”方法来观察和分析社会现实，即将社会现象置于社会的与历史的总体过程中，从它们在社会的与历史的总体过程当中所具有的地位与作用来确定

---

① ［德］尤尔根·哈贝马斯. 认识和兴趣. 郭官义，李黎译. 上海：学林出版社，1999

② ［法］涂尔干. 社会学研究方法论. 北京：华夏出版社，1988. 11

③ ［德］马克斯·韦伯. 社会学的基本概念. 台北：远流图书公司，1993. 19

它们的性质、意义，考察它们的产生、变化和发展。

我国当代社会学家文军认为，社会学研究中这三种传统的并存代表了研究社会的三种不同取向，即实证主义研究取向、人文主义研究取向和批判主义研究取向。① 从总体上来看，实证主义研究取向较为强调运用自然科学的方法，使用一定的检测手段对研究结果进行严谨的验证，而人文主义与批判主义研究取向则更加重视反省自己（行动者）与研究对象之间的互动关系。实证主义注重用研究结果来扩展知识，讲究知识生成的"科学性"和知识推广的"普遍性"。批判主义则主张将研究结果用来唤醒人们，认为社会科学知识的本质在于"批判"，目的在于改造社会中的不公平。而人文主义则着眼于当下的构成性理解，强调对社会行为本身的"理解"与"诠释"，并通过这种"诠释"来生成新的社会现实。

因此，社会学研究实质上是处于三种不同传统的张力之中。一方面，它注重对研究现象作实证的、经验主义的考察与分析，强调的是实证主义、科学主义的传统，注重对研究结果的"真实性"和"可靠性"进行探究。另一方面，它又要求研究者对研究对象进行"解释性理解"，强调的是人文主义、阐释主义的传统，关注研究者与被研究者之间的主体间性和视阈融合。② 而与此同时，它又意识到了任何研究都要受到一定政治、文化、性别和社会阶层的影响，注意研究中的权力关系以及研究对知识建构和社会改革的重要作用，因此，它同时又具有一种后现代式的社会批判意识，强调一种强烈的价值介入。③ 毫无疑问，社会学研究取向上的这一长期存在的分裂与对立的紧张局面业已造成了社会学领域内在"实质性"理论建构、具体的研究程序乃至学术共同体从业人员中潜在的或明显的分裂。尤其在当代，这一局面又与社会学理论知识的本土化和国际化的论题纠缠在一起，形成了更为错综复杂的情势。尽管如此，这种局面也并没有妨碍社会学理论的发展，正如布迪厄所说，社会学的危机可理解为正统社会学的危机，而所谓多元化的"异端学说"的增加，反而意味着学科的进步。

（二）批判诠释的理论基础

在西方社会学界，虽然有关自然科学和社会科学异同的问题一直在困扰着

---

① 文军. 承传与创新：现代性、全球化与社会学理论的变革. 上海：华东师范大学出版社，2004

② 陈向明. 质的研究方法与社会科学研究. 北京：社会学科学出版社，2000

③ Emerson, F. (1983) Contemporary Field Research: A Collection of Readings, Prospect Heights, Illinois: Waveland Press, pp. 1~2.

许多社会理论家和哲学家，但专注于实务研究的社会学家一般都不大理会有关社会科学本质及理论后设层面的问题的争论，对他们来说，用自然科学的模式研究社会现象是一种不证自明的真理。因果分析，以及因果关系的建立是社会研究的首要任务。这种实证论者的研究原则在于不同程度上追求客观化和普遍化，他们认为实证论不仅给予社会研究以严格的研究方法，更为主要的是建立了一个客观的验证程序去检视研究结果。在实证模式的社会研究论者那里，一般而言，所谓的严格的研究准则和方法技巧就是指量化的研究方法，如数理及统计上的运算，以及电脑的运用及操作等事项，还有实证研究普遍使用的问卷调查方法。

持相反观点者认为，主流实证模式的社会研究的量化方法，其实是预设了采用自然科学模式去了解社会现象的观点，而在一定程度上，预设了因果关系的理解模式是社会研究要达到的甚至是惟一的主要模式。但是，在非实证社会研究看来，对社会现象的解释并非单纯由因果关系所穷尽，很多是涉及丰富的或深层的理解。这种深层的理解，就是要对社会现象进行深入的描述，找出其具体的文化意义。而这种社会研究的有效性，就需要采用一种全新的研究构架，用一个截然不同的角度来衡量和表述。由此，就要显示出研究的理论原则和研究者所涉及的价值系统。这便是量化社会研究和质化社会研究的区别。

自 20 世纪 60 年代起，社会学中占主导地位的实证主义便遭到了人们的纷纷批评，尤其是诠释学、现象学、后经验主义、后结构主义、后实证主义、后现代主义等非实证主义思潮的兴起，对一向居于社会学核心地位的实证主义社会学研究进行了猛烈抨击和批判。

孕育于欧洲大陆的批判理论和诠释学在此时合流汇聚成了一个思潮，冲击了主流的实证社会科学观念。其主要的论点在于：强调社会研究必然介入理解者的价值观。实证主义社会学研究的典范地位由此开始受到质疑，此后，各种后现代的思潮更是风云迭起，极大地冲击了实证主义研究，并因此形成了与实证主义社会学完全不同的研究立场。这一强烈的价值介入的论点，不仅仅和传统的实证的价值中立的社会科学观念相抵触，更为重要的还对社会研究背后的后设理论问题，如“何谓社会知识”、“何谓理解”、“何谓客观”等问题进行重新的检视和反思。因此，强调“价值介入论”的批判理论和诠释学的结合，要求研究者有意识地介入自己的价值判断，这样才能清晰地理解所要研究的社会现象，这样就为社会科学研究提供了一套和主流实证学派不同的社会研究的典范。

其实，与社会学的兴起相伴随的，就有一个明确的观念，即将社会范畴视为一个独立而自主的领域，包括了作为一门科学的社会学主题的各种制度和研究方法实践。在19世纪的科学争论中，人们就认为社会变迁已经转变了人类所处的自然条件，因此，社会范畴常常是以与自然或自然范畴截然相对的面目出现的。经典社会学家越来越意识到，伴随着工业资本主义的演进或者说现代化进程的扩展，社会范畴与人类活动的其他领域逐渐分离。因此，有观点认为，社会学是19世纪发展出来的一门独具特色的学科，旨在分析这种新的现象，即社会范畴构成的一个自成一体的自主世界。

布赖恩·特纳的《社会理论指南》（第2版）在阐述社会理论究竟是什么或者包含什么问题时，区别了两种不同的社会理论模式。传统的以自然科学为模式的社会理论，基本上是就经验中的种种难题、实践和制度所做出的说明。在这里，社会理论是作为社会研究的一种工具发展起来的，旨在通过建立模型或因果阐述等方式，对现实世界中的事件给出逻辑一致并且较为简单的说明。而与此相反，受社会科学的诠释学思路影响的社会理论家，则认为理论基本上是对社会现实的一种解释，通过恰当的描述来达成理解。而这种寻求意义的理解与寻求因果的说明之间并不是相互排斥的，而是社会分析的两个互补的方面。比如，韦伯的社会科学哲学理论，就宣称社会学既要努力获得因果说明，也要努力获得意义解释，这就是所谓的解释社会学。①

在早期德国社会学家韦伯等看来，实证研究把因果分析作为验证理解的惟一有效途径，是一种倒退的现象。社会研究里的因果分析不是也不可能建立如自然科学般的普遍规律，而是要找出具体社会现象意义间的关系。他提出的“诠释理解”就是要给予社会研究一个有别于自然科学的独特地位。如果文化和价值意义是构成社会现象的主要成分，那么要了解这些意义，便不能单纯运用因果分析方法，而是要研究者诠释被了解者的行为和相关的文化价值系统。实证研究的因果分析是要建立抽象的普遍规律，但愈是抽象的规律，愈不能用来掌握具体的行为的文化意义。但是，韦伯也不是说，诠释理解就可以代替因果分析成为社会研究的惟一有效的方法，而是认为诠释理解和因果分析是相辅相成的。没有了诠释理解，社会研究会变得越来越抽象；而缺乏了因果分析，诠释理解的有效性也得不到客观的支持。

诠释理解，就是说研究者在理解社会现象时，必然要从研究者的角度去解释，因为社会现象主要是由“文化意义”或“价值系统”构成的，要了解或把握这些意义，就不能单纯用自然科学模式的客观观察，一定要加入研究者的解释。因此，所谓的诠释理解，就是要找出社会行为具体的文化意义。而要了

---

① ［英］布赖恩·特纳. 社会理论指南. 第2版. 李康译. 上海：上海人民出版社，2003. 6

解这种具体的文化意义，就必须把社会行为放在相关的文化系统里才能获得。

从中世纪神学家诠释圣经的深层意义，到20世纪60年代伽达默尔提倡哲学诠释学，其主旨都是要尝试从诠释的角度、以解释的方式去理解文本或行为的意义。伽达默尔的哲学诠释学作为现代诠释学的典范，其主旨是要强调理解的历程是双向的。诠释论的双向理解，并非是指理解者作为一个主体，用一种方法单向地去理解外在世界的客体，而是与之相反，任何理解必然是理解者和被理解者的合作才可以完成的。理解者和被理解者的存在境况构成"理解"的必要条件。一方面，要从理解者的角度去理解其行为；另一方面，研究者却又不能舍弃自己的理解或解释角度去理解社会行为。在这一点上，正是充分展示了诠释论对理解的独特看法。研究者通过与被理解者的对话或沟通，了解被理解者的角度，然后反过来用被理解者的角度去批判自己的理解角度。由此，理解的过程是一个不断演进的双向历程。如果理解是诠释论所描述的双向的过程，那么，理解就必然蕴含着价值判断。

因此，诠释论强调的就是一种"双重诠释"。一方面，研究者对自己行为的理解是一种解释和价值的介入；另一方面，研究者由自己的角度对被研究者的行为的理解，也是一种解释和价值介入。强调社会现象必然介入理解者的价值判断，而正是在这一点上，显示出诠释论和批判理论的吻合之处。其实，在马克思的社会学研究中的一个重要思想，就是认为社会研究和批判社会不平等的制约是有着内在不可分割的关系。事实陈述和价值判断在社会研究那里是逻辑地紧密相连的。

（三）批判诠释的相关理论

比起主流实证主义社会学者，推崇批判诠释的学者有着自己的社会研究传统。他们主要来自于欧洲历史上存在着的一个持续和深厚的马克思主义批判传统，这是一个深刻和全面批判现存资本主义体制的学术传统。这个传统使得他们对现行体制以及现行体制所推行的所有东西存有深深的疑问。因此，与实证学者在现存制度内部寻找解决社会问题对策的立场相比，批判诠释学者是把资本主义制度本身作为变革对象的。

不同的社会学家对于人类社会的基本特征有不同的假设。这些假设，决定了社会研究的"理论范式"，它们限定了社会学家寻求解释社会与社会行为的方式。美国传播学者 E. M. 罗杰斯在比较分析传播研究中不同的"理论范式"时曾经承认，实证学者和批判诠释学者都关心传播的社会控制作用：前者的核心课题是"如何"控制或"在多大程度上"进行控制；而后者关心的焦点则是"谁在控制"、"为什么存在着支配与控制"以及"为了谁的利益进行控制”。这种学术关心的不同，显然是由他们的社会观和意识形态立场所决定的。①

推崇批判诠释的学者一开始就对美国社会学的实证主义和行政导向抱有强烈的批判态度。法兰克福学派的早期代表阿多诺在 1938 年流亡美国期间，就曾参与洛克菲勒基金会赞助的“普林斯顿广播研究”，与美国主流社会学和传播学研究的鼻祖拉斯维尔及其他美国学者合作，分析美国大众收听广播的行为和态度。他在事后回忆说，对此感到“很不适应”。② 因为在普林斯顿广播研究的架构之下，并没有多少空间可以从事这种“批判性质”的研究。也就是说，有关这个制度本身、它的文化、社会现行状况以及它的社会经济基本前提都不需要再加以分析。

正是这样，批判诠释学者从一开始就对现代社会传媒巨头一手操纵的大众传媒存有戒心。传媒作为社会权力机制的重要组成部分，对不公平的社会问题有着重要的影响。因此，他们关心的问题是：传媒在社会统治的霸权体制中扮演什么角色？文本意义的产生如何受制于现行的权力机制？垄断资本如何控制文化生产和流通以及资本主义大众传播的内在矛盾和制度的非合理性，等等。当然，这种社会批判和文化解释的视角自然会被注重实证研究的美国学者认为是不脚踏实地的。但不可否认，正是这一宏观的社会系统视角使他们能更多地看到传媒与外部世界以及现行体制与其他体制的关系。所以，这种从批判诠释的角度进行的包括广告现象在内的大众传播研究可以帮助我们从一个更多元、更复杂的社会权力关系的网络中去反思、界定传媒的性质和功能，并从一个更广阔的话语脉络中去把握广告文本的意义。

尽管基于批判诠释立场的广告传播研究从早期阶段就已存在，但直到 20 世纪 60 年代以后才发展成为与实证研究相抗衡的批判诠释研究取向，影响扩大到整个欧洲和世界传播学界。当然，在这个过程中，由于学者们研究的对象课题、分析问题的角度和方法的差异，批判诠释学者当中也形成了各种各样的理论观点。其中较有影响的是：

1. 麦克卢汉的传播观

麦克卢汉的传播观主要在于对传播媒介的性质及其变迁的关注，特别是从媒介技术的角度来观察人类社会发展，突出媒介技术在社会历史发展当中的作用。他的核心观点之一，即“媒介——人的延伸”，认为任何媒介的发展都是人的感官或感觉的延伸，媒介和社会发展的历史也就是人的感官能力由“统

① 郭庆光．传播学教程．北京：中国人民大学出版社，1999，272

② 郭庆光．传播学教程．北京：中国人民大学出版社，1999，271

合”—“分化”—“再统合”的历史。媒介作为社会发展的基本动力，人类的传播技术从口语传播发展到文字印刷，再到电子传播，而社会形态也从“部落社会”到“脱部落社会”，再到“部落社会（地球村）”。与此同时，麦克卢汉认为，可以按照媒介的属性将其分为“热媒介”和“冷媒介”。

麦克卢汉还是较早地注意到广告对当代社会生活影响的学者。麦克卢汉对广告符号的理解、对广告开发注意力资源的描述、对图像化趋势的洞察、对广告功能机制的揭示等都体现了麦克卢汉的广告观，能够帮助我们进一步洞悉广告传播活动规律。他认为：“如何在一切时候都利用非理性的东西，如何避免理性行为的陷阱——理性行为是由笨拙广告引起的，这是广告动态学的第一原理。”① 由此，麦克卢汉把广告的功能原理概括为“猛攻无意识的深刻原理”，并且强调“广告不是供人们有意识消费的，它们是作为无意识的药丸设计的，目的是造成催眠术的魔力，尤其是对社会学家的催眠术。这就是广告的潜移默化功能的一个侧面”。② 正因为广告形象“猛攻无意识”，麦克卢汉才断然肯定广告的程序与洗脑的作用完全一致。广告形象具有巨大的潜移默化的功能，他称广告业为“庞大的教育事业”。

2. 传播政治经济学

传播政治经济学的代表人物有英国累斯特大学大众传播研究中心的G.默多克和P.戈尔丁以及美国传播学者达拉斯·斯密塞与赫伯特·席勒等。

传播政治经济学学者致力于从经济和政治的权力网络中透视传媒的性质和社会功能。他们从传统马克思主义政治经济学那里继承了许多观点，如交换价值的观点、剩余价值的观点和竞争达到垄断的观点，从经济基础对上层建筑的决定作用出发来揭示资本主义社会包括广告在内的大众传媒支配和控制的现状。

传播政治经济学派关心的一个焦点问题是现代媒介高度集中和垄断的趋势及其带来的社会后果。生产的经济逻辑不可避免地支配全球的经济活动，而权力的逻辑则让经济决策的权力逐渐落入少数集团和个人的手中。这两个逻辑可以解释传播工业的两个持续的发展趋势：商品化和垄断。广告在其中无疑是扮演着极其重要的角色。这就注定了传播政治经济学的两个核心问题是：以广告为代表的商品生产逻辑如何制约传媒的运作？谁以何种方式控制传媒？

---

① ［加］马歇尔·麦克卢汉. 麦克卢汉精粹. 埃里克·麦克卢汉，弗兰克·秦格龙编. 何道宽译. 南京：南京大学出版社，2000. 18

② ［加］马歇尔·麦克卢汉. 麦克卢汉精粹. 埃里克·麦克卢汉，弗兰克·秦格龙编. 何道宽译. 南京：南京大学出版社，2000. 18

3. “文化研究”

二战以后，生活在德国和法国的法兰克福学派成员和英国的左派理论家形成一种共同的知识传统和学术思潮，以霍加特与威廉斯为先驱，并于 1964 年在英国的伯明翰大学创立当代文化研究中心（CCCS），形成英国“文化研究”学派，也称伯明翰学派，以英国伯明翰大学当代文化研究中心的 S. 霍尔、D. 莫利、约翰·费斯克等人为代表。

该理论继承了传统的法兰克福学派等西方马克思主义的观点，反对简单的“经济基础还原”论，主张从上层建筑和意识形态的相对独立性出发来研究资本主义社会的大众传播。尽管二者都肯定当代传媒在建构大众文化中的重要作用，但该理论与法兰克福学派所着眼的文化工业研究层面不同。法兰克福学派更侧重于认为，传媒已沦为文化工业巨头们的媒介，它所建构的文化只能是傀儡文化；而在“文化研究”那里，传媒既是文化工业的一部分，也是民众借以建造自己文化的公共空间。“文化研究”的早期代表人物霍加特、威廉斯、E. P. 汤普森等往往更加关注文化与意义的关系，注意用平民化的情怀去包容各种大众文化产品，注意到文化产品的制作语境，为大众文化进行辩护。从这一意义上说，法兰克福学派和“文化研究”其实分别继承了马克思主义的两个学术传统：一个是政治经济学的传统，一个是社会主义科学的传统。前者关注资本主义的生产和流通，后者关注受压迫阶级的抗争和解放。

而当斯图亚特·霍尔成为当代文化研究中心的负责人后，更是将语言学、结构主义的方法引进到文化研究的领域，更多地关注对文化文本的分析。尽管这一学术取向缺乏深刻的尖锐的批判，但却更富有实践的精神和品质，使得文化研究学派不再是闭门造车，而呈现出开放的学术研究态势，从而使大众文化研究能够在不同思想的对话中，从多元化的角度去挖掘意义产生的内在机制。可以说，将文化看做一个公开、开放的文本，是文化研究学者的一个高明的策略。公开、开放的文本的概念，为民众或从属阶级提供了一个在文化领域中进行有效的意义抗争的可能性。民众或从属阶级不可以操控这一文本的生产，却可以操控文本的解读，并可以通过主动的解码，在文本中嵌入自己的意义，这是民众或从属阶级能够参与文化生产的合理方式。

“文化研究”倾向于把文化定义为一种特殊生活方式的描述。他们认为：大众文化是由下而上产生的，“近年来的事实是大众为自身所定义的大众文化，作为文化，它的含义与上面都有不同，它经常是替代了过去民间文化占有的地位，但它亦有种很重要的现代意识”。①这样，文化就不再是引经据典的思

① ［英］雷蒙·威廉斯. 关键词：文化和社会词汇表，转引自陆扬，王毅. 大众文化与媒介，上海：三联书店，2000. 12~13

想家们的象牙塔式的话语形态，而是与日常生活同义。建立在这样的文化范畴之上的研究，为我们提供了一种与传统的研究全然不同的、新的学术视野和研究范式。

另一个代表性人物约翰·费斯克的早期研究当中受到符号学的影响，特别注意关注电视（媒介）文本的研究，提出了“电视（媒介）文本的多义性”。他认为，所谓的电视文本有三个层次：第一是电视呈现的基本文本，第二为有关演出和影星的特写、闲话专栏和发烧友杂志等构成的“潜层次”文本，第三是观众自己产生的文本。因此，在他看来，媒介虽然有其意识形态传播的效果，但是受众同样可以从文本当中寻找意义并且得到愉悦。受众是信息的接收者，同时也是信息的能动者。他的另一个贡献在于提出了著名的“两种经济”理论，即“金融经济”和“文化经济”。在他的《理解大众文化》一书当中，他以电视为例认为，在资本主义社会，电视节目作为商品，生产和发行于两种平行而且共时的经济系统中，其中金融经济注重的是电视的交换价值，流通的是金钱；文化经济注重的是电视的使用价值，流通的是意义和快感。在此基础上，他还提出了“消费者同时也是生产者”这一深刻的命题。

4. 意识形态“霸权”理论

“霸权”（hegemony）一词，原指国家的霸权或政治运动的主导权，最早由意大利共产党的创始人A. 葛兰西在《狱中笔记》中作为社会分析的一个主概念加以使用。葛兰西把现代国家的形成看做是作为“强制装置”的政治社会和作为“霸权装置”的市民社会的融合，认为市民社会主要是通过“合意”或“同意”的组织化过程而维持统治的社会，随着市民社会的发展，它将吸收政治社会而形成新型的国家。

批判诠释学者继承了葛兰西的这个观点，把“霸权”看做是支配阶级在一定历史时期内为维护自身利益而行使社会主导权和文化主导权的能力。而实现“霸权”的手段不是通过直接的高压政策，而是通过决定国家的经济、政治和文化方向，使被支配阶级对现有权力结构和社会关系产生认同或从属意识。换句话说，批判学者认为，在现代资本主义社会，支配阶级不再主要依靠国家、军队、法院等“强制装置”，而主要是通过意识形态“霸权装置”来维护自身利益。传媒不只是文本，它还是一个社会机构，并与外部世界的政治、经济、文化等体制结成多角的关系。以私有制为基础的大众传播制度就是重要的意识形态“霸权装置”之一，大众传媒通过日常的新闻报道、宣传和广告活动，把支配阶级的特殊利益描述为社会的“普遍利益”，其目的是操作形成“同意”或“社会合意”。当然，这归根到底只不过是一种“虚假的合意”，因为它掩盖了阶级支配的实质。

葛兰西的文化霸权概念使传媒的角色问题变得扑朔迷离，传媒什么时候为被压迫阶级说话，扮演制衡霸权体制的角色，什么时候充当霸权的代言人，这问题已经不能简单地回答了。实际的情况是，传媒所为之奋斗的理念、信仰可能只是霸权体制长期建构起来的共识。因此，他认为，从事传播学研究的一个宗旨，就是揭露这种“虚假的合意”，唤起受众的觉醒，推动社会变革。

5. 哈贝马斯的公共领域理论

J. 哈贝马斯是德国哲学家和社会学家，法兰克福学派的第二代旗手。第二次世界大战后，哈贝马斯在批判地继承阿多诺、霍克海默等第一代学者观点的基础上，针对后期资本主义的社会状况的变化，试图建构一种新的社会理论，其代表作是《公共社会的结构变化》和《交往行为理论》。

公共领域理论也是一种传媒批判理论。如果说政治经济学理论和意识形态理论指出传媒最现实、最冷酷的一面，那么，公共领域理论则指出传媒最理想、最温馨的一面——同样也是对传媒现状的批判。哈贝马斯主要以社会哲学和语言哲学的方法来探索传播与社会变革问题，其中包含着对现行资本主义社会的否定和批判。但也有不少学者指出，他的传播观中带有明显的“普遍主义”和“伦理主义”的色彩。

哈贝马斯提出通过改善“交往的合理性”来实现社会变革的观点。他认为，近代以来的资本主义追求的是一种“工具理性”，这一合理化过程不仅带来了对自然的支配和操作能力的扩大，而且也强化了社会的支配结构和支配关系。哈贝马斯反对导致人的异化的片面追求“工具理性”的立场，主张通过扩展“没有支配和强制的交往关系”来改革社会，建立新型社会关系。哈贝马斯认为，交往的合理性在本质上是“舆论结构的合理性”，它意味着“文化体系的合理化”，其结果是导致整个“社会的合理化”，因为“社会的合理化就是社会运用文化上现代的合理结构来改造它的基础结构”。也就是说，社会走向合理化的最根本途径是改善对话环境，实现自由交谈，以改变舆论结构，而不是废除既成的生产关系和制度，更不是靠暴力。①

6. 让·鲍德里亚的消费文化理论

鲍德里亚是法国70年代之后思想界的一位杰出思想家。他的理论从一个全新的视角来分析西方消费社会包括美国社会的结构本质。在他前三部主要著作《物体系》、《消费社会》和《符号的政治经济学批判》中，结合马克思主义政治经济学分析方法和符号学理论，把批判从生产领域转向了消费领域，从新的视角凸显了后工业消费经济结构，形成了自己新的消费概念。在鲍德里亚

① 欧力同. 哈贝马斯的“批判理论”. 重庆：重庆出版社，1997. 32

看来，消费不再是被动的接受，而是一种主动的欲求模式。人们消费的对象不是物，而是其所代表的符号意义。在极大繁荣的丰盛社会，由于欲望和需求的不断被生产、被制造，消费变得无止境。消费成为人类活动的主宰，它构成一个欲望满足的对象系统，人们从消费中得到物质和精神的满足，甚至是人生的幸福和意义，消费成为自我实现的全部过程。在他的商品的符号学分析当中，鲍德里亚所针对的在后资本主义生产越来越重要同时又是马克思主义经济分析的缺失环节，实际上就是象征资本或者符号资本。在视觉层面，鲍德里亚称之为仿像（Simulacra）。在鲍德里亚看来，今天的城市已经不再像19世纪的城市那样是政治—工业的场所，而是符号、传媒、符码生产的场所。与传统文化批判理论家不同的是，鲍德里亚始终对超市、广告、流行酷文化、电影巨片、电视直播等消费和传媒社会的新兴文化很敏感。因此，鲍德里亚一直强调超现实（Hyperreality）和仿真（Simulation）的概念。他强调在后工业消费社会，商品的实在性意义也在趋于消失，商品的“仿像”文化消费占据了重要的本质，人们对商品的符号价值的消费逻辑远远超出甚至忽视了其使用价值的社会逻辑。广告产生效力的特殊逻辑是一种寓言和跟从的逻辑，鲍德里亚形象地称之为“圣诞老人的逻辑”。广告给物赋予了标示社会身份和地位的符号价值及意义并使之得以传播。

当然，面对批判诠释理论体系，要想既扼要又系统地介绍是一件不容易的事。况且推崇批判诠释的学者之间本身存在着理论和方法的鸿沟。他们中间有的崇信结构主义，有的崇信精神分析学，有的主张意识形态批评，有的主张政治经济学分析，所以，更像是众多相对独立的批评实践活动的集合名词。而且，在过去的数十年中，这些学者积极引入各种当代批评的理论和方法，有代表性的批评分析理论包括符号学分析理论、叙事学分析理论、后结构主义分析理论、意识形态批评理论、女性主义批评理论、后殖民主义批评理论、意识形态国家机器分析理论、政治经济学分析理论、公共领域分析理论、文化工业分析理论和大众文化研究理论等等，使得批判诠释理论体系更加丰富、多元和复杂。

第二节　广告历史和社会形态

一、广告历史的社会学追溯

法国学者拉尼奥的《广告社会学》通过对古希腊罗马神话中的商业神故事的阐释，对广告的人类学起源做了相当有意思的解释：

古希腊神话中的海尔梅斯因偷了阿波罗看管的畜群而受罚，而海尔梅斯为避免宙斯的定罪判决，只有把竖琴让给阿波罗以换取某些神性，如预知，才能跻身于奥林匹亚诸神之列。于是他与阿波罗做了一桩交易，把刚刚制成的竖琴交给阿波罗。而促成这桩交换成功的重要原因在于他对自己发明的竖琴的“炫耀”（广告）。他用乐声迷住了阿波罗，因而如愿以偿。

所以，拉尼奥在《广告社会学》中认为，从人类学的观点来看，人类最初的一种“炫耀式”的交换仪式就是广告。

美国文化学者杰克逊·李尔斯在回顾美国广告文化发展史时，引用了社会学家玛丽·道格拉斯和迈克尔·舒得森的观察所述，人类存在着几乎共通的本性——从具体的物质中吸取文化价值。“一直以来商品都拥有功利主义及文化象征两重意义，而商家将银器等同于社会地位，或将汽车与性紧密相连等等的推销做法只不过是这种人类普遍文化行为的最新版本而已。”① 从早期的现代欧洲出现商品交易会开始到镀金时代的美国，市场交换早已与一种充满幻想与感官刺激的狂欢节气氛联系在一起：精明的商家大力宣传一种更加抽象的富饶景象，提倡一种通过购买来自异域的商品来达到近乎魔法般的自我变形。因此，消费品自然就保留着一些泛灵论的感觉。这种魔力可以产生某种迷人的景象。广告把这种许诺继承到了20世纪，广告本身就成为了奇异事物的狂欢大集合。因此，有必要形成一种新的认识广告的态度：这种态度就是应该更加开放地面对商品的象征用途，与物质世界产生更多的共鸣，同时更为幽默地去看待这个物质世界。所以，“当代广告业与其说是唯物主义的前锋代表，倒不如说是一种努力使人类从物质世界中解脱出来的文化力量”。②

当然，我们从人类学的角度对广告文化当中所积淀的人类交换行为的文化内涵和商品消费当中的“魔法”“狂欢”所进行的解读，更确切地说应该是广告的“史前史”的文化追思。但是，当我们对人类交换行为有了完整和全面的认识之后，无论对人类最初的贸易交换行为还是今天的消费传播都会有个全面的文化功能的认识。人类交换行为的文化维度确定了最初作为一种交换仪式的广告的文化向度。基于对人类交换行为的文化维度的逻辑延伸和演绎，我们自然就不仅把广告看成是单纯的经济行为，而同时也是一种社会交往，更是一种社会关系的体现。而这，正是我们进行阐释和对话的一个基本的“前理解”

---

① ［美］杰克逊·李尔斯. 丰裕的寓言：美国广告文化史. 任海龙译. 上海：上海人民出版社，2005. 3

② ［美］杰克逊·李尔斯. 丰裕的寓言：美国广告文化史. 任海龙译. 上海：上海人民出版社，2005. 3

基础。

广告的起源甚至可以追溯到原始社会的末期。一般来说，广告是人类社会第三次社会分工的结果，是因为有专门从事经营商品来获利的商人的出现而产生的。随着社会分工的深化，生产的物品的增多，物质交换活动更加频繁。当有了商品的生产和交换时，广告作为广泛告知的宣传工具就应运而生。在我国，商周时期就有陈列货物、叫卖交易的原始广告。《诗经·周颂·有瞽》就反映了吹箫管卖饧的场景。《韩非子》反映了当时的宋人有沽酒者“悬帜甚高者”，是以酒旗招揽顾客的广告形式。宋代的孟元老《东京梦华录》有“季春万花烂漫，卖花者以马头竹篮铺排。歌叫之声，清奇可听”的记载。元曲《货郎担》有唱词道：“无过是赶几处沸腾腾热闹场儿，摆几下桑琅琅蛇皮鼓儿，唱几句韵悠悠信口腔儿。”

除了典籍文献中关于广告的文字记载外，考古学的发现也为广告的悠久历史给予了印证。据说现存最早的广告是收藏于英国大英博物馆的一份奴隶主悬赏缉拿逃奴的招贴广告传单，它是考古学家在埃及古城亚伯斯遗址发现的。因此，公元前3000年古埃及人墓碑上的碑文，应该算是广告最原始的雏形。到了公元前500年时，古希腊人已经开始把剧场的广告雕刻在石头上了。随后，古罗马与庞贝城里建筑物的石灰墙上，出现了一些与建筑物有关的手绘标志。在中世纪的欧洲，城镇街道的一个独有的景观就是传令官站在街头大声宣读公文通告。这些传令官后来成了商人们雇用的对象，商人们让他们为自己出售的陶器等商品大声夸耀。有人说，这些传令官就是后来的广播电台播放广告的播音员的先辈。1454年，一个德国人约翰里斯·古登堡开始使用活版印刷术，广告的印刷时代随之而来。据说，英国的广告之父威廉·卡克斯顿印刷的第一份广告就是推销他印刷的祈祷书，上面的广告词用的就是我们今天常见的推销术语：“物美价廉。”

伊丽莎白·威廉斯的《广告》一书对此有这样的描述：“尽管有人把广告追溯到好些很早的起源，但谁也无法确定这个行业是何时形成的。不过已经找到好些书面广告的存在的证据，有人认为这是最早有记录的推销活动。人们最常提到的是一块巴比伦黏土板，上面书有介绍一个药膏贩子、文书与鞋匠营业项目的文字。还有一张从梯比斯遗址中发现的纸草，上面悬赏捉拿逃跑的奴隶。广告的早期历史中不乏有关希腊传布公告和罗马商店招牌的记录，读起来引人入胜。”①

① ［美］托马斯·英奇. 美国通俗文化简史. 施咸荣译. 桂林：漓江出版社，1998. 234

而真正的现代广告的崛起，显然是在资本主义工业化时代到来以后的事情。随着社会化大生产取代手工业，交易市场的规模越来越大，商品更加丰富，市场竞争也异常激烈，再加上大众传播媒介的高速成长，广告成为了工商企业的重要的促销手段。

当然，广告活动的专业化和职业化是从美国开始的，并由美国传到欧洲许多国家。历史学家理查德·霍夫斯太德说，“世界现代史上第一次协调一致而且旷日持久的广告战役之一”① 便是向欧洲人介绍新发现的美洲大陆。17、18世纪，英国的企业家印制种类繁多的书籍、小册子和招贴广告向他们的同胞推销美国这个新世界：黄金和白银，长生不老泉，数不清的鱼和猎物，丰饶多产的土地……当然是一个田园诗般的好去处，一个自由的国土。新大陆于是成为财富和机遇的代名词，简言之，那就是美国梦。美国，就这样被烙上广告的印迹。广告巨大的贡献就在于它使人们沉浸在一个无止境的新产品潮流之中，而在这一过程中，又促成了大众行为与欲望——形成了资本主义消费经济中的生力军。

自1880年以来，几乎所有被广泛接受的产品无不借助了广告的力量而得以发展。广告是美国经济中不可或缺的一份力量，如果世界上没有了广告，我们就只能买到极有限的商品，享受有限的服务和娱乐，而且不难想象，世上也就不会有一个做着清晰的美国梦的国家。美国最早的广告公司也正是在这样的背景下，出现于19世纪中后期。这些公司大都集中于费城、波士顿、芝加哥和纽约曼哈顿的下部。美国最早的广告代理商沃尔尼·B·帕尔默在19世纪40年代在费城建立了代办处，为所代表的报纸工作，也充当广告客户的代理人，至此，就开始了一种全新的行业——广告代理商。

而广告在美国真正登上中心舞台是在19世纪末。这个时期的广告在促进商品销售的手段上有一个重要的发展，这一发展对以后的广告都有着重要的影响，甚至可以说，这个时期广告的新角色的出现，形成了一种新的消费文化。从这个时候开始，制造商把食品、饮料及其他顾客购买的几乎所有的商品都打上了包装。有品牌名称的商品开始出现在全国性的广告上。制造商很快就意识到，对“商标名称”的确认，有了产品包装和商品名称，广告的热点不再集中于提供信息，因为人们对这些产品中的多数已了如指掌。相反，销售广告的主要目的在于树立商标名称，也就是说，为制造商树立有口皆碑的声望。商标名称可能会影响到销售业的这种观点逐渐成熟并形成一整套软销售广告策略。

---

① ［美］朱丽安·西沃卡. 肥皂剧、性和香烟——美国广告200年经典范例. 周向民，田力男译. 北京：光明日报出版社，1999. 14

其最终目的是要把至关重要的商标和商标名称的标识，与令人喜爱又难以忘怀的企业联系起来，这些企业又非常强大，足以激发起人们对其产品的欲望。

20 世纪初期，广告专业公司的发展十分迅速。美国广告业自开始便首当其冲，引导广告专业公司发展大潮，产生了一大批著名的广告公司。在 20 年代末开始的经济大萧条时期，广告公司做了大量工作，对使美国工商企业摆脱经济萧条起到了极其重要的作用。因此，在世界上形成了以美国为核心的广告公司行业群体。美国广告业的发展带动了世界范围的广告业的活跃和发展。从广告业态势来看，从二战以后，在世界上出现了以美国为核心领导，西欧和日本为重要主体的世界广告业的大发展。广告如此重要，以至于今天成为这个国家文化和经济的重要组成部分。广告与电视、体育运动、电影和音乐共同构成了美国大众文化的象征。产品的商标名称脍炙人口，成了类似产品的同义词。广告口号和广告词已被美国民族语汇收纳，这类的例子包括温迪公司的“牛肉在哪儿呀”和阿尔卡—塞尔策公司的“我真不相信我会把它整个都吃掉了”。人们开始将广告中喜闻乐见的不朽形象变成收藏品：像老虎托尼、骆驼乔、还有匹尔斯伯利面人美国兵。收藏者欢迎的小物品还有无水纯伏特加酒的广告、可口可乐的广告托盘，还有许许多多其他带有某公司标志或商标的物品、商店中的标志物、小塑像、咖啡杯、摁压玩具、小猪形的储蓄罐、收音机、布娃娃和充气玩具等等。①

可以说，从遥远的古代到今天的时代，广告的历史无疑是任何历史学家都无法忽视的。尤其是今天的人们，据称，一个美国的孩子长成 18 岁时，平均每个人已经看过大约 35 万条的广告。从某种程度上说，广告已主宰了我们的日常生活，成为了我们生活的注意力和活动中的背景，也是富有诱惑力的前景。早在 20 世纪 60 年代，传播学者马歇尔·麦克卢汉在他的《理解媒介》中就曾断言：“总有一天，历史学家和考古学家将要发现，我们时代的广告是日常生活最丰富、最忠实的反映，它们对一切活动领域的反映超过了过去的一切时代。”②

二、资本主义精神背景和广告发展

说起资本主义和广告发展，首先必须来探讨关于构成资本主义本质特征的资本主义精神。由于经济发展以及现代化的研究兴趣，使得社会学研究者曾有

---

① ［美］朱丽安·西沃卡. 肥皂剧、性和香烟——美国广告 200 年经典范例. 周向民，田力男译. 北京：光明日报出版社，1999

② ［法］马歇尔·麦克卢汉. 理解媒介. 北京：商务印书馆，2000. 289

一度集中在近代资本主义的起源这一问题上，人们企图从中寻找西方大量社会政治制度和文化习惯的深层次的根源。

马克思以历史唯物主义理论深刻分析了资本主义产生和发展的根本原因，强调经济基础的决定性作用，指出资本主义经济模式是一种必然产生其对立物和自己的“掘墓人”的经济模式。

在与马克思的资本主义认识存在分歧的学者中，德国的维尔纳·桑巴特的一些著作正在重新受到当代学术界的关注。在关于资本主义起源的研究中，他强调：“资本主义独特的进化过程是内部相互依存的文化综合体的表现形式，其方向则是由量化的理性精神为其指明的，这种理性注入文化统一体，为其确立了特殊的个性和目的。”① 桑巴特的论述与我们熟悉的马克斯·韦伯坚持探究宗教在西方资本主义精神形成中的独特作用是一致的。应该说，在他们看来，对资本主义经济和社会现代性起源的解释，应强调态度因素、伦理以及西欧商业主义的精神。他们的这种认识，使得历史学家对资本主义的解释，开始将注意焦点从传统的资本主义的工业和技术根源，转移到其文化、知识、心理以及社会宗教的起源。

在韦伯的《新教伦理与资本主义精神》中，韦伯阐述了新教教义在“现代资本主义精神”或者伦理的形成中发挥的关键作用。在他看来，资本主义精神典型地体现于加尔文主义者和清教徒的行动中，它使商业交往具有用以指导生活的具有伦理色彩的行为准则的特点。他强调，新教徒在追求上帝感召中发财致富的伦理义务，并赋予世俗行为以宗教意义，因而，我们人类对经济成就的禁欲主义的追求，是对个人是上帝的选民的证明。

与韦伯的解释不同，桑巴特对早期资本主义的最具原创性的分析中，发现了奢侈浪费对资本主义成长所具有的重要性。尽管有像《奢侈与资本主义》英译本导言的作者菲力浦·西格曼所说，“桑巴特从未充分论证在西方资本主义的成长与奢侈消费和奢侈品生产之间存在的因果联系”，② 但是，“桑巴特将我们引入了我们过去的社会体系的隐蔽部分”。③ 桑巴特认为，13、14 世纪是第一个有意义的阶段，由于对亚洲的贸易和开拓、新的白银资源等金属的发

---

① ［德］维尔纳·桑巴特．奢侈与资本主义．王燕平，侯小河译．上海：上海人民出版社，2000．232

② ［德］维尔纳·桑巴特．奢侈与资本主义．王燕平，侯小河译．上海：上海人民出版社，2000．250

③ ［德］维尔纳·桑巴特．奢侈与资本主义．王燕平，侯小河译．上海：上海人民出版社，2000．251

现以及私人高利贷，欧洲开始不再基于封建经济的巨额财富，并在随后的世纪里进行资本的原始积累。到16世纪就出现了都市贵族的世俗化政体，法国的弗兰西斯一世就是最早的模式。在这个辉煌的宫廷里，女人们拥有无比优越的地位，她们强调社会风度的作风以及对奢侈品的欲望。

随着这些发展，城市得到了惊人的扩展。根据桑巴特的说法，“消费城市”的存在得益于消费的大量集中，这也是因为进行奢侈消费和高级享乐的王室宫廷的出现。工业和商业是通过为富人提供大量的消费品而兴旺发达起来的。尤其是在17世纪，城市也由于政府信贷人和银行家的出现而扩大，这些人发挥活力创造的银行业务，能够迅速动员巨额资金去弥补国债以及满足同类的需要。城市资产阶级模仿宫廷的口味和风格，给整个社会带来了挥霍无度和追求奢侈的风气。到了17世纪末，在欧洲广泛出现的已经增长的财富，带动了非常强烈的奢侈需求，甚至农业也对奢侈需求产生了回应。在殖民地上，欧洲的需求带来了糖、可可、咖啡等产品的大规模的生产。而在工业上，奢侈消费的关键作用在于它使得大规模的工业主义首先在奢侈业发展起来，比如在生产丝绸和其他布料的部门。而到了18世纪时，所有真正的奢侈品企业都转变为通常以大规模生产为特征的资本主义企业。在《奢侈与资本主义》的结尾，桑巴特的最后一句话最为精练地概括了他的研究：“于是，正如我们所看到的，奢侈，它本身是非法情爱的嫡出的孩子，是它生出了资本主义。”①

当然，我们介绍韦伯和桑巴特的关于资本主义发展动力的论述，目的不在于对资本主义进行政治经济学的分析，而是为了探究早期资本主义的禁欲主义节俭或奢侈浪费对资本主义扩展的影响作用，从而进一步了解初期资本主义的广告命运史。尽管我们无法解释消费和需要与资本主义经济之间关系的历史变迁，但我们也无法假设需要和消费与社会、文化和政治等方面的思想演变无关。实际上，人的某一阶段的需要和消费必然是与该阶段的社会发展相一致的。因此，这里至关重要的是，无论是资本主义初期和新教有关的禁欲主义，还是上层阶级为维持上尊下卑或炫耀而进行的奢侈消费，只强调其中之一的资本主义的精神动力对广告的影响，在资本主义发展到一定阶段以后，都显得缺乏解释力。

马克思的历史观和资本主义经济的发展历史告诉我们，资本来到世间的一贯目标就是它自身的不断积累。为达到这个目的，即便是它的每一个毛孔都滴着血或者把所有的东西包括人都变为商品也在所不惜。无论是封建时代令人垂

① ［德］维尔纳·桑巴特. 奢侈与资本主义. 王燕平，侯小河译. 上海：上海人民出版社，2000. 215

涎的贵族头衔，还是上流社会一贯的种种虚荣，都既不是资本主义的起因，也不是它来到这个世界的目的。所以，从消费的角度来说，资本家关心的是整个市场，而不是传统意义上的某个阶层。也正是从这个意义上来说，当资本完成了它的原始积累，它的目标马上转向了整个社会。这种按照消费而不是生产来组合的社会，按照美国新制度学派经济学家约翰·K·加尔布雷斯的话来说，就是“消费社会”。在这种社会中，最根本的特征是资产阶级以最大限度攫取财富为目的，主动为大众制造社会需要。

就消费而言，这里我们需要特别明确指出的是，在资本主义初期，资本的积累需要“新教”禁欲主义的协助，其目的除了扩大再生产以外，更重要的是为彻底摧毁封建主义而积蓄占绝对优势的力量。因此，在资本主义早期，西方在从封建主义转变为资本主义的过程中，为了使资本主义生产方式占据优势，人们需要高速率的资本积累。为此，“新教伦理”、清教徒精神以及对世俗享乐主义的遗弃等思想成为了这一时期资产阶级的盟友。人们基本上是以新教的原则来组织他们的生活。就生活和工作而言，禁欲和勤奋是社会的主流意识形态。人们在新教的指导下，用“羞耻感”、“良心”或“道德”来约束自己的欲望，规范自己的社会行为。那种休闲、见异思迁和超出基本生活所需的消费都被认为是和当时社会的主旋律相冲突的。这种对物欲的强制性约束，不仅从文化上宣扬加强对过分物质消费的抵制，而且还从法律上以限制跨地区沿街串户叫卖的小商贩的方式来规范家庭的消费行为。①

在这种情况下，早期资本主义的美国，或者说是工业化初期的美国，广告的命运是相当艰难的。商业广告在当时无非是作为一种促销手段。因此，当时的主流社会对这一行业充满了敌意。到了在19世纪中期的美国，广告业因不合时宜而被嗤之以鼻，广告人被人视作走街串巷叫卖的小商贩。美国历史学家利尔观察到：“（甚至）从19世纪末一直到20世纪，即便是广告的内容是庆祝经济的增长，位于乡村和小城里的人还是斜着眼睛看到了广告产生的诱惑力。对广告的敌意部分源于本地商店老板对那些‘外国’② 广告者竞争的反感，但更主要的还是因为全国性或跨地区的广告从文化上讲打乱了本地的‘传统’。无论经营广告业的人有多么高的收入，在那个时期都很难受到尊敬。社会认为，经营广告的人在很多方面保留了（美国）南北战争以前跨地区走

---

① 杨伯溆. 全球化：起源、发展和影响. 北京：人民出版社，2002. 141

② 编者注：这里的“外国”，指的是本地区以外美国其他地方，而不是真正意义上的外国

街串巷叫卖的小商贩作风，只不过他们用诚恳、科学和进步把自己包装起来罢了。”① 19 世纪出现的跨地区走街串巷叫卖的小商贩、犹太人的商业文化和广告业都和当时的资本主义经济发展格格不入。因此，资产阶级、本土社区和新教对他们进行了联合抵制。

而到了资本主义走出了资本初级积累阶段，消费成为它进一步发展必不可缺少的一部分的时候，昔日的盟友（社区和新教）顿时成为难以容忍的敌人。也就是说，一旦封建主义被彻底摧毁，资本主义社会度过工业化初期，资产阶级就只有刺激消费，才能最快、最大限度地攫取财富。这也就是资产阶级的所谓“贪婪攫取性”的具体体现。而具体做法则是从人们的炫耀、夸耀、优越自尊的欲求来找到切入点的。这时，消费不但成为资产阶级大力倡导的文化，它还成为资本主义击败本土社区和新教所代表的意识形态的锐利武器。只有在消费文化得到进一步的张扬，广告及其文化才真正成为美国经济社会的重要因素和文化的一个部分。随着资本主义生产的扩张，以“福特主义”为特征的美国资本主义经济需要开拓新市场并对公众进行使他们成为消费者的教育，完成这一任务的工具就是广告和其他媒体。到了 20 世纪，全国性的广告已经成为美国人日常生活中的一部分。可以这样说，没有广告，就不会有现代资本主义经济的不断发展。②

三、商业业态发展和广告

从某种意义上说，人类社会的发展就是人们消费行为的历史变迁、商业空间的变革和人的消费需求的满足之间自觉形成的互动关系的变革史。从农业社会生活进入工业社会生活，人类和商品消费方式关系的变迁，可以从商业业态的模式的变化当中表现出来。

从农业社会的集贸市场到工业社会的百货商场，再到后工业社会的“新业态”，人类社会生活当中的人和商品的关系，或者说人类的商业业态和人的消费行为互动关系，充分反映了人类社会的变迁和文化的嬗变。而这显然也是我们考察广告历史发展的相当重要的社会学社会变迁理论和功能理论的视角。

百货商店最早产生于1852 年的法国，商人阿里斯蒂德·布西科在巴黎创办了“好市场”商店，商店内商品明码标价，实行退换货制，且商品品种丰富，价格较低，因而取得了成功。1865 年法国人创办的春天百货商店，时至

---

① 杨伯溆. 全球化：起源、发展和影响. 北京：人民出版社，2002. 145

② 关于美国 20 世纪的重要广告战役经典案例，20 世纪最伟大的 100 个广告战，十大广告歌曲，十大广告语，参见《国际广告》，2000 年第 1 期

今日仍是国际零售业的巨头。以后百货商店迅速普及到欧洲各国。在 19 世纪中期，大致与美国南北战争时期（1861~1865 年）相对应，当时欧洲的百货商店进入美国设立分店。

百货商店发展的重要背景之一是城市化程度的提高，人口的大规模集中，要求具备大量销售能力，因此，百货商店一般都设在大城市的商业中心，这对于促进工业化和加强百货商店在控制流通体系中的领导地位发挥了积极作用。随着百货商店的发展，商店逐步向大型化、豪华化方向发展，成为城市繁荣的标志。美国社会学家麦克考肯把“百货商场”的出现称为 19 世纪后期最重要的社会动向之一。应该说，工业革命后诞生的百货商店，是商品经济发达的必然结果，是商业进化的一个大飞跃。百货商店这个大空间是对过去分散的商品和购买行为的“整合”，从此把商业零售业引入了“业态店”时代。商业买卖的重心由过去只考虑交易而转向满足消费者的需求。百货商场是一个开放的公共商业空间，获得了新的文化意义，象征了新的社会价值。这个空间，首先对于所有的消费者来说，是一个“自由”、“平等”的符号，消费从此进入了“消费民主”的大众时代、平民时代。其次。这个空间具有“快乐”、“富有”的符号意义：人们进入其中后，尤其是女性，欣赏着琳琅满目的商品，各种包装和造型让人赏心悦目，同时，商场内部设施和布置的豪华，使商场具有一种高贵和优雅的气派或氛围，这种氛围使摆放其中的商品（包括日用商品）摆脱了“廉价低档”的形象，从而提升了社会和文化档次。

社会学家威廉斯曾对西方特别是法国的百货商场研究表明，百货商场无论是从内部装修和设计上讲都是前所未有的。这些美轮美奂的装修和设计为逛商店、购物和消费创造了一个崭新的环境。铺张华丽、气派和奇异的混和使得这类商场为顾客提供了想象中的欲望和物质现实之间以及梦想和商业之间既新鲜又明确的结合。但是，根据威廉斯的观察：“百货商场对购物过程的（改革）所做的贡献比它（为引导消费）对货品幻境般的陈列方式贡献更大。首先，虽然它的环境给予顾客全方位信息刺激，但它并不期待顾客马上就掏钱购物。这类商场鼓励顾客在商场内随意逛。它们期望的是顾客能吸收它们（按自己的方式）对这个奇异消费品世界的美妙绝伦展现。也就是说，顾客可以在这个美妙的环境中流连而不必担心非得买点什么不可。这类商场显然是在向这个世界宣布，它们的市场经营目标已经变了。唤起人们内心的欲望才是它们的主要目标。”① 因此，百货商场在改变顾客传统的购物方式、利用制造奇异环境告诉顾客什么东西是美的以外，实际上还代表着一种不同的价值观念。这正如

---

① 杨伯溆. 全球化：起源、发展和影响. 北京：人民出版社，2002. 146~147

社会学家米勒分析的，百货商场是工业化初期以后资产阶级生活方式在概念上的注解。百货商场内货品的陈列展示出资产阶级的价值观。例如，在服装部和家具部代表的是体面、地位、自信、可靠等。换句话说，百货商场把资产阶级的观念、态度和志向，即什么东西是人生应该追求的注入了货品之中。从此以后，资产阶级通过商场告诉大众该穿何种样式的衣服，家里该摆放哪种类型的家具。① 社会学家把消费者与消费场所的落差用“社会距离”来界定，消费者的社会阶层差别越大，“社会距离”就可能越大，就越不具备在同一个购物空间消费的选择性。

正由于消费行为和消费场所具备的这种“阶层”、“身份”、“门第”符号意义，在社会的大群体中，人们为了获取“面子”或尊重的需要，为了保持有品位的“生活方式”，为了进入更高社会阶层的需要，常常会刻意在消费的“符号意义”上下功夫，而不顾及本来的消费需要，从而形成了建立在奢侈基础上的“消费变体”，形成了每个阶层都有的、形式不同的“炫耀型”消费行为。

这样，百货商场的商业空间就具有了消费的意义。不仅有琳琅满目的商品，还可以让顾客自己决定买或不买；不仅体现了个性化的情感，还能赢得外在的尊敬。关于百货商店初期呈现的符号意义，当代美国著名学者丹尼尔·布尔斯廷将其赞誉为“消费者之宫”，他的描述充分显现了现代商业业态具备的文化张力，并为他们在富丽堂皇的新型百货公司逛商店、买东西的这种行为——新兴美国的新兴社会性行为——蒙上了一层尊严、重要和炫耀的色彩。

所以，百货商场的出现，标志了一种新的消费文化的形成。它标志着大众普遍对商品的“交换价值”的强调和对“符号价值”的诱导。这种变化，反映在文化上，就是所谓消费文化的开始。它的最根本特征便是把范围广泛的商品和货物让大众不断地去追求和消费。在这一背景下，通过广告和其他方式的商品展示，消费文化得以对货物的原始意义和使用概念进行改变，并附以新的形象和符号。这些新的形象和符号唤起人们内心的各种深层欲望。正如麦克考肯说：“……广告通过意义传递把消费品和属于文化范围的世界带到了一起。广告公司的创作人员追求的是让观众/读者一看便能发现二者（消费品和文化）之间有共同之处这样一种效果。当这种象征性的共同点建立起来的时候，观众/读者就会把他或她知道的一些属于文化范围内的特征归属到广告代表的消费品上去。……这样，从文化到商品之间的特征转引便完成了。”②

---

① 杨伯溆．全球化：起源、发展和影响．北京：人民出版社，2002．147

② 杨伯溆．全球化：起源、发展和影响．北京：人民出版社，2002．148

进入现代社会以后，现代新型商业业态在满足人的消费需求后，还能体现某种意义上的"自我价值"的实现。美国最早的购物中心是1922年由哈佛大学的一名毕业生设计建造的，位于堪萨斯州乡村俱乐部，占地6 000英亩。但购物中心迅速发展却是在20世纪50年代以后，其主要原因是当时美国执行产业分散化政策，大量人口由旧城向新城转移，新城周边开发急速进行，汽车的普及化等等。购物中心根据规模、所处位置等的不同可以分为多种类型，它以百货店和超市为核心店铺，在周边配有许多专门店、饮食店，以及其他休闲、娱乐等服务设施，建有大型停车场，满足消费者的一次性多样化需求。

在这种新的零售商业空间里，通过各种各样的主题活动——既有商业促销性质的，也有文化娱乐性质的，让消费者逗留更长的时间、介入更多的活动，从而花更多的钱，几乎成为经营"铁律"了。让消费者真正实现在休闲中购物、在体验中购物的境界，把"消费经济"演绎为"体验经济"。在这里，消费是一个过程，消费者是这一过程的产品，因为当过程结束的时候，记忆将长久保存对过程的"体验"。消费者愿意为这类体验付费，因为它美好、难得、非我莫属、不可复制、不可转让、转瞬即逝，它的每一瞬间都是一个"惟一"。"体验"呈现"惟一"性，是因为产品是可以加工的，商品是有实体的，服务是无限可变的，而体验是印象深刻、难以忘怀的。

商业的发展始终受到时代的控制。在各种商业业态的空间里，商业经营、消费行为都可看做是社会行动，而进入现代零售业态时代，特别是在"新业态"时代，"新业态"对合作伙伴、对消费者的控制力量，说到底是社会机制力量的显现。① 在商家和消费者都是处在理性与非理性交替的社会环境中，在这个空间里遵循高效率、理性的消费规则，存在着引诱消费者非理性动机的目的。这种"理性"也就是"现代性"，最典型的体现就是美国社会的"麦当劳化"——制度决定一切，系统运作一切。英国当代社会学家布赖恩·特纳对此有精到的分析："韦伯的理性化概念，法兰克福学派行政操纵化社会（administered society）的概念，以及埃利亚斯文明化进程的概念，这些都隐含着一种认识，即现代社会将变得越来越受管制，越来越讲规范，越来越讲行政化，也越来越受操纵。"到了高度信息化的后现代社会，这种倾向反而越来越严重。美国著名社会学家里茨尔在其1993年出版的《社会的麦当劳化》一书中，更是采纳了韦伯的社会学观点，注意到诸如泰勒制和福特制之类的管理技术在现代社会中的应用，已经导致了日常生活的常规化和标准化。"社会的宏

① 张鸿雁，李程骅：商业业态变迁与消费行为互动关系论. 江海学刊，2004（3）. 以下对新业态的分析，参考了该文的基本材料和观点。

观环境固然变得越来越不确定、不规则，但与此同时，微观世界或日常世界确实受制于标准化和常规化的过程。”

现代社会的“控制性”和“标准化”在新的零售空间里得到了集大成的运用和体现。在这个特定的空间里，提供的全是“模块化”的交换和服务。这个空间无论在全球哪个城市，也全是“模块化”的：从沃尔玛到麦德龙、家乐福，所有的零售巨头采取全球连锁，不论在哪个国家、哪个城市，其形象是一致的，内部空间布置是一样的，最先进的信息技术支持的管理系统、物流配送系统以及采购系统都是一体化的，这样做就保证了其快速反应能力，最大限度地降低经营成本，提高了整体效率。对消费者来说，一旦进入其中，其购物消费的流程也是“标准化”的了。在这个空间里，购物的整体过程化为一个大系统，消费者尽管在选购物品上有充分的自由权，可以享受“视觉消费”的满足，可以达到购物休闲的目的，但走的每个程序都是事先规定好的。因此，我们可以说，“麦当劳化”的标准化、控制性还只是针对商业系统自身的可持续运营，对消费者的控制还是“间接”的，而“沃尔玛化”在具有了“麦当劳化”一切特征和功能后，又运用更缜密、更完备的体系，直接“控制”了消费者，“控制”了一切与它合作的伙伴、资源。即使是处在街头和社区一隅的便利店，也是充分运用最先进的信息技术和严格的标准化服务来“控制”消费者的。西方的学者们在研究为什么美国的“7-11”竞争力比不上日本“7-11”时，发现是后者的系统“控制力”大大超过“前者”。

“新业态”强化对消费行为的控制性，在提高社会运行效率的同时，在文化意义上又带来了新型的消费文化。在这种亚文化消费群体中，消费的“象征性”、“符号性”也由此变得更为明晰，并具有了两层含义：一是“消费的象征”——消费表达传递了包括个人的地位、身份、个性、品位、情趣和认同的意义和符号，消费过程不但是满足人的基本需要，而且也成了现代人社会表现和社会交流的过程；二是“象征的消费”——不但消费商品本身，而且消费这些商品所象征或代表的某种文化社会意义，包括个人的心情、美感、档次、身份、地位、氛围、气派、情调，具有文化再生产或消费情绪、欲求的再生产特征。比如，近些年，人们喜欢到麦德龙、家乐福、沃尔玛以及“7-11”去购物，除了“一站式”、方便性、经济性、休闲性外，和所处群体形成共同认知的有文化内涵的“象征意义”、“符号”作用有很大的关系。

新业态为“象征消费”注入的新内涵，实际上也反映了现代人在消费的过程中，更加追求在消费空间的社区交往功能，以消除“模块化”社会带来的隔阂、孤独。在当代社会中，由于对于社区和公共交往的渴求，以及将枯燥乏味的日常生活变为节日的需求，人们似乎刻意追求这种市井的亲密关系。大型的商业设施，表面看是把多种业态组合，构成了一个集购物与休闲为一体的大空间，实际上顺应了人们对市井型亲密关系的渴求。新型的消费空间增加了人们的交往频率和交往深度，更强化了社区住家、家庭的社区认同感。这也是新的消费空间求大、求人气、求休闲、求互动、求体验的原因所在。

从“麦当劳化”到“沃尔玛化”，现代商业体现的这种“控制性”越来越强，但人毕竟不是“模块”，不是“机器人”，人的消费过程更不是“生产流水线”，在消费的过程中，行为可能会随时改变，会追求更高层次的“休闲消费”、“体验消费”。因此，当代人在消费过程中已经自觉或不自觉地开始“反控制”，比如分散购物行动，减少去大卖场的频率等，在美国社会，这种针对沃尔玛的消费控制已经得到不少家庭的响应。但也应承认，与沃尔玛强大的“平价”魅力相比，大多数家庭只能减少去的频率，加大一次性购买的分量来求得补偿。大商家们也意识到了这一问题，力图介入更多的人性化服务，如免费打包、赠送礼品等来消除对立情绪。这种新的现象进一步提醒我们，消费者不仅仅是“经济人”，更是“社会人”，也是“复杂人”，其追求是多方面的，决不仅仅是价格、实惠，他们要“理性”，也要“自由性”，甚至有时根本就采取非理性的行为。实际上，从社会学的角度研究消费和消费行为，可以看出人的文明化和社会化成果，可以感觉到不断发展的文化和社会环境对以消费者面目出现的人的教化和塑造作用。

尽管“新业态”是处在动态的发展中，功能的完全体现还有一个过程，但“新业态”带来的新的消费理念、消费规则、服务系统等对人们的生活方式已经产生了重大影响：无台阶电梯、手推车、提篮、“一站式购物”、“惊爆特价”、“天天平价”、直邮广告、免费视听区等，无不重新规范人们的消费行为，并在深层次上挖掘人的非理性消费动机。当然，现在由“新业态”带来的消费亚文化，在很大程度上是“麦当劳化”、“沃尔玛化”的衍生物，有其合理性的一面，但过分“机器化”、“模块化”及由此而引起的“消费者潜意识非理性化消费”等，如果不能适当调整，这种消费空间和“铁笼”就没有根本性的区别了。因此，必须具有情感归属性、自由的张扬性，否则就会造成消费者主体价值观的失缺。

所以，当我们进一步考察广告传播与社会系统复杂和多元的互动关系的时候，以商业业态的历史维度来更深入地认识商业社会系统运行中所产生的消费文化的变化，就更能合理地把握不同阶段历史的购物模式和商业业态及其消费意识对广告的影响，同时也为探求消费社会广告传播的有效性寻求一种可能性。

第三节 学科地位和意义

广告社会学的研究是建立在广告学理论研究的基础上的。广告学作为学科，走向成熟的过程显然是和广告界众多大师和学者的研究、总结、探讨分不开的。广告学的研究传统和发展必然影响了我们进行广告和社会互动关系研究的判断，而社会生活的多元维度和价值观念同样也在建构着广告和社会互动关系研究的方向和基本趋势。广告社会学学科的创建对于广告学理论研究及其实务发展都将有着深远的影响。

一、广告学的传统和发展

（一）现代广告的学术思想传统

现代广告的学理性研究开始于20世纪初。而现代广告学的学理性研究之所以出现在这个时候，主要存在着三个原因，即商品经济的发展而产生客观推动，心理学的发展奠定理论基础和学科分化的必然。

第一，20世纪初，专业广告公司的迅速发展，推动了商品经济的进一步发展，而商品经济的飞速发展又对广告业提出了更高的要求，急需在广告理论上将广告实践中的经验加以总结和提高，以便进一步推动广告事业的发展。正是由于商品经济在本世纪初的大发展，才形成了广告理论研究的客观基础。

第二，自1879年德国的冯特教授在莱比锡大学创立第一家心理学实验室之后，从实证角度展开了对心理机制和心理活动的研究，并且取得了一系列成果，从而使心理学作为一门独立的学科从哲学中分离出来。现代心理学的产生和进一步发展对消费心理学和广告学产生了重要影响。心理学理论每一次发展和突破都导致广告理论研究的深入和新理论的产生。

第三，20世纪初期，是社会科学学科分化的时期。这一时期社会科学中的许多领域开始出现分化现象，从而产生了一大批新学科。就广告而言，它是适应这一学科大综合和大分化的客观形势，把原属新闻、传播、营销和心理活动中的概念、范畴加以综合、抽象和分离出来，并找出其中内在逻辑，进行新的结构组合，从而构建出了独立的广告学理论体系。

现代广告学的研究发展经历了三个阶段，即创立、成熟和创新。

第一，从19世纪末至20世纪30年代为广告学的创立阶段。

1900年，美国心理学家哈洛·盖尔在多年广泛调查研究的基础上写成《广告心理学》一书，强调商品广告的内容应该使消费者容易了解，并应适当运用心理学原理以引起消费者的注意和兴趣。1901年美国西北大学校长、社会心理学家瓦尔特·狄尔·斯科特在西北大学做报告时，系统提出心理学如何应用于广告宣传诸要点。随后，他连续发表有关论文12篇，并整理成册出版《广告原理》一书。1903年问世的《广告原理》认为心理学应用十分广泛，不仅在广告业范围，各种产业莫不可行，为广告学的建立奠定了基础。之后，美国经济学家席克斯编著了《广告学大纲》，对广告活动进行了较为系统的探讨。《广告原理》和《广告学大纲》被视为世界上最早的广告学著作。1908年，美国社会学家罗斯撰写了《社会心理学》一书，分析并研究群体与个人在社会生活中的心理和行为表现，其中大量涉及与消费心理有关的直接和间接因素，对广告学的建立起到理论背景的支持作用。1912年德国心理学家敏斯特伯格发表《心理学与经济生活》一书，重点研究工业心理学诸问题，在部分章节中明确提出广告效果和橱窗陈列等和消费心理相关的问题。1902～1905年期间，美国的宾夕法尼亚大学、加州大学、密西根大学和西北大学都开始讲授有关广告学方面的课程。

第二，自20世纪30年代到60年代，为广告学成熟发展时期。

在20世纪20年代，传播学和市场学开始出现，尤其是市场营销活动的开展及理论的发展和完善，推动了广告学的进一步成型。1929～1933年的世界性经济危机带来的经济大萧条，客观上对广告学提出了理论要求。因而，此时期出现了一大批广告专家和学者，研究现实问题，利用广告影响和推动现实经济的发展，并在广告理论成熟化上做出了突出的贡献，产生了许多广告理论流派。1904年，美国最有影响的文案撰稿人约翰·肯尼迪，提出广告是“印在纸上的推销术”，在广告史上第一次对广告的营销属性在理论上加以确认。1923年，克劳德·霍普金斯在《科学的广告》一书中认为“广告是推销术的一种，它的基本理论就是推销术的基本原则”。20世纪50～60年代，崇尚广告的推销属性的代表人物罗瑟·瑞夫斯、大卫·奥格威等围绕“广告便是销售”的中心观点，提出了“独特的销售说辞”（USP）和品牌形象论。

第三，70年代以后，随着新技术革命席卷全球，广告的现代化手段及技巧有了大幅度的革新，广告调研预测技术、媒体策划技术、广告表现技术出现电脑化趋势，广告理论出现了不断创新的趋势。

20世纪60年代末70年代初，艾·里斯和杰·特劳特提出“定位”概念，并写了一系列关于“定位时代”的文章，广告定位理论迅速传播到许多国家。最近，杰·特劳特在总结25年来的经验基础之上出版了《新定位》一书，提出了更符合时代要求的定位策略。与此同时，广告媒体的研究、广告心理的研究、广告运动策略、广告经济学、广告社会学、广告文化学与传播学如雨后春笋般开始出现，丰富、促进了广告学基本理论，又同时推动了广告事业的发展。

（二）广告社会学的营销观念背景

如前所述，由美国心理学家盖尔出版的《广告心理学》、斯科特编著的《广告理论》和经济学家席克斯编著的《广告学大纲》出版，标志着现代广告的研究从广告实务研究转移到“学术”研究的层面。尽管这些研究并未走出大学的讲台，而且这些纯学术的研究也被广告实务所掩盖和遮蔽，但是，却开辟了现代广告的学术性理论探究的20世纪史。而进入20世纪以来，特别是20世纪的后半叶，随着人们对广告的认识的全面和深入，围绕广告的话题也逐渐地从单纯的经济或商业范畴扩展到社会文化的关注。作为一个复杂的社会现象，人们对广告也开始了多学科、多角度的探究。

在经济学界，从社会经济层面对广告进行论争的以英国的经济学家为代表。英国经济学剑桥学派的创始人阿尔弗雷德·马歇尔对所谓竞争性的广告给予了指责。随后，一些经济学家如庇古、布雷斯维特、巴斯特等都肯定了阿尔弗雷德·马歇尔对广告的观点，并引用其观点对广告进行严厉的谴责，谴责广告是非正当竞争手段，会促成垄断，批评广告误导消费者，导致不必要的虚假需求的产生，会引起价格上升，甚至把劣货强加给消费者。当然，在经济学界为广告辩护的也大有人在。与马歇尔同时代的伦敦经济学院的沃尔特·塔普林就曾批评马歇尔对广告的分析“表现了对广告的偏见和颇为激动的态度”，并认为“广告这东西却是任何人甚至经典的经济学家都不能摆脱掉的”，马歇尔的学生也认为马歇尔是“十足荒谬的人”。

美国哈佛大学的尼尔·博登教授通过数百个案例的研究得出结论，认为“在许多的工业里，大规模生产得以进行的部分原因是广告宣传，而大规模生产起到了降低生产成本的作用”，尽管他也认为“在某些行业，广告促进了需求的集中，因而成了导致供应集中于占统治地位的企业的因素”，但他得出的结论却是：广告并不是形成垄断的根本原因，并且，“用广告宣传或者其他促销手段来建立市场，不仅使大企业将产品售价下调至有吸引力的水平，而且也为廉价的无名小品牌创造了机会”。

至于企业家和广告人，对广告在经济中的作用一般都持有肯定的态度，认为广告是一种最节省的推广方式，不仅不会引起价格的上扬，反而会降低商品的售价，不仅不会增加消费者的负担，反而会节省消费者寻求合适商品的成本，不仅不会把劣货强加给消费者，反而是一种质量和服务水平的保证。

广告经济层面的争论尚未止息，进入20世纪60年代后，关于广告的社会文化的研究又成为了广告理论的热点问题。法国的热拉尔·拉尼奥的《广告社会学》一开篇就主张可以而且必须从经济和文化两个角度来分析广告。“广告很早就具备了文化的冲击力。”在他的这本小册子中，他用自由市场和社会传播两个概念来界定他的研究内容。在他的研究中，他认为，法语中的“商业”这个概念可以表示人与人之间的任何形式的交流，而广告在哲学上可以定义为所有人与所有人的交流。他的关于广告的交流哲学的认识，与法国另一个社会学家让—皮埃尔·瓦斯在《广告学导言》一书中阐述的观点如出一辙。与传播学、社会学的批判诠释论的崛起相联系，人们对广告的社会文化的认识，也基本上表现为以广告与社会、广告与文化为核心的视点，在研究内容和研究方法上，突破了实证的行政研究的樊篱，不再仅仅关注广告的传播模式和过程以及对广告现象的经验性的描述和量化研究，而是以社会学和文化学为理论视野，展开了广告社会学和文化学的研究，加强对广告传播的质化批评，从而把广告研究提升到社会哲学的高度。

笼统地说，对广告的社会文化的认识，存在两种基本的判断：一种为“乐观主义”观点。温斯顿·邱吉尔就认为，广告滋养了人们的消费能力。它创造了对更高生活水准的需求。它在一个人面前树立了追求目标：包括他本人和自己的家庭都有一个美好的住所，更美好的衣着和更精美的食品。广告鞭策了个人奋斗并促进了生产力的发展。富兰克林·德拉若·罗斯福甚至认为：“假如我能重新开始生活的话，我将不顾其它一切地投身于广告行业。”若不是有广告来传播高水平的知识，过去半个世纪各阶层人民现代文明水平的普遍提高是不可能的。历史学家大卫·波特在《富有的人们》中说：“一个人可能已相当广泛地阅读了有关公众舆论和大众文化的文学作品以及美国大量的宣传品，但却不知如今的广告宣传在其社会影响程度上已与学校、教堂等传统性机构相媲美了。”广告主宰着宣传工具。它在公众标准形成中起着巨大作用。在对社会起控制作用的有限几种机构当中，广告其实也算得一个。然而社会的分析家们在很大程度上却忽视了它。而另一种观点则是“悲观主义”观点。认为“广告是罪恶的勾当”，英国的历史学家汤恩比甚至认为，“想不出什么情况下广告能不是邪恶了”。

当然，对广告的社会文化的关注和思考，并没有引起广告业界的足够的重视。广告业界依然是我行我素，他们所关心的依然是广告的销售效果，依然是广告所带来的商业利润。就是20世纪50年代李奥贝纳的万宝路广告充满了文化的创意，但是也是把文化作为其广告的市场的销售因素来考虑。

真正关注广告的社会文化的影响，是在20世纪70年代以后。这与西方市场营销观念的一场革命有着密切的联系。

资本主义企业的营销观念的形成与发展，经历了新旧阶段的两个时期。以20世纪50年代前的“生产观念”和“销售观念”作为旧观念，其后的“市场营销观念”和“社会市场营销观念”作为新观念。新旧观念的区别，最主要的是“销售观念”和“市场营销观念”的区别。前者着重于卖方的需要，后者着重于买方的需要；前者只注重推销的计划与技巧，设法兜售产品，后者关心顾客的需求，力求通过产品及营销活动来满足顾客的需求和愿望。

表 1-1 **新旧营销观念对照表**

营销观念		规划顺序	重点	手段	目标
旧观念	生产观念	产品—市场	产品	生产作业效率	销售量/利润
	销售观念	产品—市场	产品	促销与推广	销售量/利润
新观念	市场营销观念	市场—产品	顾客需求	整体市场营销	满足需要并获取利润
	社会市场营销观念	市场—产品	顾客需求与社会福利	整体市场营销	满足顾客需要 增进社会福利 企业获得利润

“市场营销观念”的理论预设在于“消费者主权论”，消费者确知自己的需要，企业和产品的价值在于发现并满足这些需要。简单地说，市场营销观念就是一切为了消费者。假如说企业真的确立了这种以消费者为中心的市场营销观念，那么，消费者的权利和利益就必然得到了尊重和保证。西方的市场营销观念几乎是与消费者权益运动同时出现和发展的。罗森伯的《行销管理学》认为，所谓消费者权益运动，其目的在于从“法律、道德和经济方面，组成对商业的压力，以保护消费者”，并“设法寻求增加买主对卖主的权力和权利”。① 消费者权益运动是资本主义供给与需求之间对抗性矛盾发展的产物。为了使商品的价值得以顺利实现，获得满意的利润，并在竞争中立于不败之地，资本主义企业组织营销活动，必须深入地了解、并力求适应消费者的需要和欲望。20 世纪 60 年代后，资本主义国家日益兴起消费者权益运动，敦促立法机关立法以保护消费者的利益。1962 年，美国通过了消费者权利法案，宣称消费者应具有的基本权利有：

（1）安全权。商品与劳务不应有损消费者的健康和人身安全。

（2）认知权。消费者应能及时获得有关商品的可靠信息。

① 吴健安. 市场营销学. 合肥：安徽人民出版社，2004. 34

（3）选择权。消费者对商品有接受与不接受的充分选择的自由。

（4）申诉权。当消费者的正当权益受到侵犯时，有向政府或社会组织提出申诉并要求赔偿的权利。

当然，要真正做到“一切为了消费者”，切实维护消费者的权力和利益，又与资本主义的本质存在着矛盾。所以，罗森伯认为，消费者权益运动是资本主义商业行为的失败，表明“消费者最无法容忍的失望”。① 在保护消费者权益方面，实际效果是有限的。但是其影响力却促进了西方市场营销观念的发展。

从20世纪70年代起，西方市场营销学者著作中提出了一个“社会市场营销观念”。要求企业在制定营销策略时，注意避免因强行推销和欺骗性广告引起消费者的反感，强调供给消费者恰当的信息，产品决策考虑到对社会利益的影响。以实现消费者的满意以及消费者和社会公众的长期福利，作为企业的根本目的和责任。具有深刻社会意义的“社会市场营销观念”的提出，促使人们注意到营销学在传播意义重大的社会目标方面所可能产生的作用，环境保护、计划生育、营养健康、安全带使用，等等。从不同的角度强调企业的营销不仅仅考虑公司的利润目标和消费者的需求，更要考虑消费者和社会发展的长期利益，不仅仅考虑营销的具体的微观效果，更要考虑营销的宏观效果。而作为营销推广的重要手段和工具的广告传播，在“社会市场营销观念”的指导下，对广告传播的社会效果、伦理道德以及文化责任甚至文化传播安全等问题的思考，也自觉成熟起来。

1986年5月，在美国举行的国际广告协会第三十届世界广告大会上，会议的中心议题就是从当时到21世纪全球广告发展趋势，其中的一个分议题便是21世纪的文化广告。美国广告人迪诺·贝蒂·范德努在会上作了题为《文化的艺术和科学》的发言，可以说是代表了当代广告从业人员对广告发展的基本判断和价值趋向，表明世界范围内广告人对广告文化的认可。她说：“如果没有人做广告，谁能创造今天的文化？你又能从哪里为文化活动找到比一种广告媒介更生动的宣传方式呢？……我们应该承认我们确实影响了世界的文化，因为广告工作是当代文化整体中的一部分，是文化的传播者和创造者。”②

---

① 吴健安．市场营销学．合肥：安徽人民出版社，2004．34

② 张金海．20世纪广告传播理论研究．武汉：武汉大学出版社，2002．190

二、学科属性和目标

（一）广告社会学的学科属性

研究广告社会学的学科属性以及与相关学科的关系，首先遇到的就是“什么是学科”这个问题。应该说，学术界对什么是学科，并没有明确的规定。《中国大百科全书》把“学科”等同于“知识门类”，或“知识领域”，把全部知识分为“66个学科或知识领域”。① 《辞海》中“学科”的释文是：①学术的分类；②教学科目的简称。这些学科的概念基本上是对现象表面的界定而没有揭示出学科的本质特征。而美国科学哲学家托马斯·库恩用“范式”来规定一门学科，认为一门学科就有一个范式来支配，构成一种“学科基质”。②

人类知识体系在长期的发展演变过程中，形成了传统的学科分工。不同的学科研究不同的内容和对象。如经济学研究经济现象，政治学研究政治现象，教育学研究教育，社会学研究社会关系、社会现象，等等。但是，传统的学科分工的标准是相对的。随着现代科学的发展，研究范围的扩大，学科的问题也变得越来越复杂。特别是学科交叉性以及多学科性的出现，使得20世纪的学科研究呈现出明显的跨学科研究的趋势。“实际问题是丰富多彩的，为了对各种实际问题做出科学的说明，探求它们的发展规律，需要研究者运用多种已有的知识武器，并创造新的方法与手段，在各种情况下，多学科、多角度、多层次的交叉研究和综合研究势在必行，而随着这种研究的发展，许多新的边缘学科、综合学科、横断学科必然不断涌现。”③ 从一定意义上说，学科的研究对象是随着知识的发展而变化的，人们在知识的变化发展中总是不断地去发现新的研究内容，因此，研究对象是一种建构的结果。

而对于社会学理论而言，实际上只是一套相对统一的知识体系，在它的具体研究范畴交织着许多甚至充满争议的脉络或主题，社会学的科学内容也正是在这种争议之中不断得以延续和扩展。正如特纳所说：“无论如何，从社会学的途径来研究知识，就会得出这样的结论：理论是一种集体性的建构，以回应

---

① 中国大百科全书．纪念册．北京：中国大百科全书出版社，1993

② ［美］托马斯·库恩．必要的张力．纪树立等译．福州：福建人民出版社，1981．293

③ 中国社会科学院访英代表团．对英国社会科学组织工作的几点观感．国外社会科学，1986年第6期

在理解社会生活时出现的种种共享的问题和机遇。"①

从传统的常规的学科划分标准来看，广告可作为一门研究营销传播的学科。但是，广告研究并不是"营销"或"传播"的独占的对象，而是一种综合性的社会、经济、文化现象，需要从多学科、多角度进行研究。不过，作为对广告的综合现象的研究，各门学科所研究的侧面和角度还是有所不同。为了说明社会学能够从哪些方面对广告进行研究，我们可以考察一下广告所具有的基本属性，以便确定这些属性是否适合从社会学角度加以研究，也就是说，确定广告所具有的"社会学学科属性"。

某种意义上说，广告作为一种营销传播的社会现象，它不仅通过对商品或服务的信息诉求，说服和刺激消费者对商品或服务的消费，以达到营销的目的，而且与此同时还在商品或服务的附加值的提升过程中，描述了消费者的社会生活方式、文化价值和意义取向。所以，广告具有多重属性的特征。概括地说来，主要有经济属性、文化属性、符号属性和社会属性等。

1. 广告的经济属性

众所周知，人们对广告的基本认识，就是广告是作为一种营销的工具和手段。广告的经济属性就表现在通过营销对经济的影响和作用。在社会整个经济活动和发展过程中，广告承担着重要的职责，从企业经营角度来看，广告是企业营销活动的重要环节，是企业促销的重要手段之一；从消费行为角度来看，广告是消费者获取信息情报的重要渠道，广告的诱惑间接地引导消费、刺激消费、提高消费，从而形成人类生活和社会生产发展的良性循环：生产—消费—更大生产—更大消费。所以，经济的发展，不断增加着对广告的需求。反过来，广告的发展又不断地推动着经济的发展。社会经济和广告处在不断的互动发展过程之中。

2. 广告的文化属性

广告的经济属性是直接的显性的，广告的文化属性则是潜在的深层的，它是以特殊的方式参与社会文化的建设和塑造。特别是广告对社会消费文化的影响，持续不断地引领新的生活方式，促使消费观念的改变，不断地塑造时尚、创造流行，等等。20世纪50年代美国的"万宝路"广告就有意识地加强了广告的文化的市场利销性，万宝路广告所宣扬的文化价值成为了美国文化的重要部分。因此，广告的信息内容本身就具有一个民族、一个群体或一个地区的独特文化的表征，并且同一定的信仰、价值和人生哲学相联系，支配着人们的消

① ［美］布赖恩·特纳. 社会理论指南. 第2版. 李康译. 上海：上海人民出版社，2003. 2

费选择和消费活动，进而参与了一个文化的生产和传导。从文化的角度来研究广告，提供了广告研究的新视野，对加深对广告现象的理解具有重要意义。正如美国广告史家理查德·W·波莱指出："广告是文化和社会的一部分，即使它只反映出文化和社会的价值观，它也已经成了我们自己的重要反映，因而，我们必须把它当做提高和加强它所描绘的生活的重要因素。"①

3. 广告的符号属性

广告的符号属性是同广告所传递的商品的符号属性相联系，商品不仅具有使用价值和交换价值，而且还有符号价值。正是这种符号价值，使得商品本身具有了区别于其他商品的独特性和社会象征性。广告传播的过程，是一定的社会文化规则的编码过程，同时又是由消费者解码的。这种符号属性进一步揭示了广告的文化属性和社会属性。广告的符号属性使得广告本身成为一种"表征"和"症候"，成为一种"文化"，而且广告传播过程是以消费者的认同、消费反馈为导向的，因而是韦伯所谓意义上的"社会行为"，具有社会性。

4. 广告的社会属性

作为营销传播的广告，其本质特征就在于其传播活动的社会性。广告运动的主体不是抽象的孤立的个人，广告主体总是处于一定的社会关系之中，因此，任何广告通过广告传播不仅反映了特定的社会关系，而且起着社会关系再生产的作用。也就是说，广告是在一定的社会关系中进行的，又是一定社会关系的体现。在一定意义上说，广告是一种社会交往和沟通方式，表现了相同消费群体或细分市场消费者的共同生活品位和风格。而且，从广告的社会关系性而言，它又是一种双向互动的社会行为。

广告的社会属性是"社会学学科属性"的最明显的体现。研究广告的社会性是广告社会学的理所当然的任务。广告的社会属性也是广告社会学区别于广告营销学、广告传播学和广告心理学的主要前提之一。如果广告营销学研究的是广告作为营销的工具和手段，广告传播学把广告看成是一种商业信息的传播活动，广告心理学研究的是广告信息的传播和接受过程的心理活动的规律，那么，广告社会学则把广告的传播过程看成是一种社会活动，也就是对广告和社会的互动及其现象的研究。

综上所述，从广告所具有的属性来看，广告绝不仅仅是经济营销现象，而是一种经济、文化和社会现象的综合。因此，除了对广告进行营销研究、传播研究外，还有必要从社会学的角度加以探讨。因此，广告社会学在研究广告的社会科学领域有其存在的必要性、合法性和迫切性，能够而且也必须对广告研

---

① 丁俊杰. 现代广告通论. 北京：中国物价出版社，1997. 147

究做出自己独特的贡献。

作为一门学科，必须要有相对独立的研究对象。边缘学科和交叉学科由于与其他学科的复杂的联系，更有必要明确自己的对象。对于广告而言，多年来，学界流行着广告的“传播说”和“营销说”的两种不同观点。这两种不同的表述分别代表了人们对广告起源问题的不同看法。站在前者的角度上看问题，广告伴随着传播技术的进步而进步；站在后者的立场上找原因，广告则因营销环境的变化而成长。但是，无论是前者或是后者，都是把广告视为孤立的“传播”或“营销”。尽管这二者是广告赖以生存和发展空间中相互支撑的两个层面。但是，从社会系统的角度来看，广告与纯粹的营销或传播的技术工具不同，它同时也是一种社会现象。

“在社会化大生产和市场条件下，一般需要有某种社会市场营销系统来组织整个社会的所有生产者和中间商的经济活动、组织整个社会的生产和流通，求得社会生产与社会需求之间的平衡，以满足全体社会成员多种多样的需要。”① 广告经由营销，在实现目标与适应环境的同时也以其特殊的力量作用于整个社会，对环境产生着影响。广告的社会性功能是广告基本功能的基本内容。因此，广告传播作为一种社会传播方式和传播形态，广告传播理论是一种社会理论，不是孤立的单独存在，其与社会历史环境相关互动，必须从社会情境脉络中去诠释其理论意义，而作为一种社会经济活动，社会经济环境和传播环境的发展和变迁极大地制约和影响了广告传播及其理论的变迁和发展。② 社会经济、文化的发展，不断增加着广告的需求；反过来，广告的发展又不断地推动着社会经济文化的发展。社会的经济、文化与广告处于不断的互动发展过程之中。

正如著名科学家钱学森所说：“把极其复杂的研究对象称为系统，即由相互作用和相互依赖的若干组成部分结合成具有特定功能的有机整体，而且这个系统本身又是它们从属的更大的系统的组成部分。”③ 因此，从广告社会学的一般学科视角来看，可以肯定的是，对广告社会学的研究，绝不是就事论事的对广告活动本身或广告传播行为的研究，而是把广告同其他社会事实、社会过程和社会关系联系起来进行整体和系统的思考。因此，广告社会学，所研究的广告就不仅仅局限在经济活动领域，而是把广告同更为广泛的社会背景和过程，或更为一般的社会互动和关系联系起来加以考察。

---

① 吴健安．市场营销学．合肥：安徽人民出版社，2004．2

② 张金海．20世纪广告传播理论研究．武汉：武汉大学出版社，2002．3

③ 钱学森．组织管理的技术——系统工程．文汇报，1978年9月27日

广告活动是一种综合性的信息传播活动，它不仅传递商品信息，而且还传递各种政治信息、社会生活信息、文化信息等。因此，从广义的广告活动来看，广告可以说是一种大众性的社会信息传播活动。如果从狭义的广告活动来看，商业广告或经济广告活动，也必须以广大的社会为背景，以特定的社会制度、社会文化、生活习惯与民族风俗等为依据，才能创作出符合特定社会条件的广告作品。广告渗透到我们社会生活的各个方面，它与各种社会现象必然有着相互作用的关系。在这一过程中，广告不仅遵循着广告学的准则和规律，同样也遵循着社会学的准则和规律。只有运用社会学的整体原理，从社会这个整体出发去研究广告的活动，才能够找到广告活动的内在特征。

简言之，广告社会学就是采用社会学的观点和方法，从广告与社会系统的总体关系出发，研究广告的本质属性以及广告与社会系统各因素之间的相互作用、相互关系，揭示广告传播与社会系统互动关系及其规律的社会科学。

作为研究广告与社会互动关系的一种交叉学科，广告社会学，以一种特定的社会学的眼光，去关注广告，关注更一般意义上的广告生活，并且努力超出这些现象本身，从它们在整个社会生活当中更宽阔的意义上来说明这些现象，既通过对广告作用的批判向度，建立广告活动和社会生活之间的良性互动关系，又为人们认识现代社会提供了新的视角。

（二）广告社会学的学科目标

一个学科存在的合法性基础之一是它服务于某些有意义的目标。通常说来，学科研究的目标除了增加人类对世界及其各种现象的知识外，还应有某种实际效用，有助于达到或实现某种政治、经济、文化或社会目标。

传统的广告研究主要集中在营销学、心理学和传播学领域。它们的实践目标也比较一致和明确，即是为了营销目的。这一实践目标也是导致人们重视这一学科的主要原因。广告社会学研究显然也可以并必须服务于这一目标。例如，广告社会学就可以从社会学的角度对广告的营销效果和运营方案进行研究，包括研究消费者广告信息接受行为的社会学因素，消费者细分市场中收入、家庭、参照群体的影响，广告媒体分布过程的社会因素等等。“百年润发”中所营造的“经典浪漫爱情气氛”，南方牌黑芝麻糊所表现的对童年旧时温馨甜蜜的回忆，这些利用中国传统亲情爱情所演绎的产品灵魂，使商业行为和人文精神成功地实现了水乳交融。可以这样讲，完美地实现了广告的商业利益和社会意义的融合和转化。反过来讲，“脑白金”广告被网友评为十大恶俗广告之一，尽管广告为其产品销售立下了汗马功劳，但是，脑白金这种强制的狂轰滥炸式的手法，在追求利润的最大化之余却已经由于这种恶俗强制所给人们带来的不平等视觉污染造成了巨大的社会损失。因此，即使在市场营销的目标上，广告社会学的研究内容也是广告学研究的其他分支学科所不可代替的。也就是说，广告社会学的知识、理论在市场经济的商品经营、营销和服务方面有着重要的运用价值。

但是，广告社会学要成为一门独立于广告学研究中其他学科的合法性学科，必须要有其他学科不可代替的实践目标作为自己的合法性基础。因此，尽管营销目标可以成为广告社会学的目标，但仅仅是一个局部目标。也就是说，广告社会学还应该以人的社会化、现代化发展、现代社会的社会控制和协调、消费文化的建设和提升以及未来社会经济文化发展格局中广告的发展为其实践目标。因此，广告社会学的实践目标显然要比广告营销学、广告心理学和广告传播学等以营销目标为导向的学科来得宽阔。这样更为全面的实践目标就决定了它可以成为一门单独的学科，也决定了它对广告的研究范畴有所不同。

尽管我们不必过分急于划分广告社会学的学科“主权”的研究对象和范围，但是仍然有必要来深刻地反思广告社会学自身的研究范畴，由此来进行一些广告和社会关系的实质性的研究。在我们看来，广告社会学的研究对象和领域，可以从以下几个方面入手：

第一，广告与商品的关系。广告是商品经济的产物，人类社会自从有了商品生产和商品交换，就有了广告和广告活动。广告的本质属性是市场营销的工具和手段，市场营销的内容就是商品及其信息。而从广告和社会的互动关系来看，广告首先是通过商品信息以及商品文化的传递来影响社会，商品成为广告与社会系统互动关系的“媒介”。广告、商品、社会的互动关系见图 1-1。

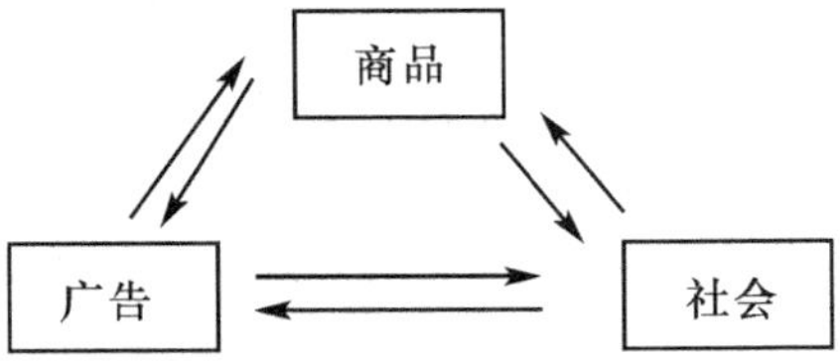

图 1-1 “广告—商品—社会”互动关系

而商品的交换价值和符号价值属性，使得商品本身也成为了社会关系的体现和载体。所以，同从经济学视角研究商品的商品学不同，广告社会学对商品的研究重点在于商品的社会关系性质、社会和文化因素对商品的影响以及商品的品牌文化对消费社会文化的作用等等。可以说，“商品社会性”构成了我们广告社会学研究的逻辑起点。

第二，广告与人的发展的关系。英国学者英格尔斯把人的社会化及现代化过程分为早期和后期，认为早期主要是教育起作用，而后期主要是取决于从事的职业和同大众媒介的接触程度和范围。在现代传媒、消费文化和商品经济高度发达的社会之中，同现代化的职业经验一样，人们与大众媒介和广告的接触也是促成他们个人现代化的重要力量。广告对人的社会化发展、对人们的社会认知态度以及现代化过程都起着重要的影响。关于大众传播媒介对人的现代化的影响，广告对儿童的成长的影响，广告中表现出的社会性别取向等，一直是近年来传播学界和广告学界探讨的问题。这一部分的问题把广告传播和人的发展联系起来加以探讨，主要研究广告和人的发展的种种关系，以及广告在人的社会化和现代化过程中的作用，既有助于广告传播的营销目标的实现，也有助于实现文化建设特别是人的全面发展的目标。

第三，广告与社会生活的关系。广告的支持者认为广告作品必须通过反映社会现状来与社会保持和谐，是一面反映社会现状的镜子。而对广告的批判意见则认为，“作为一种社会动力，广告因其可能对我们的思维和行为带来不利影响而长期受到指责。所以，许多人文学家和社会科学家一直批判广告，因为它造成社会目前的状态——功利、愤世嫉俗、理性丧失、自私自利、社会竞争、情欲横流、政府软弱”。① 但无论如何，社会生活中的生活方式、流行时尚、社会生产消费秩序都可以在广告活动之中找到一种影响方式。广告对消费者的教育生活水平的提高、大众的幸福和福利的满足以及社会观念的影响，都是必须面对的研究课题。由此，对广告与社会生活关系的研究，有助于社会协调和社会秩序和谐的目标的实现。

第四，广告与传媒文化的关系。进入现代社会以来，广告与大众传媒也一直处在互动发展过程之中。大众传媒为广告提供了一种有效的传播渠道，广告也有效地利用了大众传媒，并成为大众传媒的重要的经济来源，为媒介经济的重要构成。在商业化的媒介市场，有了广告的经济来源，媒介才能得以正常和有效地运转和发展，现代人也由此享受到大众传媒所给人带来的丰富多彩的乐趣。但是，广告的商业权力对媒体的浸染和控制，也使媒体逐渐失去公共性和公益性的基本品格，由此而来对社会文化造成诸多不良影响。而在全球化时代的背景下，全球媒体的“文化帝国主义”通过跨国广告传播所蕴含的文化冲突更使得广告成为了跨文化传播的重要载体。由此引发的社会问题日渐成为社会学家的重要课题。

从我国的广告研究现状来看，20 世纪 90 年代以来，广告学的研究开始向纵深发展。一些理论工作者不满足于现有的研究状态，提出要把广告放在更广

---

① 丁俊杰. 广告学导论. 长沙：中南大学出版社，2003. 61

阔的社会背景中去思考。1995 年，陈宏军在《关于广告的社会学思考》中敏锐地指出：“学术界对广告学的研究基本上是从两个方面进行，一是从广告学所涉及的信息传播原理去研究广告活动的内在规律，二是从广告与市场的关系中去研究广告的外在因素。无论是从哪个角度研究广告学，都应把广告放在整个社会这个大系统中去考察与分析，以便从全新的角度（人、社会、广告）去进行系统的研究。”① 欧阳康在 1996 年也提出把社会学融入广告学研究的必要性。他在《现代广告》一书中阐述了社会学与广告学的关系：“社会学总是将自己的研究对象作为一个整体来分析，它认为任何脱离整体的个体都是不存在的。社会学研究的整体性原理，对广告活动的研究具有指导意义。”② 2002 年，张金海的《20 世纪广告传播理论研究》在总结 20 世纪广告理论研究的现状时认为，“从严格意义上说，20 世纪的广告理论大多是操作性、技术性的浅层理论，是围绕广告如何促成销售的，是以达到经济目的为指导的。之所以如此，与 20 世纪人类片面追求经济发展和过分重视物质文明有直接关系。新世纪的广告批评，应从广告与人、广告与社会、广告与经济、广告与文化、广告与道德、广告与科技等多角度出发，研究广告如何有利于人的全面发展，逐渐形成科学的广告理论体系，使广告在不断发展变化中更有利于人类”，③ 并且开辟“广告传播的社会文化关注”一章，系统地阐述了广告的社会化问题和广告社会文化批判的理论聚焦和原则，应该是从宏观的层面为广告社会学研究提出了价值取向和批评标准，提升了广告社会学研究的理论高度。2002 年，刘泓在其广告文化理论专著《消费、象征和权力——广告文化批判》中，从社会批判的视角反观广告与现实世界以及现行体制的关系，并从作为社会经济生活重要表象之一的广告中，观照出当代中国社会所具有的心态和文化倾向，探讨广告传播活动的文化影响力，总结现代广告文化的发展规律。其中广告历史的文化解读、广告资本权利对公众话语表达的控制、广告形象的社会性别文化批评及广告与视觉文化等问题的提出与思考，都包含着作者对东西文化的冲突、传统文化与现代文化的冲突、高雅文化与大众文化的冲突的理解、整合与反思，从而达到对广告社会批判研究的新高度。④

---

① 陈宏军. 关于广告的社会学思考. 95' 中国广告年鉴. 北京：新华出版社，1996. 271

② 欧阳康. 现代广告. 北京：中国社会出版社，1996. 38

③ 张金海. 20 世纪广告传播理论研究. 武汉：武汉大学出版社，2002. 218

④ 陈培爱. 序言. 参见刘泓. 消费、象征和权力——广告文化批判. 福州：海峡文艺出版社，2002

当然，加强广告社会学的研究更是广告发展实践过程面临的实际需求和任务。目前广告传播中所存在的许多社会问题，也暴露出了我们在广告社会学研究方面的空白以及由此所带来广告的社会道德问题的急迫性。从立邦漆“盘龙滑落”到耐克的“恐惧斗室”，从“新兴医院广告风波”到“屈原喝酒不跳江”，广告界里接连出现的不良现象多次成为社会舆论的焦点，充分说明好的广告，不但有利于市场的繁荣与发展，给人们的衣食住行等带来种种便利，也能让人们获得视觉、听觉的精神享受，更能感受一种先进、高尚、文明的广告文化。而不良广告带给人们的是一种污染和伤害，无异于一种“精神垃圾”，轻则污染人们的视觉听觉环境，重则给群众的生命和财产带来损失。同时，这些不良广告的泛滥，也扰乱了广告市场秩序，破坏了良好的广告文化环境，与社会的文明风尚格格不入。

综上所述，由于广告具有的明显的社会学学科属性，它能够而且也应该为社会学所研究。由于社会学对广告的研究不仅具有独特的视角和方法，而且具有独特的学科目标。由此，广告社会学与广告学研究的其他学科是不同的，也是其他学科所不可代替的。广告社会学具有成为学科的合理性，而且有大力加强的必要。

【思考·练习】

1. 如何理解广告传播的系统结构？
2. 联系实例，分析广告对我们生活态度和消费方式的影响。
3. 简述社会学研究的三种传统及其取向。
4. 阐述社会学批判诠释学派的理论基础和方法论。
5. 理解早期资本主义的文化精神和广告发展的关系。
6. 理解并把握不同历史阶段的购物模式和商业业态及其消费意识对广告的影响。
7. 如何理解广告的属性和广告社会学的学科目标。
8. 阅读下列材料，撰写一则小评论。

附文：摘自《2004年广告乱象批判：中国象征屡遭戏弄》，来源：2004年12月13日《人民网》

从立邦漆“盘龙滑落”到耐克的“恐惧斗室”，从“新兴医院广告风波”到“屈原喝酒不跳江”，广告界里接连出现的不良现象多次成为舆论的焦点，本文归纳了2004年广告界的“乱象”。

乱象之一：中国象征遭“戏”弄

现象描述：自去年“中国狮”向日本本田轿车敬礼的广告片播出后，今年又接连发生立邦漆“盘龙滑落”及耐克“恐惧斗室”等事件，中国象征物“龙”、“飞天”等被“老外”一再“戏”弄，此为2004年广告界“乱象”之一。

典型案例：从“恐惧斗室”到“盘龙滑落”

11月底开始，在中央电视台体育频道和各省市电视台播出的耐克公司“恐惧斗室”广告片中，NBA巨星勒布朗·詹姆斯担任男主角，大意是他脚穿耐克鞋，独闯一个五层高的建筑，形似中国老人的武林高手、“飞天”形象般的妇女、两条中国龙频频被其打败。

今年第九期的《国际广告》介绍了一则立邦漆《龙篇》作品，画面上亭子的两根立柱各盘着一条龙。但是左立柱色彩黯淡，龙紧紧地攀附在柱子上；而右立柱色彩光鲜，龙却滑落下来……而此广告却“荣获”某国际权威广告评价机构的高度评价。

乱象之二：明星代言虚假广告

现象描述：没有亲身体验过所宣传的产品，而在广告中却称其使用效果好，误导消费者；在医疗服务和药品广告中虚假宣传、夸大疗效，诱导消费者就医购药；做保健食品广告，违法宣传疗效，明星广告存在的这些问题是2004年广告界的“乱象”之二。

典型案例：新兴医院现象

全国20家电视台频频播出的由大陆明星唐某、解某主演的广告片让很多人记住了北京新兴医院。一些媒体提出质疑称，北京新兴医院其实是用钱宣传了一个“送子”神话，所谓的高疗效是亿万元明星广告“吹”出来的。于是，一场有关明星广告诚信危机的争论热了起来。

乱象之三：颠覆文化，把低俗当卖点

现象描述：广告公司、广告媒介急功近利，为获取最大限度的利润不惜迎合低级趣味，设计制作不良广告，打情色擦边球、把低俗当卖点，如“美女出浴”、“屈原喝酒不跳江”等。此为2004年广告界的“乱象”之三。

典型案例：屈原喝酒不跳江

湖南省某电视台最近播出了这样一则广告：屈原悲愤地站在江边，摆出要投江的架势，这时，坐在屈原身后的一位现代年轻人奉劝屈原说：“人都死了，你还能求索啥?”结果屈原一扫愁容，笑逐颜开，与这位现代年轻人席地而坐，开怀畅饮某品牌啤酒。

乱象之四：烟草广告打擦边球

现象描述：烟草等一些广告不能在大众媒体刊发，而很多跟烟草等有着千丝万缕联系的广告却在大众媒体上打着“擦边球”，干扰受众视听。此为2004年广告界“乱象”之四。

典型案例：刘翔代言白沙文化

白沙文化传播公司与国家体育总局田径管理中心签订协议，“奥运飞人”刘翔成为“白沙文化”的形象代言人，而据了解，白沙文化传播公司是生产卷烟的白沙集团的全资子公司。有人认为这种做法是与“发展体育运动，增强人民体质”的健康体育精神相违背的。

第二章 广告与商品

正如导言中所述，在现代社会，广告是最有影响力的一种社会化体制。但是，我们不应该让广告在社会生活各个领域的各种表象掩盖了其实质。广告的实质是商品的营销传播，是商品营销过程的一个环节。进一步而言，这就涉及到一个看来很普遍但在实质上却很特殊的关系，即人与商品的关系。实际上，关于广告的各种各样的讨论，大都是由当代社会中人与商品的关系问题上所出现的分歧引发的。如果说，对商品的需求是从市场中创造出来的，那么，广告就是把商品的信息加以创意性的策划和传播提供给消费者，从而将消费者整合到一张充满复杂的社会身份和符号意义的大网之中。由此，对于商品和广告的关系的分析，自然就成为我们进行广告社会学研究的逻辑起点。

本章将从市场经济和商品消费的社会性入手，阐述商品消费和社会互动的关系，继而探讨商品的社会特性和作用，进而对广告和现代消费社会的品牌文化互动关系展开进一步的研究。

第一节 市场经济和消费的社会性

从广告发展的最初阶段到今天的广告运动，经济促使了广告的成长并使其成了市场经济的标志之一。从社会文化的角度来探讨市场和市场经济，进而进一步了解市场经济模式变化的本质及其原因，才能帮助我们讨论市场经济环境的改变对广告发展的影响。而商品消费的过程，实际上也是体现消费者的社会关系的过程。因此，在社会学视角的观照下寻找经济发展的规律和在市场经济的背景下来把握商品消费的社会学意义及其社会活动，成为我们进入广告社会学研究的出发点，也是必须要解决的一个理论前提。

一、对市场经济和消费的全面理解

（一）市场经济：一种社会互动形式

作为人类社会生活经济方式的“市场经济”，与传统经济相比，表现出了现代社会文明和生活的独特品性，标志了人类经济生活的革命性变革，同时在对传统社会历史意义的断裂和超越中，凸显出优于传统的价值地位，构成了现代文明生成的基础力量。

“市场”和“市场经济”是两个互为关联的经济学概念。“市场经济”的现代社会属性首先是通过“市场”的力量展示出来的。何为“市场”？这个问题是我们理解市场经济的现代社会属性的意义及其社会形态的价值的关键。①

关于市场，在《简明不列颠百科全书》的词条解释中，有两个不同的词条解释：

一个是作为特殊的经济史概念：“市场（集市）（bazaar）原指波斯城镇中公共交易的场所。这一名称从波斯传到阿拉伯、土耳其和北非。在印度，这个词曾表示单独一家商店，而在现代英语中，它既表示单独一家销售杂品的商店或市场，也表示出售杂货物的集市……经过许多世纪，多数古老的市场已逐渐现代化。”②

另一个是一般的现代经济学的概念：“市场（markets）一般是指买卖商品的地方。现在，市场已扩大到卖者相互竞争招徕顾客的整个地区。西方经济学者认为，市场是买卖双方可以自由贸易的地区，在一个‘完全竞争’的市场中，同样商品无论在何处，同一时刻都趋向于按同一价格销售……市场的作用是把散布各地的商品聚集起来，再输送到分散的各销售点，为买卖双方服务。”③

可见，“市场”具有一种经济范畴的历史特性。作为经济活动的基本形式和行为，并不是现代社会的独特的产物。但是，两个概念的不同意义，实际上也说明了人类公共经济生活的历史的差别：“bazaar”更有原始商品经济的特征，而“markets”才体现了现代商品经济的一般特征——较完全充分的自由

---

① 本章对市场及市场经济观念的分析参考了万俊人先生的部分观点．参见万俊人．道德之维——现代经济伦理导论．广州：广东人民出版社，2000

② 简明不列颠百科全书（第七册）．北京：中国大百科全书出版社，1986年中文版．322

③ 简明不列颠百科全书（第七册）．北京：中国大百科全书出版社，1986年中文版．321～322

竞争及其最大化效率追求、自由交易、规范化的合作秩序和较普遍稳定的市场价格体系。

但是，最有启示意义的是，无论是何种解释，《简明不列颠百科全书》对“市场”的阐述都包含了“市场”的社会文化的意蕴。古波斯城镇的“市场”对于其古建筑、风俗习惯甚至故事文本都有重大的影响。而现代社会的市场经济更是与政治民主、法制建设和道德伦理有着内在的关联。

对于“市场”主题内容的全面把握，决定了围绕市场的知识形态和理论特性。直到今天，作为一般经济原理研究的学科仍然保留着“政治经济学”这一复合概念。所以，马克思的《资本论》第三卷中在吸取了古典经济学的亚当·斯密关于社会分工与商品经济之关系的一般论述之外，又对商品、商品交换和市场做出了深刻的理解：“生产劳动的分工，使它们各自的产品互相变成商品，互相成为等价物，使它们互相成为市场。”① 因此，市场之中包含有实质性的社会关系，即不同的生产资料占有者之间的关系。而这一观点，正是马克思的政治经济学的重要基础之一。

而对于市场经济而言，尽管并非西方现代文明的特有现象，但严格意义上的市场经济概念却是西方现代性的产物。然而，自亚当·斯密以来，西方世界历来存在着两种截然不同的市场经济观念。

占主导地位的市场经济观念无疑是由亚当·斯密所开创的经济自由主义，从所谓古典自由主义到新古典自由主义的经济学，基本上是这种市场经济观念的理论代表。在新老古典自由主义经济学派的理论中，市场经济被赋予了某种“自然化”或纯客观化的预设意义：市场成为以纯理性算计为基本规则的游戏场所。这种观念也是经济理性主义。所有市场中人都遵循市场的经济原则，即：最大化效率原则、公平交易原则、普遍均衡的价格原则等。其中，最大化效率原则又是市场经济原则体系中的核心。求利，而且是追求最大的利益，构成了人类经济行为的“万有引力”，受此动机驱策而驰骋市场的人们也仿佛成了永不满足的永动机，而市场本身则无异于利益搏杀的战场。

但是，19 世纪德国史学派经济学家们不相信这种市场经济观念，他们更愿意认同以人类社会历史和文化为底色的市场经济，相信这些斑驳陆离而又深厚悠远的历史文化甚至包括人类道德，也是人类经济生活中的市场经济的“内生变量”或“构成要素”，它们都具有不可省略的特性。作为交易的场所，市场更像是一种基于人类全面理性，而不仅仅是经济理性的考量的公平合理而运行有效的社会规范安排。因而，包括社会政治、经济和文化制度以及社会伦

① 马克思恩格斯全集（第 25 卷）. 北京：人民出版社，1974. 718

理规范在内的各种社会规范安排，都应进入市场经济的理论视野，甚至构成其合理有效的解释之基础部分。因此，他们认为，与其说市场经济是自由竞争的求利经济，不如说是公平合作的互利经济。社会合作是市场经济的基础，至少同自由竞争一样构成市场经济健康运行的基本条件或前提。

很明显，两种不同的市场经济观念虽然并不构成对市场经济本身的怀疑和否定，却形成两种不同的市场经济理解，其间的理解差异不仅表现为经济学理论本身，更重要的是表现出它们各自所寻求支持的哲学世界观、文化价值观和价值道德观的差别。

马克斯·韦伯认为，要认识"近代西方形态的特性"，当然是必需的，甚至是首先的，要"承认经济因素具有根本的重要性"。但马克斯·韦伯也发现了另一种与之对应的因素，即社会的"精神气质"和人的伦理品质对近代西方经济之独特形态的生成同样有着至关重要的影响。而且，一旦市场本身"社会化"，个人的经济行为或合理的经济行为也就有了"社会行为"的特征。"社会化"在韦伯看来应该称之为一种"社会关系"。这样，在韦伯的经济社会学的学术视角看来，市场和市场经济又有了不同于前两种市场经济观念的第三种观点。市场不只呈现为商品交换的场所，而且还呈现为"社会化"和伦理价值的关系结构，而这种关系的本质，也不只是利益的"竞争"，而且还有互利的"合作"和保证这种互利合作得以可能的"市场伦理"。① 韦伯的经济社会学立场也许不能成为超越上述两种市场经济观念之外的"第三条道路"，但它却证明了不同的市场经济观念背后有着不同的哲学世界观和社会文化价值理论的支持。

万俊人先生在比较了上述三种不同的市场经济观念后，总结道："如果说，支持着韦伯把'合理的（理性的）经济行为'视之为一种'社会化的行为'的，是他的宗教世界观和关于新教伦理的文化价值理解，那么，支撑着新老古典主义经济学派的市场经济观念的，乃是一种典型的现代性自然哲学世界观和客观知识论基础上的纯经济理性主义价值观，它们具有明显的机械目的论和个人主义权利取向的特点；而支撑着史学派和新老制度经济学派之市场经济观念的，则是某种可以称之为普遍有机目的论的哲学世界观和公平道义论的市场伦理，后者与韦伯的经济社会学共享着某些相似的思想理念。"②

综上所述，依据对市场经济的价值观念或文化传统的理解，市场就不仅仅

① ［德］马克斯·韦伯. 新教伦理与资本主义精神. 于晓，陈维纲等译. 北京：三联书店，1987. 15～16

② 万俊人. 道德之维. 现代经济伦理导论. 广州：广东人民出版社，2000. 35～36

是一个商品买卖或交换的博弈场所，市场经济也不仅仅是由纯粹的经济理性或经济规则所支配的经济。市场同时也被看做一个特殊的“社会交往”的领域和一种“社会互动形式”。

从这一意义上说，在现代社会中，市场和市场经济的历史、文化或传统、道德和伦理等非经济因素，同样也会构成我们的某种现代信仰的力量，如马克思所揭示的“商品拜物教”、弗罗姆抱怨的“市场崇拜”、鲍德里亚所刻画的现代消费主义等。因此，当我们选择这一观念来理解市场或市场经济，研究广告和广告的发展时，就必然不仅仅把广告看成是经济行为，同时还是韦伯意义上的“社会行为”。而按照这种市场经济观念的解释，市场经济的优越性或先进性不只体现在为高效率的物质财富创造力，更深远的还表现在它对现代人性解放、政治民主和科技理性的革命性推动上。因此，站在这样的角度来真切地认识市场经济，进而研究广告在现代社会的政治与文化以及现代人类自身发展等方面的影响力，了解市场经济语境下广告的权利和“现代性”角色，将是一个相当有意义的课题。

（二）消费：从经济学到社会学

消费，是现代商品社会的一个概念。《大不列颠百科全书》对它的认识是指“物品和劳务的最终耗费”。其实质是利用和消耗自然原料和人工物质以满足需要的过程。消费 consumption，在语义学上，源于拉丁语“consumption”，在中古时期更多地含有“浪费”“耗费”“用尽”等贬义。在日常生活层面上，消费之于人们的物质生活，具有生活技术的经济学意义。到了 18 世纪以后，“消费”成为了一个与“生产”（production）相对而言的概念。在古典政治经济学理论中，生产、交换、消费是经济生活的三大重要环节或领域。尽管在现代经济学理论中，出现了许多新的理论流派和理论范式，产生了丰富多样的理论演变，但仍然是围绕着经济增长效率、分配公平和商品流通、市场供需和消费指数等三大主题研究展开的。可以说，在经济学家那里，消费问题是在生产与消费、市场供应与市场需要的关系语境中研究的。在经济学或营销学的领域中进行消费的研究，成为了消费研究的基本历史和视野。

在消费的传统知识体系之中，经济学研究显然是最为重要的谱系。微观经济学从人性的理性假定出发，建立了各种消费模式，如边际消费偏好模型和无差异曲线等，消费表现为消费者根据收入和价格因素来决定如何达到消费效用的最大化。宏观经济学则把收入、消费和储蓄（投资）之间的相互关系作为关注的焦点，提出消费函数的概念，消费被看成是各种经济收入和生活支出的变量的函数。但在西方经济学的预设假定中，无论是他们对“消费偏好”的预设还是“消费函数”变量的解释，为了达到经济学的“纯洁性”，经济学家常常舍弃经济以外的因素。因此，他们对消费研究所建立的一些预设前提基础是一种经济学的抽象。

我们知道，完整意义上的消费者的消费行为显然受到市场生命周期的变化，态度、价值与知识的变化，以及社会环境变化的影响，但是，在他们的“抽象”中，舍弃了人所在的政治、社会、文化和历史环境对消费者的影响，忽略了人的社会性特征。即便是凯恩斯以后的“消费函数”理论也试图引进一些社会性变量，如年龄、人口年龄分布、婚姻状况等，来增加“消费函数”理论的解释力，并提出了社会阶层、参照群体、收入预期、消费习惯等社会和心理变量对人的消费行为的影响，从而来克服传统消费经济学的局限，但是，这些变量并未被直接作为解释变量纳入到消费函数模型中去。① 因此，他们对消费的经济学的思考，是在假设性限定条件下进行的——“在其他条件相同的情况下”或“假定其他条件不变”。因此，经济学对于消费的研究，其理论的基础是建立在一些预设前提和封闭的理想条件之中。这种坚持“理想条件”和“理想模型”的方法论，注定了消费经济学存在的学科局限性：

第一，社会经济系统并不是一个简单的线性系统。古典经济学家常常是在一个封闭的理论预设之中进行理论推理，而没有考虑到社会系统的复杂性。因此，在研究单个“经济人”并以此来寻求整个社会的经济规律时，就会陷入简单性的陷阱。

第二，社会是人们交互作用的产物，是以共同的物质生产活动为基础而相互联系的人类生活共同体。因此，经济学中研究的人是活生生的人，他们个别地或集体地在行动，其经济消费行为必然就有了社会的系统复杂性。

第三，传统经济学忽略了一个最基本的因素——人的全面发展。推动人类行动的动力有两种：一种是“最强的动力”，一种是“最好的动力”。“最强的动力不总是最好的，而最好的往往动力不强。”② 所谓“最强的动力”就是经济学家常说的追求个人利益最大化的动力，而“最好的动力”则是追求人格完善和精神超越的动力。自从经济学和伦理学分离后，经济学就只关心刺激和协调人们的“最强的动力”，而完全放弃了对人们的“最好的动力”的培养。

当然，指出消费的经济学研究存在的局限性，并不是抵消经济学方法的作用和贡献，而是要表明，仅仅停留在经济学的解释上是不够的。要克服和弥补消费经济学所存在的局限性，就必须超越消费经济学仅仅从经济变量来解释消

① 汪和建. 现代经济社会学. 南京：南京大学出版社，1993. 174~175

② ［德］彼德·科斯洛夫斯基. 伦理经济学原理. 孙瑜译. 北京：中国社会科学出版社，1997. 14

费需要的立场，而从更广阔的背景考虑各种社会、文化和心理因素对消费需要的影响。就克服和弥补经济学对消费研究的局限性而言，社会学的视角有其自己的方法论的优势。社会学所坚持的“社会人”和开放的社会系统的本体论观点，超越了消费经济学的立场，有利于更充分地、更全面地考虑经济变量以外的社会、文化、习俗和心理情感等变量对消费的影响。

就社会学对消费研究的原则而言，有三个方法论原则必须遵循：

第一，人是社会的人。由于孤立的个人是不存在的，也就是说，由于人都是社会人，因而消费在本质上并不是完全的个人行为，不是个人的收入和个人的理性可以完全解释得了的。每一个人的消费总是受到许多非经济因素的影响。而对这些非经济因素自然要从社会学的角度进行更为全面的探讨。

第二，人是按群体和阶级划分为不同层次的。由此，从人的阶级和阶层属性来看，用个人的收入本身作为消费和支出的解释是有局限性的。个人或家庭的收入本身从社会学的角度看必须进一步从社会分层、社会结构和社会权力的对比关系来解释。在社会学家看来，消费是社会权力关系对比的反映，是社会结构所决定的收入分配制度的体现。由此，消费的本质不仅仅是个人的自由或理性选择所能揭示的。在个人的消费的“自由”之中，隐藏着社会权力关系和资源对比关系的不均衡所造成的收入分配不均衡的现实。不仅如此，消费要作为各个社会阶层的群体意识，在社会化过程之中还将继续下去，从而再生成阶级的群体消费意识。

第三，社会是个开放的系统。既然是在开放的系统中运行，就必然受到许多因素的影响，甚至是不确定的，难以预料的。特别是在全球化的时代，发达国家的消费主义思潮则随着它们的资本向发展中国家的转移而在后者登陆，并对发展中国家的消费者产生影响。西方发达国家的消费生活方式、消费价值观念和品位，不可避免地会对发展中国家的人们产生一定的冲击。

(三) 商品消费的社会学含义

德国社会学家韦伯认为，人的行动是含有某种意义的。比如猎人用枪瞄准猎物就是“打猎”的意义显示。由此，行动是某种“意义”的“符码”。美国的社会学家米德对行动的符号性有更为清楚的描述。当然，人的行动不仅仅是表达主观意义，而且是社会或文化意义的显示。人们向国旗敬礼的行动就可以看做是在表达爱国热情和民族认同情感这种社会意义。由此，人的行为本身也是一种社会意义的表达。从这一意义上说，消费作为人的基本经济活动的“行为”，是人的存在的基本属性之一，同时也是人的社会化过程中形成的，是文化适应的结果。消费是连接经济与文化的社会活动，是经济生活、文化生活与社会生活的连接点和汇合地。消费既是经济领域与日常生活领域进行交换和沟通的渠道，也是资本与日常生活实践相结合的领域。因此，消费不仅具有经济和营销意义，而且具有重要的文化人类学和社会学意义。

我们已经看到了社会学者和经济学家对商品消费的认识的分歧。经济学家更多的是强调商品消费的生物性的需要的效用，而忽视了商品消费行为中的社会文化维度。经济学家假设，对商品的消费欲望是一种个人的心理冲动。人类学家则假设，被渴求的商品被消费的过程，或为赠送，或为分享，都体现了一种“社会交往”。从某种意义上说，商品的消费或交换是人类社会的基本存在方式的一种，体现出人类社会的一种社会关系。在自由或市场经济条件下，人类的经济行为就是人们为控制生产、消费和物品的交换流通而构建起的一种社会关系。当然，在一个系统化的人类社会之中，必然存在对抗与矛盾，并且总是渗入到所有的社会关系中。为了保证社会关系的某些秩序和可预见性，确实存在着社会文化的不同系统，也只有通过规范、观念、价值、美学和其他文化因素的相互调整，才能形成社会的系统化。因而在这一系统化的社会关系中，商品的消费或交换系统的表层集结着各种社会关系的总和。

从社会的角度来看，人类社会不能没有生产，也不能没有消费，行动着的人们总是在不时地扮演着生产者和消费者的不同角色。人们不但通过自己的生产者角色，而且通过自己的消费者角色，与他人结成一定的分工、合作、交换和互动的社会关系。消费不但使消费者追求个人效用最大化，而且也使得消费者在社会学意义上进行意义建构、趣味区分、文化分类和社会关系再建构的过程。消费过程不仅是商品的交换价值和使用价值实现的过程，而且也是商品的社会生命和文化生命的形成、运动、转换和消解的过程。换句话说，消费在物理意义上消解客体的同时，也在社会和文化的意义上塑造主体，并因此找到了使个体整合到社会系统中去的媒介。

消费是社会生活的“辩证法”。人们在消费中，使商品之类的某种东西消失，同时又在消费中，重新发现自我并产生社会认同。从消费主体来看，消费者不单单是一个“经济人”，而是一个具有多重角色的人，甚至是一个充满矛盾的人。消费者可以同时是理性选择者、意义传播者、生活方式的探索者、认同寻找者、快乐主义者和商品消费的牺牲者、反叛者。这一切都说明，消费并不仅仅是一种经济现象，而是一种复杂的、综合性的经济、社会、政治、心理和文化现象。消费是一面“镜子”，它不但从一个侧面反映出了经济体系某个部分的运行机制，而且也照出了文化过程和社会生活的许多“秘密”。①

---

① 王宁. 消费社会学——一个分析的视角. 北京：社会科学文献出版社，2001. 绪论第1~2页

应该说，现在越来越多的人相信，如果说19世纪是生产者创造世界的世纪的话，那么20世纪，特别是从20世纪下半叶开始进入消费者创造世界的时代。人类进入20世纪中期后，随着消费活动在社会经济中的地位越来越重要，“消费”也有了新的一层含义，消费满足的需要和渴望逐渐超出了基本的、生物的范畴。人们为蔽体抗寒而着衣不一定称为消费，但为了证明自己的社会地位和身份而进行的品牌消费就是充分的消费。消费，在这种情况下，具有更多的社会化和象征化的意义。正如法国学者鲍德里亚《消费社会》所说的，在消费社会，消费已经构成了一个欲望满足的对象系统，成为了获得身份的商品符码体系和符号信仰的过程。在鲍德里亚看来，作为“一种系统化的符号操作行为”，有意义的消费实践活动，“消费”已经不仅仅是消费者与物品之间的主—客体关系以及人与人之间的个体性关系，而是被扩展到社会、历史、文化和人类传播交往的所有领域。因此，他认为，必须走出传统经济学建立在“经济人”的概念基础上的需求消费理论的逻辑困境，消费的驱动力并不是某种心理因素的结果，亦非仅仅是一种模仿的力量。如果说消费是不可遏制的，这恰恰因为它是一种总体性的观念实践，不再同需求的满足相关，也不再同现实原则相关。在他看来：“直到如今，对消费的一切分析都是建立在相似经济学或相似经济心理学的那种幼稚的人类学基础上……用这种理性神话来解释需求和满足，就像用传统的医学来诊治精神生理歇斯底里症状一样，都是天真无助的。”①

在分析到世界进入一个消费者的世纪时，社会学家卢汉龙说：“由于消费直接取得人们对物质和精神需求的满足，由于服务也已成为一种‘产品’供人们‘消费’，由于政府和公共部门的管理越来越采用市场化的方式来实现它的效率，由于知识也正已成为一种可以计量商业价值的产品，所以，消费已不是一般的经济环节，而是人类社会价值实现的一种体现，成为推动经济与社会向前发展的一种动力。”② 甚至一些学者把消费作为后现代分析的起点，在分析了美国的麦当劳快餐和信用卡消费以后得出结论：新的消费手段将是造就后现代世界的重要因素。

二、影响消费的社会因素

（一）技术变革因素

技术这个概念，在不同的历史时期，从不同的角度有着不同的理解，但也

① ［法］鲍德里亚. 消费社会. 刘成富，全志刚译. 南京：南京大学出版社，2000. 66

② 戴慧思、卢汉龙. 中国城市的消费革命. 上海：上海社会科学院出版社，2003. 6

有着共识之处，即是指人类按预定的目的利用、控制和改造自然的物质手段和方法体系。物质手段即“硬件”，如劳动工具、机器设备等，是技术的实体；方法体系即“软件”，如工艺流程、加工办法等。我们生活在这个现代社会，无时无刻不受益于科学技术的恩泽，现代文明的每项成就，无不凝聚着科技的贡献。现在，不管是谁，都已把科学技术看做是经济发展和社会进步的决定性因素。而对于商品而言，从商品的造型设计、特色工艺、包装设计及广告宣传等，无不是技术进步的产物，都凝聚着人类的技术成就。

技术改变了世界的商品形式。仅以媒介技术的变革历史来看，工业革命的初期，正是造纸和印刷的现代工业化技术发展，它的低成本、低价位、大批量，才引发了传播技术的根本性革命，使印刷文明一举代替口传文明，居于社会传播方式的中心。近年来，现代传播技术的高速发展，宽带技术、多媒体传播、数字化与互联网的兴起，对传统的经济与商品的生产方式和传播方式都产生了巨大的冲击。这种飞速发展的电子、数字通信、信息技术给当代社会产业结构带来了革命性的影响，而且也越来越深刻地影响着我们的生活，人们的消费市场也发生了急剧变化。高新技术的产生和现代工业的发展，不仅导致所有商品形态的“升级换代”和现代更新，而且创造了大量崭新的商品形式。法国学者阿曼德·麦特拉在其《国际图像市场》一文中指出的：“文化部门的不断商品化以及相应的新传播技术的发展，已将文化置于产业结构与政治结构的中心。文化与产业之间的关系已经逐渐进入原先只集中于文化与国家关系的论争之中，并且已产生与现存文化定义的决裂。”① 这就是说，现代新技术革命对人类当代社会生活和包括消费文化在内的文化生态格局正在产生着以往所无可比拟的巨大影响。

伴随着而来的是文化的、知识的、信息的、科技的乃至心理的因素将在商品消费的过程越来越具有重要的、主导的、甚至某种决定性的作用，人们的商品消费的社会需要也不断提高。仅以商品住宅消费为例，住宅作为社会消费品，城市商品住宅的可持续性已经是影响其价值的因素之一，而商品住宅的高新技术含量是其可持续性的保障。在建筑建材等技术革命的影响下，人们追求住宅内部各用房面积指标、流线、空间、色彩、质地的灵活性，外部环境的绿化、水体和休闲、娱乐、健身等设备，户外活动和交往场所的合理配置，以及能源供给、污染程度等外围环境的质量，整体上形成一个富有人情味的高品质的生活居住环境。建筑技术的发展改善人类的居住环境，也改变了人类的生活方式，引入高科技的商品住宅将为居住行为模式的变化提供可能条件，使未来

① 金元浦．内容产业的历史性登场．中国文化报．2003 年 1 月 3 日

的城市住宅不再仅仅是遮风避雨的“窝”，而成为人们向往的归宿。

（二）文化背景因素

不同文化背景对商品消费影响极大。商品消费者生活在一定的文化环境中，从属于一定的文化模式，其所需消费品种类和消费习惯必然受到特定文化背景的影响。如面包，虽然都是由面粉经发酵加工制作，由于文化背景不同，呈现出各具特色的品种。爱尔兰人爱吃苏打面包，美国人爱吃玉米面包，意大利人爱吃点缀着茴香和芝麻的厚皮面包，俄国人爱吃又黑又酸的面包等。

许多商品消费中体现着民族精神文化。各个国家、民族在长期发展过程中形成了各个独特民族的情感，这种情感会通过种种形式表现出来，体现出民族精神。在商品消费中民族精神的作用不可小视。中华人民共和国成立前，宋斐卿在天津开办了著名的东亚毛纺织公司，生产的毛绒以两羊顶角图案为标志并命名为“抵羊”牌，“抵羊”暗含抵制洋货的含义，恰好符合当时举国上下抵制洋货的群众心理，这种体现“国人资本，国人制造”的毛绒一经问世便备受欢迎。当国内电器“四川长虹”战胜众多国外名牌的挑战，在市场上独树一帜时，不难发现“以民族昌盛为己任”这句广告词对中国消费者产生的影响。

地域文化对消费者有着明显影响。不同的地域都有各自独特的风俗习惯，表现出不同的消费特点。不同的地域文化特征，必然对商品生产的取材、设计加工、款式造型、包装装璜以及商品的消费习惯产生深刻影响，形成带有浓厚地域文化色彩特点的商品。中东地区气候炎热，容易出汗，人们喜欢用气味浓烈的香水；该地区少有凉风，气温高达摄氏四五十度，当地人们又常用发乳涂身以润肤防暑，并喜欢用清爽易挥发的化妆品，而在许多高寒地区和国家大为流行的含油脂多的化妆品在此便无人问津。

宗教信仰制约着人们的消费行为。宗教是一种精神现象，相信并崇拜超自然的神灵，它对信仰宗教人们的消费行为起着绝对约束的作用。在印度、巴基斯坦、尼泊尔等国家，妇女受宗教影响，在服饰上都要披“沙丽”，她们即使在外工作、出国留学，甚至在其他国家长期生活，也必须披“沙丽”，而不能穿西服，因此女式西服在这些国家和地区没有市场。

仅以酒的消费为例，酒是一种食品饮料，但从社会学的意义而言，人们消费酒的本质需要，绝不仅仅是生理上的食物性需要，更深入地说，是一种文化上的需要，这种消费行为是在文化意识的支配下发生的，是人性中的高层次需要。因而，酒是人们为了满足精神享受而需要的一种“感性商品”。在新世纪酒类市场的竞争，已从单纯的口感、质量、价格之争，上升到品牌、文化之争的高层次；已从地方战、历史战、金牌战、广告战、返利战转向对酒类消费文化的冷静思考和深层次挖掘。精明的企业家在运用价格促销、服务促销的手段之后，现在又不约而同地打出了第三张牌——文化促销。为新品起个富有文化内涵的品名（如“今世缘”、“小糊涂仙”、“百年孤独”），设计出别具文化特色的包装（如酒鬼酒），策划出能够打动消费者心灵的广告宣传方案（如“品全兴万事兴”的广告词，泸州老窖“国窖酒”的运作，五粮液“分区而治”、“分级而作”的营销策划等）。这使得酒品牌具有了相应的文化含量、精神品位和文化价值、审美效能，以满足人们日益发展的高层次需要。

（三）社会时尚因素

社会时尚是对商品消费产生影响的一个重要方面，在消费上表现为一定时期内的消费潮流对时尚事物的追求等。不同历史时期社会时尚不同，人们的消费行为也表现各异。一种新的社会时尚的出现，是与社会上所流行的生活观念分不开的，当一种新的人生观在社会意识形态中占据重要地位时，往往可以改变社会时尚。

政治意识形态的潮流影响着一定时期内人们的消费行为。民国初年，辛亥革命的风暴不仅猛烈地冲击了封建社会的上层建筑及其意识形态，也影响到了人们日常生活的许多方面，造成了一代新风尚。辛亥革命后，适应社会时尚的转变，以往服饰上的那种古板、单调、等级森严的局面被生动活泼、千变万化的景象所取代。人们在选择服饰时，不再重视身份贵贱，而是以美观新奇为时尚。又如，中国在十年动乱中受“左”的思潮影响，“绿军装、武装带”风靡一时，改革开放以来，十分流行的夹克衫、宽松衫、休闲服、运动装则体现了和谐、发展的政治气氛下自由、活泼的生活追求。

社会心理使商品消费呈现特定的现象。社会心理因时代、地域的变化，生活习惯、个人文化不同而有悬殊差别。红色历来被我国汉族视为吉祥的象征，所以民间婚姻喜事都喜好红色，以呈现欢庆热闹的气氛；在中东地区，人们见惯风天黑地，黄沙弥漫，只能在艰难的旅程之后遇到绿洲，因而特别珍爱绿色；日本人忌绿色，认为绿色是不祥的颜色，还忌荷花，认为是不洁之物；阿拉伯国家忌用雪花；非洲国家忌用狗。中国人喜欢人情味浓厚，表现团结精神且吉祥如意的店名，如“同仁堂”药店、“全聚德”烤鸭店、“友谊”宾馆等；西方消费者更青睐一些奇异、怪诞的店名，如“快乐的早晨”、“跳蚤”等。

（四）审美心理因素

在今天，消费已经成为人类最主要的活动之一。而在消费过程中，相当一部分消费者已经从经济意识转向审美意识，即不太考虑经济上合不合算，而考虑喜不喜欢，希望在消费中获得的不仅仅是占有物质的满足，而是一种心理的、精神的满足，这就是审美消费。

19 世纪德国统计学家恩格尔提出的“恩格尔定律”称：一个家庭的收入越少，其支出中用来购买食物的比重就越大，反之，则越小。一个国家也一样，人均国民收入越高，平均支出中用于购买食物的比例越小。即是说，当人的物质需求获得一定的满足后，这种需求的优势就会下降，对于心理、精神的需求将呈上升的趋势。而精神需求必然导致对于美的追求，因为只有审美，才能满足人最根本的精神需求。

由于社会审美层次的提高，市场原有的运行意识——经济学已开始部分让位于美学，对一定消费人群来说，审美要素已取代经济要素成为日常生活的首选。正如有经济学家所认为的，经济学家在判断人们的经济行为和社会的经济变动时之所以常常不准确，主要原因就在于单纯着眼于经济变量的分析，而忽略了社会心理方面的各个有关因素。美国著名未来学家托夫勒 1970 年就指出：“我们正从满足物质需求的经济迅速过渡到创造一种与满足心理需求相联系的经济。这种心理化过程，是超工业革命的中心课题之一，但一直为经济学家所忽视。”为数众多的消费者对名牌产品青睐有加，更多的是追求名牌产品给人的心理满足，追求的是自我价值的实现，追求的是名牌产品中更多的审美含量。

生活水平的提高必然要求增加生活的审美含量，生活中审美含量的增加促成消费审美化趋势的发展，消费审美化趋势的发展又将给商品消费带来一场以审美为追求的革命。企业文化、产品服务和营销以及企业的文化生态环境理所当然地要进行审美变革。企业向消费者提供产品的同时，还必须向消费者提供尽量多的审美附加值。

审美规律直接影响消费行为的变化和发展。审美的变化直接影响商品消费需求的变化，形成特定的商品流行现象和一定的变化规律，消费者求新、求异，赶时髦的心理状态又是商品流行和发展的内在动力。某种流行性商品形成刺激，继续反复相同的刺激时，刺激感将会减弱，对该种流行性商品感到厌倦时，就会欲求新的商品刺激，由此而产生新的流行性商品。如组合家具由“高大型”向近年来的“低矮型”及分体式、易自由组合形式发展充分说明人们对一种商品造型或色彩产生视觉疲劳时，就会产生审美补充的欲望，从而推动商品消费的发展和变化。

第二节　广告与商品的社会特性

商品本身就是人类构想和创意的结果。而在消费社会，对商品的消费也并非取决于商品的“使用价值”，而是取决于它所表现的“交换价值”和“符号价值”。因此，商品的社会特性是广告社会意义传达的主要基础。

品牌是商品社会关系的载体。现代广告传播在对品牌的价值提升过程，实际上也是对商品的社会关系的建构和传播过程。

一、如何理解商品的内涵

（一）商品的社会关系

在对社会复杂系统和社会关系的分析过程中，法国现代社会学的奠基人埃米尔·迪尔凯姆认为："社会现象的确切原因应该从那些以往的社会现象中去寻找，而不能从那些个人意识状况中去挖掘。"① 同时，迪尔凯姆强调对社会整体性的研究："要考察社会现象的原因，或者社会现象的产生，不能在那些组成集体的各个分子中去寻找，而必须对这个已经组成的集合体进行研究。"② 应该说，商品作为市场经济社会的复杂的元素存在，要对其进行深入的分析，显然必须要有社会的整体性的思考方式。

玛丽·道格拉斯和巴伦·伊斯特伍德编著的《商品的世界》就对传统经济学思想的理论假定进行了挑战，发起了对消费的人类学的研究。"让我们换个角度推测人们需要商品的原因，其实就是从商品中可以显现出某些文化成分，而让文化得以继承延续和稳定发展。从民俗学的实际情况来衡量，我们可以认为，所有获取物质的行为均含有不同的社会意义。"③ 因此，他们对商品消费的研究，采用了"仪式"概念来分析商品的世界。

人类学意义上的"仪式"，实际上就是努力形成并巩固优势地位的社会意义，它也是固定社会关系的一种方式。这一点可以从人类学家对古代人类社会的物品交换的"仪式"的研究中得到确证。人类学家马塞尔·毛斯的《礼物：古式社会中交换的形式与理由》中认为，人们在进行物质交换的同时，还依凭于交换仪式、节日、舞蹈、神话等进行着精神的交换，甚至有为了获得威信不惜毁掉大量财富而进行的交换。交换从经济扩大到政治、宗教和社会的范围。这些古老的交换方式既是一种物质的循环，也是人和权力的循环。这个循环不是由市场、价值或经济效用来维持，而是由深深植根于人们心中的赠与、

---

① ［法］埃米尔·迪尔凯姆. 社会学方法的规则. 胡伟译. 北京：华夏出版社，1999. 94

② ［法］埃米尔·迪尔凯姆. 社会学方法的规则. 胡伟译. 北京：华夏出版社，1999. 84~85

③ ［美］苏特·杰哈利. 广告符码：消费社会中的政治经济学和拜物现象. 马姗姗译. 北京：中国人民大学出版社，2004. 8

接受和回报的义务关系来维持。在毛斯看来，迫使人们进行礼物交换的主要原因是社会，社会需要这种互惠性制度，以保证社会活动的进行和社会规范的建立。可以说，基本上所有的礼物交换行为都是为了建立某种社会关系，都是为了参与社会活动。在这里，我们看到了文化学者或人类学家和经济学家对物品交换的认识的分歧。经济学家更多的是强调交换的生物性的需要的效用，而忽视了交换行为中的文化维度。人类学家则假设，物品的交换展示为一种社会交往，展现了一种社会模式。因此，交换在人类社会中究竟是什么？不仅是经济学的一个重要课题，同时，也扩展到哲学和社会学等领域中，成为一些学者所关注的重要问题。

尽管这里分析的只是人类学意义上对“交换”这一“仪式”的社会属性的认识，但是，这种对交换行为的社会属性的深层拓展，事实上是对交换所蕴含着的文化和意识形态内容的研究。对于我们分析商品的社会特性无疑具有启迪的作用。

从某种意义上说，在自由或市场经济条件下，人类的经济行为就是人们为控制生产、消费和商品的交换流通而构建起的一种社会关系。当然，在一个系统化的人类社会之中，必然存在有对抗与矛盾，并且总是渗入到所有的社会关系中。为了保证社会关系的某些秩序和可预见性，确实存在着社会文化的不同系统，也只有通过规范、观念、价值、美学和其他文化因素的相互调整，才能形成社会的系统化。因而在这一系统化的社会关系中，商品的表层集结着各种社会关系的总和。“在我们现在生活的社会里，谁生产了商品，在什么样的条件下生产的，这些问题对于我们定义商品的意义以及它的使用价值同样也很重要。”① 因此，商品所表征的各种社会生产关系研究更愿意把商品看成是某一种社会复杂关系模式的一部分。

经济学的基本理论告诉我们，构成整个经济过程的基础性要素是人与物的组合体。在提到“经济”的内在含义时，有人曾用现代术语称之为“用商品生产商品”。这一说法的最基本的意义，就是说出了经济的自然性和社会性的二重属性。而这一深刻的洞见，正是马克思经济学理论中的最为闪光的精髓。马克思的经济学理论从社会存在的总体性出发，并且又返回到这种总体性中。而正是他的这种总体性的研究，使得他对资本主义的文化层面进行了深刻的分析。

马克思的《资本论》第 1 卷的开头这样写道：“资本主义生产方式占统治

① ［美］苏特·杰哈利. 广告符码：消费社会中的政治经济学和拜物现象. 马姗姗译. 北京：中国人民大学出版社，2004. 31

地位的社会财富，表现为‘庞大的商品堆积’，单个的商品表现为这种财富的元素形式。因此，我们的研究就从分析商品开始。”“由于生产者只有通过交换他们的劳动产品才发生社会接触，因此，他们的私人劳动的特殊的社会性质也只有在这种交换中才表现出来。换句话说，私人劳动在事实上证实为社会总劳动的一部分，只是由于交换使劳动产品之间、因而使生产者之间发生了关系。因此，在生产者面前，他们的私人劳动的社会关系就表现为现在这个样子，就是说，不是表现为人们在自己劳动中的直接的社会关系，而是表现为人们之间的物的关系和物之间的社会关系。”马克思考察商品的生产和交换过程，探究资本主义生产活动和价值规律所隐含的资本主义社会结构和社会关系，阐述了商品价值的二分法：商品包含劳动的二重性，即具体劳动和抽象劳动；具体劳动生产的是商品的使用价值，当具体劳动成为同质的社会劳动的一部分，即抽象劳动时，它生产的就是商品的交换价值。

毫无疑问，马克思对商品的分析最主要的是对于商品和社会关系之间的有机联系的洞察、分析。马克思的商品拜物教理论是一个内涵复杂的问题。在《资本论》中，马克思强调商品生产只是表象，其背后存在着深层结构。马克思在商品“表象”与“本质”（真实的社会关系）之间做了区分。为了进一步的分析，马克思区别了商品的使用价值和交换价值。就商品的使用价值来说，没有什么神秘可言，商品的神秘，是从商品的形式而来，导源于其交换价值。这种神秘，就是所谓的“拜物”。而“还没有一个化学家在珍珠或金刚石（的物质结构）中发现交换价值”。可见，在马克思看来，对商品的自然属性的使用，是由社会的价值体系所赋予的。不同社会的不同文化逻辑、不同文化系统的联结方式建构了我们眼中的商品的意义。从这一意义上说，商品的生产过程，就是某一文化逻辑的物化过程。因此，对于人类而言，从商品中获得的生产、消费的满足，是通过社会关系系统而被建构起来的。因此，在人类的不同民族共同体中，在最为普通的吃住穿行的商品消费行为方面，都有着不同的禁忌和规范，展示出一种清晰的文化代码和逻辑关系，塑造一个社会整体性的“图腾”体系。

（二）广告与商品的意义生产

正如前面所说，消费的研究除了在消费行为学的角度进行，把消费看做个体的行为之外，还应充分认识到，消费不仅仅是个体的行为，而往往是一种共有的行为，是一种同时为许多人所共同表现出的文化，是有着其内在的连贯性和一致性的文化系统。

罗兰·巴特的《神话——大众文化诠释》中举例说：“在法国人的感觉里，葡萄酒犹如一种魔力，非常独特的，就像法国的三百六十多种忌司和它的文化。这是一种图腾式的饮料，相当于荷兰母牛的奶，或英国皇室的喝茶仪式……葡萄酒是社会的一部分，因为它不仅为道德提供了基础，也为环境提供基础；它是法国日常生活中最轻微的仪式行为装饰……它可以涵盖法国人空间和时间的所有方面。”① 葡萄酒之于法国人，喝茶仪式之于英国皇室其意义已经超越了实用性消费，而是一种通过这种消费体现出的品位和生活风格。因此，人们通过消费品的选择所体现出的品位和生活风格，构成了人们的社会地位得以区分的符号和象征。而这，正是皮埃尔·布迪尔运用“习惯”和“场域”等概念阐述的“文化资本”理论所传达的象征消费的观念。有了这种理论的支持，我们就能相信，符号的象征价值在影响消费者的购买选择中占有多大的比重。因此，对于广告传播者来说，只要能控制商品的符号系统，就可让商品产生任何意义，而与商品本身的实用性、物质性无关。

1. 符号象征

西方关于符号学的分析源自现代语言学创始人索绪尔的语言学思想。这位瑞士语言学家反对传统语言学把语言看做指涉客观现实的工具，而是主张将语言看做是一个独立的系统。在这个独立的语言系统中，任何一个约定俗成的符号都是符号本身的形式和符号形式所“指说”的对象，即表现内容的统一体。符号的形式称为“能指”，符号的内容被称为“所指”。而且，符号必须组合成系统，才具有意义。符号系统的结构决定了系统内每一个符号的位置和意义。在这系统中，任何一个符号都处于某条纵轴线和横轴线的交汇点上。当然，人们不能随便选择和组合符号，在每一个时期的文化符号系统中，总有一套适合这一时期的符号使用的规则。

罗兰·巴特在对符号学的进一步探讨中，还提出一个新的符号学的概念：“神话”。在《神话学》中，巴特的“神话”是指与符号有关的话语，它属于第二层次的符号系统，在第一层次的基础上建构而成。巴特指出：“可以看到，在神话中，存在着两个互相交错地联系着的符号系统：一个是语言系统，即语言（或与之相似的那些再现性样式），我把它称作语言对象，因为它是神话攫取来建立自己系统的语言。另一个是神话自身，我将它称作后设语言（metalanguage），因为它是一种二度语言；在这种语言中，人们再讲到前一种语言。”②

① ［法］罗兰·巴特. 神话——大众文化诠释. 许蔷蔷等译. 上海：上海人民出版社，1989. 67~70

② ［法］罗兰·巴特. 神话学. 引自周晓明. 人类交流与传播. 上海：上海文艺出版社，1990. 206

从这一意义上说，广告实际是以“语言”为第一层次符号系统的第二层次符号系统，即一种“讲述”。比如，“万宝路”在第一层次的表意过程中，“万宝路”的能指（其标志、文字等）指涉“万宝路”的产品的概念。在第二层次上，“万宝路”的符号（包括其能指和所指）变成了新的能指，指涉一种品牌形象和文化精神，一种男子汉的勇往直前、奔放不羁的西部牛仔精神。而这种文化精神，作为“万宝路”符号的寓意，是在第二层次的表意过程中建构起来的。广告作为大众文化和传媒文本属于第二层次的符号系统，它通过对一些已经存在的符码、成规和资料的再排列组合，为第一层次的符号系统添加新的意义。对巴特来说，神话或神话化的过程就是一个“掠夺”、“歪曲”与“无限扩张”的过程。所谓“掠夺”、“歪曲”，是指神话系统以第一符号系统为基础和表达形式，而且还悄悄地利用了第一符号系统的大部分内容，将其转化为自己所需要的内容。其通常的做法是“变形”。巴特认为，神话运作的主要方式是将历史“自然化”。“神话”的这个不为人注意的功能，将符号“锁定”在某些特定的意义上。当然，这种“锁定”的理由，只能从意识形态而不是一般文化的角度上来加以解释。比如万宝路广告，将“牛仔”锁定在一个从不驯服、永不退缩、勇于挑战和冒险的男性形象之上。这一“锁定”从实质上来说是资本主义鼓励进攻和冒险的意识形态的体现。通过这种将所指的“自然化”的功能，“牛仔”被纳入了美国资本主义文化的符号系统，成为了资产阶级男性意识形态的见证。

小汽车的出现反映了现代都市生活情境的一种方式。但是，从解决人们的出行和出行的速度的角度而言，公共交通工具同样也能帮助人们解决这一问题。就因为小汽车的自由和舒适以及所体现的地位，使得小汽车成为了许多现代都市人追求的梦想。其结果是在许多的现代都市，公共交通在衰落，小汽车的数量在增加。无疑，小汽车有着其实用性的功能，但对于众多的“追车族”来说，更在于小汽车的符号象征价值。法国哲学家列斐弗尔说：“汽车是一种地位的象征，它代表着舒适、权力、威信和速度；除了其实际用途之外，它主要是作为一种符号来被消费的；由于它是消费和消费者的象征，它象征着快乐并以象征物来刺激快乐，所以汽车的各种内涵互相交错、互相强化又互相抵消。”① 美国社会学者奥尼尔也认为，汽车是一种“象征性载体”，“它不仅是身体的承载工具，也是那种看重私隐观和自由观的身体的承载工具。所以，汽

① ［美］约翰·奥尼尔. 身体形态：现代社会的五种身体. 张旭春译. 辽宁：春风文艺出版社. 1999. 96

车不仅承载着它所承载的东西，它也承载着个人的意识形态”。① 在汽车的物质性消费的背后，小汽车的符号所代表的是不受时间空间限制的自由，是地位身份的象征，是效率、速度、舒适和刺激。正是建立在这样的意义上，我们就能理解，小汽车广告会用丰富的联想和暗示的语言视觉符号来为小汽车创造出令人怦然心动的形象和感觉：或气派而华丽，或沉稳而凝重，或纯真而自然，或潇洒而快乐，或可以显示出您的辉煌的成功，或让人领略朴实无华的高贵……总之，在对小汽车的广告诉求中，从商品的使用价值的直接陈述转移到对商品所隐含的价值与社会形态上来。正如英国传播学者戴维·巴勒特说的："在广告中，常常利用一些肖像暗示特点的意义。这些肖像往往是漂亮的、富有的、有地位的、现代的、传统的、健康的、精神饱满的、性感的、年轻的，以及关于家庭生活的。"②

或许是由于受老师列斐弗尔的影响以及和巴特的亲密交往，法国的另一位思想家鲍德里亚也特别关注商品的文化符号价值。可以说，考察“符号”在社会和日常生活中的组织方式、本质和效果是他学术研究中的重点。在他的理论中，物品已经成为一种“符号体系”，对于物品的消费构成了社会结构和社会秩序及其内在区分的主要基础。因此，消费品对人的行为和社会认同有着符码化和规约的作用。而在这一过程，广告的特殊作用为消费社会的意义传达提供了“合法性”的保证。“如果说我们是在产品中消费产品，我们在广告中，则是消费它的意义……纯粹的符征，没有符旨，（只是）自我指涉，它便这样空洞地被人阅读、讨论、诠释，违反其意图地获得了意义：它被当做记号来消费。那么到底它的意义是什么呢？……广告……是大众社会，透过一个随意选择且一再出现的记号，激动人的感性，动员人的意识，而且使得人们在这样的程序之中，再度组成集体。广告，便是大众社会和消费社会持续地对自己进行公民表决的途径。”③ 在鲍德里亚看来，作为“一种系统化的符号操作行为”，有意义的消费实践活动，“消费”已经不仅仅是消费者与物品之间的主客体关系以及人与人之间的个体性关系，而是扩展到社会、历史、文化和人类传播交往的所有领域。由此可见，我们对于消费和广告，不能仅就从生理需求或消费的现实性原则角度来定义广告以及消费，也不能简单化地理解消费者对广告讯息

---

① ［美］约翰·奥尼尔．身体形态：现代社会的五种身体．张旭春译．沈阳：春风文艺出版社．1999．95

② ［英］戴维·巴勒特．媒介社会学．赵伯英译．北京：社会科学文献出版社，1989．109

③ ［法］鲍德里亚．物体系．林志明译．上海：上海人民出版社，2001．203～204

的吸收与使用方式，而应该真正地理解我们通过广告所建立起的“社会关系”。“消费是一个系统，它维护着符号秩序和组织完整。因此它既是一种道德（一种理想价值体系），也是一种沟通体系、一种交换结构。”① 因此，消费系统的广告传播符号象征意义就不是建立在需求和享受的迫切要求上，而是建立在符号和区分的编码之上。而人们一旦进行消费，那就进入了一个全面的符号价值生产交换系统中，成为一种集体性的和主动性的行为，是一种约定，一种道德，一种制度。

2. 意义转移

实际上，在琳琅满目的商品世界，面对技术、功能越来越同质化的时代，消费者的目光、意识和注意力也越来越被商品所蕴含的社会生活意义吸引，他们更加关注其中的价值、观念、理想和意义。因此，必须充分调动商品与各种有利的文化资源的联系。关于这一点，正如英国的社会学家威廉斯所认为：“光是说啤酒能喝不也就够了？何必又多此一举，说喝了它就会显得雄赳赳而精神焕发，或是和蔼容易亲近？洗衣机是个有用的洗衣机器不就得了？何苦说有了它我们就比邻居来得有见识，就是邻居羡慕的对象？有些研究证据的确显示，前举的那些隐喻或明言，真的是能够用来促销啤酒和洗衣机之类的产品，从此，我们可以明确地推知在我们的文化形态里，光是物品本身还不能算数，假使要把它们推销出去，还得把它们比附于特定的社会或人际意义，而这些意义在不同的文化形态里可能比较容易让人感受到一些。”②

“耐克”、“可口可乐”、“麦当劳”、“IBM”、“爱立信”等等，在高度发达和高度竞争的消费社会中，既是某种商品的抽象归纳，又是对消费者进行社会生活文化意义重构的过程。人们在对这些品牌的消费过程中，就不仅仅是在消费运动鞋、饮料、汉堡包、电脑和手机，同时还是在接受它们各自所传播的运动精神、流行时尚、科技人性化以及以人为本的优质服务，进而认同和重构一种文化价值、思想和观点。这样，“商品自由地承担了广泛的文化联系与幻觉的功能。独具匠心的广告就能够利用这一点，把罗曼蒂克、珍奇异宝、欲望、美、成功、共同体、科学进步与舒适生活等等各种意象附着于肥皂、洗衣机、摩托车及酒精饮品等平庸的消费品之上”。③

---

① ［法］鲍德里亚. 消费社会，刘成富，全志刚译，南京：南京大学出版社，2000. 68

② ［英］汤林森著. 文化帝国主义. 冯建三译. 上海：上海人民出版社，1999. 236

③ ［英］迈克·费瑟斯通. 消费文化与后现代主义. 刘精明译. 南京：译林出版社，2000. 21

麦克拉肯指出："如果商品有其符号意义的一面，那么大概都是广告所赋予的。刚出厂的货物显然没有能力马上传达它的意义，是广告使货物具备了这样的能力……广告是我们赋予客体某些意义丰富的特征的过程中，不可或缺的一部分。也正是广告，才让商品成为了意义的'传播者'。"①

针对商品品牌的社会意义的产生，麦克拉肯提出了一个"意义转移"的模式。② 他认为，商品的社会意义并不是凭空产生的，而是从社会生活世界里"转移"过来的。在他看来，商品的意义是流动的。商品意义流动经历两个阶段：

首先，是在商品的生产营销阶段中，借助于广告、时尚系统、商品设计和产品包装等手段而实现"意义"从社会生活世界到商品的转移。商品生产者用这些手段来进行这种意义转移，而使商品获得了文化含义，成为代表某种意义的符号和载体。

广告是这种"意义转移"的主要手段之一。鲍德里亚指出，如果我们把产品当做物来消费，那么，通过广告我们消费它的意义。广告的目的就是使消费品变成代表某种文化含义的符号象征，或是让消费者在消费品和某种文化意义之间取得某种习惯性联想，以至一见到某种在广告中出现过的产品，就联想到它所代表的文化意义。广告就是要在文化的意义秩序和商品的符号秩序中找到一致点和结合点。广告的作用，一方面就在于把普通的商品变成一种消费者欲望的需求，另一方面，又使消费者感觉到某种匮乏和不足，而广告又提供了解决这种匮乏感的方法——即消费广告中的商品。广告的镜像已经在向我们暗示：拥有了这种商品就是拥有了某种的文化意义和人生价值，而错失了这种商品乃是一种生活的缺憾。这样，广告就以特定的方式生产了商品的文化意义，使商品符号化了。正是通过商品社会生活意义的创造，广告同时也创造了消费者的消费欲望和习惯。

时尚系统是把意义从社会生活世界转移到商品上的另一个主要手段。麦克拉肯认为，时尚系统通过三种不同的方式来发挥这种意义转移的作用。第一，通过时尚杂志的传播作用，将文化世界的意义转移到特定的商品。这种作用类似于广告。第二，通过意见领袖或时尚领导者进行消费创新，并赋予时尚商品以某种文化意义。第三，一些激进的时尚发明者则以极端的或反叛的方式来进行商品的文化意义的发明，如嬉皮士、朋克或同性恋者。

---

① ［美］苏特·杰哈利. 广告符码：消费社会中的政治经济学和拜物现象. 马姗姗译. 北京：中国人民大学出版社，2004. 13

② 参见王宁. 消费社会学——一个分析的视角. 北京：社会科学文献出版社，2001

“意义转移”的第三个手段就是商品设计和产品包装等。商品设计包含有技术设计和符号设计。技术设计是指从技术原理出发对特定性能、功能和目的的产品进行技术上的设计；符号设计则是从美学和艺术的角度出发对产品的款式、造型、色彩、线条等感性、视觉效果和体验方面的设计。相比较而言，技术设计解决的是人与物的“实践—认知”的关系，而符号设计解决的是人与物的“意义—价值”关系。由此，符号设计对现代商品而言，将使商品能够获得其符号的独特性和品牌的示差性，而且体现了消费者的特定品位、情调和审美趣味。另外，商品设计在商品的意义转移作用中，还体现在对同一商品系列化设计上。19 世纪工业化带来的机器大生产和商品的标准化，使得商品的个人主观意义不断丧失，而随着消费者对商品的文化意义和社会意义需求的增加，商品系列化形成了。由此，与商品的市场细分、文化分类理念相一致，系列化设计成为了商品消费过程的文化分类的表现，而各种系列化的商品就成为了各种消费者包括不同性别、年龄和阶层的文化意义的象征符号。产品包装也是商品意义转移的手段之一。现代商品的竞争的关键之一就在于产品的包装。包装尽管是“表面”文章，但却是一种商品得以同其他商品区分开来，从而获得个性化、独特性和识别性的手段。如果包装能够表达消费者的社会背景、审美趣味和文化传统，就能获得商品的自然属性以外的文化意义和社会属性，而成为某种文化和社会意义的象征。

其次，在商品的消费阶段中，借助于某种仪式而使“意义”从商品向消费者领域转移。消费者会根据商品所隐含的社会文化含义，来选择适合自己需要的商品。麦克拉肯认为促使“意义”从商品到消费者转移有四种仪式，包括交换仪式、占有仪式、修饰仪式和剥夺仪式。

第一，交换仪式。如圣诞节和生日晚会的赠送或交换礼物。送礼者选择某种礼物是因为它具有某种“意义”，即适合于受礼者情况的含义。

第二，占有仪式。它使消费者可以声称对消费品所具有的文化意义的占有关系。于是，商品在广告和时尚中所传播的意义通过占有仪式而转移到消费者个人。

第三，修饰仪式。许多商品的物理功能或属性是会慢慢消失的，相应地，其所含有的文化意义也将随之逐渐消失。通过修饰仪式，对物加以维护和修饰，可以延长商品的文化含义。

第四，剥夺仪式。这主要是指对二手商品的旧“意义”的剥夺。当消费者买进曾经被他人拥有过的商品时，他就要通过剥夺仪式来驱除商品的旧主人所赋予的含义，而重新赋予商品以自己所要的含义，如对二手房进行重新装修，改变二手车的颜色等。

3．品牌价值

有人说，如果把品牌与产品作比较，最根本的区别就在于“产品是工厂里制造的东西，品牌则是消费者带来的东西”。因此，在消费者的心目中一旦建立起品牌形象，它就意味着得到了消费者的认同。奥格威认为，商品的最后阶段就是形象，而每一次的广告传播都是对品牌形象的长期投资。

那么，如何理解品牌的内涵？市场营销广告界对品牌的定义有很多，而不同的定义反映了对品牌理解的不同倾向性，也反映了对品牌重要性认识的进化。

何佳讯编著的《品牌形象策划》① 一书，对品牌的内涵从四个方面加以理解，认为把品牌用做是区分标志沟通代码、当做是承诺和保证、提供无形资产价值，反映了业界对品牌内涵理解的不断深化：

第一，作为区分标志的识别功能，也是作为一个品牌的最基本的条件。识别差异是品牌的中心内容。当然，要意识到，品牌所提供的识别功能不仅仅依靠它的标志和名称，更依赖它提供的核心价值。品牌代表了与之相对应的社会阶层、社会地位、生活品位和生活方式。

第二，作为沟通代码的信息浓缩功能。品牌是一种错综复杂的象征，它把一个符号、一个单词、一个客体、一个概念同时集于一身，把各种象征符号如标识、色彩、包装和设计都合并到一起，包含了多种信息的浓缩。而从消费者的角度看，品牌作为一种速记符号与产品类别信息一同储存于消费者的头脑中，品牌成为了消费者搜寻记忆的线索和与产品沟通的代码。品牌代表了某些个人或群体的主观意义。

第三，作为承诺和保证的安全功能。品牌的最终目的是通过提供利益优势谋求与消费者建立长久的、强劲的关系，博得消费者的长期的偏好和忠诚。品牌代表了某种标准化和一贯化的质量、信用和优质服务。

第四，作为无形资产的价值功能。品牌所代表的意义、品质和特征产生品牌价值。品牌提供给消费者的是比一般的产品更多的价值和利益，无论是功能性的还是心理性的。它们产生于品牌与消费者的关系之中。消费环境的错综复杂的因素影响着这种关系的联结。而强劲的特殊的关系使得品牌形成了除产品功能价值外的其他无形价值。品牌代表了消费者信心和忠诚、市场份额和商业价值，是企业的无形资产。甚至，品牌还代表了一个民族和文化。由此看来，人们对品牌内涵的理解经历了这样一个发展过程：作为单一的区别名称、标志到它作为一种综合因素作用的总体形象以及它能形成一种无形的资产价值。因

① 何佳讯．品牌形象策划．上海：复旦大学出版社，2000．52~56

而，品牌是一种具有重要价值的商品符号。

品牌形象来自于它在消费者心中所具有的特定的意义。因此，品牌形象的象征性附加价值的产生，首先是基于消费者的消费需要。消费需要是人们的消费行为以至一切行为的动机和驱动力，产品符合了消费者的需要，就有可能被消费者选择。所以，要研究消费者对品牌的消费过程，就必须先了解消费者的消费需要。在对消费者的消费需要的研究中，人们发现作为购买动力的上升，似乎表明消费者要求从每一类别的需要中获得高层次的满足。因此，广告在进行品牌形象的广告传播时，就给予了品牌以多层次的意义生产。食物，除了看做简单地提供物质外，也被看做是提供愉快、健康、兴奋甚至身份（素食主义）和声望（奇妙的有色蔬菜）的。

从品牌的意义生产角度进行分类，可将其分为核心意义、象征意义、情感意义：

第一，核心意义。核心意义传达的是产品的实际功能，依靠产品的功能或品质（真实的或认知上的），以及它们的有效性或价格。在这个方面的典型声称是：节省时间、精力和金钱，安全，健康，舒适，干净，方便，实用等。

第二，象征意义。品牌的象征意义，表明的是产品所代表的一种社会归属感的需要。每个人都有他们自己的一幅图像，或者更重要的是一幅他们喜欢怎样看待自己的图像。他们在消费产品的过程中证实了自己的这种身份。他们在“耐克”中可以感到自己像运动员，在“Swatch”手表中体会自己的新潮，或在“BMW”汽车那里被证明是成功人士。

第三，情感意义。情感意义是一种心理意义，往往存在于人的无意识水平中。典型的情感意义有：

愉快——人们永远寻求喜悦的事情：口头的（味道、质地、分量），感觉的（松软、香味、美丽），精神的（兴奋、平静、浪漫、放松、娱乐、怀旧）。

羡慕——人们喜欢把他们同伟大的事物与伟大的人们联系起来，喜欢接近他们羡慕的事物。力士香皂没有承诺你会变为一位影星，也没有让人们认为你是一位影星，但谁都知道，当你沉浸在郊外别墅的浴室里，你也拥有像娜塔莎·金斯姬一样的某些东西。

自我实现——人们具有自我超越和自我实现的情感，并且对各种事业抱有责任。

二、现代广告与品牌传播

1. 现代广告与品牌

据说“品牌”一词起源于19世纪早期装盛威士忌酒的木桶上的区别性标志。一些制造商把“X’s”烙在威士忌酒的大酒桶上来帮助不识字的店员伙计。而如今，这个原先只是镶嵌在酒桶上的标志性符号，却如陈年佳酿，越来越诱发出迷人的芳香，成为了大卫·奥格威所说的“生活结构的一部分”。

19世纪末，美国广告业的最重要的发展就是，批量生产的包装上有品牌名称的商品开始出现在全国性的广告上。他们发现，更富有创造性的名称有助于产品的销售。于是，“装饰精美的瓶子向人们暗示皮尔斯化妆品的魅力；陶瓷瓶上的货签强化了凯勒公司的丹迪果酱的诱惑力；锡箔纸包装的一块块糖果，把从英国进口的凯德伯利巧克力打造成一种精美绝伦的形象”。① 朱丽安·西沃卡在《肥皂剧、性和香烟——美国广告200年经典范例》中，总结了魁克麦片在当时历史的成功经验后说：“市场销售商用什么方法，竟能把相当普通的散类商品，变成了远比其他商品更受欢迎又更让人容易识别的商品的呢？在这方面魁克燕麦公司是个最好的例子。制造商把商品放进一个小箱子里，再给它注入一种‘个性’，添加一些资料扩大它的使用价值，然后再把这种商品变成既让人称心如意又有利可图的东西。销售标准化的小包装商品的成功之处，还取决于是否给一个‘名称’做广告。然而这绝不仅仅是个名称的问题，它确立的是对‘商标名称’的确认。这种特性应能在市场上使这种商品区别于其他产品，并能让消费者在购买前就能评定这种商品的价值。”② 可以说，从那时开始，建立于附加价值和更高利润基础上的品牌销售时代应运而生。

不同时代的营销传播观念是特定时代的市场营销策略思想沉淀的结果。但惟一不变的是广告在品牌经营中占有了重要的位置。从市场营销观念开始流行的20世纪50年代到今天，商业传播的观念和手段都发生了相当大的变化（见表2-1）。

从最初的符号形象到品牌形象、品牌定位、品牌个性直至品牌识别，现代广告的发展过程都始终围绕着品牌的建设、管理和传播进行。比如，20世纪30年代末，李奥·贝纳为美国绿巨人公司设计了新的商标人物。时至今日，“绿巨人”甜玉米系列产品进入中国市场，其包装、广告中的“绿巨人”形象仍是一个身披绿叶的强壮农夫，面对广袤田野笑逐颜开。其中蕴含的“新鲜”、“丰收”意味，与30年代末那个绿巨人豌豆的广告主题“月光下的收成”如出一辙。奔驰汽车于1909年至今，商标作了6次修改。但其成功之处在于：维持标志核心的基本设计（星状）不变，逐步修正周围元素。这种谨

① ［美］朱丽安·西沃卡．肥皂剧、性和香烟——美国广告200年经典范例．周向民，田力男译．北京：光明日报出版社，1999．70

② ［美］朱丽安·西沃卡．肥皂剧、性和香烟——美国广告200年经典范例．周向民，田力男译．北京：光明日报出版社，1999．73

慎演变，不仅融入公司兼并的变化，抓住流行的风格，同时还维持鲜明的组成元素，让人们在今日仍能一眼认出。

表 2-1 商业传播观念的演变①

传播观念	产生时间	效果依据	沟通基点	传播手段	核心主张
USP	20 世纪 50 年代	实证支持	产品	广告	强调产品具体差异与实效
企业识别	20 世纪 50 年代	视觉差异	企业	各种载体	视觉设计传达企业理念、文化
品牌形象	20 世纪 60 年代	形象差异	品牌	广告	追求品牌形象差异的长期性
定位	20 世纪 70 年代	心智位置	产品、品牌	名称、广告	创造心理位置的第一
品牌个性	20 世纪 80 年代	性格魅力	品牌	广告	赋予品牌的生命，如活生生的“人”
整合传播	20 世纪 90 年代	统一感受	品牌	各种工具	品牌始终发出同一种“声音”
品牌识别	20 世纪 90 年代	价值意义	品牌	各种工具	以品牌的精髓和灵魂建立永久地位

从品牌最初的意义上说，品牌代表了人们对世界物品的“分类”。分类过程就是赋予各类事物和现象以不同的意义，而不同类别的事物就构成各种不同的意义符号。可见，分类过程同时就是对周围事物加以符号化过程，充当文化理想和价值的符号。因为名牌是作为符号而表达了商品的档次、信誉以及消费者的身份、荣耀和心情。随着生活世界的丰富化和复杂化，人的目的和意义也越来越多样化和细致化，因而使得物品的符号化过程也丰富化和复杂化了。随着历史的发展，物品体系和意义体系之间建立了千丝万缕的对应关系，前者充当了后者的符号和载体。物品不再以自然形态同我们相对立，而是以符号的形式成为文化的载体和工具。鲍德里亚也指出，品牌名称的功能就是用来指称产品，它的第二个功能就是用来调动情感含义。在这种象征性的附加价值中，品牌具有了社会、文化、意识形态之内涵，并按照某种象征意义的联想范式，进

① 何佳讯. 品牌形象策划，上海：复旦大学出版社，2000

一步突出产品的名声、威信等社会价值，在各种生活方式、思想方式、见解、道德与习惯的一般环境中赋予品牌某种意义，将它认同为特定文化中最令人赞赏的东西。也正是这种的品牌传播形态，为广告进入社会文化提供了一种机会。

人们对品牌形象认识的不断演进，可以看出，我们提及某一品牌，比如海尔、乐百氏、联想等，不仅仅是它们提供了什么产品，更重要的是让我们联系到一系列与该品牌有关的特性和意义。因此，品牌形象的存在，它为消费者提供了形象效用，带来了产品实体之外的附加的象征价值，比如感觉上的回报、心境宁静、让所爱的人愉快、得到幻想、达到目标、激起积极的情感等。青木贞茂指出："商品一旦被确立为品牌，便超越其物理的特性，而带有某种象征性，于是商品被予以'图腾化'。不仅对供应者，对使用者而言，它也以神圣的事物呈现。尤其对于使用者而言，它更是难得的东西，可充当差异表示符号。"① 因此，"麦当劳"的品牌形象系统就已经成为了一个系统的消费社会意义的代码和识别的标志。

2. 企业品牌的价值和传播

进入20世纪90年代，尽管像联合利华这样的企业仍坚持使用独立的"产品品牌"，但更多的人强调"企业品牌"是未来的一种趋势。在当前的国际强势品牌中，我们会发现许多都是"企业品牌"，也就是说以企业名称作为本企业产品的品牌或母品牌。如可口可乐、IBM、索尼、麦当劳、迪斯尼、本田、精工、宝马、大众、奔驰、柯达以及国内的海尔、长虹、联想、健力宝、新飞等等。正如品牌专家斯蒂芬·金曾写道："企业品牌将成为重要的识别标志，也就是说消费者在选择时，并不那么看重产品或服务所能给他们提供的功能性利益的价值，更多地取决于他们选择产品或服务前对公司人员的评价、他们的技能、态度、行为、风格、语言、环保意识、是否为他人着想、交流模式和反应速度等等——这实际上就是整个企业文化。"②

现代企业组织理论的研究发展表明，现代企业组织行为更多地把目光投向对社会的责任和人类的共同利益上。这是从20世纪50~70年代以来，人们对组织、社会与环境的相互依存性而产生的新的文化价值观，被称为社会责任、社会义务或社会介入。因此，现代企业越来越关注企业品牌的社会文化价值。之所以产生这样一种新的价值观，是因为："以往的大多数组织，不管是企业

---

① ［日］星野克美. 符号社会的消费（第二篇）. 黄恒正译. 台湾远流出版社，1988. 72

② 何佳讯. 现代广告案例—理论与评析. 上海：复旦大学出版社，1998. 397

还是政府都是以经济价值观与技术价值观作为决策的根据。强调社会义务的新观点导致了社会—经济模式的形成；这种模式要求在决策时除考虑传统的经济、技术价值之外，同时还要兼顾到给社会带来的利益。所以，人们需要不断地从社会系统及组织互相依存的观点来考察组织。另外，人们也正在学会更多地考虑到寰球的人类，考虑到如何设法与世界环境更加协调一致。"①

关于"社会责任"的理论要求企业组织在发展自身的时候，要考虑到组织对社会系统所发生的或将要发生的种种影响并加以权衡，即"组织必须履行自己对社会大系统的一部分职能"。因为"社会责任的基本哲理在于'人类活动是整个自然社会系统的一个组织部分，大家都栖息在同一星球上，因而我们的活动都应对这些现实负责'"。② 这种强调组织对社会的责任，最终的目的是把人的目标、组织的目标和社会的目标统一在共同的、现实的基础上——使"目标体系中的人的目标、组织的目标和社会的目标都得以实现"。③

企业，作为一个组织形态，其品牌形象传播就是通过其各种形式的"组织符号体系"积极参加组织现实的建设。组织符号体系在组织中的意义体系、权力结构等等的形成中有着及其重要和中心地位。根据美国传播学者丹尼斯·K·姆贝的看法："'组织符号体系'指的是一个组织的这些方面，其成员通过对它们的使用而显示或使得组织中固有的无意识感情、形象和价值观能被理解。符号体系表达的是一个组织的基本特点、思想意识和价值观。在使得这一特点被人理解的过程中，符号可以强化它或使它受到批评和修改。"④

因此，从一定意义上说，品牌及其符号传播就是企业组织文化的"符号体系"。调节和构成组织形成过程的规则、信念、态度和价值观主要通过组织符号体系的使用而得以保持和再现。历史悠久、绵长的名牌产品，其品牌的文化底蕴也悠远而深沉。提到美国的文化史，就不能不提到可口可乐。可口可乐已成为美国人生活方式的象征，成为美国的代名词。可口可乐的广告不仅塑造了产品的文化形象，同时，也传达该企业的品牌形象和文化理念，为企业树立了良好形象。据零点调查公司2000年10月的市场调查显示，当年中国的可乐市场上可口可乐和百事可乐的占有率就已经分别是57.6%和21.3%，两者之和几近80%。面对"可乐"这个本是很乐观的名字，中国的饮料行业的老总

---

① ［美］凯茨·大卫斯. 组织行为学（上）. 北京：经济科学出版社，1989. 33

② ［美］凯茨·大卫斯. 组织行为学（上）. 北京：经济科学出版社，1989. 32

③ ［美］凯茨·大卫斯. 组织行为学（上）. 北京：经济科学出版社，1989. 20

④ ［美］丹尼斯·K·姆贝. 组织中的传播和权力：话语、意识形态和统治. 陈德民等译. 北京：中国社会科学出版社，2000. 19

们却无法“可乐”。曾几何时的少林可乐已不再威风凛凛，天府可乐被百事可乐抚慰在自身怀中，而乐臣可乐、蓝剑可乐、九星可乐、银鹭可乐也终究没能乐起来。究其原因，最为主要的根源在于，国产可乐的“可乐文化”的“符号体系”的缺乏。

对于品牌的区别和选择迅速扩展，对品牌的需求逐渐发展成为了时尚。到如今，品牌经营和品牌传播更是成为了企业竞争的法宝。由于技术转移和信息传播的速度加快，使得新产品竞争激烈，同质化程度太高。市场竞争更多的开始从有形的产品转到无形的品牌上。再加上流通领域革命，厂商对消费者的影响力部分转移至流通销售环节，营销不再只是产品战，而是消费者脑海中的认知战，品牌就是这场战争中最有利的武器。在低速成长、高速竞争的市场环境中，品牌确实已成为市场占有率的最后王牌！在这样的背景下，广告作为商业传播，在更多的时候成为了建立企业品牌和产品品牌的重要手段和传播工具。

3. 品牌的社会意义和效应

物以类聚，人以群分。从社会学角度看，消费者不仅是一个社会人，而且是一个具有特定的社会位置和群体归属的人。社会生活中的人们必然要对人的群体归属进行划分，而且每个人自己也通常会为自己找到一个群体归属。我们是以我们的认同而存在于社会，并通过认同与他人进行社会交往的。品牌消费在社会学意义上的重要性之一在于它既是用于建构认同的原材料，又是认同的体现和表达。因此，人们的认同和人们的消费不过是同一个过程的两个方面。一方面，“我”就是我所消费的东西和我所采取的消费的方式。另一方面，面对品牌世界，“我”消费什么和怎样消费，是由“我”对“我是谁”的看法所决定的。可见，人们从事品牌消费，实质上不过是创造、维持或改变着自我认同。①

对于特定的品牌而言，它所具有的社会意义意味着品牌能够体现消费者的社会关系、社会地位、社会价值和社会贡献。由于品牌意义的确定是建立在价值观、社会文化和商品消费观念的基础上的，一经得到广泛的社会大众的认同，就会形成商品经济条件下的新的社会文化观念，对社会意识形态产生重大影响。

品牌的物质价值或经济价值是指它的实用性和功利性。而品牌意义的精神价值和文化价值是相对其物质价值或经济价值而言的，指品牌意义同社会文化、精神价值需求的关系。它不仅体现着消费群体内部的通行的价值体系，其

① 王宁. 消费社会学. 北京：社会科学文献出版社，2001. 53

中包括诸如情感、知识、思想、经验、意志、观念等内容；而且还包容着消费群体通常认可的规范体系，如道德规范、政治规范、行为规范等。孔府家酒在宣传品牌的意义时，其广告通过“孔府家酒，叫人想家”的主题，采用生动的感情诉求方式，以亲人团聚为背景，表现了离乡背井的游子思家、思亲、思乡心理，强化了包含在中国酒文化中的、有民族特点的、极富人情味的家庭观念。

品牌的意义是人的感情、习俗、文化观念诸因素的聚合，融合着人们传统的观念和现实需求诸多因素。品牌通过商品以多种多样的传播形式加入社会的进程，并通过包含和融渗在其中的文化传统、规范、符号等信息对人们的生活和社会意识发挥作用，影响着人们的一举一动。品牌意义的教育作用，正是因为其自身所容纳的有关社会的价值体系和规范体系对人们精神文化的巨大影响决定的。娃哈哈、孔府家酒、活力 28 等品牌意义中就包含着丰富的中华文化的意蕴，通过广告宣传颂扬了家庭本位的观念。今天的品牌意义，也在教育和引导社会大众的消费观念和文化意识，并且往往成为消费大众个人价值和地位的象征。

当然，企业在创造和传播品牌的人文意义时，也肩负着社会的责任。因此，企业在传播品牌的人文意义和塑造品牌形象时，就必须审时应变，以符合时代精神和整个社会文化大环境，在适应中求整合，在整合中求发展。品牌意义的社会文化效应，对社会的文明进步起着不可忽视的作用。从一定意义上说，人类的一切活动无不是在特定的价值取向和思维模式的指导和规范下发生的。根据这种认识，品牌意义作为社会文化的一部分，不仅是商品信息的载体，也是社会文化的载体。因而，从某种意义来说，人们在对一种品牌意义认同的同时，也确认了自身的存在意义和社会位置。从行销的观点来看，我们从社会的、人性的和人文的角度归纳、提炼出品牌的意义，运用广告和行销的传播手段，具体地、生动地阐明和宣扬品牌的意义，不断纠正或舍弃那些对品牌价值积累无益的意义，弘扬中华民族的优良传统和文化，就是在为社会创造丰富的物质财富和精神财富。品牌人文意义的社会认知度越高，认同范围越大，其经济效益越高，社会效益也越高。

【思考·练习】

1. 如何理解市场是一个特殊的“社会交往”领域和一种“社会互动形式”。

2. 比较阐述经济学和社会学对“消费”的不同研究视角和方法。

3. 结合生活实例，阐述影响消费的社会因素。

4. 讨论马克思“商品拜物教”理论对商品和社会关系之间的有机联系的洞察与分析。

5. 结合广告实际，讨论广告对商品意义生产的具体措施。

6. 结合著名的商品品牌和企业品牌，理解品牌意义的社会价值和传播价值。

第三章 广告与现代人

在现代社会中，广告的迅猛发展及其对文化、生活方式和价值形态的渗透，都使得广告以超过以往任何时候的速度迅速占领着我们的生活。它无孔不入，无处不在地侵入我们生活的细节：报纸、电视、广播、网络、广告单、招贴画、公共汽车车身、霓虹灯，所有载体都在刺激你的注意力、煽动你的购买欲、提供一个你想追求的生活愿景。无论是儿童的成长还是社会性别的建构过程，广告传播所带来的一切价值理念、生活态度和情感特征都在参与其过程。因此，现代社会中广告对于人的社会化和现代化起着极其重要的作用。

本章将从社会学意义上探讨广告对人的社会化和现代化的影响，尤其涉及广告对儿童的社会化以及社会性别建构的影响。

第一节 广告与人的社会化

人的社会化是一个社会和个人相互作用的过程。对于个人而言，社会化过程就是个人在其成长过程中逐渐适应社会文化环境，将社会所共有的价值观、生活方式、行为规则和习俗习惯内化为个人的心理结构，从而使个人成为适合社会生活的社会成员；对于社会而言，社会化的过程则是通过社会文化的个体内化而使得社会文化得以传承和弘扬，从而保证社会生活的延续和发展。因此，社会化是人们与社会终生的相互作用的过程，在这一过程当中，人们获得了个性，并且学会了他们所在社会的生活方式。相对于传统社会的宗教习俗的影响，现代社会的人们无论有多么坚定的意志和独立判断的需求，都不可避免地受到广告潜移默化的影响，如改变某种生活态度和理念等。因此，我们自然就要研究的问题是：广告作为一种文化形式，如何影响人的社会身份及自我的确立，即在人的社会化过程中广告如何发挥作用。

一、广告的社会化作用

（一）社会化的含义及其基本理论

首先，我们必须理解“社会化”的含义和基本内容。社会化含义的多义性表现为其在不同学科知识领域的不同含义。社会学、心理学、人类学以及传播学都对社会化有着不同的解释。

我国社会学家周晓红提出：“从社会心理学的角度来看，整个社会化过程与人格和人的社会行为的形成与发展有着密切的联系，因此，可以说，社会化就是人的社会行为的模塑过程。通过这一过程，人们形成了为其生存环境所认可的社会行为模式，为其生存于其间的社会文化环境中的各种简单与复杂的刺激能够给予合适、稳定的反应。”①

英国著名社会学家安东尼·吉登斯是这样定义社会化的：“培养儿童的社会规范与价值观意识，并获得一种独特的自我感的社会过程。尽管社会化过程在一定程度上是贯穿一生的，但在婴儿期和少年期表现得格外明显。人类个体不能避免同周围其他人的交往，在生命周期的所有阶段，这种交往会影响和矫正自身的行为。”② 简而言之，儿童或其他社会新成员学习他们那个社会的生活方式的过程被称为社会化。

可见，对社会化的认识可以包括两个方面：一是在社会中通过学习活动，掌握社会知识、技能和规范；二是个人积极参与社会生活，介入社会环境，参加社会关系系统，再现社会经验。因此，简单地说，人的社会化过程，就是作为一个“社会学习者”和一个“社会参与者”的人的全面发展的过程。

在社会学家看来，与以上认识相关的两个方面的问题是：

第一，社会化是一个终身的过程。婴儿从降生开始到其走向生命的终点，从未停止过社会化的进程。从一个无知的婴儿逐渐变成一个有自我意识、有认知能力的人，人类的行为不断被社会互动所形塑。而在这个过程，由于现实社会结构的复杂性和多变性，也就决定了社会化的多种多样的形态。

社会学认为，社会化分为初级社会化、次级社会化和再社会化三个主要类型。初级社会化，发生在生命早期的社会化。幼年和童年时期是文化学习最集中的阶段，其主要任务是向儿童传授语言、认知本领和基本的行为模式，使其内化社会文化规范和价值标准，能够正确理解社会关于各种角色的期望和要

---

① 周晓红. 现代社会心理学. 上海：上海人民出版社，1997

② ［英］安东尼·吉登斯. 社会学. 赵旭东等校译. 北京：北京大学出版社，2003. 901

求，为以后的进一步学习打下基础。因此，初级社会化是整个社会化过程的基础。次级社会化发生在儿童阶段晚期并持续到成年期。在这个阶段中，人们学习组成其文化模式的价值观、规范和信仰。再社会化是指全面放弃原已习得的价值标准和行为规范，重新确立新的价值标准和行为规范。当一个人进入新的文化环境或新的生存空间，可能就要放弃原来的文化，而接受新的文化。因此，在社会的转型过程中，再社会化的形式也就比较强烈。

第二，社会化是通过社会化机构来完成的。在初级社会化阶段，承担社会化任务的社会机构主要是家庭。由于儿童的生活自理能力尚未形成，其个人活动主要是在家庭中进行的。在次级社会化阶段，承担社会化任务的社会机构主要是学校、同辈群体、组织、媒体等，这些机构代替了家庭的某些职能，在社会化进程中发挥着重大作用。

在现代社会，随着大众传播的日益发达，我们发现在社会化的三大类型中，大众传播扮演着越来越重要的角色。在美国等西方国家，电视就被社会学家称为是儿童的“主要社会化力量”。① 从婴儿一出生开始，便被置于一个电视、广播、报纸、网络等媒体的环境中。而广告又是这些媒介的一种重要内容，在宗教、家庭等传统的影响因素逐渐减弱的当下，包括广告在内的媒介的影响力正处于上升阶段。广告正在代替家庭等对社会化的影响。“在过去三代中，家庭、宗教风格和教育的力量明显地下降了。整个世界好像更加错综复杂了。在缺乏传统权威的情况下，广告变成了社会的一个行为指南。它为我们勾画出无数个能实现自由选择生活的情景，它为时尚、道德、行为提供新的思想、观念。”②

社会化的最终结果就是形成每个人独特的“人格”。这里提到的“人格”，用社会学家戴维·波普诺的话说，“指的是特殊的思想、感觉和自我观照的模式，它们构成了特殊个体的一系列鲜明的品质特征。人格可以分为几个主要部分：认知（思想、知识水平、知觉和记忆）、行为（技能、天赋和能力水平）及情感（感觉和感情）”。③ 简单地说，“人格”就是个体心理特质和行为特征的总和。而自我意识是个体关于“我是谁”的看法和判断，是人格的核心组成部分。婴儿刚出生时并不能理解自己和他人的差异，因而没有自我意识。

① ［美］L. A. 科塞. 社会学导论. 天津：南开大学出版社，1990

② Ronald Berman. 广告和社会变迁. 转引自后工业社会下的广告伦理问题. 视听界·广告大观，2002（4）

③ ［美］戴维·波普诺. 社会学，第10版. 李强等译. 北京：中国人民大学出版社，1999. 147

自我意识是在社会化过程中逐渐形成的。所以，可以说，人的社会化过程，实际上是自我的形成和定型的过程，即我在社会中扮演什么角色，拥有什么生活态度，与他人建立何种关系等。这其中，个体得以不失个性地归属于某个族群，这些族群被理解为拥有其特有的信仰、见解、态度、偏好等，从而形成一种价值体系。个人就是通过其行为方式认同该价值体系，以确立自己与其他人的关系。人时刻处于一张纵横交错的社会关系网，在这个网中，个人与他人，主体与主体之间是相互关系和交互影响的。人们必须确立自己的坐标，回答自己是谁、从哪来、到哪去等问题。即主体在一个人文世界里的文化性存在。换句话说，个体必须对自己在社会中的性别、性别倾向、阶级、族群归属、形象、角色等进行认同，从而使自我得到确立。

在这里，我们必须涉及一个社会心理学的概念——认同。吉登斯认为，所谓的认同指的是：由他人赋予的个体特征，即个体通过他人完成自我。首先需要明确的是“自我”。自我不是一种生物性的存在，而是一种对自我的意识，产生于他人的承认。其次需要明确的是“他人”在自我的形成过程中起着决定性的作用。如获得家庭成员的承认则成为某种家庭的角色或自我，符合某种审美取向、信仰、态度等则被判断属于该族群的自我。

社会学中的符号互动论的代表人物米德在分析自我意识的形成时认为，“自我”分为“主我”（I）和“客我”（me）两部分。“主我”是自发的、能动的，为自我和人格的发展提供动力；“客我”是内化了的社会要求和期待，是在社会互动过程当中形成和发展起来的。因此，自我的发展过程就是“主我”和“客我”之间的一个连续不断的互动过程。

米德认为，社会化的实质就是学会理解他人对于角色的期待，并按照这种期待从事角色行为的能力，即“角色扮演”。这个“角色扮演”的社会化过程可以分为三个阶段：模仿阶段、嬉戏阶段和博弈阶段。当然，每个阶段的“角色扮演”能力是不同的。相应地，“客我”涵盖的内容和范围也是不同的。模仿阶段，“角色扮演”是有限的，只是简单地理解和模仿父母的动作，因此，自我意识也是非常弱的；到了嬉戏阶段，儿童开始扮演一些在他们的生活周围的特定的、重要的角色，“客我”的内涵和外延有了扩展；而博弈阶段，儿童则是开始观察、理解和模仿“一般他者”的角色。“客我”的范围已经覆盖了整个社会。因此，社会化的过程表现为儿童对角色扮演的从有限的、特定的到“一般他者”的演进过程。

关于社会化理论，除了米德等强调社会化过程的社会因素，把自我意识和人格发展看做是一个社会互动的过程外，追踪“认同”概念的哲学基础，或者说深入阐述自我意识的内在心理基础的是以雅克·拉康为代表的“镜像阶段”理论。

1936年6月和1949年7月拉康在第十四届和第十七届国际精神分析学会上作了有关“镜像阶段”理论的报告。在报告中，拉康所构形的“自我”的概念，与以往笛卡儿的“我思故我在”的传统理性哲学截然相对。他分析了“自我意识”的形成过程，他根据比较心理学的实验，发现还不会说话的六个月大的婴儿看到自己在镜中的映像会欢欣鼓舞，并且对镜中形象的兴趣会持续很长时间，这个阶段被称为“镜像阶段”。“对于一个猴子，一旦明白了镜子形象的空洞无用，这个行为就到头了。而在孩子身上则大不同，立即会由此生发出一连串的动作，他要在玩耍中证明镜中形象的种种动作与反映的环境的关系以及这复杂潜象与它重现的现实的关系，也就是说与他的身体，与其他人，甚至与周围物件的关系。”①

在拉康的描述中，在“前镜像阶段”中，婴儿的身体处在一种不和谐状态之中，无法随意支配自己的四肢，因此它的感觉和对外界的体验都是不确定的。在这段漫长的“动力无助”时期，婴儿充分体验了身体功能不健全以及肢体之间的不协调所引起的不安和焦虑。而这种不安和焦虑却是整个自我意识形成的前提和动力。拉康认为婴儿在镜前的这种表现实际上是婴儿心理形成的一个非常重要的步骤。婴儿在镜中看到了自我，更确切地说，镜中的映像助成了婴儿心理中的“自我”的形成。拉康认为，“镜像阶段”是个悲剧，因为人的自我的形成的第一步就是建立在一个虚妄的基础之上的（一个幻想）。从镜像阶段开始，人始终是在追寻某种性状某个形象而视他们为自身的“自我”。然后婴儿进入“俄狄浦斯情结阶段”（6~16岁），它对于自我成熟具有决定性意义，因为儿童开始服从父亲的强大影响，即接受父亲代表的语言文化秩序，在社会文化体系中获得真正的自我身份阶段。而这一切得以产生是由于认同机制，也就是说主体在认定一个影像之后自身所起的变化。人是通过认同与某个形象而产生自我的功能，这个认同贯穿一生。

（二）作为社会化因素的广告

我们先要明确的是：我们所说的广告作为一种可能影响人的社会化进程，并非简单的直接作用。正如我们所看到的一样：啤酒广告的播出并不直接导致青少年酗酒，章子怡为某品牌可乐所做的广告并不一定使观众产生女权思想等。但是，我们也看到广告对人们现有的生活模式和生活态度起到增强的作用。

美国著名的传播学者李普曼认为，由于人们活动范围的有限性，人们接触到的外部信息，除了少数部分通过亲身体验以外，绝大部分都是通过传播媒介来获得的，因此，人们心目中的客观现实，只能是一种由传播媒介有选择的构

① ［法］雅克·拉康. 拉康选集. 褚孝泉译. 上海：三联书店，2001. 89

建的“拟态环境”。我们谁都不会否认：拟态环境或象征环境对我们看世界的方式以及在世界上的行为方式越来越产生深刻的影响。但是广告这种文化形式是如何起作用的呢？

首先，以拉康的镜像阶段理论为出发点，人从出生开始就处在焦虑状态，就陷入了认同危机，人在社会化过程中一直试图寻找自我的位置，寻找如何与他人、现实建立关系。特别是在社会转型时期，人们的生活态度、文化价值和存在方式等都在发生深刻的变化。尤其是在消费社会中，现代人越来越呈现出消费选择的茫然性。而广告恰恰通过其独特的言说方式，为茫然焦虑中的人们“指引”了方向，各种成功人士生活模板呈现于世人眼前：优雅的女人，强势的男人所应该拥有的品质生活，所应该使用的消费理念等。人们在对物质的求索中必定将这些“高雅”生活奉为典范，以此为自我的“他者”，即一种“镜像”，在社会文化心理的层面上，认同广告中呈现的生活状态，即拉康所谓的“同形确认”。

在这种意义上的认同过程可能产生两种结果：其一，消费者通过购买产品，使作为主体的消费者在对物质的消费中，实现了与他人和环境以及物质符号文化性的结合，“与现实之间建立关系”，从而达到了主体的自我认同。例如，“百事可乐”的一则广告：包括足球名将罗纳尔多在内的多名巴西球队的球员在机场候机室花样百出的炫耀球技，来体现年轻一代张扬耀眼，敢说敢秀的个性。我们看到很多受众接受这样一种时代理念而认可“百事”这个品牌，并购买“百事”以彰显其特立独行的个性。其二，消费者认同广告中呈现的观念，但并没有购买该商品。即便如此，他们也有可能成为该商品潜在的消费群体，将该广告体现的观念奉为目标，逐步靠近。即使永远不消费该商品，也有不能说该广告没有对其产生影响。总而言之，虽然我们无法清晰的界定出到底广告作为一种文化形式对人的社会化进程产生了多大的影响，但是不可否认的是，它们确实是影响了我们看待世界的方式。

当然并非所有的广告都必将产生正面的影响作用，不能否认，消费者会对广告产生负面的理解，也就是拉康所谓的“异形确认”。而异形确认与同形确认是同样有意义的，“因为它提出了对于活体的空间的意义的问题”。① 同形确认和异形确认在人们复杂的认同的心理过程中共同发挥作用，使个体通过他者确立主体。

其次，广告以一种信息单一诉求、无所不在、不断重复的方式令观众印象深刻。虽然我们投注在广告上的注意力远没有看一部电视剧来的集中，但是广

① ［法］雅克·拉康．拉康选集．褚孝泉译．上海：三联书店，2001.92

告直观性强，为受众提供明确的行动动力，并且有强大的零售商店作为支持。看完广告之后，消费者会很明确将要购买什么，到哪里购买等等。广告不仅引导着人们的消费，而且以一种强大的文化的姿态，在受众中培养起一套观点，比如欧美等国的消费主义的观念。

广告作为一种特殊的炫耀方式运用于商业性交换，从开始时的简单叫卖到如今温文尔雅的劝说，贩卖的意图不变，形式却越来越隐蔽。通过对美好前景的展现铺排，诱导受众接受商品本身，提升商品的品牌意义，以一种象征性的手法说服受众。物品以符合需求为借口卖给消费者，却被当成消费者所追求的社会地位的标志而买下。在这样一系列的言说中，为受众构筑了一个他者，一个可供模仿的镜像，使人们潜移默化地受到影响，引导人们改变观念，重新组织人们对世界的认识。

从儿童的成长角度来看，在传统社会中，儿童的社会学习和教育主要依靠的是家庭、学校和宗教，他们在口传授课和文字阅读共同作用的方式下获得信息。但进入现代社会，这一社会化过程更多的由媒体来承担。当未成年人被置于报纸、广播、电视、网络环境下的时候，他们被一个读图时代全面包围，在读图时代，各种信息以直观而富有冲击力的视听形象一览无余地展现在世人面前。

根据尼尔·波兹曼在《童年的消逝》一书中所提供的内容，我们知道，成人区别于儿童是因为他们拥有了儿童不应知道的秘密，比如身体、行为、思想的隐秘等。而正是书本和学校创造了儿童的概念，因为文字和口头表达传递的信息是抽象的，可以为儿童进入成人的世界搭建天然的屏障。于是，儿童和成人尽情发展了各自的符号系统，人们接受这样的观念：儿童不应该共享成人的语言、学识、趣味、爱好和社交生活。但是历史一旦进入一个新的媒介时代，一切都在发生变化。新媒介环境在同一时间向每个人，不管是成人还是儿童，提供着同样的信息。而且从生物学上来看，人人具备观看和解释图像的能力，成人世界的隐秘被暴露在儿童面前，而成人也不再拥有所谓的秘密，童年和成人的界限正在模糊。

我们提出这样一个基本事实的目的在于呈现当代儿童所生存的社会信息环境。应该说，广告拥有图像光鲜亮丽，语言晓畅简练，音乐上口悦耳等特质。声画并茂、跳跃动感、短小精悍的电视广告正好符合儿童注重感觉、好奇心强、活泼善变的性格特征，所以一般儿童都比较喜欢观看电视广告。霍夫兰等人根据多次实验有这样的结论：想象力丰富，对周围事情比较敏感的人，较容易被人劝服、接受影响。而这正是符合儿童的心理特点。所以我们必须关注的问题是：对于缺乏自我约束力和辨别能力，心智尚未成熟的儿童，对广告的理解能力以及广告对其产生何种影响。

二、广告与儿童成长

（一）儿童的社会认知和广告

根据陈家华、麦箴时合著的《中国儿童与广告》中所提供的数据：平均而言，每个儿童每周观看 17 个小时的电视，他们每周可能观看 1 000 个广告，每年可能观看 50 000 个广告。① 总的来说，中国城市的儿童大量接触广告及播放广告的媒体。那么广告与儿童的社会认知之间存在一种怎样的关系呢？

在西方的儿童发展观点中，不同年龄的儿童思考和推理能力呈现显著的阶段性特征，儿童在不同阶段的认知水平影响了他们对广告意图理解的程度。将认知发展理论与社会发展理论相结合，John（1999）提出了消费者社会化模型。在这一模型中，消费者的学习过程由感知阶段（3~7 岁）发展到分析阶段（7~11 岁），再发展到反思阶段（11~16 岁）。在感知阶段，儿童会注意市场上直接的容易观测的特征；在分析阶段，儿童会对某些概念形成更成熟的理解，如广告和品牌，并产生超出儿童自身感觉和动机的新观点，他们会通过多种维度来分析市场信息；在反思阶段，其特征在于认知和社会发展的进一步提高，表现在多个维度上。儿童可以更老练地理解如品牌和价格这种市场概念，他们会使用反思的方法来理解和思考。②

根据对 6~7 岁、8~11 岁和 12~14 岁三个不同年龄组儿童的调查结果（表 3~1），在不同年龄组儿童认知发展水平的基础上，我们可以分析出他们对于广告体验的看法：③

表 3-1　消费者社会化模式中不同阶段的儿童对电视广告和品牌的反应

	感知阶段（6~7 岁）	分析阶段（8~11 岁）	反思阶段（12~14 岁）
对“电视广告是什么”的理解	理解程度低，认为广告希望是“好笑的信息”	理解程度中等，认为广告是“介绍产品的信息”	理解程度中等，较多儿童认识广告是“推销产品的信息”
对“电视广告希望我们看了以后做什么”的理解	理解程度高，认为广告希望他们看了以后“买它的产品”或“告诉爸爸妈妈有这个产品”	理解程度中等，认为广告希望他们看了以后“去店里看看产品”或“告诉爸爸妈妈有这个产品”	理解程度高，认为广告希望他们看了以后“买它的产品”或“告诉爸爸妈妈有这个产品”

① 陈家华，麦箴时．中国儿童与广告．北京：中国社会科学出版社，2004. 189

② 陈家华，麦箴时．中国儿童与广告．北京：中国社会科学出版社，2004. 49

③ 陈家华，麦箴时．中国儿童与广告．北京：中国社会科学出版社，2004. 193

续表

	感知阶段（6~7 岁）	分析阶段（8~11 岁）	反思阶段（12~14 岁）
对电视广告的专注程度	专注程度低，几乎每次都转去看别的台	有时候看	有时候看
对电视广告的相信程度	认为大部分广告所说的都是真的	认为广告所说的一半是真的，一半是假的	认为广告所说的有一半是真的，一半是假的
判断电视广告真假的标准	依赖权威人物如父母或老师	依靠个人经验和品牌的声誉	主要依靠品牌的声誉
对电视广告的喜欢程度	态度持两极，有些儿童"非常喜欢"广告。有些儿童"非常讨厌"广告	对广告持"喜欢"、"讨厌"和"中立"态度的比例差不多	对广告持中立的态度，没什么喜欢不喜欢
对不同类型广告的反应	喜欢"让我们增长知识的"、"有动画片的"和"由影视明星和歌星介绍产品的"广告	喜欢"让我们增长知识的"、"有动画片的"、"好笑的"和"有关市民生活的公益"广告 对"由影视明星和歌星介绍产品的广告"持中立态度	喜欢"让我们增长知识的"和"有关市民生活的公益"广告 对"由影视明星和歌星介绍产品的广告"持中立态度
对做广告的品牌与不做广告的品牌的反应	认为两个品牌质量一样好	认为做电视广告的品牌质量比较好	很难说，不知道

6~7 岁的儿童处于感知阶段，他们主要是根据观察到的事物特征（感观反应），如一个事物摸起来、看起来、听起来、尝起来或闻起来如何来对事物做出判断，而不是根据抽象推理。该阶段的儿童仅能通过时间长短来区分广告还是电视节目，他们对广告的理解很少，把电视广告当做与电视节目一齐出现的娱乐信息，并不以是否有广告来判断划分产品，认为做广告和不做广告的品牌的质量一样。

8~11 岁的儿童处于分析阶段，他们拥有更多的阅历，显得更为聪明。他们能够选择喜欢的品牌、喜欢的商店和喜欢的广告，以具有一定知识和经验的头脑做出这些判断。他们对广告有了更好的理解，知道广告是介绍产品的，更关注广告，根据自己的知识和经验对广告的真实性进行判断。

12~14 岁的儿童处于反思阶段，反思处在较高的发展阶段，能够进行抽象思维。他们能够完全理解广告的说服意图，知道广告是以推销产品、挣钱为意图的。他们购买行为的依据是多方位的，切实的体验、品牌的声誉、他人的推介等。他们对广告的态度保持中立，不能确定做广告的品牌是否优于不做广告的品牌。

根据以上的调查结果，我们发现在早期儿童对广告和广告目的的理解很少，但随着年龄的增长对广告的理解处于上升的趋势，并且能够拥有比较中立的态度来评价广告。当然还有调查表明：儿童对广告的信任程度与对广告的喜好之间存在着正相关。信任电视广告的儿童更加喜欢电视广告，反之亦然。

（二）儿童消费群体和广告的互动

目前，中国家庭的决策模式由传统的父权制，变为以孩子意愿为依据的“子女权制”。由于“独生子女”政策的实行，现在典型的城市家庭只有一个孩子，他们成为家庭消费的中心，他们影响着大约家庭收入三分之二的消费。对于市场营销人员和广告商而言，最重要的是孩子对家庭购买和消费至少有和家长一样的发言权。“一条来自中国日报的报道显示（2004年5月15日），中国的家长们在给孩子花钱方面一向是很慷慨的。除了花费在许多有营养的食品以及衣服上外，家长们还希望自己的孩子在各个方面与自己同等社会地位的人的孩子们保持一致。这就导致了被娇生惯养、寻求较高物质享受的一代人的出现。孩子们经常在没有考虑家长承受能力的情况下向他们索要名牌的衣服和鞋子、时尚耐用的自行车、MP3和最新的视频游戏。一份中国日报的文章显示（2002年7月），在中国的五个主要的城市，平均每月每个孩子要消费897元（110美元），单在这五个城市这种消费形成了一个年消费量480亿人民币（59亿美元的）的市场。”①

儿童消费群体已经迅速地成为全球营销商关注的焦点。当然，在孩子消费的过程当中，父母依然扮演着重要的角色，即相对严格的把门人的角色。根据陈家华、麦箴时合著的《中国儿童与广告》中所提供的调查结果显示，父母在一定程度上让孩子自行购买自己喜欢的东西，并希望孩子成为精明的消费者。但他们对孩子所购买的产品类型有严格限制。另一方面，在为孩子购买东西时，他们总会先征求孩子的意见，并让孩子有相当程度的决定权。

当儿童作为消费者被广告商高度关注的时候，他们也成为广告内容的宠儿，一张张天真无邪的面容为各种产品做广告，从牙膏、牛奶到电脑和数码相机。无论是不是儿童产品，他们都频繁地出现在广告中，成为广告中的儿童景

① 吉米. 当代中国媒体对儿童的摧残——CNN驻中国首席记者吉米在世界家庭峰会上的演讲. 来源网站 http://www.media.tsinghua.edu.cn/xshy/2004-12-21/xshy0-14-203.shtml

观。广告商们试图通过孩子建立的品牌形象有一种天然的亲和力，充满童趣和纯真的情调很容易俘获消费者的心，与他们建立良好的互信关系。因此，广告要达到对儿童消费者的消费行为的诱导作用效果就必须建立起良性互动的关系。

首先，广告最大的敌人不是别人，而是自己。制作大量虚假的和粗制滥造的广告，在错误的时间段播放广告，使家长对儿童广告产生负面态度。广告要得到儿童受众的认可及达到销售目标，就必须在儿童消费者中重塑自己的形象，以正面的、积极的、可信的姿态赢得受众。

其次，广告商应该在适当的时间段投放广告，选出以儿童为主要受众的时段来播放针对儿童或儿童家长适用的产品和服务的广告，使信息适合儿童的欣赏。

再次，儿童广告制作精良，满足目标受众的审美需求、心理特质，以期寓教于乐，达到被儿童和家长接受的目的。

只有在真诚基础上，改变广告虚假印象，才能与受众建立良好、长期、稳定的关系，真正建立起品牌声誉。

正如前述，儿童通过感受、认同、模仿接受了广告图像所呈现的世界的价值观念、行为准则、生活方式和道德规范，从而建立起他们关于现实世界的概念和信仰。而广告作为这些图景中活跃的因子，不可否认地对儿童的成长塑形起着不可忽视的作用。

无论从人格发展还是认知发展的角度，广告对儿童形成健康的道德观念、形成符合时代潮流的思想意识，都有着重要影响。而这种影响既有正面意义也有负面效果。广告本身直观感性的特质很容易使儿童对其产生兴趣；而儿童本身很少预存立场，“自我防御功能”弱，容易相信媒体信息。通过对儿童接触广告频繁等因素的综合考量，发现广告提供的信息容易为儿童所接受并产生影响。调查发现，儿童对“增长知识”、“有关市民生活的公益”广告的喜好程度较高，可见，广告能够以其独特的言说方式灌输有关如公平竞争、关怀他人、节约能源、保护环境、宽容大度、热心公益等概念。如一则公益广告中讲述了奶奶、妈妈和小孩的故事，妈妈下班后拖着疲惫的身子给年迈体弱的奶奶打水洗脚，当妈妈忙完这一切劳累地坐在床上，擦着汗水时，小孩已经学着妈妈的样子，端着一盆水来到妈妈面前，用稚嫩的声音说：“妈妈我来帮你洗脚。”这则广告中的小孩的形象很容易对其他儿童产生积极作用，使儿童有一种归属感，成为他们评定自己的参照物。

当然广告的负面影响也是不容忽视的。

首先，儿童所接触的广告中有三分之二是针对成年人产品的。这就意味着儿童可能收看到像酒精饮料这样的有害产品，甚至是有欺骗和误导成分的药品广告。儿童在个人认知能力尚未成熟之前缺乏抵御有害信息的能力，无法对虚假和真实信息进行区分，混淆现实与虚幻的界限，无法鉴别广告中夸张、浓缩甚至是歪曲的成分，这些对儿童的成长是有害的。

其次，广告推崇物质消费，导致儿童物质主义倾向。广告不断宣传新产品，令人厌旧慕新；广告中营造一种错觉，即通过使用产品来解决问题便能解决困扰，比如拥有某种产品就能产生满足感、成就感等，反之，就会被排挤在该群体之外，产生挫败感和孤独感等。儿童在广告的宣传和诱惑下，敦促其父母为其购买吃、穿、玩的一切用品，而且是没完没了。对物质无止境的追求带来的相应的问题就是对精神生活的忽视，对社会公益的漠视等。

因此，各个国家的政府部门都开始关注广告在儿童成长过程中的正面和负面的影响。比如美国参议员克林顿·希拉里提出一项提案，要求美国联邦贸易委员会阻止广告商不要做吸引儿童，特别是吸引五岁以下儿童的任何广告；希腊严格禁止在早晨 7 点至晚上 10 点做有关玩具的电视广告；瑞典从 1991 年就开始禁止针对 12 岁以下的儿童进行广告宣传，并打算利用其担任 6 个月的欧盟轮值主席国之便，就电视广告问题采取一项较为严厉的制度。①

我们国家也注重加强儿童权益保护，制定相关法律法规，纯净儿童信息环境。如根据广播电视管理局对电视广告标准的规定，以儿童为对象的电视节目，不得播映任何引致儿童生理、心理或道德观念受到损害的产品或服务广告，同时广告亦不能令儿童相信，假如他们未能拥有所宣传的物品，即会比不上其他儿童，或可能遭轻蔑或嘲笑。教育部门也有相应的责任对儿童进行媒体方面的教育。这些课程被称为“媒介素养教育”，能够帮助儿童（和他们的家长）理解媒体的作用、媒体和广告如何结合、广告的实质和目的以及消费者——儿童和家长所扮演的角色。

另外，家长应该对儿童进行适当的引导和教育。陪同孩子一起看电视，要尽量对孩子讲明白广告的意图，增进孩子对广告的正确认识。儿童对广告意图的理解是一种随着年龄的增长而渐进的过程。尽管孩子的理解能力和思维能力有限，但是如果家长常常对他说明情况并表达自己的观点，孩子是会逐渐接受的。

在新媒介环境下，广告不可避免地对儿童的成长起着重要的作用，政府、教育者、家长和广告人都应该担当起保障儿童健康发展的共同责任，使孩子建立起正确、理性的社会价值观。

---

① 广告对儿童产生的影响. 来源网址：http：//www. irib. ir/worldservice/chinese/zhuanti/guanggaoduiertongyx. htm

第二节　广告与性别角色

我们知道，广告已经成为社会文化符码中强大的系统之一，不仅干预着人们的消费行为，甚至在“个体被询唤为主体”（阿尔都塞）的过程中扮演着越来越重要的角色。探讨商品广告中的性别问题，不仅是商品广告研究问题中应有之义，也是两性文化研究的重要课题。即使从常识意义上说，社会终究只是由男女两个性别构成的，两性的社会关系及其社会结构方式，是市场经济、商业社会，乃至整个社会文化活动（如家庭关系、组织设计等）得以展开的基础和条件。因此，探讨商品广告中的性别角色及其对现实社会生活中两性关系的影响，是一个具有重要理论和现实意义的课题。

一个社会对于性别的看法，如什么样的男人才是好男人，什么样的女人才是好女人，或者女性在社会文化中的价值等，这一系列的文化信息长久地凝固于该社会的传统习俗中，并在各种文化形式中贩卖这种集体无意识。广告作为一片新的文化疆土，其间蕴涵着大量的文化信息，却又常常因其商业面貌而逃出理性审视。因而，建立起对广告中性别文化的批判性思考，显得尤其重要。而在这里，“社会性别”理论为解读广告中的性别文化提供了又一种可能的途径。

一、社会性别和性别角色

（一）社会性别的内涵

在社会学意义上，性别（sex）和社会性别（gender）的概念是不同的。性别这一术语指称限定男人和女人身体的解剖学和生理学方面的差异。而社会性别则是指男性和女性之间心理、社会和文化的差异。美国历史学家琼·W·斯科特给社会性别的定义是：“社会性别是基于可见的性别差异之上的社会关系的构成要素，是表示权力关系的一种基本方式。”① 社会性别是社会文化形成的属于男性群体和女性群体的固有的行为规范和秩序，具体表现为一整套有关两性行为的期望和社会角色，在文化符号系统中判断性别的社会标准。男性和女性的根本的差异不在于以生物为基础的性别差异，而是被社会按照不同方式建构着的社会性别。

社会性别理论受到女性主义者的关注，并成为她们的理论武器这一社会现象发生在20世纪70年代，在对西方的文化、历史、社会的剖析过程中该理论

① 刘利群. 社会性别与媒介传播. 北京：中国传媒大学出版社，2004. 16

逐渐发展并形成了较为完善的理论框架。女性主义最早出现在19世纪80年代的西方国家。1791年法国大革命的妇女领袖奥伦·比·德·古日撰写的《女权宣言》和1792年英国女作家玛丽·奥斯通克拉夫特撰写的《女性辩护》成为西方女性运动的起始。女性主义者认为性别之间的不平等是政治权力的问题，而不是自然的事实。

20世纪早期的女性主义运动停留在为妇女争取政治权利的层面：如选举、参政和经济权利、社会权利等物质权利的争取，认为这一切是女性获得平等独立的决定因素。经过半个世纪的努力，在这些方面，妇女的权益保障状况的确有了相当大程度的改善。然而，女性地位却并未发生如人们所想象的全新的改变，她们开始陷入困惑和反思。20世纪60年代末70年代初，以法国哲学家波伏娃为代表的一批学者，开始反思几个重要问题：女性为什么处于社会底层？影响两性社会地位的结构性因素和制度性因素是什么？等等。而进入90年代，女性学者又将政治热情转移到学术热情上，吸纳了社会性别理论，并通过这个视阈来解析男女不平等的社会问题。她们改变了原有的以男性为坐标轴争取平等的斗争原则，着眼于重新定位性别差异，并力图在这样一种全新的对差异的基本认识的前提下，建立属于女性特质的知识、艺术、审美标准、主体身份以及自我认同。因此，女性主义不是静止不动的，而是在不断地变化和发展，在不同的历史时期呈现不同的历史面貌。现阶段，女性主义利用社会性别理论来分析和阐释她们所关注的问题。

按照“社会性别”的视角分析，我们认为是“自然”造成的东西，实际上是人造的，是由社会制度和把该社会制度解释为自然和生理决定的东西。当代西方女性学学者认为，“社会性别”的概念使我们可以将男女之间以生物为基础的性别差异与社会赋予的男女差别，或他（她）们实际承担的社会角色和文化决定的区别开来。这种区别的含义在于说明：男女所扮演的性别角色并非由生理所决定的，而是由社会文化所规范的。只有将男女社会性别的关系置于复杂的支配机制中加以审视，我们才能弄清女性或男性的具有“关系性质”的社会位置。

作为分析范畴的社会性别概念的形成，经历了不同的时期和不同的方式，分析的层次既有微观的相互交往，又有宏观的社会结构分析。尽管学者们界定社会性别时的重点和意义都有程度上的不同，大家基本都强调了社会性别是社会所构成的。①

① 周颜玲. 有关妇女、性和社会性别的话语；王政、杜芳琴. 社会性别研究选译. 北京：三联书店，1998. 384~387

1. 强调“性差异”的社会性别观

这种观点受到心理学范例的强烈影响，把社会性别定义为个人的属性，认为这种属性产生于人的生物性和社会化，或此两者之间的某些相互作用。男性的刚毅和女子的柔弱被看做是与生俱来的，而且这些特征奠定了一个人的社会性别身份、人格和自我概念的基础。这种观点基本上把社会性别化的行为特征解释为内在的个人属性。对“性差异”的研究，一般倾向于强调男女之间的差异，而不是强调共同点，把男女错误地理解为两相对立的。

2. 强调“地位”和“角色”的社会性别观

这种方法受“功能主义”和“角色理论”影响很大，把社会体制看成“地位”和“角色”的基本组合。“地位”指在社会体制中的位置，而“角色”是动态性的地位。它代表着各种社会期望的行为模式，这些对行为的期望是围绕着同特定的地位相关的特定的权利和职责形成的。女性主义学者洛伯就在她的早期著作中把社会性别界定为相互关联性的社会地位，而这种社会地位又是社会秩序内在的一个部分。

在“功能主义”和“角色理论”传统的影响下，这种观点把“社会性别”看成是已获取的“地位”。此地位伴随着一系列特别的期望和模式化的行为——称为“角色”。在刚开始研究社会性别时，这个研究领域常被称做“性角色”。在这种方法指导下，性差异被用来把世界划分为男人的和女人的角色，这些角色高度地融入了社会价值观念、文化实践和结构体系里。

3. 强调人际关系的社会性别观

社会学强调社会结构和个人之间的关系。在这种观点影响下的研究方法把社会性别视为一个人际关系的体系，而不是个人的属性。这种方法把解释的重点从个人转移到结构。社会性别关系跨越种族、阶级、年龄和体制的界线。这种关系存在于社会生活的所有方面，隐藏在社会结构中，并通过社会的意识形态得以加固。在性范畴、劳动分工、社会情况和权力与权威等多种因素影响下，塑造出的社会性别关系是不平等、不对称的。因为这些范畴中的差异，不仅在理念上，而且在结构上，同支配与被支配相关。由此而来，机遇、资源、权力以及责任也被不平等地分配着。

4. 强调过程的社会性别观

持这种观点的学者们在不同程度上强调社会性别关系的动态性，她们把社会性别重新界定为：在特定场景里通过社会的相互交往塑造成的。一旦“差异”在创造社会性别时建构起来，这种差异就被用来强化社会性别所谓的“本质”，在社会性别行为中进一步表现出来，并合法化地作为社会机制的特定组合。

最近，女性主义学者洛伯对社会性别进行了新思维的认识尝试。她认为，社会性别是一种社会机制，而不是个人属性或人际关系。她强调社会性别是一种社会结构，把社会性别看成“一种机制，它树立对个人的社会期望的形式，排列日常生活的社会程序。这种机制被建造在社会的主要组织里，比如经济、意识形态、家庭、政治等，而社会性别本身亦自成一体，为社会组织的一部分”。①

可以看出，社会性别始终是女性主义学术和理论的核心概念，从20世纪70年代初女性主义学者致力于创立社会性别概念到今天对其学术的多元争鸣，这个过程反映了女性主义学术队伍的壮大和多元化，以及女性主义理论同当代其他思潮的活跃交融。女性主义学者从各种角度、各种立场对社会性别概念的批评质疑并没有导致对它的否定或抛弃，相反，产生了对它更丰富、更复杂的认识。从对社会性别单一的强调和孤立的认识到今天将它置于各种差异之中来考察，强调社会性别同阶级、种族、族裔等差异的交叉关系和相互作用，这种不断演化的认识也意味着对女性主义学术研究不断提出更高的要求。

（二）性别角色的社会设置

美国人类学家玛格丽特·米德对巴布亚新几内亚的三个原始部落进行田野调查时发现，其中的蒙杜马族是一个冲突争斗的社会，人们嗜血成性，充满猜忌和敌意。女人们独断、精力旺盛、厌恶生育和抚育孩子，妇女被要求成为进攻型的人。克拉族社会不同，女人管理社会，男人打扮自己。阿拉佩什族则是男女平等，彼此相爱，男孩和女孩从小受到相同的对待，长大后也不表现什么性别差异。② 这个实验充分的说明了社会性别不是由生物性因素决定的，而是在社会的建构中逐渐形成的对人的思想和行为的规范。

性别角色是社会按照人的性别而分配给人的社会行为模式，它表明了社会对男性或女性的恰当行为的期望，通过对这种社会期望的认知，调整自己的行为，男女两性分别在某种程度上符合社会所界定的男性气质和女性气质的要求，实现性别认同，这也是个体在社会化过程中的重要表现。

性别角色是如何形成的？有关这方面问题的研究非常丰富，下面介绍几种代表性观点。③

---

① 王政，杜芳琴. 社会性别研究选译. 北京：三联书店，1998. 390

② 苏红. 多重视角下的社会性别观. 上海：上海大学出版社，2004. 47

③ 苏红. 多重视角下的社会性别观. 上海：上海大学出版社，2004. 32~35

（1）身份理论。认为人们是在无意识地接受他人的行为和态度的过程中，以自己的性别生理特征为依据，学习和模仿与自己同性别的父母或他人的身份行为去逐步确立起自己的性别角色身份和行为的。

（2）社会学习理论。认为社会行为是对外部环境的反映，它主张行为强化是性别形成的决定因素，正是通过不断的由外界所强化的行为过程，才使得人们学习并接受了一定的行为规范和态度。儿童通过成年人所界定的标准形成适合自己的性别的概念，并由此来指导行动。而且随着环境条件的改变，儿童会不断改变自己的行为和态度。通过不断的观察和模仿，而获得了与自己的性别身份相符的行为方式。

（3）认知发展理论。强调性别角色形成的认知因素，认为性别角色的形成在本质上是认知发展的一个方面，是个体对自己的性别及其活动特征的认识。心理学家科尔伯格将儿童性别认同的形成分成三个阶段：一是基本的性别认同阶段（大约2~3岁时），这一阶段儿童能正确地认识自己的性别，但还不能具有性别的恒常性认识；二是性别确认的稳定阶段（大约3~5岁时），这一时期儿童认识到一个人的性别时不随着年龄变化的，而且儿童对自己性别的恒定认识要早于对别的孩子性别恒定的认识；三是性别确认的坚定阶段（大约7岁时），儿童完全确定一个人的性别是不会随外貌和活动的改变而改变的。

虽然不同的理论对性别角色的认同过程的描述和解释存在差异，但都为我们理解和分析社会的性别状况提供必要的视角。

在社会性别理论看来，性别角色的确立并不如上述种种理论所阐述的那样是自然形成的。对于性别角色的认定是在社会实践和风俗习惯中形成的，而非个体固有的属性。同辈群体、学校、大众传媒等途径都在制定并向个体传递着男性和女性应该具有的行为和态度。相应的，个体的种族、社会地位、职业、教育背景等因素的共同作用，也将影响着其在多大程度上接受社会性别角色的限定。因此，性别角色是在经济、政治、文化活动中被社会建构的。

首先，在经济生活层面，通过对男性与女性的劳动分工和价值体现的分析，可以发现社会对性别角色设置的内涵。在中国历史上的农业时代，“男耕女织”、“男主外，女主内”是对性别角色的一种概括性描述。传统意识中，人们认为女性是不可能直接创造经济价值的，她们的价值间接地通过相夫教子体现。而男性是社会财富的直接创造者，是家庭、国家的主导力量，女子的“三从四德”屈从的是男性权威。进入工业社会，女性依然处于从属地位。虽然她们进入了雇佣劳动力市场，但她们不仅不能逃脱家庭内部的从属性，而且在劳动力市场的制约性也加剧了她们的从属地位。在工作过程中，女性得不到与男性同等的尊重和酬劳，甚至因为性别原因而无法得到提升。在工作类型方面，女性被允许进入的行业工资低廉，技术性不强，直接影响到女性在科学技术职业的参与和成就的取得。在经济生活中，男性处于支配地位而女性处于从属地位。

其次，在政治生活领域，似乎该领域完全与女性无关，她们被排斥在外，不被允许参与政治。一个社会成员是否拥有政治权利、拥有什么样的政治权利及在多大程度上拥有，是受个体的经济地位、社会地位及性别身份决定的。政治几乎成为男性的专有游戏，女性集体缺席。她们不出现在政治中，无法对社会生活提出改造性意见，因而女性群体是被无意或刻意忽视的。社会性别制度是建立在男性统治女性基础之上的父权制，是以男性为中心的体制。这种体制规范了两性关系，控制着人类的生活和道德观念。

再次，在文化生活层面，世代相传的对男女的性别角色的观念至今仍深深的烙印在民族国家的集体无意识中。如中国有两个成语分别来形容孩子出生的喜悦，如生男孩就称“弄璋之喜”，生女孩就称“弄瓦之喜”。“璋”为美玉，形容男子，“瓦”为凡土，形容女子，对女性评价之低可见一斑。习惯、习俗、习性、道德，交织在一起，形成强大的文化习俗，贯穿在生活各种细节中。“楚王爱细腰，宫中多饿人”，“女为悦己者容”，在男权社会，妇女的审美标准为男性所限定，她们作为一种被观赏的对象而存在，当基于男性凝视而建立起来的美的理想，在事实上被女性所认同，因而当他们达到了美的理想时，他们就会获得他们预期的快乐。在传统习俗中，好女人应该“温良恭俭让”、“三从四德”、“温柔贤淑”、“出得厅堂，入得厨房”等，好男人应该“勇敢”、“有泪不轻弹”、“智慧”、“领导”、“幽默”等。当然，我们必须看到隐藏在这些传统习俗，即集体认定的好男人和好女人的标准中蕴涵的规则中，对男性必须是“强者”的要求存在不平等，因为无论男性个体的个人能力如何，愿意与否，他都必须背负家庭的生计，在激烈的社会竞争中成为赢家；同样的，对于女性的要求也是基于性别基础上，而不是以能力强弱来公平对待的，女性的活动范围自然地被认为是在家中，即使拥有工作岗位，也是被认为是不可能有出色的成就的，即使拥有了出色的成就，也会被认为她们牺牲了性别特征（如女强人，膘悍，强势、没有女人味等）或者女性身体。有关社会规范、角色、等级和制约的种种描述，常常会内化为女性个体一种社会期待，最终影响他们的性别认识和行为。

越来越多的学者认识到，在我们普遍承认的知识体系话语系统，实际上是由特定社会文化背景之中的意义系统和符号秩序所设定的。从这一意义上说，父权制时代产生的劳动的性别分工的物质与意识形态的遗产，不可避免地成为了关于性别这一话语的意识形态。迄今为止，所有历史上有据可寻的社会，无不具备劳动性别分工的特点。这种性别的分工虽然形式繁多，但男性总是以系统性的特权，享有比女人更大的权力、更多的资源和更高的社会地位。在现代社会，我们所面对的不再是父权制本身，而是它的物质和意识形态的遗产。因此，在一系列论证严格准确的概念理论背后，都包含有对女性特质的忽视和歧视。经过男权文化传统的独特的“知识权力”的暴力行为作用，女性特质在正统的话语系统中只能呈现为一种作为客体的、物的、低级而贬损的意味。

在传播学领域，美国学者沃尔特·李普曼较早提出“刻板成见”（stereotypes）或译“刻板印象”。所谓刻板成见，指人们对某个社会群体形成的过分简单化的、滞后于现实变化的以及概括性的看法。① 社会心理学研究表明，人的刻板成见通过两种渠道形成：其一是直接和某些人或群体接触，然后将其特点概括化和固定化；其二依据间接方式（别人介绍、传媒描述等）获得。当人类从口语相传的时代进入印刷时代和电子媒介时代，各种对于性别的描述和习俗相应的就进入了报纸、书籍、广播、电视、网络等传播媒体。当大众传媒传播进入日常叙事，其传播的广度和深度将潜移默化地影响人们的思想和行为，因而，在今天，大众传媒在对性别角色的建构上意义非凡。在性别刻板成见形成中，大众传媒起到了不可低估的制度化作用。大众媒体是人们间接形成刻板印象的重要途径，通过观看媒介内容中对社会各群体的描述，人们形成了对各社会群体概括而固定的看法，就是刻板印象。广告，一方面基于商业需求，必定要迎合传统审美习惯，以大众最熟悉的价值为前提，以社会中优势的意识形态为标杆来建构性别角色的意义和模式；另一方面，也在互动中强化甚至改变这种传统的性别角色的认定，赋予他们更为复杂多样的内容。

二、广告中的性别角色

在社会文化生活层面，广告是属于市场的，利益是其最大的推动力，它天然地并不过多地背负意识形态的沉重使命——对受众进行性别角色上的塑形和规训。一方面，在广告中对性别角色的塑造更多的与时下的性别观念相吻合，它能够更敏锐地捕捉受众内心的微澜，在广告中得到及时的回馈。如果

---

① 卜卫．大众媒介对儿童的影响．北京：新华出版社，2002．352

缺乏这种乖巧的逢迎，恐怕就会在市场竞争中失去领地。另一方面，社会成员在自觉和不自觉地对广告中的“刻板印象”加以模仿。同时，问题的复杂性还在于受众在接收信息的时候并非完全被动，既试图以自我价值来改写传统思维定势中对性别角色的定位，又无法特立独行游离于社会价值的评估体系之外。于是，广告与受众的性别意识在逢迎与出逃，调整与变化中追逐向前。因而对广告中的性别角色的探讨就必须采取一种历史的眼光，观照历史进程中性别角色的变迁，在相应的历史语境中对其进行文化上的批判。

（一）广告中两性角色的状态

在描述广告中两性角色是如何变迁的时候，我们无法明确指出在哪一个具体的时间性别形象发生突转，就像我们无法确切描述一个人到底在哪一刻变老一样，这是一个潜移默化的渐变的过程。因而，我们采取的研究方式是截取几段相对有代表性的历史时期作为横断面，来呈现特定历史语境下的性别角色定位，以期对其发展变化脉络可窥一斑。

20 世纪二三十年代的中国上海，人口激增，经济要素活跃，业已成为一个极为西化的商业社会。中国广告开始萌芽，并逐渐进入发展的黄金阶段。那时的“上海成为近代广告的发源地，其影响辐射至全亚洲地区，广告题材更加广泛，传统与现代并存”。① 我们可以对当时的广告进行分析，通过了解当时社会对男性和女性的相关限定，以发现社会成员对性别认同的基本参照。

以 1928 年 10 月 17 日在上海《申报》刊登的同益洋行博士登茶广告为例：男主人悠闲地坐在靠背椅上，自在地抽着香烟，女性坐在靠背椅的扶手上，目光爱怜地望着男人，腿上放着博士登茶。1925 年 10 月 3 日刊登在《申报》上美商德高洋行金冠牌雪茄广告：男主人抽着雪茄，阅读报纸，女性站在其身后，为其捶背，二人神情均极其享受。以上两则广告，显示了当时社会男女角色的不同定位：男性心安理得地接受女性的服务，而女性则处于依附性地位，心甘情愿全心全意为男人服务。从画面中的位置和姿态，可以看出男性在家庭中的主导地位，女性略带讨好服从，女性对男性的依附地位显而易见，这就是当时时代对幸福、稳定家庭的设想，对男人和女人社会角色的定位。

当然我们无法穷尽所有的广告案例，但是，管中窥豹，可见一斑。广告作

① 网址：中国广告博物馆 http：//www. zhaochen. net/oldad/1/ls10. htm

为一种叙事行为，通过各种修辞手段，辅以图像，传达着社会的对于男性、女性的角色定位。“在《申报》中，所有同家务有关的日常用品诸如肥皂、洗衣粉、拖把、味精、缝纫机、炉灶等的广告，其广告形象都是女性。”① 这里存在着强烈的暗示：女性天然地属于家庭，相夫教子、操持家务、乐于奉献是一个女人应该承担的使命。通过男权社会的价值定位改造后投放到广告文化中，让女性在不自觉中接受男权思想的改造，虽然“五四”男女平等的呼声高涨，但是我们依然能够通过广告这一文化载体，发现隐藏在其背后的文化信息：这依然是一个男性主宰的社会，女性的价值和定位完全由男性的主观意志所操控。

我们选取的另一个历史的截面是中国改革开放后的 20 世纪 90 年代。随着改革开放的不断深入，市场经济体制的建立催生了中国广告业的复苏。至 1992 年，人们发现，在日益崛起的广告业中，女性形象越来越多的被利用，甚至带有歧视色彩。加之 1995 年第四届世界妇女大会在北京召开，引发了研究者对媒体中是否以公平、均衡的描述方式表达妇女在不断变化的世界中不同的生活和对社会的贡献，是否存在妇女歧视等问题的思考。1995 年在我国北京召开的第四次世界妇女大会上，189 个国家政府和观察员签署了《行动纲领》。《行动纲领》确定的十二个重大关切领域中其中之一就有“妇女与大众传媒”，并且认为大众传媒更是以其复杂和隐蔽的方式巩固着本已就十分坚固的男权观念和男权文化规范：“在大多数国家，大众传媒并没有用均衡的方式描绘妇女在不断变化的世界中对社会的贡献，相反宣传报道的往往是妇女的传统角色，或有关暴力、色情等行为。”②

研究者对 1994 年十大城市的电视广告中女性角色和男性角色职业作了比较（见表 3-2）。分析表明，超过半数的女性的职业角色是家庭妇女，而男性职业角色中教科文卫及领导管理者占近一半，但是“家庭主夫”则一个也没有。广告中女性的出现地点 50. 8%是在家庭，其中 26. 8%的女性是在做家务，出现在工作场所的只占 14. 5%。而男性有 36. 6%出现在家庭中，但多为娱乐休闲，做家务的男性只有 5. 3%。电视强化了女性是家庭主妇，而不是社会物质财富创造者的传统观念。③

---

① 王儒年. 从〈申报〉广告看现代上海社会的女性认同. 开放时代，2003（6）：105

② 王淑贤.〈行动纲领〉中 12 个重大领域简介. 妇女研究论丛，1996 年（2）

③ 刘伯红，卜卫. 我国电视广告中女性形象的研究报告. 新闻与传播研究，1997（1）：51

表 3-2　**1994 年十大城市的电视广告中女性角色与男性角色职业比较**

职　　业	女性百分比	男性百分比
商业服务者	11%	3.4%
科教文卫	14.6%	29.0%
公司职员/秘书	12.9%	12.0%
体力劳动者	0.005%	12.8%
领导及管理者	0.005%	18.0%
家庭主妇	51.6%	0.0%
学生	4.7%	18.0%
其他	4.0%	6.8%
总　　计	100%（171）	100%（118）

除以上数据外，当然还有一系列的数据从各种角度说明了广告中的性别角色问题。有研究者以第八届中国广告节的 178 则获奖影视广告作品为样本进行统计分析：性别角色表现——广告中女性角色表现最突出的特点是被领导者、被保护者、被欣赏者、制造问题者、被嘉许者和享受者，男性角色表现中最突出的特点是保护者、欣赏者、领导者、解决问题者以及嘉许者。①

特别有意思的是，在电视广告旁白叙述中的性别百分比——科技电子产品的广告均由男性来旁述，女性在家用电器、电脑、办公设备和通讯事务、金融与保险、房地产以及汽车等广告中完全是一种“失语”的状态。② 男性所具有的意识形态话语权，使他们毫不费力地理性和技术文化领域拥有了文化符号体系操纵权、话语理论创造权和语言意义。可见，技术在向世人展示的形象过程，实际上是实现了技术的性别化的过程。

我们看到，不论是传统的学术领域，还是在社会观念中，女性似乎总是与技术无缘，日常生活中就有许多关于女性在技术上无能的故事和幽默。而社会观念与学术话语、包括广告当中，男性与技术的联系正是在民间的日常经验中得到无限地复制。人们的普遍看法是，技术是科学的、高深莫测的、强有力的、非人性的，总之，是男性的。从社会建构角度开展技术研究与技术批判的

① 胡晓芸，郑丽萍．“她世纪”的中国广告回音壁．视听界·广告大观，2002（4）

② 另一个广告研究对广告旁述声音也进行了统计分析，得出的结论基本相似。参见：刘伯红，卜卫．我国电视广告中女性形象的研究报告．新闻与传播研究，1997（1）

女性主义学者主张，女性与技术的疏远是由于技术是代表着男性气质的一种历史与文化建构的产物。男性气质与技术被想象为纠缠在一起，以致技术能力已经构成了男性性别身份的组成部分。反过来说，就是一种特别的男性气质的观念已经成为人们对技术进行定义的中心，男性文化的大部分是与技术的文化相联系的。就这一角度而言，技术不仅是简单的制造物或"硬件"，而且还指知识以及包括运用知识在内的实践，这些都被认为是表达和巩固着技术与男性之间的关系。技术，从根本上讲包含了一种文化或由一定的信仰、追求和实践组成的一套社会关系。将技术作为一种文化使我们看到技术表现男性气质的方式，以及反过来，男性是怎样独特地看待他们自己与这些机器的关系。因此，有一些学者认为，男性之所以一直在工程技术界占据统治地位，很大程度上在于男性气质与技术之间长期存在着某种符号关系，技术的文化形象及其表现总是伴随着男性与权力的流行形象。

妇女被排除在技术领域之外或与技术疏远，这被看做是一系列历史的文化联系变化的结果。这些变化可以追溯到人类社会之初所形成的劳动的性别分工。而更为明显的变化则发生在西方工业革命和资本主义的发展初期，其中最为重要的因素是公共与私人领域的分离，以及制造活动从家庭中转移出来进入工厂，这一变化导致了新一轮的性别分工，并由此为男性主导技术奠定了基础。至今，妇女仍然很少参与技术的设计，技术大都依据男性的权力和兴趣来塑造。那些认为技术与男性气质文化具有天然联系的学者指出，这一现象的影响是深刻的，对她们来说，技术不是中性的制造物，而是承载着社会意义的实体。技术是由具有深刻性别特征的利益所建构的。

女性主义学者认为，技术是有性别的，依据它们产生的文化背景，这些技术有着与生俱来的社会关系假设，并镌刻着"父权制的社会准则"，因此可以将它们看做是对妇女持续进行压迫的标志。在男性对女性的统治上，技术成了一种有形的东西，它是由社会关系所建构的，并有助于构成这种社会关系。男性与技术之间的自然联系甚至被看做某种社会性别的代表或符号。①

美国学者塔奇曼称这种现象为"对妇女象征性的歼灭"。在他看来，"文化生产和媒介表现忽视、排斥妇女及其利益，或者将她们及其利益边缘化和浅薄化。妇女们或者不在场，或者被按照以性的吸引力和在家庭劳动中的表现为基础的陈规来表现（而我们必须记住，通俗文化对妇女的关注经常完全专注于对她们的描绘，专注于她们看上去如何）。简言之，媒介通过不在场、谴责

---

① 参见：约翰·麦克因斯. 男性的终结. 南京：江苏人民出版社，2002；刘霓. 技术与男性气质：应予瓦解的等式. 国外社会科学，2002（4）

或者浅薄化而把妇女们‘象征性地歼灭’了”。①

当然，电视广告中不仅包含对女性的歧视，也包含对男性刻板形象的认定，男人应该是一家之主、事业有成、充满活力的男性，男人不应该哭泣，不应该软弱，从某种程度上看，这也隐蔽地包含了对男性的歧视。

当然，随着时代的变迁，女性经济地位正逐步提高，女性意识逐渐苏醒，她们正朝着社会意识形态、话语集权中心靠近。而广告中对男性女性的表现和传播，也正与他们的现实生存、生活状态有了相当程度的弥合。我们发现广告对性别气质的规定性正发生着变化，男性气质与女性气质已经不是截然对立的二元状态，它们之间的界限正在变得模糊，女性形象和男性形象变得更加的丰富和富有弹性。

尽管女性形象中符合传统社会要求的家庭妇女形象依然占据半壁江山，在完美的家庭生活关系中，女性温柔贤淑，娴熟地应付家务，家中窗明几净，夫妻生活和谐美满。但是，另有一些反传统的野蛮任性的女人形象在广告中闪亮登场，个性鲜明，特立独行，她们不愿意成为男人的附庸，而要宣告与男人共同分享这个世界。具有象征意味的是某可乐广告。章子怡取出冰箱中最后一瓶可乐，试图与男友分享，谁料男友自然而然地拿起可乐独自享受起来，完全忽略女伴感受。这种以自我为中心的男权思想引来红颜大怒，不由分说拎起男友往窗外扔去，狼狈落入游泳池的男人大概还莫名其妙，而她却径自拿起可乐惬意享用。此类广告频繁出现，甚至对“野蛮女友”俯首帖耳，耳提面命对男人来说似乎变成一种时尚——某空调广告，某女跷腿坐于靠背椅，某男单膝跪地，女：衣服脏了谁洗？男：我洗！女：地板脏了呢？男：我洗！女：那空气脏了怎么办？男无法应对。旁白——某空调可以清新空气。这类女性形象，充满了颠覆传统的魅力和力量，是对男权中心话语下调教出来的女性形象一个很好的反驳。还有一些聪颖智慧的知性女人形象也逐渐丰盈起来。她们多为白领，自信独立、落落大方，出没于高级写字楼，有所成就，洋溢着智慧的美感。徐静蕾为某洗发水代言，扮演电视台一位天气预报主持人，她用自己的充满思想灵光的语汇进行天气预报：明天大雨，但愿大雨能够将爱情的灰烬冲刷得干干净净……广告中女性形象不断扩容，干练、精明、聪慧，在一定程度上体现现代女性的未来走向。

如同集体无意识中将女性和柔弱、低技术智商挂靠在一起一样，男性也被赋予阳刚、理性、技术优势等特质。目前，男性形象也正朝着多面性方向悄然

① ［英］多米尼克·斯特里纳蒂. 通俗文化理论导论. 周宪、许钧编. 阎嘉译. 北京：商务印书馆，2001. 200

发生着变化，传统英雄本色型的男性，粗犷勇敢，富于创造力和战斗力，拥有征服一切的力量，如香烟广告中的男性角色多属该类别。他们拥有力量，拥有成功，运筹帷幄，气质、金钱、地位、权力，并有美女相伴。除此之外，人们也宽容男性的软弱，喊出“男人哭吧不是罪”，赞赏在家庭生活中分担家务的男性，细致顾家，在追求事业成功的同时，孝敬父母，爱护妻儿，承担家务，对家庭无微不至的照顾，甚至以辅佐女性的身份出现。

用历史发展的眼光来看待男女形象的变迁，我们发现随着经济地位的重新确立，意识形态领域的变化，对原有的社会无意识、价值观念都形成一种无形但有力的冲击。而在这种冲击下，广告中男女性别角色正在被重新定义，一种互为审美主体和审美对象的关系正在逐渐形成。

（二）作为景观的女性角色

我们都有这样的感性经验，从古典主义时代到后现代，从油画、雕塑到海报、电视、电影，在与图像相关的艺术门类中，创作者热衷于对身体的表现。在广告中频繁地使用女性的身体，一个个犹如潘多拉般美艳可人，充满魅惑与挑逗的意味，当这种使用达到一定的强度和密度的时候，就应当适时的引起我们的关注。随着对身体的学术兴趣的空前高涨，出现了“身体社会学”、“身体美学”、“身体文化学”。而这也恰恰为我们提供了又一个观察广告中性别关系的视野。当女性成为一种极特殊的视觉对象，即成为一种景观的时候，这一现象反映出怎样的男性与女性之间的权力关系，以及该现象对男性和女性的影响分别是什么？

法国社会学家让·克鲁德·考夫曼在考察人类身体解放的历史背景时，这样认为：“暴露身体并不是一件新鲜事。历史充满着乳房和屁股，它们曾不加掩饰地出现在众人眼前。当然，这主要是男人的屁股，相反地，女人胸部的更加裸露倒是近些年的趋势……在每一种社会中，男人和女人身体的某些部位可以被大方地示众，包括最隐秘的地方，有时甚至过于随便。从一个社会到另一个社会，裸露的部位、方式和动机各不相同。投向裸体的目光也发生许多意义上的变化。女性裸体只是从中世纪末期起开始与欲望联系起来，观看裸体才具有了我们今天所了解的色情成分。”①

英国艺术评论家约翰·伯杰在对欧洲裸体油画的研究中，发现一些把女性视为景观的标准和规定。有意思的是，他在传统裸像油画与现代广告影像之中，找到了某一种的相似性。他说：“今天，赋予传统以活力的各种态度和价

① ［法］让·克鲁德·考夫曼. 女人的身体，男人的目光. 谢强，马月译. 北京：社会科学文献出版社，2001. 3

值，通过广告、新闻和电视等更普及的传播媒介，得到表现……可是，观看女性的基本模式，与女性形象的基本用途，仍无变更。描绘女性与描绘男性的方式是大相径庭的，这并非因为男女气质有别，而是‘理想’的观赏者通常是男人，而女人的形象则是用来讨好男人的”。① 所以“妇女们将自己看成观察对象和让人审视的景象。她们也学会了用具体的服装、手势和交流方式来表现她们作为观察对象的身份。”② 女性便成为男性目光中的审美对象、观赏对象，甚至是欲望的投射对象。

广告中有相当多的例子能够说明这点。以表现女性柔美、圆润的线条和富于弹性和质感的形体为主旨的广告屡见不鲜，这是一个“把女性美这种商品当做一种特殊类型的有力筹码来运作的市场”。③ 某品牌葡萄酒广告④就把充分展示女性身体作为手段，酥胸，小蛮腰，大腿，这些意象迎合的恰恰是男性的欲望，这也体现了中世纪以来男性本位的视觉文化的特质。观赏者通常被假想为男性，画面中的一切都是因为他的在场而出现，而成为观赏对象的是女性。某品牌手机广告——“流动的诱惑篇”。⑤ 某男在酒吧与某女邂逅，男人通过酒杯的反射窥视女人，酒杯光影流转，先是女人浓妆的面部特写，然后是手机品牌，最后镜头定格在女人的胸前。

在对这些广告进行解读的过程中，我们不难发现，男性是一个观赏者的身份，而摄像机对于女性身体的摄取恰恰就是男性目光的提炼和延伸。从丰乳肥臀到性感风骚的眼神，都是以男性的兴趣和欲望为旨归的。在这个意义上，视觉空间的身体与欲望已经被改写成男性的消费和娱乐——这种快感的享用是男性的特权。而女人在这里是被观赏的对象，是男性欲望的载体，她存在的意义在于被男性窥视、取乐，并且主动的迎合男性审美需求，对自我进行塑造。这些广告成为了男性与女性之间等级差别和权力分配的象征性说明。

我们再试举一例说明问题：某品牌手机广告“等待篇”。⑥ 某女郎寂寥落寞的在家中等待，直至男人翩翩而归方才显露出欣喜的表情。女人在等待男人的垂顾和眷爱，当男人犹如救世主般降临的时候，女性方才感觉到存在的快

---

① ［英］约翰·伯杰. 视觉艺术鉴赏. 戴行钺译. 北京：商务印书馆，1999. 75

② ［美］珍妮弗·克雷克. 时装的面貌. 舒允中译. 北京：中央编译出版社，2000. 157

③ ［美］波利·扬-艾森卓. 性别与欲望. 杨广学译. 北京：中国社会科学出版社，2003. 100

④ 2004 中国广告作品年鉴. 北京广播学院出版社，2004. 274

⑤ 2004 中国广告作品年鉴. 北京广播学院出版社，2004. 60

⑥ 2004 中国广告作品年鉴. 北京广播学院出版社，2004. 61

感。由此，我们可以读解出，在广告中，女性的主体性是缺席的，她的存在取决于男性的首肯和观照。在男权中心主义时代，女性从来没有获得主体性地位，她甚至是不具实体性而只具功能性的存在。

正如南帆先生在《身体的叙事》中，在考察了视觉与权力及欲望的关系后所指出的："男性是欲望的主体，女性是男性的欲望对象。这是性别之间的等级关系投射到视觉空间的表现。"无论女性作为隐喻的形象，还是观察对象，其实质都是对女性本身的物化和空洞化。"女性"这一角色被抽离了她本应具有的无限丰富的内涵和无数种解释的可能性。这类形象中，我们看不到女性真实的面目，看到的只是被男性命名、规定、解释的女性，女性作为主体已被男性话语霸权逐出主流话语体系，代之以可被把玩、消费的"物"，或可供欣赏的"美"的载体。

同时，作为观赏者的男性把自身的价值判断和审美趣味巧妙地内化到女性看待自身的视线中去。符合男性欣赏标准的女性美不仅满足男性的观赏需求，并且这些标准成为社会的女性美的标准，并且不断地改造着女性的审美观和对自身的认识。女性自身的观察方式也被迫接受男性的视觉立场。约翰·伯杰早就一针见血地指出："一言以蔽之，男子重行动而女子重外观。男性观察女性，女性注意自己被别人观察。这不仅决定了大多数的男女关系，还决定了女性自己的内在关系，女性自身的观察者是男性，而被观察者为女性。因此，她把自己变作对象——而且是一个极特殊的视觉对象：景观。"①

在男性话语霸权之下的女性，自觉或不自觉地接受着男性审美趣味的改造——用男性的眼光来看待自己并雕塑自己。从孩提时代开始，女性就学会不时观察自己。因为，女性在男性面前的形象，决定了她所受的待遇。为了多少控制自我在他人特别是在男性眼中的形象，女性对身体进行操控以达到合乎"美"的标准。比如，广告中所有性感女性都拥有苗条的身段、光洁的皮肤、丰满的胸部、鹅蛋脸、红唇皓齿、明眸善睐等，广告还通过制造身体的不完美感使女性产生焦虑，暗示她们只有通过减肥、丰胸、割双眼皮等方法才能有效的使自我的身体符合女性美的标准，也才更能符合男性的口味。在此，女性自我是什么，对自我的感觉是什么已经不再重要，重要的是给别人的印象。

当然，问题的分析不仅止于此处。因为即便是认识到女性对身体的文化操控在男权霸权之下，女性也无法中断按照世俗标准对身体美的诉求，这是一个"不得不"的行为过程，是一个犹如波利·扬—艾森卓所说的"双向羁绊"的

① ［英］约翰·伯杰. 视觉艺术鉴赏. 戴行钺译. 北京：商务印书馆，1999. 50~51

过程。一名女子若已经意识到自我价值的缺失，不愿意用男权中心的审美标准来规定自我的存在方式，特立独行于社会女性美的总体标准之外，这固然是她对男权中心的一种有意识的反叛，但同时她也因此与世俗的评价发生冲突，与社会格格不入，在与他人特别是男性进行交流和沟通的过程中形成极大的障碍。这种进退维谷的处境即所说的“双向羁绊”。

我们在广告中看到了将女性作为一种景观来展示的现象，这种展示带有强烈的男权中心主义色彩——女性的形象成为男性的观赏对象，是一种欲望的投射物。在消费女性身体的过程中，男性对女性美的审美意趣直接决定了社会的美的标准，女性也根据此标准调整、改造自己的身体。并且，女性无法停止这种束缚感，因为她们进入一种双向羁绊的怪圈。如何使女性自主判断，并达到男女和谐共处，走出双向羁绊的怪圈，有待女性主义学者或更多学者进行探讨和实践。

（三）男性原型和广告话语

在前面论述中，我们已经对广告中女性形象进行了分析和批评，而事实上，广告中的男性形象及其文化意义、价值取向和观念形态同样值得我们思考。因为作为一种文化象征，广告中的男性形象问题更集中、直接地反映了男权意识形态的权力。男性消费所显示的文化倾向以及男性广告形象所代表的男性原型心理，同样也是广告社会学研究的一个基本命题。

“男人意味着什么”这个问题既是对男性的生理学的提问，更是对男性所代表的人类创造性文化象征的价值判断的回答。

“原型”（archetype）这个词来源于希腊词根 arch，该词根的意思是“主要的”或“杰出的”。在柏拉图哲学中它用来描写被人认为存在于神圣的心灵中的理想形式，与日常生活中的具体事例无关。瑞士著名心理学家卡尔·荣格在他的心理学中曾广泛地采用了“原型”这一概念。作为弗洛伊德的学生，荣格与弗洛伊德一样，偏重对无意识的分析。他把无意识分为两种：个人无意识和集体无意识。在他看来，集体无意识是心灵的一部分，它有别于个人无意识，就是由于它的存在不像后者那样来自个人的经验，因此不是个人习得的东西。个人无意识主要是这样一些内容，他们曾经一度是意识，但因被遗忘和压抑而从意识中消失了。至于集体无意识的内容，则从来没有在意识里出现过，因而不是由个体习得的，而是完全通过遗传而存在的。个人无意识的内容大部分是“情结”，集体无意识的内容则主要是“原型”。

原型概念对于荣格心理学具有十分重要的意义，甚至可以把它看做其整个理论创获的一个标签。所谓原型，是指人类思维的遗传的先天倾向，它使一个人的行动不需要经验的帮助，即可在类似的情况下，与他祖先的行动相似。这种代代相传的“原始意象”，在哲学上被看做“先验知识”。由此类似地，我们也可以用这个词来表示构成我们的人和文化的基础并使我们的人和文化基础得以形成根深蒂固的潜意识模式。因此，当我们对男性的文化意义及其在广告传播中的呈现进行思考时，可以把我们的视野扩展到文化的潜意识模式中，对男性文化的态度和原型意象进行分析。

美国当代心理分析学家阿瑟·科尔曼，是一位研究男性发展中原型问题的专家。在他与妻子莉比合著的《父亲：神话与角色的变换》中，对男性的父亲原型进行了深刻的分析，颇有启示意义。① 在他们看来，在人类共有的原型模式中，男或女的原型文化模式在创世神话、宗教、偶像以及社会结构中都普遍存在着。尽管各个民族的文化背景不同，但共同点是人类的一切起源于生命的创造。男性的推动力都加速了生命的进程，男性与女性的结合创建了家庭这个星座。创造生命就可以使男人成为父亲。然后，他赢得家长的独特的社会地位。即使他在所有的家庭角色中都是失败的，他作为父亲的这种角色却得到了保证。

亚里士多德说过，生物最自然的行为就是创造出和自己一样的其他生物，因而也就参与了永恒和神圣的事业。柏拉图也把当父亲称之为通向永恒的手段。因此，父亲的身份通常是与创造性紧密联系在一起的。由于当了父亲，一个男人要调动他的潜力来创造和培养一个新生命。但是，男人创造生命的那部分能力很快就会转移。他在创造孩子中所发挥的作用等同于他在其他方面所表现出来的创造性。男人的角色，由于建造楼房和城市、从事艺术和宗教以及组建政府的能力消耗而成为了一种象征。于是，作为父亲的种族的创造性和通过自身达到的男人的个人需求之间的冲突开始了。众多的男性如果不是在实际上，也是在精神上最终选择了家庭以外的世界，他们更愿意在家庭以外的天地间去实践所谓的“男人的世界”的修炼仪式。这或许是从另一方面说明了男人在“家庭”中很少具有竞争能力。

关于男人对“家庭”的缺乏竞争力，西方心理学有一种十分有趣的解释。他们认为，心理学的整个思想体系一直都是根据男女在解剖学上的差异而建立的。尽管弗洛伊德着重于把阴茎妒忌的概念看做是女人处于劣势地位的基础，但在他的著作中另外还提到，正是小男孩对失去阴茎的恐惧心理推动他去追求传统上属于男性的事业。著名心理分析学家卡伦·霍妮指出，文明本身就是子宫妒忌升华的结果——小男孩宁愿有能力去做女人能够做的事情，但是当他们

---

① ［美］阿瑟·科尔曼，莉比·科尔曼. 父亲：神话与角色的变换. 刘文成，王军译. 北京：东方出版社，1998

懂得了他们无法办到时，就只好满足于在别的领域中去发挥他们的创造性和显示他们的能力。① 对于渴望生孩子但又知道他办不到这一点的男孩来说，最容易的解决办法就是退却到家庭以外的纯属男性的活动领域中去，也就是提前考虑担当父亲的角色，履行一些与女人在生物学上那种创造和养育能力不发生竞争的职责。

阿瑟·科尔曼和莉比·科尔曼夫妇认为："男人体内没有子宫，在人体解剖上他也没有类似的创造性的'内部空间'。而一个女性却包含了这种创造过程的天然本质。也许正是这种差异使得甚至是最具创造性的男人也把外部世界看做他们的活动舞台，正是这种差异阻止了他们与女人作为平等伙伴在他们所选定的天地里进行创造性的合作。"②

于是，男人的世界属于外部的世界。对于"男性"的文化符码的解释就偏向于社会性的意义。对男性的人格原型的分析，我们当然可以进一步地展开商榷，但在广告话语的叙述中，我们却恰巧地捕捉到这种的"男性原型"的现代影像的表达。广告总是赋予各种品牌以人的个性，从而激发人们的认同心理。我们看到，以男性为主人公的广告，不仅常以事业、荣誉、地位等要素对男性进行着社会性的诠释，而且从性格、气质、禀赋等方面塑造者一个男人所应具有的"男性气质"的英雄本色。

在我们熟悉的万宝路广告中，那个跃马纵横、尽情奔放、粗犷、勇敢、富有冒险性格的西部牛仔，就曾激起了几代人对偶像男性的追求和崇拜，成为了男性为主角的广告的基本模型。在红色万宝路广告中，天地总是最鲜明且对比强烈、动势十足。诡谲压近的天对比漆黑挺立的身影，赤焰奇立的峭壁对照平荡荒凉的冷漠，硬汉牛仔顶着疾雨，手握缰绳行走在巅陂的山岗险径间；而在淡味万宝路广告中，这些就变成了淡淡的彩虹、舒缓的山坡、美丽的金色阳光，或是在金色灿烂的河边，有时还配以柔软情境画面的水面与昏曦，衬出了淡味万宝路的平和悠适心境。当然，这粗犷与闲适也表现在牛仔的脸型轮廓（淡烟牛仔的脸庞就比浓烟牛仔的脸细致滑顺）、衣着装扮（红色是穿鲜红，淡味则穿浅蓝或黄色雨衣）、出巡时间（红色万宝路中的牛仔常是在烈日当顶时骑马而出，淡味万宝路中的牛仔则偏爱踏着晨曦昏照而来）等。虽同样是万宝路牛仔，红色万宝路牛仔脸上的深刻皱纹表现出了他更强烈、更正宗的西

---

① ［美］阿瑟·科尔曼，莉比·科尔曼．父亲：神话与角色的变换．刘文成，王军译．东方出版社，1998．13

② ［美］阿瑟·科尔曼，莉比·科尔曼．父亲：神话与角色的变换．刘文成，王军译．东方出版社，1998．13

部牛仔本色。但是，无论怎样不同的天色、造景、仪容与骑马英姿，造就了丰富多彩的“万宝路”这个男人的世界的博大精深！

中国广告中的男性形象，也有类似的“男性气质”情结。男性被广告描述为力量、创造、奋斗、征服的象征，而且这种种性格成了许多品牌或企业形象广告内涵的一个支撑点。浓墨重彩地去表现男性战胜和超越外部世界的艰难险阻，从而使品牌或企业具有“阳刚之气”，这是许多广告主题共同的价值指向。

在“伊力特曲”的电视广告中，我们看到了一个孤胆英雄从容地走出西部的木屋，骑马持枪，豪情万丈地驰骋在莽莽雪原，那雄壮的广告语令人产生一种强烈的向往：“真正的猎人需要一支好枪，真正的骑手，需要一匹好马，真正的男人，需要一种豪情，伊力特曲，英雄本色。”“爱多”VCD的成功很大程度上应归功于其电视系列广告中成龙所演绎的硬汉形象；“七匹狼”男士夹克的“与狼共舞”、“奋斗无止境”；“鹰牌洋参丸”的“目光敏锐，积极进取，高瞻远瞩，领导全军，这是鹰的特征，也是成功人士的品质”；“利群企业”的“锲而不舍，夜以继日，我们努力开拓”；“金利来”“男人世界”的“雄浑，冷静，热情，抉择英明”……

与这种性格塑造相联系，这类广告在其影像语言的视觉传达过程中，同样表现出与鲜明的“男性气质”相匹配的外部世界的活动舞台。

1. 在背景选择上。广告所选取的大都是硬朗、强劲、富有动感和张力的景色。广茂的平原、旷野、雪域、太空、群山、海洋、摩天大楼……空间上的无限扩张与延伸，给人以强烈的视觉冲击。

2. 在男性形象活动场景、行为与表情的选择上，以表现男性的性格代码为标志。场景是他们征服世界的象征性图式，并通过许多象征性的情景、道具、行动、表情显示出来。悬崖、峭壁，豆大的汗珠，坚毅的脸，艰难的攀登……这一切在广告中时常可见。

3. 与男子汉伟岸的形象相匹配，广告还创造了一些具有象征与诠释意义的雄性形象，如剽悍勇武的骏马（伊力特曲），勇猛善断的野狼（七匹狼男士夹克），凌空搏击的雄鹰（鹰牌洋参丸），彪悍无敌的虎豹（春兰虎豹摩托）。而在更多的广告中，则直接让男性形象或面对天空或面对大海，作“天高任鸟飞，海阔凭鱼跃”的逆风飞翔状态。①

事实上，大量以男性形象为主人公的广告，不仅在表现技巧与形式等外壳上，而且在形象建构的价值取向、观念形态等深层内涵上，其基本语码都表现出惊人的一致性。它们以男性视阈所特有的文化语码为标志，传达了文化心理

① 贺雪飞. 男子中心社会的“语境”. 广告人，2001（5）

深层模式中的“男性原型”，代表了一些现在的被历史与时代所赋予的文化符号意义。如果说广告中的女性形象很多是被贬抑的、歪曲的，那么广告中男性形象则恰好相反是被褒扬的、美化的。作为一种文化象征，广告中男性形象的建构比女性形象更直接、集中、全面地反映出男子中心社会的话语语境，更深刻地体现了男权意识形态对广告强大而长久的影响力。

三、征婚广告中的婚姻观

1902年6月26日和7月27日，在中国南北最开明的两家大型日报——天津《大公报》和上海《中外日报》上，相继刊载了由同一个人刊登的一则征婚广告。这是我国历史上第一例在媒体上刊登的征婚广告。广告全文如下：

“今有南清志士某君北来游学。此君尚未娶妇，意欲访求天下有志女子，聘定为室。其主义如下：一要天足，二要通晓中西学术门径，三聘娶仪节悉照文明通例，尽除中国旧有之陋俗。如有能合以上诸格及自愿出嫁，又有完全自主权者，毋论满汉新旧，富贵贫贱，长幼妍媸，均可。请即邮寄亲笔复函，若在外埠，通附寄大著或玉照更妙。信面写AAA，托天津《大公报》馆或青年会二处代收。”①

应该说，无论是这则婚姻广告的形式还是其内容，都是对传统的婚姻模式——“父母之命，媒妁之言”的反叛，是中国由传统婚姻走向现代婚姻的一个重要信号。

当然，这种新型的择偶方式在20世纪80年代以后，真正开始呈现出异常火爆的态势。报纸、电视、广播、互联网等各种各样的媒体为征婚提供了载体。因此，通过对征婚广告的社会学研究，可以进一步窥探中国人婚姻观及其变迁，透过择偶标准和模式的研究探索其背后的社会集体文化、心理背景。

（一）社会转型期的征婚广告

伴随着媒体与市场的发展，广告征婚成为又一种寻求配偶的方式。在中国社会由传统走向现代的过程中，婚姻也由原先的父母包办趋向开放和自由的恋爱与结合。特别是自20世纪80年代以来，人们的思维更加开放和大胆，那些求偶心切的青年便选择征婚广告来寻找梦中情人。

征婚广告所选用的媒介包括报刊、广播、电视、网络等，而报刊又占了绝对优势。在各种期刊中，《中国妇女》、《女友》、《妇女之友》、《家庭》等这类定位于家庭生活的期刊开始通过征婚广告的形式为青年们提供交流的平台。

---

① 网址 http：//www.china.org.cn/chinese/HIAW/598624.htm

《武汉青年报》开辟“凤求凰”专栏，并开辟专版刊登广告；《婚姻与家庭》杂志设立“爱的呼唤”，每期2页篇幅，发40~50则征婚广告；《三月风》开辟“鹊桥相会终有期”，为残疾人择偶铺出一条温馨路；1984年5月13日，《解放军报》在第四版开出“绿色鹊桥”，正式揭开中国军人征婚的第一页；《中国妇女》在1984年第9期刊出“大龄青年婚姻专号”，呼吁全社会都来重视大龄青年的婚姻问题……①

电波媒体征婚也是在80年代初即现端倪。如福州电台音乐频道开办一档名为“情满伊甸园”的栏目，每周一期，有求偶意向的男女来信并交付一定费用。主持人在节目中选读来信，使受众了解男女嘉宾，并根据对配偶的要求在资料库中寻找合适对象，安排见面。或同时开通两部热线，一路为男嘉宾，一路女嘉宾，在电波中交流并互留电话号码等交流方式，为都市男女的速配开辟新的方式。但电波中的征婚广告乏善可陈，缺少创新，节目缺乏与受众的互动，在90年代末告别了历史舞台。

进入90年代末，凤凰卫视中文台的《非常男女》进军内地，掀起了电视速配节目的热潮。《玫瑰之约》（湖南卫视）、《相约星期六》（东方台）、《谁让你心动》（河南台）等相继面世。但此时的征婚已非严格意义上的广告，而仅仅是一种节目题材或类型。

互联网的迅速崛起使征婚广告又有了一个新的载体。征婚网站普遍实行俱乐部、会员制运作，填写网上问卷，提供身份证复印件、学历证书复印件、户口本复印件，交纳一定费用后，便成为网上会员，之后才有资格浏览其他相应对象的资料。

以上的简要介绍使我们了解了20世纪80年代以来征婚广告的形式。

社会学家李银河曾经就征婚广告样本做统计分析，研究了中国人择偶标准的特点及影响因素。她综合了征婚者对自身情况的介绍和对配偶提出的要求，择偶标准中最受重视的因素依次为：（1）年龄；（2）身高；（3）教育程度；（4）性格；（5）职业；（6）婚姻状况与经历；（7）容貌；（8）健康。进行横向的跨文化比较发现，中国人看重一些其他文化圈中的人所不太看重的择偶标准有年龄、身高和婚姻状况三项。中国男性对“年轻”有特别的偏好，并对身高的要求也很明确，而注重婚姻状况与经历也是很有特色的现象。对这一条件加以申明这件事本身至少说明，人们把配偶是否为初婚看得相当重要。这与传统文化强调从一而终以及一般价值取向强调白头偕老不无关系，隐隐地还可以嗅出“处女膜崇拜”的味道。其他文化中人看重而中国人不看重的择偶标

① 高建香，丁凯，张丽萍. 大众传媒与征婚广告. 台州学院学报，2003（5）：94~96

准有宗教、民族、感情。中国人的无宗教信仰（或泛神论）和汉族占全体人口的92%这一事实诠释了在宗教和民族标准上的文化差异。至于感情问题可能与中国人羞于表达感情，内敛的气质有关。①

有研究者对全国刊登征婚广告的一些重要杂志，如《中国妇女》、《妇女之友》、《家庭》、《现代家庭》、《婚姻与家庭》等10多种报刊中的征婚广告进行分析，时间跨度从1984年至1994年，内容涉及以下5个变量：身体条件，生活条件，学历，职业，心理素质。分析结果表明：男性一直对女性的身体条件（包括身高、身材、容貌、健康等）和心理素质（包括道德、相处、爱好、情趣等）要求很高，位居高端，并于1990年形成一个高峰。对女性学历的要求呈现上升趋势，而对职业的要求则呈现下降趋势。女性对男性身体条件的要求在1985~1986年和1990年达到高峰后，并无明显上升趋势，甚至有所下滑，而在心理素质的要求上，在1986年达到高峰后迅速回落，持续走低。在学历方面，女性对男性的要求在1986~1990年间形成一个低谷，这与当时社会所流行的"轻学风"有关，流行在街头巷尾的如"造原子弹不如卖茶叶蛋"的俗语反映了当时"脑体倒挂"的社会现实，女性在择偶的时候其所受的教育程度并不是重要的因素，实际的生活条件才是最重要的，而且有不断上升的趋势。②

有人曾戏称男人择偶遵循的是美学原则，而女人择偶遵循的则是社会学原则，倒不无道理。我们发现，男性与女性对异性的关注焦点不尽相同。男性对女性身体条件及道德、相处的要求一直处于高端，而与此相反的是女性在这些问题上并没有特别地关注，女性反而更看重男性的生活条件和职业，与此相反的是男性对女性是否有良好的经济条件并不十分重视。同时，男性和女性在择偶趋向性上的差异。男性在择偶的趋向性上是向下择偶的，即从文化程度、社会地位等方面出发在本层次或以下层次寻找伴侣，而女性则恰恰相反，呈现一种向上的择偶趋势。当然，研究也显示了文化背景对男女择偶模式的影响。如我国在80年代末90年代初出现的"轻学风"对女性的择偶中的学历要求就产生了影响。改革开放以来，社会经济文化的变化，对男女有关职业、学历等要求，其影响则更为深刻、系统，因而使这些择偶标准发生了一种趋势性的变化。从另一方面看，女性与男性相比，其择偶标准似乎更易受社会文化的影响，更易变化。

在对征婚广告的社会学研究过程中，我们通过横向比较，剖析了中国人与

---

① 李银河. 中国婚姻家庭及其变迁. 黑龙江：黑龙江人民出版社，1995. 57~58

② 童辉杰. 中国人择偶模式在十年中的变化. 江西师范大学学报，2001（2）

其他文化圈中人所不同的婚姻观念；而通过纵向的比较，我们发现在社会转型期，中国由传统的小农经济走向市场经济的过程中，择偶模式及婚姻观变化发展的脉络。这种横纵比较，有利于对中国当代婚姻观进行定位和分析，有助于我们了解其背后的文化观念。

（二）对现阶段征婚广告的反思

选择终身伴侣在传统社会原本是一件极其私密的个人事件，但进入现代社会后，征婚以广告的形式进入大众传媒，也由一种私人话语转变为公共叙事。小小的征婚广告往往蕴涵了政治、经济、文化等各种要素，一个社会巨大变迁的秘密或许就隐藏在这微型的但是却复杂的公共叙事中。透过对征婚广告的社会学批评，我们试图进行一种文化的解码，探讨所隐含的相关社会问题。①

寻找配偶这一行为从私人空间进入公共空间，并通过广告的形式在各种媒介上进行刊载和宣传，我们可以将这个过程看做是征婚个体作为“商品”进入市场，寻求买家的过程，同时他（她）也在寻求另一个“商品”，与此同时，便获得“买家”的身份。此时，征婚个体呈现一种双重身份。首先，征婚人的第一重身份是商品。而商品本身必须进行一种自我标示，通过修辞与描述，对自我形象进行标榜，凸显自我的价值，以求得“买主”的垂青。在对自我条件的刻画上征婚人选择了什么，放弃了什么，强调了什么，淡化了什么，反映了某种社会生态。其次，征婚人的第二重身份是买主，进入市场寻求符合自己要求的“商品”。而这种双向选择的过程本身也同样具有某种寓意——择偶的过程符合某种集体潜意识。当然在这种互动当中，我们看到了政治、经济、文化等各种要素的交织和缠绕，通过我们的解读，挖掘其深层意蕴，将具体微秒的感知与社会结构及状况的解剖结合起来，以期在社会学视野中再度解读征婚广告。

以广东出版发行的《家庭》为例，自 1985 年第 12 期开始刊登征婚广告。我们发现，80 年代中期，自我描述（特别是男性）的关键词是：上进心强，有文化修养，自修大专，函大结业等，而到了 90 年代中后期，这一系列关键词被置换成：月薪多少，经商与否，经济条件优越，事业有成等。这种在自我形象的塑造和认同上的置换折射出社会风貌与精神生态的变化——从 80 年代充满激情和浪漫主义的时代进入一个经济至上的消费时代。人们从开始时对自己或者配偶的精神情操、文化修养的重视到现在对经济实力的偏好，从 80 年代的将来时态的“事业心强”被现在完成时态的“事业有成”所取代，经济

① 参见张伯存. 征婚广告：从私人话语到公共叙事. 转自当代作家评论，2004（4）：149~156

要素渗透进婚姻，并俨然已经成为主导要素。有这样一段顺口溜概括了50~90年代中国人的择偶标准："50年代土解根①，60年代红卫兵，70年代解放军，80年代大学生，90年代有大款。"走过的是从政治决定论、文化决定论到经济决定论这样一条曲线。在自我描述中标榜经济实力的同时，也吹响了消费时代的号角。他们所引以为豪的是自我增值的各种消费品，车子、房子等，不仅是一种简单的消费，而是一种符号化的消费，是顶级生活的象征，是社会阶级的符号。而这种个人身份、社会地位的夸示和散布，无形中加剧了社会阶层的分化。并且，一个不可回避的问题是，感情资源和性资源越来越向这批精英男性聚拢。我们发现拥有雄厚经济实力的男性往往是振臂一呼，应者云集，而处于较低经济层次的男性则只能在有限的范围内选择，甚至无从选择。经济地位的差别导致了在性资源的社会分配上的不平等。据报道：到2020年，中国处于婚育阶段的男性将比女性多出3 000万到4 000万。② 男女比例的不协调必将带来一系列的社会问题。而女性资源向精英男性聚拢的现实又加剧了情况的严重程度。

以上涉及的问题是在当下男性将经济实力作为自我标榜的主要砝码，由此折射出社会精神生活、感情生活由金钱主导的局面，同时择偶过程中对金钱、经济利益的趋向性，导致了性别资源分配的不平衡。

那么，女性征婚人是如何勾勒自己的形象的？与男性征婚者不同的是，女性的身体条件和年龄一般是她们炫耀的资本，关键词有形象气质好、温良贤淑、善解人意等，当然当下女性征婚一般也都标示自己的月薪、住房情况，经济上具有一定的独立性也能为个人增值。这些拥有雄厚的"文化资本"的女性，择偶的倾向依然是有雄厚"经济资本"的男性，不同资本间的流通和交换反映了女性试图通过结婚寻求长久的物质保障的意图。民间流传着这样的俗语："女人拥有两次生命。"用"找个长期饭票"来形容女性找对象和结婚，言下之意就是女性可以通过选择有物质保障的丈夫改变自己的命运。当代女性希望找到一个各方面均比自己优秀的男性作为伴侣，这是传统婚配观念的延续。注重男方的物质条件古来有之。但当下女性在经济方面的独立性增强的情况下，男性的物质条件依然是一个很重要的考核因素。一直以来男性理所应当地应该比女性更优秀，应该是女性的保护伞的观念至今仍潜存在我们民族心理的最深处，以至社会上出现家庭中女性收入高是否影响男性心理等问题的广泛的讨论。可见，他们在心理层次上都受着传统婚姻文化无意识的支配，不知不

① 指土改干部、解放区、根据地来的干部

② 北京青年报，2004年8月4日

觉中延续着传统婚姻文化。

征婚广告是现代社会的一种择偶方式，它的叙事带上了一个时代的印痕和密码。通过对现阶段征婚广告的解读和反思，我们看到择偶行为在消费时代正越来越功利化和物质化，与此同时，社会阶层的差异扩大导致了性资源日趋集中于新兴富人阶层的现象的发生。

【思考·练习】

1. 什么是人的社会化？如何理解广告对人的社会化的影响？
2. 结合案例，分析广告对儿童社会认知的作用。
3. 通过社会调查，了解儿童消费者和儿童广告的互动关系。
4. 什么是社会性别？分析现阶段广告中性别角色的社会设置。
5. 以征婚广告为例，阐述现阶段中国恋爱婚姻观念的变化。

第四章 广告与社会生活

随着人类社会的发展，人们的生活方式也在发生着不断变迁，如何认识广告在这个社会过程中的作用和意义已经成为我们所要考察的重点。此外，无论是作为消费文化、大众文化还是媒介文化，广告与社会流行时尚之间存在着某种关联，这是显而易见的。在此，我们从社会学的角度考察了广告的流行时尚意义，及名人广告对社会流行时尚的影响方式和效果。

第一节 广告与日常生活

美国社会学家丹尼尔·贝尔认为：在迅速变化的社会里，由于缺乏现成的指导，人们往往会出现行为方式、鉴赏方式和穿着方式的混乱。在这方面，广告所起的作用不只是单纯的刺激需要，它更为微妙的任务在于改变人们的习俗，教会人们适应新的生活方式。① 在这里，丹尼尔·贝尔揭示了广告对人们日常生活的重要影响，而我们所要做的则是：更加细致深入地考察广告在整个日常生活过程中的意义。在这个过程中，我们可以发现，不管是生活方式的变迁还是身份认同的差异，及其在此基础上社会群体的产生，广告始终扮演着一个举足轻重的角色。

一、广告与生活方式的变迁

（一）生活方式的社会学认知

试图给“生活方式”下一个确切的定义并不简单。因为生活方式概括的是复杂、多层次的社会现象，并且涉及到许许多多的理论问题。《中国大百科

① ［美］丹尼尔·贝尔. 资本主义文化矛盾. 三联书店，1989. 116

全书·社会学卷》对“生活方式”作了如下表述：“不同的个人、群体或社会全体成员在一定的社会条件制约和价值观指导下，所形成的满足自身生活需要的全部活动形式与行为特征的体系。”应该说这样的表述是比较严整的。但是，由于人们对“生活”的含义理解不一致，一般把生活方式按照其范畴的大小分为两种。广义上讲，人们的生活领域应当包括劳动生活、政治生活、宗教生活等，涵盖了人们生活需求和生活活动的所有方面，这就形成了广义的生活方式概念。但是，如果把“生活”限定在日常生活领域，如物质消费、闲暇和精神文化生活、家庭生活等，则形成了生活方式的狭义概念。以上对“生活方式”的认知都是在社会学的领域里进行的，经过长期的研究和探索，生活方式的研究作为社会学的一门分支学科，其地位已经得到了确认。

从社会学的角度来看，社会变迁在某种意义上来说总是表现为生活方式的不断演变。不管是原始社会的茹毛饮血、刀耕火种，封建社会的男耕女织、日出而作日落而栖，或者工业社会的丰富紧张而又高度的机械化，生活方式都是人类社会赖以存在的重要形态，并且总是表现为一种自在的过程。在社会变迁的过程中，人们逐渐产生了对生活方式的自觉，并进而对生活方式进行关注、议论和总结。一般认为，现代意义上的生活方式研究首先是在西方的理论体系中出现的，并在社会学的框架内逐渐建构起理论体系。自第二次世界大战结束以来，先是在西方的理论界，然后在前苏联和东欧，继而在改革开放的中国，关于生活方式的研究一直是社会学领域研究的热门话题。

从生活方式研究的学术渊源上来看，马克思和恩格斯关于生活方式的论述是影响深远的。在马克思和恩格斯看来：“人们用以生产自己必需的生活资料的方式，首先取决于他们得到的现成的和需要再生产的生活资料本身的特性。这种生产方式不仅应当从它是个人肉体存在的再生产这方面加以考察，它在更大程度上是这些个人的一定的活动方式，表现他们生活的一定形式，他们一定的生活方式。”“物质生活的生产方式制约着整个社会生活、政治生活和精神生活的过程。”在这里，马克思和恩格斯阐释了生产方式和生活方式之间的紧密联系。在他们看来，生产方式是生活方式的基础，随着社会生产力的发展和生产方式的变化，人们的生活方式也发生相应的变化。这两者的发展阶段是一致的。同时，马克思和恩格斯还把生活方式作为区别不同阶级的重要标准。他们认为，同一阶级在生活方式、利益追求和教育程度等方面具有一致性。① 马克思和恩格斯关于生活方式的探讨，使得生活方式真正进入了社会学的研究范畴，并为后世奠定了生活方式研究的基本思路。

① 马克思，恩格斯．马克思恩格斯选集（第一、二卷）．北京：人民出版社，1972

在马克思和恩格斯之后，西方的许多学者如马克斯·韦伯、凡勃伦、J·罗斯等都从不同角度和不同层面对生活方式进行了深入的研究。二战以后，随着现代科学技术的飞速发展，西方国家的生活方式发生了巨大的变化。一方面，人们的物质生活水平迅速提高；另一方面，环境污染、精神空虚等社会问题也日益严重。人们开始重新审视生活方式变化带来的种种问题，并且对未来可能出现的生活方式充满了兴趣。因此，新科技革命对生活方式的影响开始成为东西方学者共同关注的话题。这时候出现的一大批著作，如托夫勒的《第三次浪潮》、《未来的震荡》、《权力的转移》，奈斯比特的《大趋势》，丹尼尔·贝尔的《后工业社会的来临》等，都对未来的生活方式做出了大胆的预测。现在看来，他们的许多预测随着科学技术的飞速发展，在今天逐渐变为现实。这使我们有理由相信，人类的生活方式的变迁都是与科技发展、生产力水平的提高同步进行的。

与西方学者相比，中国学者对生活方式的关注起步较晚，直到20世纪80年代以后，生活方式的变迁问题才引起了学者们的广泛关注。80年代初，于光远在《中国社会科学》发表的《社会主义建设与生活方式、价值观和人的成长》①、杜任之在《社会》发表的《谈谈生活方式》② 被认为是中国学者进行"生活方式大讨论"的开始。在这一阶段，我国的生活方式研究还处在理论探讨层面。但是，随着中国社会越来越迅速地向现代社会转型，生活方式也开始了由传统向现代转变的过程。这时候，生活方式的研究已经成为一个不容忽视的问题了。

在当代中国，影响和制约人们生活方式变化的因素是多重的、复杂的。其中既有传统社会与市场经济的矛盾，又有市场经济内在矛盾的展开，还有在全球化进程中西方文化价值观对我们的影响等。20世纪80年代以来，在现代科学技术的支持下，我国现代传播系统的日趋完善，在很大程度上引导着人们生活方式的变迁。它们不仅成为人们日常生活的重要信息来源，而且已经直接介入了人们的日常生活，成为人们社会生活、家庭生活和个体生活的组成部分。此外，随着中国现代化进程由温饱向小康阶段的过渡，消费生活、休闲生活业已成为中国人的生活活动中的重要组成。

随着人类社会生活方式的变迁，不管是在西方还是中国，生活方式的现代化主要表现在以下几个方面：

一是生产方式的变迁。科学技术的迅速发展引起生产工具的革新，促使社

---

① 于光远. 社会主义建设与生活方式、价值观和人的成长·中国社会科学，1981（4）

② 杜任之. 谈谈生活方式. 社会，1982（1）

会生产力迅速提高，现代生产方式逐渐取代了传统生产方式。在这种情况下，工作形式在时间和空间上的分离成为可能，远程工作和居家上班成为一种新的工作形式。同时，知识在生产过程中变得越来越重要，甚至知识本身成为一种新的财富。知识经济的兴起改变了传统的产业结构，并且逐步超越国界走向全球。

二是家庭结构的变化。传统的家庭在结构上呈现出一种自上而下的等级秩序。在现代生活方式的冲击下，这种传统的家庭结构逐渐瓦解，家庭成员的关系日趋平等，妇女的自主性不断增强。此外，由于科学技术的不断发展使得居家工作成为可能，家庭的功能增多，家庭重新成为社会的中心。

三是消费、娱乐的多元化。在新技术的刺激下，生产的迅速发展使物质产品极大丰富，人们不断地追求高品位、高层次的消费，从而使整个社会的消费主义思潮盛行。此外，娱乐也成为当代人们生活的重要形式，各种各样的娱乐方式层出不穷，使人们的生活方式发生了巨大的变化。

四是交往方式的多样化。通讯手段的迅速发展使得麦克卢汉所说的“地球村”成为可能，人们可以完全超越时间和空间进行交流。与此同时，人们获得信息的渠道也趋向多样化。

以上我们从生活方式的内涵出发，追溯了西方和中国在社会学研究领域对生活方式的认识，这有利于我们在社会学的领域里考察广告与生活方式的关系。

（二）广告对生活方式变迁的影响

广告对生活方式的影响是潜移默化的，如果我们稍微留意的话，经常可以在电视上看到这样的情境：一位英俊洒脱的男士坐在行驶的火车里，悠闲而自信地望着车外的蓝天、青山、绿水，一切都如诗如画。这时，富有磁性的画外音随之而来：人生就像一次旅行，在乎的不是目的地，而是沿途的风景，以及看风景的心情。然后画面上出现了这样的字幕：让心情去旅行！

如果不是最后出现了某公司名字，也许我们都忘记了这是一则广告。在整个广告中，我们似乎看不出其中所推销的商品，如果说有的话，那么只能说这则广告在推广一种生活方式。事实上，类似的广告我们并不少见，甚至可以说是无处不在。这使我们发现了一个有趣的现象，在现代社会中，广告总是偏爱于充当人们改善生活方式的导师，它们不厌其烦地用各种方式教导人们如何才能过上最幸福、最舒适、最时尚的日子。正如法国社会学家鲍德里亚所说的：“广告的窍门和战略性价值就在于此：通过他人来激起每个人对物化社会的神话产生欲望。它从不与单个人说话，而是在区分性的关系中瞄准他，好似要捕捉其‘深层的’动机。它的行为方式总是富有戏剧性的，也就是说，它总是在阅读和解释过程中，在创建过程中，把亲近的人、团体以及整个等级社会召唤到一起。”① 那么，广告又是如何做到这一切呢？

其一，广告全力塑造了当代社会中理想的生活方式，并把这种生活方式和态度不遗余力地向社会上的每个人推广，使之成为全社会的一种共识和理想。北京一家房地产公司在广告中宣称它们的客户都是“金领”阶层，并详细地描绘了这些所谓“金领”阶层的幸福生活：

他（她）们在摩托罗拉、惠普、康柏或微软工作，也许还有联想和华为。

他（她）们住在自己的一幢叫“××花园”的高级公寓或别墅里，拥有“奔驰”或“宝马”轿车。环顾他（她）们的房间，可以发现松下背投彩电、先锋家庭影院、依莱克斯超大冰箱和西门子智能洗衣机。

他（她）们喝雪碧、可乐、娃哈哈纯净水和卡夫牛奶；喜欢“必胜客”、“麦当劳”和“肯德基”，也喜欢“永和大王”和“全聚德”；有时在家中冲雀巢或麦氏速溶咖啡，有时去“星巴克”咖啡馆或三里屯的酒吧坐坐。他（她）们在情人节互赠吉百利或德芙巧克力。

他（她）们都喜欢运动、休闲和旅游。穿阿迪达斯上衣、Lee 牌牛仔裤或锐步运动鞋，坐国航的飞机飞往世界各地。他（她）们看《财富》周刊和《读书》杂志，关心福布斯排名和纳斯达克指数，可能还是贝塔斯曼书友会的会员。

……

我们不得不叹服这则广告的详尽和细心，它把今天人们所羡慕甚至是梦寐以求的生活方式用极其细微的描述表现出来。实际上，在其他的许许多多广告中，也许对生活方式的描述没有这么详尽，但仍有许多广告从生活的某一个方面为人们设计了十分诱人的生活方式。正是在广告的诱导下，人们逐渐认同了所谓幸福、高雅的生活方式，这不仅仅是对高档物品的占有和消费，其中还包含着对生活情调、品位、身份、地位等各方面的认同等。

其二，广告在很大程度上推进了人类生活方式的更新。它总是给人们这样的心理暗示：过去的生活方式已经不再适合现代社会，只有改变传统的生活方式，才能被当今社会所认同。

在这方面一个很明显的例子就是结婚信物的变化。在我们的记忆中，中国

---

① ［法］让·鲍德里亚. 消费社会. 刘成富，全志刚译. 南京：南京大学出版社，2000. 53

人最主要的结婚信物是玉和黄金，但到了1999年，上海已经有54%的人购买钻石作为结婚信物，而且这种趋势有不断发展的趋向。那么，是什么改变了中国人几千年的传统婚姻习惯呢？在2001年10月的“环球中文广告公开论坛”上，中乔智威汤逊广告有限公司的创意总监劳双恩说，不到10年时间，西方世界的婚姻信物消费观就取代了中国人几千年的习惯，其中最主要的原因就是，中乔智威汤逊广告公司制定出了准确的广告策略。因为该广告公司为全球最大的钻石集团公司戴尔比斯创造的广告语——“钻石恒久远，一颗永留传”，50年来已经在包括中国在内的世界各地家喻户晓。这一口号的成功推广使得钻石饰品成为婚姻仪式一个神圣的组成部分，坚不可摧的钻石与此生不渝的爱情成为深入人心的符号映射。① 既然全世界都已经把钻石当作结婚信物了，如果你还是用黄金，那是不是显得落伍了呢？

可见，在广告的视野中，传统的生活方式已经显得索然无味，那种不急不慢、小富即安的生活态度，已经远远不能适合这个高速发展的社会现实。人必须不断地改变自己的生活方式，才能在这个社会生存。

其三，广告总是在第一时间及时地告诉人们什么是最好最时尚的生活方式。尤其是在休闲娱乐方面，广告教会人们在高度紧张、高度机械化的现代生活中迅速找到放松自己的方式，甚至可以说，广告教会了人们如何在科学技术高度发达的社会中协调自己的生活。

《南方周末》上有一则关于手机广告的文字，其文如下：

你的手机能看电影吗？

在昨天你还以为是天方夜谭；今天，dopod686手机为你缔造奇迹。采用微软操作系统，配有Windows Media Player播放器，大片下载随意播放；4096色液晶显示，画面清晰、逼真，让你随身携带高品质家庭影院，移动中体验无限精彩；更有MP3立体声播放，缔造震撼音效。精彩生活，一机掌握——dopod686，突破想象，无限自由。②

对广告中的一系列专业术语，如微软操作系统、Windows Media Player播放器、4096色液晶显示、MP3立体声播放等名词，许多消费者也许只是一知半解，但是，“你的手机能看电影吗”一句简单广告语抓住了人们在科技语时尚面前的诉求，消费者非常清楚能够看电影的手机将带来的新享受和新体验。

① 王晓，付平．欲望花窗：当代中国广告透视．北京：中央编译出版社，2004．39

② 南方周末，2002年9月5日．第20版“艺术”

鲍德里亚说："当技术成为一种神奇的心理实践或一种时尚的社会实践时，技术物品本身就变成了摆设。"① 虽然手机的看电影功能并没有太大的实用性，但是，作为一种"神奇的心理实践"已经能够吸引并满足他们的娱乐欲求。

总之，作为时代生活方式革新的引导者，广告总是试图把我们照顾得无微不至。即使是在生活中最细节的方面，广告都无微不至地教导我们应该如何去做，使我们养成了"良好"的生活习惯。比如日常生活中，我们要喝速溶咖啡、听 walkman，用含氟牙膏刷牙，使用除臭剂清洗口腔，用电饭煲或微波炉做饭，把方便面和火腿当作美餐，把各类保健品当作礼物送给父母等。尤其是对于女性，广告更表现出含情脉脉的关切。随便打开一份报纸杂志，遥控器指向任意一个电视频道，或者浏览任意的门户网站，只要事关女性，化妆、美容、整形、健身的广告必然如影随形。它们的关心是无微不至的，教导女人如何爱自己，如何性感、妩媚、风情万种，从头到脚，身体的各个部位都不会被遗漏，都有种种的"呵护"和"灵丹妙药"。

对此，美国当代著名思想家丹尼尔·贝尔在《资本主义文化矛盾》中论述道："在迅速变化的社会里，必然会出现行为方式、鉴赏方式和穿着方式的混乱。社会地位变动中的人往往缺乏现成的指导，不易获得如何把自己过得比以前'更好'的知识。于是，电影、电视和广告就来为他们引路。在这方面，广告所起的作用不只是单纯地刺激需要，它更为微妙的任务在于改变人们的习俗。妇女杂志、家庭指南以及类似《纽约客》这种世故刊物上的广告，便开始教人们如何打扮，如何购买恰当的名酒——一句话，教会人们适应新地位的生活方式。最初的变革主要在举止、衣着、趣尚和饮食方面，但或迟或早它将在更为根本的方面产生影响：为家庭权威的结构，儿童和青年怎样作社会上的独立消费者，道德观的形式，以及成就在社会上的种种含义。"② 现在看来，丹尼尔·贝尔的这段论述成了广告对生活方式变迁影响的最佳阐释。

二、广告与消费者的身份认同

（一）消费社会的身份认同

"身份"一词在英语中是 identity，常用于表示某些事物是相同的，一致的，或者就是它本身（而不是其他的东西）。构成 identity 的主要词义是"整一性"、"个体性"、"个别性"、"独立存在"，或"一种确定的特性组合"。可

---

① ［法］让·鲍德里亚. 消费社会. 刘成富，全志刚译. 南京：南京大学出版社，2000. 117

② ［美］丹尼尔·贝尔. 资本主义文化矛盾. 北京：三联书店，1989. 116

见，“身份”的原有语义首先是指向内在的统一、协调及其持续。就人来说，强调的是人格、心理品质的确定性、统一性和稳定性。“身份就是一个个体所有的关于他这种人是其所是的意识。”① 然而在社会学研究的领域里，“身份”一词被赋予太多的意义和内涵，它与角色、地位、阶层等都有着密切的联系，以至于围绕这“身份”问题的研究成为社会学中一个极为突出和迫切的命题。

从早些时候的社会学研究中，关于角色的理论，我们就可以找到有关“身份”概念的某种端倪。美国社会学家乔纳森·H·特纳在介绍另一个也叫特纳（拉尔夫·H·特纳）的角色理论（过程角色理论）时，提到“自我概念和角色”的关系，认为一个人的“自我概念”是需要借助在他人面前扮演的“角色”来见证的，但“角色”并不就是身份（自我认同），因为“自我附着于角色的程度”并非总是一致。例如，一个在讲台上的发言人可能因为迫于一定的情境压力说出他内心本不认为如此的话，以符合某种角色的规范。② 对身份研究来说，角色理论的意义提醒我们：人对自我的理解和表达在一定社会关系下可能出现复杂性。换句话说，人们主观上对某种身份的认同与社会结构或社会情境联系在一起。反过来，社会结构或制度的变迁也会影响某种身份的划分和认定标准。因此，当我们在研究某种“身份”的意义和内涵时，不可能脱离于特定的“社会关系”。由于本文重点考察广告与消费者身份认同之间的关系，因此，我们首先要解决的是消费社会的身份认同问题。关于这个问题，西方的许多社会学家如马克斯·韦伯、凡勃伦、布尔迪厄等都从理论上给予了诠释。

德国社会学家马克斯·韦伯提出了一个包括阶级、地位群体和政党在内的多元社会分层结构，并着重区分了阶级和地位群体（另译为“身份集团”）。在他看来，确立阶级是根据它们同商品生产和商品获取的关系而划分的，因而在方法上可以从生产关系、分配制度来认识阶级；而地位群体则是按照它们特殊的生活方式所体现的商品消费原则来划分的，因此可以根据特定的消费规律来标明生活方式从而认识地位群体。事实上，韦伯在这里已经向我们暗示了，消费与身份认同之间有着某种内在的联系。

美国学者凡勃伦在其社会学著作《有闲阶级论》中，进一步展示了消费作为一种尺度在对阶级地位分析中所具有的价值和解释力。在他看来，卑贱的劳动阶级只应当消费为维持生存所必需的那些物品，一切奢侈品和生活上的享

① 钱超英. 身份概念与身份意识. 深圳大学学报（人文社会科学版），2000（2）

② ［美］乔纳森·H·特纳. 社会学理论的结构. 吴曲辉译. 杭州：浙江人民出版社，1987. 454

受用品是属于有闲阶级的。凡勃伦进一步指出，作为金钱力量的证明，对财物的某种特殊化消费已经逐渐形成一种紧密的制度。为了有效地增进消费者的荣誉，就必须按照适当的数量和适当的品质来进行消费，否则就意味着屈服和卑贱。① 法国社会学家皮埃尔·布尔迪厄则以经验加理论的方式阐明了社会阶层与消费之间的关系。他用大量的经验数据揭示了不同阶层在消费层面上的差异，其中既包括食品、服装和家具等物质消费品，也包括视觉艺术、音乐和文学等非物质的消费品。在他看来，消费作为一种具有相对自主性的实践，其自身也是一种形成社会阶层、确定身份认同的方式。

理论上的言说是抽象的。2001 年曾经在中国引起轰动的"三高"演唱会为这些社会学家们的理论作了最好的注解。6 月 23 日是世界奥林匹克日，也就是在 2001 年的这一天，世界三大男高音歌唱家帕瓦罗蒂、多明戈、卡雷拉斯齐聚紫禁城，为北京申奥奋臂疾呼。这本是一次普通的带有商业性质的演出，但从这次活动中我们却可以看到现代消费社会中独特的身份认同方式。

据说这场演唱会的票价最高 2000 美元，最低 60 美元，如此高昂的门票显然不是普通的工薪阶层所能企及。它的观众定位是"高消费群体"，即合资、独资大集团公司经理，国有大公司、大企业经理，私有大公司、大企业老板等"经济精英"及部分中间阶层收入者。这说明，随着中国市场经济的迅速发展，一个高收入高消费的阶层已经出现了，而且它们正急于通过某种形式来获得自身的身份认同。这次演唱会的出现恰恰给他们提供了一次绝佳的机会。事实上，这场音乐会的内容本身已经显得不重要了，它已经演变成一种"仪式"，前往欣赏这场音乐会是阶层身份的象征。这次奢侈的文化消费演变成一种与身份、名望、地位、收入相匹配的文化消费。这个"新富人阶层"通过这种"炫耀型消费"使自己成为社会瞩目的焦点，从而获得自身的身份和地位认同。

法国社会学家鲍德里亚在他的著作《消费社会》中指出，在消费社会里，商品实在的使用价值往往已经变得无关紧要了，许多商品和消费行为已经变成了结构主义语言学意义上的符号，也就是说，对商品的消费就是对符号的消费。因此，对那些前往"欣赏"音乐的"新富人阶层"而言，他们消费的是高贵的身份和高雅的品位，是自我表达和身份认同及这些信息的生产与传播，他们是这种昂贵符号的消费者。从某种意义上说，这样的消费过程实际上是他们对待文化的一种习得方式，通过这种自我实现、自我表达的生活方式，他们

① ［美］凡勃伦．有闲阶级论——关于制度的经济研究．蔡受百译．北京：商务印书馆，1997

与浮华消费和风格化的自我呈现融为一体，进而获得自身的社会身份认同。

但是，现代社会的身份认同绝不是仅仅听一场演唱会这么简单，其中隐含着一整套复杂的形成机制。一方面，形成同一身份认同的阶层必须在消费水平、受教育程度、生活方式习惯等方面具有相似性，从而产生整个阶层在内在情感上的团结感。以当代社会中的白领阶层为例，由于他们在消费的品位和能力上追求着一种与众不同的品牌消费，因而往往被称为具有“小资情调”。事实上，这种消费上的“小资”追求，恰恰是他们展示自我身份认同的一种重要方式。在这里，庞大的品牌消费体系所包含的内在等级区别，就与现实社会中的阶层结构对应起来了，消费成为不同阶层身份指认的一种重要形式。另一方面，某种身份认同一旦在社会群体中约定俗成之后，又会对其他阶层产生排斥感和情感上的隔离感，从而维持本阶层身份认同的相对独特性。比如说，白领阶层在表达和建构自身身份认的同时，往往会表现出一种跃居于平民大众之上的优越感，即使是同样属于社会的中产阶层，他们又不愿意跟那些所谓的暴发户混为一谈。因此，在他们看来，太贵的商品显得俗气，太廉价的商品又显得掉价，于是，品位和时尚成为他们最好的选择和追求。

消费社会的身份认同问题是一个复杂的体系，其中牵涉到许多社会因素和理论层面。王岳川先生认为：“从现代社会进入后现代社会以后，每个人的生活维度都不再是单维的，而是集体网络关系中的一员，具有相互交往的深层因素和变异的可能性。这种身份和认同是相互作用的，一个人虽然具有多重身份，但最主要的身份是通过社会交往社会传播获得社会认同。”① 消费过程不但是满足人的基本需要的过程，而且是社会表达和社会交流的重要过程。在这个过程中，社会身份认同成为一种相对固定的文化属性。但是，这种文化社会身份也不是一成不变的，因为身份认同是通过社会过程形成的，随着社会关系的重新组合，在不同语境中不断被修正和重塑。

（二）广告的渲染与诱导

我们在论述消费社会的身份认同问题时发现，对于消费者的体验而言，他们对文化、思想、观念和价值的消费具有某种象征性，可以称为“象征消费”。一方面消费是某种意义和信息的符号表达的过程，另一方面又是对这种符号所代表的意义消费。从某种意义上说，广告正是这种意义表达和意义消费最为典型和突出的展现，它在社会的每一个角落为我们树起了“象征消费”的大旗。

---

① 王岳川. 消费社会的文化权力运作——博德里亚后现代消费社会文化理论. 参见“元浦说文”网站，网站来源：http：//www. jinyuanpu. com/lanmu/articleshow. asp？ id=131

下面一段关于手表广告的表述形象地揭示了广告与消费者之间的这种默契。“世界名表欧米茄用名模来显示名贵的身价：‘欧米茄与辛迪·克劳馥：与时并进。’劳力士选择资深博士为其代言人：‘对它那足堪炫耀的价值，艾尔博士同样从不怀疑。’雷达干脆以天价来显示自己的气派：雷达表‘拱形’系列最新表款，用黑色钨钛合金、白金及美钻至臻融合，尽显前卫时尚，超凡脱俗。售价：女装表人民币 39 800 元，男装表人民币 53 000 元……在此，广告所推销的不仅仅是商品，与之相伴随的还有商品被赋予的某种身份、情感和品格，商品在这些符号所具有的象征意义下，成了‘有意义的象征’。”①

从社会学层面上看，广告的意义与符号象征实际上是对社会阶层、阶级关系和意识形态价值的潜在的编码反应。它在不同的消费个体的意识构成之间产生某种思想和情感上的回应，从而实现对消费者身份认同的引导。例如，新加坡美树馆（汇景苑）的房地产开发公司曾多次在报纸上刊登销售广告说：“当财富不足以代表身份，艺术才能真正展露您的成就及气质，美树馆欧风古典大门厅宏观建筑，充分展现您卓越胸襟及气质！感谢上海精英、名贵、绅士的厚爱……您的肯定是我们的荣耀。”从中我们可以看到了上等人的构成和他们的面目，“他们是精英、名绅，更多的是新贵，但因为底气不足，上等人的地位和身份还没有真正确立，急需艺术来装扮烘托”。② 在这里，广告在身份认同方面充当了消费者最为循循善诱的引导者，它不厌其烦地指点着人们怎样才能凸现出自己与众不同的身份和高贵的地位。毫无疑问，出于商业上的需要和对利润的追求，这种现象本身是可以理解的，问题在于，当所有的广告在“身份认同”的引导上都呈现出相同的指向时，这种现象就值得我们重视和深思了。

的确，当代传媒中的广告形象几乎都是受过良好教育、富有的白领职业者形象，他们是消费形象的代表，他们的穿着、谈吐都显示出信息时代商家、企业家所需要具备的文化审美修养和消费品位追求。这样的广告主角被中国学者王晓明称为“半张脸”的神话，即他们有很成功的社会身份、有修养、很绅士、出入豪华的写字楼和私宅，但其他的一切因素，比如他财产的来源等，都可以忽略不计。不管是在广告还是在传媒上，他们都是整个社会最受瞩目的人物，以至于王晓明在他的文章《半张脸的神话》花了相当长的篇幅来描述他们受关注的程度：“每当建造一个花园式的别墅群，发展商总要在报纸上刊登

① 周春玲. 时尚杂志与“大众文化”. 转自王晓明主编：在新意识形态的笼罩下——90 年代的文化和文学分析. 南京：江苏人民出版社，2000

② 雷启立. 我们在广告时代的生活. 转自王晓明主编：在新意识形态的笼罩下——90 年代的文化和文学分析. 南京：江苏人民出版社，2000

广告，甚至当街挂出横幅，说是在为他准备‘理想的居所’；宾馆、饭店、夜总会，还有那些说不清名目的场所，都殷勤地敞开大门，盼望他成为出没的常客；一大批报纸和杂志，竭力揣摩他的口味，不断改换开本、纸张甚至宗旨，只为了能够进入他的客厅；一些小说家、电视和电影剧本的作者，也从他身上获得灵感，纷纷写起了他和女人们的复杂故事；甚至一家地处上海市中心的婚姻介绍所，在门口贴出启示，将一周登记者最多的周六和周日，优先分派给‘成功先生’和‘成功女士’……”①

广告对消费者不厌其烦地诱导，使得整个社会的身份认同有了一个共同的特征，那就是白领化、雅皮士化。我们日常生活中的许多商品的名称和口味都越来越具有这种中产阶级趣味。如“德芙牛奶巧克力”的广告词“牛奶丝般的感觉”，法派西服的广告词“真的很爱你”，“东洋之花”的广告“别人都说我漂亮”，以及飘影洗发精的广告“从来就这么酷”等，都包含着一种对中产阶层式的白领生活的期待。从某种程度上说，这种“中产阶级文化趣味”已经成为整个社会所追求的文化身份的标志。

这种现象与丹尼尔·贝尔在《资本主义文化矛盾》中所分析的“中产阶级文化趣味”的形成极其相似。贝尔在这本社会学著作中认为：随着大众消费社会的形成，新教伦理被弱化，古典的资产阶级世界观正在结束。与20世纪50年代美国中产阶级的壮大相呼应，中产阶级文化也有了普及的趋势。这种所谓的“中产阶级文化”就是我们在广告上经常看到的那些经过组装的、供人消费的生活方式。由于西方发达国家的中产阶级具有足够强大的群体和社会能量，因而广告具有“中产阶级文化趣味”并作为某种文化身份认同的标志，具有某种合理性和必然性。

然而，从同一层面上看，中国广告所呈现出来的对消费者身份认同的引导趋向，其合理性却是值得我们反思的。根据中国社会科学院2001年发表的《当代中国社会阶层研究报告》所提供的数据，中国还有44%的人口是农民，23%的人口是产业工人。中国的一般商业员工阶层、产业工人阶层、农民阶层、城乡失业半失业者阶层，尽管他们占中国人口总数的80%，但从他们所占有的社会组织资源、文化资源、经济资源来看，他们还够不上社会的中产阶层。因此，真正称得上是中产阶层的只占中国总人口数的15%。② 显然，这与

---

① 王晓明．半张脸的神话．转自王晓明主编．在新意识形态的笼罩下——90年代的文化和文学分析．南京：江苏人民出版社，2000

② 陆学艺．当代中国社会阶层研究报告．北京：社会科学文献出版社，2001

西方发达国家在社会阶层结构上有着根本的区别。但是在中国，几乎所有的广播电视、通俗刊物等刊登的广告都在渲染和强化中产阶层这一身份，营造出一种空前的欲望化和狂欢化的消费氛围。这必然会导致消费大众在身份认同上产生误区。

一方面，当整个社会的焦点都集中在那些所谓“白领”精英阶层身上时，为数更多的普通民众的“身份”存在便被忽视了。众所周知，中国农村居民在消费水平与城镇居民存在着巨大的差距，广告上所渲染的白领精英的生活方式和消费品味对他们是遥不可及的。他们无法融入整个社会的身份认同体系和氛围中，因而也就无法获得在整个社会中应有的身份地位。在这方面，广告扮演了一个并不是很光彩的角色。

另一方面，当代广告所营造的单向度的身份认同机制，往往也导致了消费大众的身份认同危机。在传统社会里，传统和习惯起着主导作用，一切都可以按部就班地运行着，人们心安理得地过着日出而作、日落而息的生活，对他们来说生活是有规则的，身份也是相对固定的。但是，在消费社会里，这一切都发生了巨大的变化，特别是广告以一种强势力量进行诱导和渲染，人们在改变生活方式的同时，也开始对自身的“身份”问题产生了疑问。广告为消费大众营造了这样的幻象：当今社会，人们都在享受着白领精英式的优越生活，只有这个阶层、这种身份地位才是被社会所认同的，否则，就要被社会所忽视和遗忘。既然如此，那么还有谁愿意甘于平庸和被忽视呢？不管是经济实力还是消费水平都未达到中产阶层的人都对自身的身份感到不满，进而产生集体性的身份追求，必然导致整个社会身份认同机制和体系的失衡，身份认同危机因此也就被凸现出来。

总之，从社会学的角度来看，广告在消费社会的身份认同过程中扮演着不可忽视的角色。但是，它以强大的资本作为后盾，尽情地渲染整个社会单向度的身份认同氛围，从而诱导了消费大众身份认同趋向，这是值得反思的。

三、广告与社会群体的互动

（一）广告的社会群体影响

前面我们论述了消费社会的身份认同问题，在社会学的领域里，角色和身份被认为是社会群体和组织最典型的组成要素。美国社会学家戴维·波普诺说：“从严格的社会学意义上的用法来讲，一个群体是由两个或两个以上的具有共同认同和团结感的人所组成的人的集合，群体内的成员相互作用和影响，共享着特定的目标和期望。”① 社会学的一个基本假设就是认为人类是天生的社会性动物，人类就是生活在所有不同规模和类型的群体中。由于社会群体在我们生活中有如此重要的意义，因而也就成为社会学研究的一个基本课题。

戴维·波普诺在他的巨著《社会学》中对“社会群体”进行了这样的论述：“群体成员不仅仅是人群的集合或社会的类属，它展示的是人们互相联系的独特模式。换句话说，他们形成了一种社会结构并对其成员有某种确定的期望。群体还通过一些特殊的意义与规范产生了群体文化。所有群体都有自己的特征，并且从属于群体的个别成员，在人格、信仰和价值观方面各不相同。通过共享群体的意义与规范，群体中的人就产生了一种作为群体成员的认同感。这样，群体中的人就与群体外的人有了十分明确的区分。因此，社会群体就可以定义为两个或更多的人，他们有共同的认同及某种团结一致的感觉，对群体中每个人的行为都有相同而确定的目标和期待。”②

从戴维·波普诺的这段论述可以看到，社会群体具有如下特征：

第一，社会群体的成员之间有经常性的社会互动。社会群体是以一定的社会关系为纽带的个人的集合体。群体成员间保持着经常性的互动关系。社会群体中的人际关系以彼此了解为纽带，并以一定的利益和感情关系为基础，而且群体互动关系的形成与发展需要一定时间的交往。

第二，社会群体的成员之间有着相对稳定的关系。群体一旦形成，便有着相应的成员身份，这些身份便结成特定的社会关系。这种社会关系有时表现得很明确，有时则是相对模糊的。如家庭中的成员之间的关系都是明确的。而在相对松散的群体中，成员之间的关系则是不确定、模糊的。

第三，社会群体内部具有相对明确的行为规范。在群体最初形成的时候，可能只有简单的互相认同关系。随着群体的发展，往往会在内部形成稳定的交往方式，进而形成一定的公认的规范，用来协调成员的行为，以保证群体的功能得以实现。不论是简单的、非正规的通过互相信任、彼此接近形成的一些承诺，还是复杂的正规的规章制度，都是群体内部有一定行为规范的表现。

第四，社会群体具有相对统一的群体意识。社会群体要求成员在群体活动中保持相对的一致性，使成员能够明确区分群体内成员和群体外成员，并把本群体视为一个整体，形成一致的群体意识。具体说来，群体意识也就是一种

---

① ［美］戴维·波普诺. 社会学（第十版）. 李强等译. 北京：中国人民大学出版社，1999. 99

② ［美］戴维·波普诺. 社会学（第十版）. 李强等译. 北京：中国人民大学出版社，1999. 173

群体归属感，就是成员认为自己属于某个群体。这种意识一旦建立起来，群体成员就与群体外的成员有了明显的区别感，对群体有了相应的期望和归属意识。

社会群体的这些特征决定了群体的决策必然要经历四个阶段：定向、评估、实际决策和恢复平衡。社会学家罗伯特·贝尔斯与弗雷德·斯多特贝克通过实验描述了这个过程：在定向阶段，群体被引到问题上来，并对一些问题进行分析。在评估阶段，成员对问题做出估计，并对其他人的观点做出反应。在第三个阶段，群体开始谈到解决问题的办法，并在达成共识的斗争中产生了派系，也建立了情感。当决定最后出现时，第四个阶段就开始了，在这个阶段，群体重新回复到开始时的和谐关系。在社会群体中，当决策最终完成后，群体成员就要遵从这种决策。“遵从群体期待的压力是如此强烈，以至于人们模仿群体成员的态度和感觉。”① 当我们把社会群体的决策过程和遵从趋向映射到广告传播过程中时，就会发现社会群体的心理和态度对广告的传播有着深刻的影响。

从社会心理学的角度来看，人生活在社会群体之中，他们所具有的心理状态就不可能是孤立的，而是必然地带有社会的性质。人的这种群体心理以及在此基础上发展而来的社会态度，对广告传播有着根本性的影响。因为人们在群体情境下接受的广告宣传的影响，与在个人情境下大为不同。在群体情境下，人们对广告的接受，实际上也是一个社会群体进行决策和遵从的过程，其中涉及人们在群体情况下相互模仿、相互感染以及社会性遵从等因素。在社会群体中，感情或行为很容易从群体中的一个参加者蔓延到另一个参加者，个体成员对群体中的任何情绪暗示都变得易于接受，从而改变原有的态度、信念、价值等，对社会群体的决策产生遵从趋向，在这种情况下，广告的感染力可能迅速增长。

比如我们所熟悉的医药广告，它们总是在告诫人们，每个年龄段的人都有各自的问题，都需要治、补、养或者预防。在长年累月、无处不在的医药广告的轰炸下，我们渐渐地相信我们生活在一个压力空前巨大、生活节奏空前紧张、精神空前焦虑的时代。在这种恶劣的环境下，如果我们不关注自己的身体，不增加保养它的经济投入，我们就不可能是健康的。一旦这种氛围在社会群体中蔓延，并最终使社会群体的每个成员都信以为真时，这时就形成了社会学上所谓的“群体意见”。当广告所宣传的思想意识和认同方式成为某个社会群体的“群体意见”时，这个群体就成为本群体中的个人或者其他社会群体

① ［美］戴维·波普诺著．社会学（第十版）．李强等译．北京：中国人民大学出版社，1999. 201

的“参照群体”。从社会学的角度来讲，“参照群体是指对个人信念、态度和价值观等的形成特别重要的群体”。在现代社会生活中，“我们每个人都必须扮演多种不同的社会角色，参照群体作为一个心理参照点，反衬出其他群体在变迁中所产生的要求和期待”。① 从某种意义上说，广告正是运用社会群体的这种属性来实现其目的和效果，并制造出社会流行时尚的。当然，广告与社会流行时尚的关系并不这么简单，其中还有着更为深刻的关联性，我们将在后面的章节中进行更深入的探讨。

戴维·波普诺说：“我们趋向于把日常生活中的许多方面看成是理所当然的事情，然而当我们将社会学的想象力运用于对日常惯例的思考时，就会轻易地发现社会结构在很大程度上影响着人类的行为。”② 在这里，我们正是将“社会学的想象力”运用于对广告传播的思考，从而发现广告所具有的社会群体影响。

（二）不同社会群体与广告传播

在社会学里，社会群体的划分是一个十分复杂的问题，从不同的角度和标准出发有着各种各样不同的群体划分方法。比如：按照社会生产方式的不同可以分为游牧社会群体、农业社会群体和工业社会群体；依据群体成员间关系的亲密程度可以划分为初级群体和次级群体；根据群体的组织化、正规化程度可以划分正式群体和非正式群体等。在这里，为了更好地讨论广告对不同社会群体的影响，我们参照了当前社会研究者对社会阶层的划分方法来认识社会群体。

2002 年 1 月出版的中国社会科学院重大课题成果《当代中国社会阶层研究报告》一书，将当今中国社会划分为十大社会阶层：即：国家与社会管理者阶层；经理人员阶层；私营企业主阶层；专业技术人员阶层；办事人员阶层；个体工商户阶层；商业服务人员阶层；产业工人阶层；农业劳动者阶层；城乡无业、失业和半失业人员阶层。③ 这种阶层的划分是以职业的分化和细化为基础，以其组织资源、经济资源和文化资源的占有状况为理论依据的。有学者认为：“这三种资源的拥有状况决定着各社会群体在阶层结构中的位置以及个人的综合社会经济地位。”④

---

① ［美］戴维·波普诺著. 社会学（第十版）. 李强等译. 北京：中国人民大学出版社，1999. 189

② ［美］戴维·波普诺著. 社会学（第十版）. 李强等译. 北京：中国人民大学出版社，1999. 94

③ 陆学艺：当代中国社会阶层研究报告. 北京：社会科学文献出版社，2002. 9

④ 俞虹. 当代社会阶层变迁与电视传播价值取向. 现代传播，2002（6）

如果把不同的社会阶层看做不同的社会群体的话，以上的划分方法是比较细致的，但对于我们要论述的广告与社会群体的互动影响而言显得过于细化，不易整合分析阐述。因此，参照以上的分类方法，依据各社会群体对三种资源的占有程度，我们将当代社会群体大致划分为三大块，并以此作为论述的基础与依据。具体如下：

（1）强势群体。由拥有充分的组织资源的国家与社会高层管理者、拥有充分的经济资源或组织资源的大型企业经理人员、拥有充分的文化资源的高级专业人员、拥有充分的经济资源的大私营企业主构成。

（2）中间阶层群体。由拥有相当的或一定的组织资源、经济资源、文化资源的国家与社会管理者、经理人员、私营企业主、专业技术人员、办事人员、个体工商户、商业服务人员、产业人员、农业劳动者构成。

（3）弱势群体。由仅仅拥有很少量的或基本没有三种资源的商业服务业员工、产业工人、农业劳动者、城乡无业、失业、半失业者构成。

这三个群体由于其占有社会资源和社会影响力的不同，他们对待广告传播也有着不同的认识方式和态度。所谓强势群体就是在政治、经济、文化等方面占优势的社会群体，这使得他们在社会信息流动中也占据绝对的优势，而这种优势同样反映在广告传播过程中。一旦某个社会群体在国家政权体系中占据主导地位，他们就常常代表国家进行意识形态和价值观念的灌输。正如莫斯科维奇所说，“对报纸、无线电最重要的是对电视的控制成为政府斗争和社会辩论的关键。不管正确与否，每一个统治集团、政府或反对党都认为：不管是谁掌握了这些大众媒体，都将会对大众舆论产生决定性的影响……为了建立和控制他们的大众群体，现代领导人需要媒体和使用媒体的才能。”① 这时，广告就不仅仅具有商业层面上的意义，更重要的是，它在某种意义上具有浓郁的意识形态色彩。从他们的角度来看，以各种各样形式出现的广告就成了进行意识形态和价值观说教的强有力手段。

与之相比，对于那些不直接掌握政治权力但具有强大经济实力的社会群体而言，广告似乎对他们具有更为重要的意义。当社会的发展进入相对稳定的时期，消费就成为一个令人关注的话题，拥有经济力量的阶层既是消费社会的主要组成部分，又是消费社会的创造者。他们为了达到引导社会消费趋势的目的，常常通过传播媒介主动地向社会发布信息，不厌其烦地充斥于媒介的版面和节目时间中，成了媒介传播过程中事实上的主角，这本身就是一种广告行

① ［法］塞奇·莫斯科维奇. 群氓的时代. 许列民等译. 南京：江苏人民出版社，2003. 276

为。

此外，那些拥有文化资源，掌握话语权的社会精英阶层也属于强势群体。他们拥有高学历和令人羡慕的社会职业，比如文化、教育、艺术、体育等行业，为社会提供各种知识和精神文化产品。在传播活动进行中，他们是不同时期媒介传播内容和传播形式的主要“制造者”，是在媒介中出现频率最高，社会影响力和吸引力极大的一批人。因此，他们就成为公众心目中不同类型的明星，同时也就成为流行时尚的引导者。

当然，对于社会强势群体，不管是在政治、经济还是在文化上他们都占据主导地位，正如美国学者乔治·瑞泽尔在《后现代社会理论》中所说的：“精英不是由物品或消费来加以界定，而是由他们的经济和政治权力以及他们对符号和人们进行操纵的能力来加以界定。”① 从某种意义上说，他们从根本上控制了广告赖于存在的传播媒介，也就控制了广告传播本身，这是他们为了维持和扩大自身的权益所需要的。

与强势群体相比，从表面上看，中间阶层在广告传播的过程中似乎是“沉默的大多数”，但这并不意味着他们丝毫不起作用。尽管中间阶层群体并不能直接掌握和行使政治、经济权力的分配和处置权力，他们在接触广告时也主要是以比较纯粹的消费者身份出现的，但这决不表示他们只是广告面前被动的“受众”。他们既是社会产品的主要购买者，同时又是产品的内容、规格的“要求者”。虽然他们中的每一个具体个人影响力不像强势群体中的某个具体个人那么大，但作为一个整体，这个群体的人数占有绝对的社会优势。

社会学的研究表明，在未来的社会中占人口大多数的将是社会的中间阶层：“与传统社会不同，现代化的社会阶层结构以社会中间层为主体，社会阶层结构的形态不再是金字塔型，而是橄榄型，社会大部分成员处在中等和中上层地位，只有少数人处于高层和较高层，而处于最低阶层的人也是少数。”② 按照现代传播学的观点，传播过程中的受众并不是单纯的信息接受者，而是积极地参与到传播的过程。这在广告传播过程中同样是适用的。因为现代社会产品的主要消费者是中间阶层群体，他们的需要，他们的价值观念，他们的审美标准，他们的承受能力等，已经成为决定广告传播活动的重要依据。因此，表面上沉默不语的中间阶层群体，却在无形中以自己执著的追求制约了那些掌握媒介资源进行广告传播的人。只是由于他们的沉默和“集体无意识”，以及固

① ［美］乔治·瑞泽尔. 后现代社会理论. 谢立中等译. 北京：华夏出版社，2003. 113

② 陆学艺. 当代中国社会阶层研究报告. 北京：社会科学文献出版社，2001. 49~50

有的一定程度上的盲从，使得他们对广告的影响力被忽视了。

从某种意义上说，在广告传播过程中真正被彻底遗忘的是所谓的“弱势群体”。在传播的过程中，“弱势群体”缺乏参与传播活动的机会和手段，缺乏接近媒介的条件和能力，他们被动地接受来自大众传播媒介的信息，却无法得到与自身利益相关的各种信息，也无法发出自己群体的声音。从另一个角度来看，由于弱势群体无法构成广告商所需要的消费市场，他们也就自然而然地被排除在外。久而久之，弱势群体就成为被现代广告传播遗忘的角落了。

总而言之，在现代社会里，广告及其所宣扬的商品已经成为一种富有等级意味的符号代码，被不同的社会群体所接受和认同，同时也被他们根据不同群体的现实需要所利用。正如社会学家鲍德里亚所说的：“商品意义的建立，是借助于将符号组织为代码，惟有通过这些代码，人们才会逐渐意识到他们的自我感觉以及他们的重要性。代码本身是按等级排列的，这样做的目的是为了表明地位和声望的差别。”①

第二节　广告与社会流行

无论是作为消费文化、大众文化还是媒介文化，广告与社会流行时尚现象之间存在着某种关联，这是显而易见的。但是，广告能够在多大程度上促使社会流行事物、生活方式乃至价值观念的产生，从而形成一种时尚现象呢？这是我们所要探讨的重要问题。在此，我们从社会学的角度考察了广告的流行时尚意义，以及名人广告对社会流行时尚的影响方式和效果。

一、广告的流行时尚意义

（一）流行时尚的社会学探索

在这里，我们首先必须在社会学的领域中对流行与时尚进行定义。因为流行和时尚之间存在着一种微妙的关系，作为一种社会现象，其外在特征和内在本质都给人一种似是而非、难以明确区别的感觉。

有学者对这两者的关系进行了这样的论述：时尚是在大众内部产生的一种非常规的行为方式的流行现象。具体地说，时尚是指一个时期内相当多的人对特定的趣味、语言、思想和行为等各种模型或标本的随从和追求。时尚的传播、普及和发展所依靠的主要手段是流行。因此，时尚和流行实际上是同一事物不可分割的两个方面。离开了流行，时尚便不会成为时尚，离开了时尚，也

① ［英］尼克·史蒂文森．认识媒介文化．北京：商务印书馆，2000.234

就没有什么东西得以流行，因而流行也就不会发生。正是由于流行与时尚的关系如此密切，在日常生活中乃至在社会学和社会心理学的研究中，人们对这两个概念往往是混用的，在英语中这两个词实际上都写成：fashion。① 在这个意义上，流行与时尚作为某种社会现象的两个固有因素，我们已经很难进行细致的区分了。

那么，在社会学的视野中，人们是如何来认识流行时尚这种社会现象呢？早在1890年，法国社会学家塔德就在他的著作《模仿论》中指出，模仿的内容是从上层向下移动的，这种“下层阶层向上层阶层模仿”的法则或曰倾向存在的前提，是下层阶层中具有归属上层、提高自身社会地位的意识。其后，德国社会学家马克斯·韦伯和乔治·齐美尔进一步进行探索。韦伯是从时尚与常规的对应来界定时尚的，他认为“时尚也是常规之一。与习俗相对，当一种行为方式的新颖程度构成行动取向的原因时，这种常规即是时尚”。齐美尔在塔德“模仿论”的影响下，提出所谓时尚，是一种特定范式的模仿，是社会相符欲望的满足。一般来说，时尚具有这样的特殊功能，它能够诱导每个人都走某些人所走的路，并可以把多数人的行为归结于一种单一的典范模式。同时，时尚又是求得差别化需要的反映，即满足与他人不同、富于变化、富于差别性的需要。他进一步指出：“时尚因阶级的不同其内容、式样也会有所不同，也就是说，社会上层的时尚和社会下层的时尚决不会是一样的。实际上，下层社会的人们刚一介入某一时尚，上层社会就已经把它放弃了。这是十分常见的现象。这意味着时尚并不是其他的什么别的东西，而是人们求得社会相符的活动和意向，是满足个人差别化和求异心理的欲望，是两者结合的、包容众多生活形态的社会现象。”②

从齐美尔的论述中我们可以看到流行时尚形成的基本心理机制。具体而言，社会上层或想成为社会上层的人往往是最先采用新事物的领潮者；而社会下层或者不甘再为下层的人则有着强烈的欲望试图超越那些领潮者。尽管齐美尔的论述往往不自觉地将一般大众视为精英阶层的盲从者，但在他看来，流行时尚已经不再仅仅是个人意愿或者冲动的产物，而且也是不同的社会群体互动的结果。

但是，流行时尚与社会的这种互动是如何实现的呢？中国学者周晓虹认为主要通过以下几种形式实现：

首先，流行时尚通过在多种生活与行为模式中进行选择而导致了社会的一

① 周晓虹. 时尚现象的社会学研究. 社会学研究，1995（3）

② 周晓虹. 时尚现象的社会学研究. 社会学研究，1995（3）

致性。尽管每一种生活与行为样式的创造者都是出于体现个性、差别的心理而弃旧创新的，但各式各样的新样式绝对不可能都为大众所追随。以服装为例，如果每个人都选择一种设计独特的服装，那么这种服装只能靠个体手工方式来完成。这样一来，个人在穿着上的代价就要大大提高，而生产同一样式服装的现代流水线也就无法运行了。

其次，流行时尚提供了一种由最近的过去向最近的将来秩序地发展的进程，通过提供各种新的生活与行为模式，并让它们经历社会竞争和大众的选择过程，向人们提供一种与不断变化的世界相协调的连续性手段。时尚的这种独特功能，使得社会生活的方方面面能够在大致稳定的前提下，发生合理的变迁。在服装、家具造型、流行音乐等领域，这种变迁相对快捷；而在建筑、艺术形式、价值观及人生哲学等领域，变迁的速度则相对要缓慢一些。同战争、革命、科技进步或经济发展相比，流行时尚的确称得上是社会发展的微观力量。

再次，时尚的流行过程训练了人们共同的感受性和鉴赏力，而且还能进一步左右他人向共同的方向变化。这种既有统一性又具有可变性的生活情趣，对于形形色色的社会成员和谐地生活在一个既稳定又不断变化的世界具有明显的价值。以至于我们能够说，正是牛仔裤、迪斯科从年轻一代向年长一代的渗透、蔓延，在一定程度上缓解了两代人之间的对立与差异，增加了相互之间的相容性和同质性。①

当然，并非所有的社会学者都像周晓虹教授这么乐观，比如我们所熟悉的法国社会学家鲍德里亚。他对流行时尚的关注是从现代性的视角出发的，在他看来，整个现代性秩序，从性到媒介、从艺术到政治，无不渗透着时尚逻辑，时尚成为现代性的一种表征。这样，鲍德里亚就把时尚植入到“现代性”社会文化的困顿之中。他强调，时尚的当下特点是指涉系统的丧失以及能指/所指区分的消解，由此衍生出对理性的剥夺和对意义的清算。在这个意义上，他认为：“时尚是非道德的，这是问题之所在……时尚一直保持着这种非道德性。它无视价值系统，无视判断标准：好与坏、美与丑、合理与不合理，它既从内部又从外部起作用，所以它颠覆了所有的秩序，包括革命的合理性。”②

鲍德里亚对时尚的关注是他关于消费社会研究的拓展。对此，凯尔纳认为：“时尚舞台再一次指向当代生活中不断发展的符号的独立性和重要性。时尚产生、规范和组织符号进入一个‘神仙世界’，它既迷人又令人晕眩，因为时尚符号是自由浮动的，没有任何参照的处所。它们侵入新的经验领域，如同

---

① 周晓虹. 时尚现象的社会学研究. 社会学研究，1995（3）

② 转引自戴阿宝. 鲍德里亚：现代性困顿中的时尚. 国外理论动态，2004（3）

娱乐模型、热时尚和广告进入政治、经济、文化的领地一样。时尚符号在这一世界中没有任何限制地自由转换，代表了另一种使社会生活殖民化的方式。这些都被组织进一种时尚的系统、一种生活方式或生活模型。"① 这也就是鲍德里亚试图表征的时尚的诱惑、时尚的面目。

总之，关于流行时尚，在不同的历史阶段，不同的社会学者从不同的角度进行了深入的探讨，他们的观点和态度也许有着很大的分歧或偏颇，但对我们都有着不可忽视的借鉴作用。在此基础上，我们将深入到广告与流行时尚的社会学探索中来。

（二）广告制造的流行时尚

无论是作为消费文化、大众文化还是媒介文化，广告与社会流行时尚现象之间存在着某种关联，这是显而易见的。但是，广告能够在多大程度上促使社会流行事物、生活方式乃至价值观念的产生，从而形成一种时尚现象呢？众多的社会学者都曾关注过这个问题，比如美国学者约翰·费斯克，他在强调大众对广告的颠覆、规避和抵抗的同时，也不得不承认：作为商业化力量的重要一种，广告协商着人们的道路。②

在现代社会中，人们消费某种产品，并不仅仅因为它的物质特性和实用功能可以满足需要，还会因为广告中所蕴涵和张扬的那种抽象的、非实用的精神因素能够使人们产生兴趣和认同。因此，与其说广告是对产品的推销，不如说是对种种生活态度、生活方式、生活哲学和意识形态的推广。正是在这个意义上，广告具有超乎寻常的能量。有人说，广告能改变大众文化，能转变我们的语言，能开创一项事业或挽救一家企业，广告甚至能彻底改变世界……这个说法虽然有些夸张，但也不无道理。美国广告学学者朱丽安·西沃卡对美国广告史进行深入研究后得出结论：广告商作为销售商、品位制作人、教育家、流行文化创造者以及历史学家，多方面、多层次地影响和塑造着美国人的日常生活。换句话说，广告已不是一件无足轻重的事物，而是制约人们的精神世界和现实生活的具有强大意识形态性的事物。广告传播对社会流行时尚的影响，就是它这种功能的具体体现。

在现代社会里，广告对流行时尚的影响，主要通过以下几种方式来实现：

第一，广告充分体现某种时代精神，从而引起人们广泛的心理共鸣，进而产生流行时尚现象。时代精神也可以看做是表现在人们意识形态领域中的一种流行和一种风尚。它看不见、摸不着，但敏感的广告商总是可以了解它、把握

① 戴阿宝．鲍德里亚：现代性困顿中的时尚．国外理论动态，2004（3）

② ［美］约翰·费斯克．理解大众文化．北京：中央编译出版社，2001

它，利用它来达到自己的商业目的和广告宣传目的，甚至造成一种社会流行现象。

以美国瑞芙蓉公司的“查理牌”女用香水为例。当初它的定名也颇费周折，总觉得许多名称都落俗套。最后还是老板查理先生根据20世纪70年代初美国社会女性追求男性化的潮流，大胆将自己的名字用作女用香水的名字。它的电视形象是一位年轻好动、朝气蓬勃而又颇有点“假小子”气的“查理小姐”：她不拘礼节、毫无矫饰，昂首阔步地走在大街上；她独来独往，轻巧熟练地驾驭着华丽的轿车；她手提公文箱，穿着一点不花哨，透着“事业”气息；她还颇有侠士风度，竟在过马路时扶男士一把。她的广告词又是如此地掷地有声：“She’s very Charlie!”查理牌香水获得了巨大的成功，根本原因显然不在于它的香型或价格等因素，而在于其成功的广告宣传。其广告创意抓住了时代精神：美国妇女开始显露出一种欲与男人比高低、努力发现和认识自身价值的愿望。“查理小姐”形象与当时席卷美国西欧的女权运动相辅相成，促使成千上万妇女迅速抛弃陈旧的香水消费观念——似乎只应该在“浪漫”场合或交际场合才需用香水，居家或上班时不需要。当时许多妇女不仅将用香水列为打扮装饰的基本内容之一，而且正是借助购用“查理”来大胆表露自己向往独立自主、摆脱男权束缚的愿望。这不仅是顺应潮流，同时也领导了潮流。

有意思的是，在改革开放之初的中国同样也出现了这种现象。雀巢咖啡的广告“滴滴香浓，意犹未尽”，一声平常的“味道好极了”的赞叹，在客观上反映了人们对豪言壮语的厌倦，表达一种希望过正常人生活的愿望。而贝克啤酒的广告“喝贝克，听自己的”，则体现出一种表现自我、保持个性的新思潮。这些广告都在一定程度上引领了社会潮流。

第二，广告利用名人的影响力，借助大规模的所谓“追星”效应产生流行时尚现象。日本东洋缧萦公司曾经有一个相当成功的商业运作，为我们了解广告与流行时尚提供了绝佳的案例。据说东洋缧萦公司曾为自己生产的雪衣滞销而一筹莫展，这时候他们得到了美国明星东尼·泰勒即将访日的消息，泰勒曾以主演《黑色闪电》而闻名。公司抓住机会，马上制作适合泰勒的黑色雪衣，同时展开了周密的广告计划：首先，在两个月内不断在杂志、周刊上刊登以“今年流行‘泰勒的黑色’”为主题的文章；接着，在泰勒抵达日本后，又以“泰勒来了”、“泰勒穿的雪衣”为标题刊登报纸广告；同时把穿着“黑色雪衣”的泰勒照片刊登在报纸、杂志上，激起泰勒热潮，并向百货店、零售商赠送照片。计划实施以后，该公司大获全胜，而黑色雪衣也成为当时的流行。由于名人广告已经成为现代广告传播上重要而又普遍的方式，作为一种特殊的社会现象，我们将在后面进行更为详尽的探讨。

第三，广告通过对某种新的生活方式或认同标准进行反复推广和强调，从而造成某种流行趋向。比如今天女性减肥成风，已经到了“疯狂”的程度，究其原因，除了爱美的天性之外，更重要的是社会舆论的逼迫。在这里广告成为重要的“帮凶”。当今的各种宣传媒介以及医生和时装等行业的老板们，每天都在用铺天盖地的广告“攻击”体形肥胖的人。广告连篇累牍地宣称胖子如何多灾多病，寿命减少，如何影响工作等，这使得许多人，尤其是女士减肥成风。这潮流甚至影响到了某些单位的用人标准，造成一种新的社会歧视。因此，说广告直接制造出了当代的减肥运动，一点也不过分。更为重要的是，广告总是在有意无意中向人们暗示，生活方式和社会认同标准是不断更新的，人们只有及时地选择“新一代”的商品才是时尚的而不是落伍的。因此，商品的更新换代就成为生活方式和认同标准时尚化的标准。著名的“百事新一代”广告就是典型的案例。蓝天白云下，灿烂的阳光里，数百名大学生在海上的皮筏中翩然起舞。他们边饮百事可乐边放声歌唱：“今天生龙活虎的人民一致同意，认为自己年轻的人就喝‘百事可乐’；他们选择正确的、现代的、轻快的可乐，认为自己年轻的人现在就喝百事。”有谁不希望自己是年轻的呢？又有哪个年轻人会拒绝成为“新一代”呢？于是百事可乐风靡世界。又如关于掌上电脑的广告，当人们刚刚知道什么是PDA的时候，名人掌上电脑又说：“呼机换了，手机换了，掌上电脑也该换了。”而人们刚刚对这一代的产品有点了解的时候，恒基伟业就迫不及待地质问：“你还在用只能一笔一画输入的掌上手写电脑吗？那已经是上个世纪的事情了。”无奈之下，热爱时尚的人们只好将崭新依旧的掌上电脑换成所谓的“新一代”。对此，法国社会学家鲍德里亚一针见血地指出：“今天，生产的东西，并不是根据其使用价值或其可能的使用时间而存在，而是恰恰相反——根据其死亡……这项活动是建立在技术‘破坏’或以时尚的幌子蓄意使之陈旧的基础之上的。广告耗费巨资实现了这一奇迹。其惟一目的不是增加而是去除商品的使用价值，去除它的时间价值，使它屈从于时尚价值并加速更新。”①

当然，广告对流行时尚的影响是多方面、多层次的，其表现形式也是多种多样的。许多社会学家（如鲍德里亚等）已经不仅仅满足于对这些现象的描述，他们从更深的社会学理论层面对这些现象进行深入的研究，揭示这种现象的形成原因及其对社会产生的影响，其中带有深刻的社会学批判意味，这是值得我们关注的。

---

① ［法］让·鲍德里亚. 消费社会. 刘成富，全志刚译. 南京：南京大学出版社，2000. 29

二、名人广告的引领方式和效果

(一) 名人角色和意见领袖

说到名人广告对流行时尚的引领，我们无法绕过这两种模式，即所谓的“名人角色”和“意见领袖”，这两者之间既有联系又有所区别。

所谓的“角色”一词是指与某种身份、地位相对应的行为模式，而“名人角色”则是针对社会群体中具有较高身份地位的人而言的。一般而言，社会中人们占有财富、权力和声望等社会资源的程度决定了他们地位的高低，因此也决定了其影响力的强弱。按照社会学家的说法，一个人占有的是地位，而扮演的是角色。这就是说，人们在日常的交往中有一定的规则，那就是在特定的情景中，人们根据社会普遍认同的角色行为期待做出相应的行为。由于人们对它赋有一定的交往意义，角色成为一种文化的象征符号。角色之间的交流和互动，隐含着社会个体对“角色”的理解和认同这一社会心理过程。

当然，现代社会中所谓的“名人”在很大程度上是大众传播的结果，在媒体上高频率出现以及因此造成的高知晓度，造就了一批又一批的名人。人们对这些名人的各种情感和行为上的认同都是建立在其扮演或承担的角色之上，因此，名人具有一般人所不具有的影响力和号召力，这就是我们常说的“名人效应”。

“名人效应”的产生有着深刻的社会文化背景。当今社会价值的多元化，不仅为社会成员的选择带来了更多的机遇和空间，同时也带来了选择的困难、风险和迷茫。在这种社会环境下，以“成功人士”形象出现的名人，就产生了一种示范的功能，它对社会成员的行为和价值起着一种导向的作用。更重要的是，名人具有广泛的知名度，具有较大的人际亲和力、号召力和较强的说服能力，尤其那些在人格上获得了社会广泛认同，具有较高声望的名人更易得到人们的赞同。由此不难理解我们这个时代的名人崇拜现象。从商业的角度来看，“名人角色”因为有巨大的广告利用资源受到了广告界和商家的青睐。翻开广告史，我们可以看到名人广告获得了相当大的成功，并为商家获得了巨大的经济利益，并由此形成了一个名人广告的传统。在这种情况下，名人角色就自然地实现向广告角色的迁移，名人角色和广告角色有机整合，成为一个名人消费者。他们以真正的消费者角色来获得普通消费者的认同和跟随，以自己对产品的实际感受和认识来做产品的代言人，这样才能作有效的说服，达到最佳的广告效果。

从社会心理学的角度来看，人类的行为、举止、知识和文化都是社会影响的产物。以社会心理学家艾伯特·班杜拉为代表的社会学习理论认为，人们新的行为方式，是在观察并采纳他人行为模式的基础上来处理应付自己面临的问题的。在大众传播过程中，对社会生活的描述是媒介内容的经常性的主题。各种生动形象的描述和形象本身的展示，都可以成为人们模仿的榜样，并通过不断地重复刺激，引起受众的认同、模仿。名人广告策略就是为满足人们的某些心理需求，使人们通过对名人的认同、模仿、强化来发挥效力的。当然也有学者从传播学的角度来阐释这种现象，以美国传播学者霍夫兰为代表的传播学“耶鲁学派”致力于态度与劝服的研究。在其劝服原理中，信息来源被特别看重。他们认为：在劝服过程中，对某问题具有专业性、权威性和知名度的人比其他人能引起更多的态度改变。这个结论已被不少实验和众多实践所证实。广告策划者正是看中“名人角色”的劝服作用来制造社会流行时尚的。

从某种程度上说，“意见领袖”的范畴比“名人角色”来得更为广泛。如果说“名人角色”专指那些演艺界明星、体坛明星、男女模特、社会名流和成功的白领人士等，那么，“意见领袖”不仅包括这些所谓的“名人”，还包括在我们身边那些对我们的思维和行动产生重要影响的人。换句话说，意见领袖并不集中于特定的群体或阶层，而是均匀地分布于社会上任何群体和阶层中，每一个群体都有自己的意见领袖，他们与被影响者一般处于平等关系，而非上下级关系。

在传播学的领域里，意见领袖又叫舆论领袖，是传播学中的重要概念。当美国传播学者拉扎斯菲尔德在1940年第一次提出这个概念时，“意见领袖”就被赋予了一系列原则：习性、地位、教育、信用、个性和创新。当我们将这些标准投射到日常生活中时就会发现，其实我们一直生活在“意见领袖”的包围之中，时刻受到他们的影响。我们在追随一种社会流行时尚时，并不一定就是模仿某个明星或名人，而是受到身边人们的影响或建议。因为在市场经济条件下，商品极为丰富，在为公众带来了极大的方便的同时，也可能给他们带来困惑。面对着一大批从外观形态到内在质量都极为相似的产品，并且都有名人在广告上极力推销时，我们常常感到做出独立判断和选择的困难，这时最简单的办法就是接受身边人的示范和建议。这时“意见领袖最主要的效能乃是对面临信息轰炸、思想灌输的无主见、存依赖的受传者在表明态度、采取行动、解脱矛盾时予以指点、调节和按摩。有时，意见领袖的意见不仅影响这些人说什么、看什么、做什么和想什么，而且还支配他们怎么说、怎么看、怎么做和怎么想”。①

从企业的角度来看，企业通过大众媒介发布广告，是希望广告信息可以被

① 邵培仁. 传播学导论. 杭州：浙江大学出版社，1997. 353~354

更多的消费者知晓，甚至引起某种流行时尚。但事实上，由于种种原因，生活中许多消费者并不经常接触大众媒介上的广告信息，其信息来源往往是那些意见领袖。意见领袖不仅积极接触媒介，有兴趣先看新广告，而且还会主动向其他人介绍广告的内容或产品的信息，成为企业的义务广告员。这时候，他们也就在特定社会阶层范围里起到了类似于“名人角色”的作用。意见领袖在传播广告信息时，由于他们社会联系十分广泛，故能使这种告知作用的范围极为广泛，其中包括：（1）家庭成员及亲属，对这部分人的影响最直接、效果也最显著；（2）左右邻居及好友、同学、同事，其影响作用持久而且深刻；（3）其他追随者，既包括崇拜者、信赖者，也包括模仿者、跟风者等。实践表明，许多人在从意见领袖那里获取广告信息后，出于社会交际和交流信息的需要，又会自愿地把信息传给另一些人，从而形成多级传播，产生巨大的宣传效应。因此，美国广告理论家舒尔茨在《广告运动策略新论》中说：“广告常不能直接影响消费者，而用意见领袖则能有效地扩展及加强计划周延的广告运动之效果。”①

当然，不管是“名人角色”还是“意见领袖”，对于广告传播而言，我们都必须重视以下这些在社会中具有影响力和号召力的人物。因为他们都有可能成为对广告商和企业最有利的“名人角色”和“意见领袖”。流行时尚的形成依赖于他们的引领作用。

首先是各类名人和明星。包括演艺界明星（如影视明星、歌星等）、体坛名手（如参加国际性体育大赛、各种竞技项目的出类拔萃的体坛明星）、男女模特、社会名流和成功的白领人士等。这些人的知名度和社会、经济地位较高，经常走在时尚和流行的前列，容易受到社会大众的喜爱，在大众中有巨大的影响力，因而能够充当“名人角色”，其意见、偏好和行动会带动“追星族”的消费选择，而且产品更因被名人使用而拥有高贵的价值感。因此，广告若能选择目标消费者心目中崇拜的名人或偶像作产品的代言人，将会大大增强广告的感染力。尤其是对于一些心理价值大大超过产品本身功能价值的商品而言，如饰品、服装、香水、化妆品、皮具、各类时尚、娱乐活动等，利用名人或明星来推荐，往往能取得巨大的效应。

其次，当今社会上那些具有较高科技文化水平的人士也不容忽视。在这个具有明显技术崇拜的社会里，许多技术含量较高的商品，比如计算机、汽车、摄像机、药品、房地产、金融服务（信贷投资、证券期货等），由于这些商品的技术含量较高，一般消费者没有足够的分辨能力辨别产品的好坏，因而就会

---

① ［美］舒尔茨等. 广告运动策略新论（上册）. 北京：中国友谊出版公司，1991. 48

对权威人士产生心理上的依赖。比如，一般人在买药时比较相信医生的话，买股票则会参考股评家的建议，买汽车则更倾向于经销点的专业人员的忠告。在很多时候，这些人士对消费者的品牌选择具有决定性的影响。

除了这些比较引人注目的名人之外，就是日常生活中有生活经验的普通老百姓。他们虽然没有那些名人的"抢眼"，却可以在无形中起到同样巨大的感染作用。特别是在大众日用品和家用电器方面，由于这些产品的目标消费者主要是普通老百姓，因此，这类产品的意见领袖往往就是使用该产品最频繁的消费者，比如家庭主妇等。在做这类产品的广告时，若能选择有丰富生活经验、对广告商品较熟悉的消费者作现身说法，会收到较好的效果。如宝洁公司的广告大多选择普通消费者做意见领袖，形成独特的宝洁风格，其电视广告给中国人的观念以耳目一新的冲击。当家庭主妇用不太纯正的普通话给你介绍"汰渍"、"碧浪"等产品时，这些"意见领袖"似乎就是你邻家的大嫂，这使得宝洁的品牌深入人心。

（二）名人广告的引领效果

1976年，社会心理学家弗里德曼等人为了证明广告中人物宣传的效果，作了一个实验。他们在实验中将对象分成两组。在第一组中，他们用不同身份的角色（如演员、学生、酒专家和公司经理等）介绍产品，而第二组中则没有。实验内容是要求受试者在看完一条关于酒的广告后，对酒的味道、价格、广告的可信性和购买意图作回答。结果发现：不管用什么介绍人，有人作介绍的广告总比没有人物作介绍的广告取得更佳的宣传效果。尽管该实验不是很完善和精确，但至少说明了广告中人物的确具有特殊的作用。

从广告发展的历程来看，这似乎已经是一个不证自明的"真理"了，而且人们在广告传播的实践中发现，名人在广告中所起的宣传作用远比一般人来得明显和有效。在中国，人们在遥远的战国时代就明白了这个道理。据《战国策》记载：当时的相马名家伯乐的邻居有一匹骏马，却怎么也卖不出去，只好请伯乐帮忙。他希望伯乐能来看看，临走时再回头瞧两眼，显得依依不舍的样子。结果这位邻居的马卖得好价钱，伯乐也得到了"一朝之贾"的丰厚报酬。这也许是我们所知道的名人广告最早的成功案例。

在现代广告传播的过程中，利用名人做广告逐渐成为一种自觉的潮流。20世纪初，自从美国J. W. 汤普森广告公司率先利用明星照片为力士香皂做广告宣传以来，其他商品也纷纷效仿。许多名人投身为广告服务，如美国田径名将欧文斯在1936年的柏林奥运会上为阿迪达斯运动鞋做广告；巴西足球球王贝利为日本索尼公司贝塔牌录像带做广告；法国著名影星阿兰·德龙在广告中佩戴太阳镜等。美国《商业周刊》曾有文章估计，仅在1976年，美国电视广告中含有名人的广告片总数占33%。如今，广告业更是名人的天下，名人广告的数量已经占绝对的优势。

随着名人越来越多地参与到广告中，广告业中逐渐出现了专门的形象代言人。形象代言人，顾名思义，就是用来代表组织或集团进行信息传播活动的人物形象。这里的组织可以是以营利为主要目标的商业组织，也可以是非商业组织，如政府机关、公益组织等。其中非商业组织的形象代言人一般称为形象大使，如：巩俐担任联合国粮农组织的形象大使，成龙、刘璇为北京申奥活动的形象大使等等。商业组织的形象代言人可分为企业形象代言人、品牌形象代言人和产品形象代言人等。当形象代言人出现在广告活动里，并成为广告的主要组成部分，就成了所谓的广告形象代言人。广告形象代言人的出现，意味着这种广告形式的模式化和制度化。

事实上，不管是2000多年前伯乐为邻居做的广告，还是现代广告中对明星的热衷，直至广告形象代言人的出现，他们追求的都是力图将广告的宣传和影响效果最大化，从而获得最大的利益。以上所举的例子很容易给我们这样的印象：所有的名人广告都能起到良好的引领效果。

但事实并非如此。实践证明，名人在广告中扮演的角色可能导致两种不同的结果：一种是名人的形象和影响力有效迁移到产品与企业形象上，从而使产品在迅速获得知名度、记忆度、好感度、美誉度。另一种是名人成为广告情景中被关注的焦点，而产品则成了衬托名人的背景，影响了产品的宣传效果，造成广告资源的严重浪费。更有甚者，由于名人在品德、行为等方面的原因，造成产品和企业形象受到损害。因此，如何认识名人广告的引领效果，也就成为我们关注的重要问题了。

首先，名人广告效果受到产品自身质量的制约。名人广告能引发消费者购买产品的行为，但不能替代产品的实用功能。产品一旦进入消费者的日常生活，若因使用不便、效果不佳、使用周期太短或可靠性太弱等原因，消费者会毫不犹豫地走出名人广告设造的幻影，并最终做出理性抉择：放弃产品的重复购买。产品之所以成为名牌，靠的是产品的质量和使用价值，名人只能在推介产品的过程中起中介作用。曾有这样的广告，一些老影视明星在银屏上煞有介事地告诉你，吃了某种壮骨粉“腰不酸了，背不痛了，腿也不抽筋了”。但国家卫生部对这种壮骨粉的抽查结果却表明，这种壮骨粉中砷含量超过国家标准2.2倍，铅含量也超过国家标准。国家卫生部因此明令禁止销售这个批号的壮骨粉。在这种情况下，名人在广告中的宣传只能起到暂时的欺骗和隐瞒作用，无法从根本上改变产品被淘汰的命运。

其次，名人形象与广告产品必须具有一定的关联性，否则就会影响受众对产品的认同。我们知道，名人广告的目的在于借助名人来提高产品的知名度，或对产品产生移情作用，以达到较好的宣传效果。要达到这个目的，一个重要的前提是名人与产品具有某种关联性。这种关联可以是职业上的（如体育明星推荐体育用品），也可以是形象与气质上的联系（如名模推荐化妆品）等等。广告史上一个著名的例子就是卓别林和他的“轻快八字步”为IBM个人电脑作的广告宣传，卓别林轻松、滑稽、幽默的角色形象彻底改变了IBM公司先前带给人们的严肃、机械、沉笨形象，使得电脑公司向非科技人士推销其个人电脑获得了巨大的成功。相反，美国著名影星豪斯曼为汉堡包做广告就是一个极典型的名人与产品不合的例子。在豪斯曼为史密斯·巴尼投资公司做的广告一举成功后，麦当劳公司也聘请他做广告，可是麦当劳很快发现他们犯了一个大错误，因为汉堡包爱好者们根本不相信堂堂豪斯曼也会吃普通的汉堡包。可见，广告中人物的角色定位直接影响着消费者和受众对产品与企业形象的角色定位。因此，名人作为广告情景中的一种承载象征意义的文化符号，其角色必须要与广告的情景、诉求、产品形象和谐一致，才能实现一个广告的整体功能。

再次，名人自身的行为、修养以及事业的成败等因素都会对广告的效益产生的影响。因为名人对产品的介绍与推荐，实际上就把他或她的声誉和名气，部分地转移到广告的产品上，企业整体形象也因此与名人的荣辱同舟共济了。名人光彩夺目时，产品会借光生辉；而当名人黯然失色时，产品形象将受到负面影响。美国著名歌星迈克尔·杰克逊本来是百事可乐公司的广告代言人，可是，后来他涉嫌对一男孩进行性侵犯，卷入了一场诉讼之中，虽然双方最后庭外和解，但是百事可乐公司还是中断了对杰克逊的赞助，因为他们认为他已经失去了应有的广告效应。又如，前世界重量级拳王迈克·泰森曾经有着巨额的广告收入。然而这些聘请泰森做广告的人怎么也没有想到，1990年泰森被道格拉斯一拳击倒，他们的竞争对手就聘请道格拉斯大做广告，在广告中大肆宣扬道格拉斯击倒泰森的辉煌胜利，其用意非常明显，而原先聘请泰森做广告的广告商则无可奈何。因此请名人做广告要有足够的风险意识，否则会赔了夫人又折兵。此外，有的名人同时在众多的广告中为不同的厂家作推荐，也使其广告效果大打折扣。例如，2001年国足在米卢的率领下，实现了中国人冲入世界杯的夙愿。一时间，“神奇教练”米卢成为众多企业的“宠儿”。结果是米卢替这家说罢又替那家说，场景也是惊人地相同，基本上是比赛、出线、庆功。这样的米卢广告，受众除了记住米卢狡黠的笑容和热烈的场面以外，广告在宣传什么产品，恐怕没几个人会记得住。①

综上所述，名人广告确实是一种有效的广告形式，它能迅速扩大产品的知名度，引起消费者的注意，拉近消费者的距离并进而促使消费者采取购买行为。但名人广告必须注意广告的真实性，同时，名人广告并非时时有效、处处有效。除上述提到的诸多限制外，研究发现，明人广告能否成功还取决于很多因素，它不仅受到社会、政治和经济的影响，也取决于产品支撑、广告力度、途径、范围和其本身的技巧等，其中任何一项出现偏差都可能导致失败。因此，在运用名人广告策略时，首先应该根据特定的商品和目标消费者的特点，确定自己的商品应具有什么样的形象，然后选择一个具有合适形象的名人进行广告传播，从而使形象迁移的过程得以顺利实现。

【思考·练习】

1. 如何理解生活方式的社会学意义。
2. 广告是如何影响生活方式的变迁？
3. 社会群体的特征是什么？结合实例，分析不同群体和广告传播的互动。
4. 广告对流行时尚影响的方式有哪些？
5. 结合实际案例，分析名人广告存在的误区。

① 见戴世富．“米卢广告热”的误区．现代广告，2002（7）

第五章 广告与大众文化

社会学批评与其他批评的不同之处在于，社会学的批评更加重视在社会结构中审视大众文化。这恰恰为我们研究广告与大众文化关系提供了很好的视角。因为广告传播的过程不仅是一个人们共享社会文化的过程，而且是一个社会价值观念不断被传送、强化和教化的过程。这正是社会学所关注的问题。在这里，我们主要从三个方面来讨论广告与大众文化的关系：首先，从社会学的角度看，广告本身具有大众文化的属性；其次，广告对大众文化生产具有重要的作用，这也是其作为一种大众文化的积极意义；再次，在大众文化批判的社会氛围下，广告对当代社会所造成的负面影响也就成为社会学家们批判的重要目标。

现代城市文化作为大众文化最为典型的形态，也成了我们关注的重点。不管是从现代城市的外在文化景观，还是对城市文化产业而言，广告都具有重要的意义。作为现代城市文化最具代表性的外在表象和符号生产系统，广告无疑是现代城市重要的文化表征。

第一节 作为大众文化的广告

我们说广告是一种特殊的文化形态，不仅仅是因为广告在今天已经完全侵占了我们的文化空间，还因为广告代表着一种大众文化，已经改变了我们的生活条件、情感特征和价值倾向。毫无疑问，作为一种大众文化，广告本身具有积极的社会意义，它对当代大众文化的发展有着不可忽视的推动和促进作用。但是，从另一个角度来看，关于大众文化的批判一直是社会学家们关注的热点。因此，作为一种大众文化形态，广告文化也进入了社会学家们的批判视野。

一、广告的大众文化属性

（一）社会学视野中的大众文化

大众文化是什么呢？也许我们很容易就可以列举出一系列的例子。比如说，每天晚上都有的电视连续剧，街头巷尾的广告牌，以及流行音乐、时尚服装、电子游戏，等等，似乎我们身边的一切都可以称为大众文化。的确，在现实生活中，大众文化无处不在，但是，这一切都仅仅是其外在的表现形式，而不是大众文化的全部内涵。作为当今社会最为普遍的一种存在现象，如果要对当代的大众文化进行深入的考察，我们就不得不从社会学的角度入手。透过社会学的视角，我们可以发现，大众文化从根本上说是当代社会的一种存在方式，它不仅是当代文化的结构性表述，也是当代社会人们生活方式和人格趋向的外在表征。正是通过对大众文化进行审视，我们才真正看到了当代社会是如何运转的，也看到了当代人有着怎样的需求和认同。

那么，如何来定义所谓的大众文化呢？如果按照一般人的思维，大众文化很容易被看成就是普通的群众性文化。不管是城市街头各种各样的文娱性活动，还是农村传统的社戏节庆等，都很容易就被认定为是所谓的大众文化。事实上，这在某种程度上是对大众文化的误解。作为一个纯粹的外来词，大众文化这一概念的产生，有着深刻的社会文化背景和内涵。

在19世纪中叶，西方已经出现了较为成熟的“文化”定义，当然，在这种定义中暗含着某种精英阶层的特定立场——即对高雅文化、高等文化的肯定。也正是在这个时候，“大众文化”作为一种与高等文化相对立的文化形态被提了出来。大众文化之所以在这个时候被提出来，是有其特殊的社会历史背景的。此时，资本主义迅速发展，下层工人阶级的运动也逐渐展开，这必然对传统社会的方方面面造成了颠覆性的冲击。在当时的文化精英阶层看来，正是这种冲击破坏了传统的社会秩序和文化结构，因此，他们就用所谓的“大众文化”来称呼和区别这个新兴阶层的文化。在这种命名中，包含着无知、庸俗、非理性等贬抑的成分。这种观念在马修·阿诺德于1869年出版的《文化与无政府主义》一书中表现得很明显，他把高雅文化和工人阶级的文化作了明确的区别，认为前者是世界上最美好的东西，而后者则是一种无政府主义状态。① 在这里，马修·阿诺德虽然没有直接指明大众文化，但他所说的工人阶级的文化与所谓的大众文化在内涵上是一致的。而他对大众文化的这种认识态度和批评方法，也对后来者产生了深远的影响。

---

① 吴士余. 大众文化研究. 上海：三联书店，2001. 3~5

20世纪20年代以后，随着工业革命的兴起，人们对大众文化的认识也有了新的发展。而且人们惊奇的发现，工业社会与大众文化之间有着一种超乎寻常的内在联系。英国学者多米尼克·斯特里纳蒂认为这个时期是通俗文化研究和评价的转折点。这个时期电影和广播电台的出现，文化开始了大批量的生产和消费，同时在西方社会中，法西斯主义的出现和自由民主政治的成熟，都为大众文化被关注和论争提供了条件。①

但是，大众文化作为一种文化形态，真正引起人们的广泛关注和思考，进而深入到对整个社会文化的关注，则是从20世纪40年代崛起的法兰克福学派开始。法兰克福学派认为，所谓的大众文化是指借助大众传播媒介而流行于大众中的通俗文化，如通俗小说、流行音乐、艺术广告等。其代表人物霍克海默和阿多诺在《文化工业：作为大众欺骗的启蒙》中指出，大众文化是以独特的宣传媒介，如电影、电视、收音机和报刊、杂志等，操作了物化的、虚假的文化，使之成为束缚意识的工具，进而成为欺骗大众的手段。② 从总体上看，法兰克福学派强化批判了以现代科技手段大规模复制、传播文化的工业文化。但是，这同时也流露出这样一个信息：这个时期大众文化的生产已经呈现出标准化、齐一化的商品化趋势。

从以上的论述可以看出，从最初被视为庸俗、无知、浅薄的下层社会的语言，接着被作为文化产业进行批量生产，现在则成为当代社会人们普遍流行的生活方式，工业社会自身发展过程中的社会分化和变迁决定了大众文化这一概念的形成和发展。

因此，从社会学的角度看，大众文化具有以下几个特点：

第一，大众文化是现代工业社会的必然产物。如果说在工业社会的早期，大众文化仅仅是被当做下层社会的文化的话，那么到了现在，当代大众文化则是现代都市社会或者消费社会的必然产物。正如丹尼尔·贝尔所说的，“现代社会的文化改造主要由于大众消费的兴起”，“我们的技术文明不仅是一场生产（含通讯联络）革命，而且是一场感觉革命。这种文明的特色——称之为大众社会或者工业社会——可以通过许多方式来理解”。他还进一步解释了这种文化变革的原因：“整个文化的变革，特别是新生活方式的出现之所以成为可能，不但因为人的感觉方式发生了变化，而且因为社会结构本身也有所改

---

① ［英］多米尼克·斯特里纳蒂. 通俗文化理论导论. 阎嘉译. 北京：商务印书馆，2001.9

② 徐崇温. 法兰克福学派研究. 重庆：重庆出版社，1990. 284~289

变。"① 在这里，丹尼尔·贝尔阐释了大众文化与工业社会之间的内在联系。

我们知道，现代工业社会已经由原先以生产为中心转向了以消费为中心的社会。早在20世纪20年代，尤其是在美国，现代消费真正进入了"大众消费"的时代。一般认为，大众消费的形成，有赖于以下三项社会发明：一是采用装配线流水作业进行批量生产，使汽车的廉价出售成为可能；二是市场营销的发展，可以利用科学手段鉴别购买群体和刺激消费欲望；三是分期付款购物的推广。在这里，如果说汽车成为大众消费兴起最明显的标志，那么，电子媒介的发展、广告的全面渗透，则是大众消费强有力的催化剂。② 当然，不管是前面所说的汽车、电影、电视等技术上的发明，还是作为市场营销手段的广告术、一次性商品和信用赊买等社会学意义上的发明，正是这一切构成当代消费社会的主要内容，同时也营造了当代大众文化赖于生存的环境。而这一切恰恰是当代工业文化最突出的产物。

第二，大众文化是当代社会文化的复合体。在一个消费至上，同时又是高度商业化和信息化的年代，大众文化不可避免地成为各种社会文化的复合体。那么，具体而言，当代社会文化的复合体又包含哪些内容呢？如果我们看看约翰·菲斯克是如何"解读大众文化"的，就会有所了解。在《解读大众文化》一书中，从第二章到第九章，约翰·菲斯克分别选择了以下的"文本"进行解读：（1）购买的快乐；（2）海滩解读；（3）电子游戏的快乐；（4）麦当娜；（5）浪漫摇滚；（6）在日常生活中找乐；（7）新闻、历史与突发事件；（8）大众新闻；（9）枯燥的摩天大楼。③ 从中可以看出，虽然大众文化在形式上包罗万象，但大体上可以认为是由以下几个方面构成：通俗文化、商业文化、消费文化、传媒文化等。

不可否认，现代社会是一个越来越世俗化的社会。因此，现代社会的文化也就不可避免地具有世俗化的特点，并且这种世俗化的大众文化在当今社会中的势力显得越来越强大，以至于把传统的以高雅见长的"精英文化"挤到边缘的位置，甚至使其毫无立足之地。这种现象的出现，与当今社会商业、消费以及大众传播媒介的高度发达是分不开的。在商业社会里，大众文化本身已经成为一个庞大的经济产业，一方面，大众文化产品深受市场需求的影响，时尚流行成为大众文化的重要特征；另一方面，大众文化又为商业提供了越来越多

---

① ［美］丹尼尔·贝尔. 资本主义文化矛盾. 赵一凡译. 北京：三联书店，1989. 113，135，102

② ［美］丹尼尔·贝尔. 资本主义文化矛盾. 赵一凡译. 北京：三联书店，1989. 113

③ ［美］约翰·菲斯克. 解读大众文化. 杨全强译. 南京：南京大学出版社，2001

的新卖点，促使商业消费越来越高档化、时尚化，从而促进了经济市场的扩张。

当然，商业和消费的发展离不开现代传媒技术的引导和支持。正是在大众传媒的鼓动和引导下，寻求更新更好更时尚的消费成为人们新的价值观，特别是由大众传媒承载的广告宣传成为影响大众消费最为重要的工具。这一切使大众文化不可避免地烙上了现代传媒文化的烙印。

第三，大众文化展现了现代社会人们普遍的生活方式。英国学者迈克·费瑟斯通认为，大众文化作为一种生活方式是消费文化的延伸，与以往以生产为中心的时代不同，人们关心的是“消费时的情感快乐及梦想与欲望等问题”。① 可以说，大众文化作为一种普遍的生活方式预示着一个新的生活时代的到来。文化在大规模走进消费领域的同时，也进入了人内在的欲求领域。这必然改变以往那种过分封闭和压抑的生活方式，使人们的日常生活变得更为开放和多元。人们在娱乐和消遣中获得身体和心灵双重的满足，促使个体生命意识变得更加丰富和开放。

总之，社会学对大众文化的理解与其他批评中对大众文化的理解的不同之处在于，社会学的批评更加重视在社会结构中来审视大众文化。在这样的背景下，与我们所需要的文化分析相比，“文化的概念化是令人惊奇的。它表现为社会学中一个分析潜力的开发最为薄弱的主要概念”。② 因此，认识大众文化的切入点不只是它与精英文化相比是如何不纯粹，而是要深入探究这个时代的人性特征是什么，以及为什么会产生这样的需要，社会、经济、文化与人之间的关系是如何展开的。③ 这为我们接下来在社会学的视野中探讨广告提供了一个很好的理论基础。

（二）广告的大众文化属性

广告本身就是一种特殊的文化形态。我们说广告是文化，不仅仅是因为广告传播在今天已经侵占了我们的文化空间，并诱导和支配着我们每一天的消费而成为一种文化；还因为广告传播代表着一种新型的文化，它所代表的大众文化已经改变了我们的生活条件、情感特征和价值倾向。

那么，什么是广告文化呢？所谓广告文化，即是蕴含在广告运动过程中

---

① ［英］迈克·费瑟斯通. 消费文化与后现代主义. 刘精明译. 南京：译林出版社，2000. 18

② ［美］罗兰·罗伯森. 全球化——社会理论与全球化. 梁光严译. 上海：上海人民出版社，2000. 51

③ 扈海鹏. 解读大众文化. 上海：上海人民出版社，2003. 12

的，逐渐被人们所接受和认同的价值观念、风俗习惯等生活方式的总和，是以广告为载体、以推销为动力、以改变人们的消费观念和行为为宗旨的一种文化传播形式。广告的传播过程就是一个人们共享社会文化的过程，也是一个社会价值观念不断被传送、强化和公众接受社会文化教化的过程。① 从广告文化的定义来看，当代的广告文化本身就具有大众文化的属性。

首先，正如大众文化的出现与现代工业社会密不可分一样，正是工业社会的到来，使广告的发展有了一个质的飞跃。虽然最早的广告活动开始于什么时候，现在还没有明确的结论，但可以肯定的是，在传统社会中广告并没有得到足够的重视。早期的报纸发行量很小，广告也是可有可无的附属品。如英国第一家被官方承认的报纸就声称，为书籍、报纸等商品做广告“不是一份有理性的报纸的适当业务”，拒绝登载广告。但到了 18 世纪中叶，工业革命所带来的大规模生产，使商品销售量急剧增加，迫切需要广告这一推销手段。报纸的发行量也开始上升，生产商需要利用报纸这样的传播媒介来扩散商品信息、刊载广告。而广告亦逐渐成为报纸收入的一项主要来源。例如，英国的《泰晤士报》1815 年时发行量为 5 000 份，每天刊载广告约 100 多条，到 1844 年，报纸已经发行 23 000 份，到 1854 年则达到 51 648 份，广告量则达到每天 400 多条。② 进入 20 世纪 20 年代后，广播、电视等的发明，以及后来计算机网络的出现，导致了文化工业的到来。这一切都使广告的生存和发展进入了一个崭新的历史阶段，广告的黄金时代终于来临。

阿多诺和霍克海默在批判文化工业时认为，文化工业的意识形态特征在广告上表现得最为典型。一方面，广告的出现是文化工业发展的必然趋势。这表现在大众文化是如此完全地从属于交换规律并被如此盲目地花光用尽。因此，它与广告开始混为一体。另一方面，阿多诺和霍克海默又指出，由于文化工业要被社会所欣赏，因而就需要曝光，让人们都了解它。这样，文化工业也必然需要广告的出现。

从某种意义上说，阿多诺和霍克海默在这里揭示了大众文化与广告以及工业社会之间天然的血缘关系。正如他们所说的，“今天，广告宣传甚至用女电影明星的特写照片，来标明某些产品的声望，用流行歌曲的曲调，来赞美它们的对象。广告与文化工业已经在技术上和经济上都融为一体了。到处都是同样的广告，到处机械地重复宣传同样的文化工业产品，甚至采用同样的宣传用语。到处介绍和推广人们使用文化工业产品的技术、心理状态和经验。到处都

① 陈先红. 关于广告文化的理性思考. 现代传播，2003（2）：131

② 倪宁. 广告学教程. 北京：中国人民大学出版社，2001.4

宣传奇特的但又是令人信任的，轻松的但又是印象深刻的，富丽堂皇的但又是朴素的范例，以便吸引分散的具有各种各样意见要求的顾客。”①

其次，作为大众文化的一种特殊形态，广告同样融合了当代社会的各种文化形态。如果说大众文化是以大众传媒为载体，以市民大众为主要对象的文化，是社会文化领域出现的一种现代文化形态，那么，广告同商品、传媒一道，共同形成一种独特的文化形态——大众消费文化。从这个意义上说，广告文化如果离开通俗文化、商业文化、消费文化、传媒文化等文化形态的共同支持，就失去了其存在的基础。因此可以说，现代的广告文化在生产方式上是一种由文化工业生产的商业文化，在功能上是一种促进销售的消费文化，在文本上是一种无深度的通俗文化，在传播方式上是一种典型的传媒文化。

广告文化独特的个性就是商品性。我们超越广告的经济功能谈文化不等于对其经济属性的抛弃。广告大师奥格威甚至认为“广告惟一正当的功能就是销售——不是娱乐大众，也不是运用你的原创力或美学天赋使人们留下深刻的印象”。他的座右铭是：“做广告是为了销售产品，否则就不是做广告”。奥格威的观念在广告界颇具代表性，他一针见血地直指广告的最终功用，说明广告的核心内容具有单一性——即销售。② 因此，广告文化也就不可避免地具有商业文化的特征。但是，从广告的现实功能来看，它总是试图在最大程度上唤起人们的消费激情，激起人们的消费欲求，潜移默化地影响和改变着人们的消费观念、消费行为和消费方式。因而广告又同时具有消费文化的特征。

如果从广告的文本来看，广告又常常被认为是通俗文化。广告文化既形成于商品推销者手中，也形成于其所面向的广泛的受众之中，因此，广告必须具有广泛、普遍的渗透性。广告的这种特性要求其本身必须兼顾广大受众不同的文化层次，实现广告文化内容的通俗化，使其具有尽可能广泛的接受群体。这样广告文化就可能向漠视深度、玩味平面的方向倾斜。因此我们不难发现，蒙娜丽莎不断在广告中出现，而且往往被涂上化妆品、安上胡子、露出洁白的牙齿以宣传产品；各种传统文化经典被切割、杂糅在广告中，掺和在商品包装上；各种成语被偷梁换柱，而成为广告语，从而使传统的经典文化世俗化。此外，广告的生存和发展也受到了现代生产技术特别是大众传媒技术的支持，否则就失去了其传播的可能性。因此，广告又往往被视为传媒文化的一部分。

第三，广告在当代社会中引导着人们的生活方式。广告不仅贯穿于经济生

① ［德］霍克海默，阿多诺. 启蒙辩证法. 洪佩郁，蔺日峰译，重庆：重庆出版社，1990. 154

② ［英］奥格威. 广告大师奥格威——未公诸于世的选集. 北京：三联书店，1996

活的方方面面，而且波及人类社会的政治、经济、文化等领域。可以说，人类社会的每一个角落都弥漫着广告的气息，或者说人类社会各个方面都在不同程度上表现着广告文明，展示着广告文化。经济史学家戴维·M·波特曾说，论社会影响，广告可以同由来已久的机构如学校、教堂相比，它统治了媒介，对大众标准的形式有巨大影响，它是很有限的几个起社会控制作用的机构中货真价实的一个。有人说，广告是时代的文化仪式，是人们每天都必须“参与”的“布道”。这说明了广告对当代人的生活方式有巨大的影响力。

广告文化广泛传播的必然结果就是营造出一种富有渗透力的文化情境，激发和诱导受众的消费欲求，从而影响他们的整个生活方式。从根本上说，广告的作用产生于商品可供选择的商业环境。人们常把自己幻想成另外一种更理想化的人物，以为用了广告中理想化人物所用的商品就可以身价倍增，这也是广告商惯用名人明星、俊男美女作广告模特的秘密。广告常常利用人们的这种心理使受众从现实的境况中提升出来，进入一种超越现实的境遇幻觉中去，这就是广告营造的文化情境。在很大程度上，这种文化情境逐渐在当代社会中占据了主要地位，决定着当代人的生活方式。以至于人们产生了这样的消费趋向，那就是人们在购买商品时，不仅仅是购买商品的使用价值（比如服装就是御寒，化妆品就是保护皮肤、美化容颜），更主要的是购买商品的附加价值，即能满足消费者感情需求的附加功能。这种附加功能是由商品本身延伸出的一种观念，是人们购买商品时的一种感受、一种希望、一种梦想。广告不仅要在其内容中显示商品本身的特点，更重要和更关键的是展示一种文化，表达一种期盼，体现一种精神，提供一种满足。

二、广告与大众文化生产

（一）大众文化生产的产业化

从马克思主义关于生产力的理论来看，大众文化生产是当代社会一种有组织的生产，作为一种大规模的社会生产，它具有生产、分配、交换、消费四个基本环节，也具有市场条件下经济运作的全部特征。尤其是在市场经济和现代都市化生活迅速发展的情况下，大众文化在人们的社会生活和当代文化发展格局中占据了越来越重要的位置，它代表着一种特殊的文化生产方式和新的文化理念的兴起，也意味着一个新的文化类型的出现。

从历史的角度来看，大众文化生产的产业化经历了一个漫长的发展过程。早在17世纪，英国就出现了大量的反映世俗生活的通俗小说，这可以说是早期西方大众文化生产的形式。19世纪中期以后，报刊的出现及其迅猛发展，在很大程度上促进了西方大众文化生产的飞速发展。20世纪以后，大众文化生产的内容和形式出现了日新月异的变化，特别是随着广播电台和电影技术的发明及其广泛运用，使大规模的文化产品复制成为可能，因而大众文化生产也进入了一个新的发展阶段。电视机的出现，则对大众文化生产的发展具有里程碑的意义。因为随着电视机广泛进入普通家庭，大众文化生产和人们的日常生活已直接融合在一起。正是由于电视机在人们日常生活中的普遍化，引发了一系列大众文化生产形式的出现。比如流行音乐、卡拉OK、MTV、服装文化等，都与电视的出现有着千丝万缕的联系。20世纪90年代网络的出现，意味着大众文化生产又有了一次新的革命。网络时代的文化生产具有跨越时间和空间的特点，这是其他形式的文化生产所无法比拟的，它为人们提供了最为广阔的文化生产的领域，使任何集体和个人的文化生产行为都成为可能，因此它对人们的生活产生了前所未有的影响力。可以预计，随着现代科学技术的进一步发展，大众文化生产的发展将是人们难以想象的。

从大众文化生产的历史过程我们可以看出，大众文化生产的出现及其迅速崛起，主要有以下两个方面的因素：

首先，现代科学技术的迅速发展为大众文化生产创造了必要的技术基础。一方面，工业化时代的生产技术使大众文化的批量性生产成为可能。现代科技的发展为大众文化的广泛、快速传播提供了极为快捷的工具和载体，从广播、电影、录音、录像、电视、传真、可视电话，到因特网、微电子技术、卫星传输技术、光纤通信技术、光储存技术、激光照排技术、数码成像技术等，使大众文化产品实现大批量、产业化、规模化的复制、拷贝与流通成为可能。另一方面，大众文化在其生产过程中，即不管是在制作、传播、消费还是在反馈过程中，都离不开现代传媒技术的支持。有学者认为："各种报刊、书籍、影视传播及其生产过程发生了明显的变化，来自民间的文化制作人经过短暂的谋划便可以轻易地将自己的文化产品通过传媒、甚至权威传媒推向社会，它以新的面貌迅速占领文化市场，并在商业层面取得了巨大成功。"① 的确，现代大众文化生产是建立在报刊、影视音像、电脑网络等大众传媒基础上的，大众传媒为大众文化的运作、流通提供了广泛的空间。离开了大众传媒这种物质载体和流通渠道，大众文化生产就不可能成为现实。总之，技术手段的发展不仅丰富了当代大众文化的内容和形式，而且从根本上决定了大众文化生产的发展。

其次，当代的大众文化生产与市场经济和现代都市化的发展紧密相关。正是在市场经济的条件下，大众文化的生产和消费才成为可能。因为市场经济创

① 孟繁华. 众神狂欢. 北京：今日中国出版社，1997. 167

造了大众文化市场化运作的基础，并且，这种以市场为导向的思维模式和行为方式，日益成为人们从事各种社会活动的基本方式。当这种方式进入大众文化领域，就成为大众文化生产、流通、消费的基本形式。同时，随着市场经济的发展，人口潮水般地向大城市集中，并迅速被群体化的社会生活所整合，这推动了现代都市的出现和市民社会的形成。在现代都市里，大体相似的生活环境和生存状况逐渐造就了共同的文化形态与审美情趣，即世俗化和时尚化的文化消费形态。这既为大众文化生产的发展提供了生存和发展的社会空间和氛围，也催生和培养了大量的消费者。

随着大众文化生产的不断兴起，也就逐渐形成了所谓的“文化产业”。金元浦先生曾经对“文化产业”作了这样的描述：“如果在20年前，有人说唱歌、跳舞、音乐、体育是经济的一个组成部分，那简直是天方夜谭；如果有人提出以文化旅游业为地方经济的龙头产业或支柱产业，也无异于痴人说梦。但在今天，以音乐磁带、激光唱盘、MTV、电影、电视、录像、奥林匹克运动会、世界拳王争霸赛、世界杯足球赛为代表的娱乐文化已堂而皇之地成为当代世界经济中的新兴产业。文化经济已是一种相当普遍的实践。文化产业在国民经济中的地位越来越重要，它已成为世界经济中的支柱产业之一。据报道，20世纪90年代，国际旅游已同汽车工业、石油工业一样，成为当代世界经济的三大支柱性产业，而且国际旅游正以迅猛发展的势态成长为全球效益最大的行业。90年代以来，以信息技术等高科技及其相关产业的迅猛发展为标志的科技革命宣告了知识经济、文化经济时代的到来。有资料显示，近年世界超大企业500强中，科技、文化、信息产业越来越多。娱乐产业如迪斯尼，其产业规模及赢利已进入世界前十强。前几年风靡世界的好莱坞电影《泰坦尼克号》创下十几亿美元的票房价值，仅一部影片即可与我国几大产业的利润相敌。文化产业被视为21世纪的‘朝阳工业’。毫无疑问，文化产业将成为未来世界经济的新的增长点，而文化产业也将成为国民经济的重要支柱产业之一。”①

从以上的描述我们可以看到，这里所指的“文化产业”，具体而言就是以“大众文化”为基础的产业。虽然金元浦没有直接把广告作为一种“文化产业”加以论述，但我们知道，作为当今社会一种独特的大众文化形态，广告已经成为当代文化产业中不可忽视的一部分。当然，广告作为一种文化产业，其在当今社会中的重要影响和地位，绝不仅仅是反映在经济方面，更为重要的

① 金元浦．文化生产力与文化产业．文化研究网站，2003-6-2
网站来源：http：//www. culstudies. com/rendanews/displaynews. asp? id=1049

是，它对当今社会生活的方方面面都产生了深刻的影响，尤其对当代社会文化生产有着特殊的意义。

（二）广告对大众文化生产的意义

2005年中央电视台黄金段位广告招标突破50亿元。如此巨额的广告费绝不是无偿的施舍，它必定要通过某种形式得到应有的回报；同样，电视台提供的精彩节目也绝不是免费的午餐，它必须有一定的资金和收益才能进行正常的操作和运行。如果说无所不在的电视节目是当代社会文化生产的重要形式的话，那么，我们可以看出，以大众传媒为中介，广告与当代社会文化生产之间产生了一种隐秘的制约关系。由于广告费的高低与电视台的收视率成正比，电视台为了获得更多的广告费，他们所制作的节目就必须符合广大消费者和广告商的需求。更有甚者，广告商甚至可以凭借资本的力量决定某个艺术作品情节的演变、整体的风格以及播出时间的选择等。

当然广告对电视节目的影响只是其在大众文化生产中强大影响力的一个侧影。事实上，广告的神奇魔力不仅仅表现在电视台的节目制作上，在当今社会的每一个角落，广告的影响力无处不在。当今社会的许多文化生产者，都不得不在广告商趣味的制约下进行艺术作品的构思。正如鲍德里亚所说的，广告可以“通过信息有条不紊的承接，强制性地造成了历史与社会新闻、事件与演出、消息与广告在符号层次上的等同”。① 那么，我们如何来看待广告对大众文化生产的意义呢？

美国传播学者斯图亚特·埃温曾提出了广告是“意识的指导者”的观点。埃温认为，广告的作用在于反复提醒消费者：“他们的需要已经牵涉进一个新的（也即社会的和文化的）经验领域。”他提出，当一个人接受广告时，不仅仅是为了买到广告上的商品，而且是在体验某种自我意识。也就是说，在广告的影响下，人们不再满足于原先的生活方式，而是产生了追求更美好事物的欲望。② 按照埃温的观点，广告的作用可以划分为四个方面：第一，无论是否会促成即时的购买活动，广告激发着人们的购买欲望；第二，广告从心理上满足了人们的需要，并展示了消费社会的好处；第三，广告强化了消费社会的价值，也以这种价值教育了人们；第四，广告描绘了一个更美好的社会前景，吸引人们去追求新的生活方式。

与埃温的观点相类似，美国的传播学者沙德森也从四个方面概括了广告的

---

① ［法］让·鲍德里亚. 消费社会. 刘成富，全志刚译. 南京：南京大学出版社，2000. 130

② ［加］文森特·莫斯可. 传播政治经济学. 胡正荣译. 北京：华夏出版社，2000. 86

影响：一是广告可以激发新的社会需求；二是广告帮助改进消费者的生活；三是广告从商品、身份、价值、社会角色，乃至艺术方面教育了民众；四是广告变成了人们日常生活的语言和观察社会的图式。在沙德森看来，广告不仅引导了人们的消费习惯，也在一定程度上左右着人们的思维方式，即通过建立起一个网罗所有社会阶层的符号环境，推销了新的生活方式，以此来影响社会的走向。实际上，沙德森在评价广告的作用时持有双重标准，他虽然不看好广告的商业——市场学价值，却充分地评价了广告的文化——社会价值。① 毫无疑问，这对我们考察广告对当代大众文化生产的意义，具有很大的参考价值。

首先，广告在很大程度上刺激了当代社会对文化产品，尤其是大众文化产品的需求。我们知道，广告在很大程度上必须寄托于其他的文化产品才能实现自身的价值和目的。事实上，不管是在报刊上还是在广播电视上，如果只有单纯的广告是无法吸引受众的注意力的，甚至连传播媒介本身也难以生存。因此，广告只有借助于报刊的具体内容或者广播电视的节目来吸引受众，从而达到自身被关注的目的。随着社会经济的发展，广告的需求量越来越大，这就迫使广告商和商家们直接出资生产或者赞助艺术家们生产出越来越多的文化产品，从而达到进行广告宣传的目的。今天我们所看到的以各种企业的名字或品牌冠名的文化节目和活动，就是这种现象的表现。当然，广告刺激的不仅仅是那些需要广告效益的商家们，受到刺激的还有广大的受众群体。面对由广告催生出来的各种文化产品，受众具有选择的权力，他们对平庸的、毫无吸引力的文化产品失去了兴趣，也在一定程度上刺激了当代社会对文化产品不断更新的需求。

其次，广告引导着人们文化消费的潮流，从而间接决定了大众文化生产的趋向。斯图亚特·埃温认为广告是“意识的指导者”，其“指导”意义在人们的文化生活领域里表现得尤为明显。广告的作用不仅仅在于传播商品信息和指导商品流通，事实上，它的表现形式、象征意义对于社会的影响及其效果，更是社会大众所关心的焦点。其最大的特点就是把自己的商品与某种流行的文化趋势联系起来。正如迈克·费瑟斯通在他的著作《消费文化与后现代社会》里所说的：“商品自由地承担了广泛的文化联系与幻觉的功能。独具匠心的广告就能够利用这一点，把罗曼蒂克、奇珍异宝、欲望、美、成功、共同体、科学进步与舒适生活等各种意象附着于肥皂、洗衣机、摩托车及酒精饮品等平庸

① 刘泓. 消费、象征和权力——广告文化批判. 福州：海峡文艺出版社，2002. 180

的消费品之中。”①

可见，作为商品与文化之间的一种桥梁，广告主导了大众传媒的话语方式，为受众建构了一整套观看世界和表达世界的方法，从而控制和操纵了文化编码的权利及其实践过程，最终达到引导人们文化消费趋向的目的。对于广告的这种引导功能，许多学者有着各种不同的看法。但不可否认的是，正是在广告的引导下，消费者不断地改进了自身的文化消费方式和水平，从而获得物质和精神上的满足。而正是消费者在物质和精神上的这种需要，成为大众文化生产的潜在动力，从而决定了大众文化生产的趋向。

第三，广告具有社会文化教育的功能，为大众文化生产提供了合理化的可能性。显然，作为当代大众文化的一种重要形态，广告本身也可以作为一种大众文化传播的载体，这在公益广告中表现得尤为突出。沙德森所说“广告从商品、身份、价值、社会角色乃至艺术方面教育了民众”，实际上就包含着大众文化教育的内容。因此，有学者在谈到广告的传播特色时认为：“为了成为有效的传播，广告话语极力在三个方面进行诱导，即在认知方面的教育、情感方面的释放和消费方面的引导。广告话语是社会经济的文化表象，是协调经济改革与社会发展同步性的保证。广告是大众消费的标本，通过示范来重新建构社会。商品的合法性成为社会转型的润滑油并在象征意义上维持着社会的秩序。”②这段论述充分肯定了广告进行社会文化传播和教育的功能，同时也揭示了广告对整个社会协调发展的重要意义。这为大众文化生产提供了良好的社会氛围，使其更容易获得社会认同和存在的合理性。

三、广告与大众文化批判

（一）大众文化批判的理论资源

前面我们主要探讨了广告对大众文化生产的积极意义，但这并不能完全掩盖广告在现代社会大众文化中所起的消极影响。从某种意义上说，近代以来的社会学家们对广告文化的批判远远超过了对其正面影响的研究。更有意思的是，恰恰是由于广告具有的大众文化属性，使其在大众文化批判中成为重要的靶心。这是一个值得我们关注和思考的问题。

在西方的大众文化批判理论中，表现得最为激进的无疑是法兰克福学派，

---

① ［英］迈克·费瑟斯通. 消费文化与后现代主义. 刘精明译. 南京：译林出版社，2000. 21

② 高龙. 当代中国广告与社会转型. 转引自陈卫星. 经济改革的形象铭文——解读《中国传播的飞跃》. 新闻与传播研究，1999（1）

其主要代表有霍克海默、阿多诺、马尔库塞、哈贝马斯等。其后，西方马克思主义者，如英国的威廉斯和伊格尔顿、美国的杰姆逊等，也表现出明显的大众文化批判倾向。在这些西方马克思主义者的文化批判视野中，大众文化已经不仅仅是单纯的文化形态，而且与社会经济、政治等有着密不可分的关联，甚至可以说是人的一种特定的存在方式和状态。他们对大众文化进行尖锐的批判，不仅仅是单纯地捍卫文化艺术的自律性本质，更重要的是，他们试图从深层的文化层面和文化根源上揭示大众文化在经济和政治上的统治意义。

在法兰克福学派的多数成员看来，大众文化与所谓的技术理性一样，已经成为一种新的统治形式。与传统的经典文化相比，大众文化所特有的商品化和标准性，不仅消解了艺术的个性化特征和进行自由创造的可能性，而且具有维护资本主义统治的功能。因为大众文化迎合了大众消费的需要，提供了各种各样的承诺和越来越好的娱乐消遣，从而在无形中消解了人们内在的超越和反抗精神，沉溺于无思想的享乐。这样，人们在平面化的文化模式中逃避了现实的困境，他们的思想也就失去深度，显得平庸和堕落了。法兰克福学派热衷于揭露大众文化所具有的这种内在欺骗性，并认为通过这种欺骗性，大众文化实现了对大众的操纵与控制，发挥着意识形态的政治统治功能。

在法兰克福学派之后，美国的文化批评家杰姆逊从大众文化的产生、形式、特征、美学旨趣以及社会功能等方面对大众文化进行了批判。在他看来，大众文化具有后现代主义文化的两个最基本特征：一个是它对现代主义的刻意反动，也就是对具有颠覆性和反抗精神的现代艺术的逆反；一个是它消弥了高雅文化和大众文化之间的区别，模糊了高雅艺术与商业活动的边界。这两个特征也被杰姆逊表述为："现实转化为影像，时间断裂为一系列永恒的现在。"①

由此看来，大众文化的欺骗性、控制性、意识形态性对于维护现存社会秩序有着十分重要的作用。大众文化对经济利益的追求、对人的感官欲望的满足以及对现存意识形态的顺从，鲜明地揭示了当代社会文化本身所出现的异化。大众文化的兴盛，不仅意味着文化艺术的自由创造本质的丧失，也标志着人的主体性、反抗性的丧失和社会反抗力量的衰弱。因此，当今社会陷入了一种不合理的、单向度的状态中，而人们也处于一种被异化状态。西方马克思主义者将这种社会现实归因于文化，因此他们试图从大众文化的发展中寻找答案。从某种意义上说，这也正是他们把批判理论的主题定位于文化层面的根本原因。

---

① ［美］杰姆逊·弗雷德里克. 快感：文化与政治. 王逢振等译. 北京：中国社会科学出版社，2000. 20

随着“消费社会”的到来，社会学家们对大众文化展开了新的思考。人们真正发觉“消费社会”的到来及其重大影响是在两次世界大战以后。战后的资本社会从社会结构、经济体制到生活方式、人际关系等各方面都发生了根本性的变革和重组。很多理论家们都意识到，大众消费将在现代社会中扮演着极其重要的角色，它对整个社会的政治、经济、文化，以及个人的心理、行为、生活方式等各个方面均有着深刻的影响。因此，“消费社会”这一概念也就应运而生，并成为描述和解释现代社会和人类生活图景的一个重要工具，同时也是我们探讨广告与大众文化关系的一个重要视角。

在战后群星闪耀的理论家中，法国的社会学家鲍德里亚对所谓“消费社会”的深入研究和独到见解，无疑是十分引人注目的。而他在大众文化研究方面的影响同样不可低估，他的理论不仅仅是文化研究的理论基础，同时也构成文化研究最有分量的一部分。20 世纪 80 年代鲍德里亚在美国走红，他的著作几乎全部被译成英语，并被人们争相谈论。他关于文化符号学的阐释，关于消费社会的观点，以及关于晚期资本主义社会的文化分析，都成为大众文化研究的经典阐述。

与法兰克福学派一样，鲍德里亚的社会学思想也深受马克思主义理论的影响。马克思曾把商品社会分为以下三个时期：前商品化阶段、商品阶段和商品化阶段。鲍德里亚在此基础上提出，商品化阶段只是商品阶段的数量扩展，但这一过程到了二战以后出现了某种断裂，消费和生产的主从关系发生颠倒，从而进入资本主义发展的第四阶段：消费社会。在消费社会里，消费成了生活世界旋转的轴心，消费行为进入了生活的认知和道德的焦点位置，成为社会的整合纽带。在研究资本主义社会的大众消费时，鲍德里亚突出了文化、意识形态和符号在社会生活和日常生活中的作用。他强调只有研究和考察商品化、文化和符号在当代资本主义社会的社会逻辑中所起的主导作用，才能够真正理解这个社会的政治、经济、文化以及其他各种社会现象。在他著名的社会学著作《消费社会》中，这种观点表现得十分明显。

应该说，鲍德里亚对“消费社会”的批判是相当深刻的。他一针见血地指出，消费社会需要商品来维持社会良性发展只是假象，其真实的命运是急剧膨胀的物质消费会摧毁这个社会的和平与持续发展。在这种情况下，日常生活的原初意义非但没有获得升华，反而使体制在思想上顺利地征服了所有的丧失自我主体的“消费人”。

有学者认为，鲍德里亚的理论几乎推翻了法兰克福学派在二战前批判资本主义大众文化的理论方法，从一个全新的视角来分析高级资本主义的消费社会文化的意识形态本质。① 的确，鲍德里亚以特殊的理论视角重新梳理了当代生活世界的主体与客体的构成和交往形态，他的理论观点和法兰克福学派有着诸多的不同，但是有一点是不容忽视的，那就是他们都从社会批判的角度来认识广告文化，这是我们所关注的。

（二）被批判的广告文化

在很早的时候，法兰克福学派的先驱们如阿多诺和霍克海默，就曾对广告文化展开了猛烈的抨击。总体而言，法兰克福学派对广告的批判，主要在两个方面，一是在社会方面，二是在文化艺术方面。在社会方面的批判上，他们主要批判广告像其他经济门类，也是用于维护占统治地位的经济集团的利益。阿多诺和霍克海默在法兰克福学派早期的代表作《启蒙的辩证法》中说："今天，广告成了一种否定的原则、一种阻拦的设施：一切没有打上广告烙印的东西在经济上都是可以的。"② 这表明，在文化工业中，广告商所玩弄的就是语言词汇，这种词汇大都已经丧失了原有的意义，成为一种抽象的符号或记号。阿多诺和霍克海默认为，这是一种语言的异化，是一种词的暴虐。换句话说，启蒙用理性摧毁了中世纪的宗教，但在今天，同样是由启蒙所促成的文化工业，又使人们重新陷入了一种类似于宗教的异化和自我欺骗之中。这是一种没有信仰之神的崇拜，人们所信仰的是丧失了一切意义的语言词汇。

阿多诺和霍克海默在《启蒙的辩证法》中说："广告商借助语言说话，他使自己对文化的贡献曝光。语言在宣传中丧失得越彻底，词汇作为表达意义的实质性工具就越受损，并变成缺乏质的记号；词汇传达所想表达的意思越纯粹和清楚，它们就变得越含糊。语言的非神秘化曾被看做整个启蒙过程的一个要素，如今重又坠入魔法。"③

因此，在他们看来，广告就成为文化工业"作为大众启蒙的欺骗"的重要罪证了。以至于后来马尔库塞也在他的《单向度的人》中指出，大多数流行的需要，诸如按照广告的宣传去休息、娱乐、处世和消费，爱他人所爱，嫌

---

① 朱其. 鲍德里亚理论对于消费文化研究的意义. 世艺网. 2004-04-20. 网站来源：http：//cn. cl2000. com/forum/ztpiping. php? table=b&id=255&zhuan_id=22&writer=%D6%EC%C6%E4

② ［德］阿多诺，霍克海默. 启蒙的辩证法. 转自郑一明. "西方马克思主义"的文化哲学思想研究. 重庆：重庆出版社，1998. 190

③ ［德］阿多诺，霍克海默. 启蒙的辩证法. 转自郑一明. "西方马克思主义"的文化哲学思想研究. 重庆：重庆出版社，1998. 191

他人所嫌，就属于这种虚假需要的范畴。①

在此之后，鲍德里亚在批判所谓的“消费社会”时，同样也对广告文化进行了尖锐的批判。他在论证消费品对人的行为和群体认同进行符码化和规约时，就从社会学的角度分析了广告在这一过程中的特殊作用。他说：“如果说，我们把产品（product）当作产品来消费，那么，我们则通过广告来消费其意义……广告业真正的所指是在一夜之间以其全部的纯粹性而出现。广告……促成了大众社会，它借助一种任意的、系统的符号来诱使人们的认同，刺激人们的意识，并在此过程中把自身重新构造为一个集合体。大众社会和消费社会不断从广告中获得其合法性。”②

广告的这种作用类似于列维·斯特劳斯所分析的图腾系统或社会关系的无意识结构的功能，社会结构和社会秩序借助这种任意性的图腾符号使自身获得了维持自身特性的能力。广告所使用的符号实际上构成了一种“区分体系”，使得一种消费品同另外的消费品区分开来，由此使消费品成为一种系列或体系。“物”只有在被消费时，亦即其“意义”被传递给单个的消费者时，这种“物”才能发挥其自身的作用，一种无穷的“符号游戏”便可能从中出现。③因此，鲍德里亚宣称：“这个世界的气氛不再是神圣的。这不再是表象神圣的领域，而是绝对商品的领域，其实只是广告性的。在我们符号世界的中心，有一个广告恶神，一个恶作剧精灵。它合并了商品及其被摄制时候的滑稽动作。”④ 在这里，鲍德里亚毫不掩饰地表达了自己对广告的厌恶之情，实际上也代表了当代社会理论家们对广告进行严厉批判的态度。

总之，不管是法兰克福学派还是后来的鲍德里亚，当代社会学家对广告文化的批判几乎延续了整个20世纪的历程。具体而言，在消费社会学背景下的广告文化批判，主要表现在以下几个方面。

首先，广告文化在很大程度上误导了大众对社会价值的认同。这主要表现在两个方面：一是广告文化助长了消费主义的盛行。在消费社会里，广告公开地鼓励人们大胆消费，不断消费，甚至超前消费。由于广告不遗余力地鼓吹这样的文化价值观：不消费就不是一个完整意义上的现代人，这必然在无形中助长整个社会的消费风气，成为另外一种意义上的驱动机制，也就是所谓的消费

---

① 上海社会科学院哲学研究所外国哲学研究室. 法兰克福学派论著选辑（上）. 北京：商务印书馆，1998. 494

② 季桂保. 博德里拉的“消费社会”批判理论述评. 国外社会科学，1999（2）

③ 季桂保. 博德里拉的“消费社会”批判理论述评. 国外社会科学，1999（2）

④ ［法］让·鲍德里亚. 完美的罪行. 王为民译. 北京：商务印书馆，2000. 72

主义。在广告的刺激下，消费行为在消费社会中日益扩张，为消费主义的膨胀提供了温床；而消费主义的壮大则反过来进一步促进和刺激了大众消费，使消费社会有了延续的可能。由于广告在这个过程中的压倒性影响力，使得广告文化已经成为了一种强大的权力话语，引导着社会大众对整个社会价值的认同。二是广告文化本身的信息含量和价值判断具有一定的虚假和夸张。当这种广告文化在当代社会中极度泛滥时，必然干预甚至入侵正常的社会价值判断机制，从而导致受众的社会价值判断能力被同化。因为广告商为了吸引受众，往往会夸大或者夸张广告的信息含量，甚至以虚假信息混淆、干扰受众对社会价值的接受和判断。这也是广告误导大众对社会价值认同的重要原因之一。

其次，广告在造成社会价值认同的误区的同时，还对传统意义上的经典文化形成巨大的冲击，甚至消解了文化原有的精神内涵和意义。一般来说，传统意义上的文化是建立在某种价值规范体系之上，并能够带给人类某种行而上的思考。与之相比，广告文化则是建构在商业性的营销功能之上，是一种依附于商品的价值观念，它必然要受到商品逻辑的制约。在商业动机和利润逻辑的推动下，广告具有强大的渗透力，它不断地展示那些能够为人们改变生活方式的先进商品和满足欲望需求的生活方式，从而对受众产生强烈的吸引力和冲击力，迫使他们模仿广告所预演的范式以跟上时代脚步。可见，广告文化在宣传商品的同时，也从根本上促成一种消费心理和价值判断的形成，最终促成了整个社会文化认同心理的形成。文化一旦出现同质化的现象，就意味着文化的生态平衡被瓦解，而一旦文化环境中失去了自主性和多样性，文化就濒临崩溃边缘。因此，当广告文化彻底控制了社会话语再生方式，并最终形成了机械复制时代的文化景观，传统文化原有的思考深度在广告文化中就变成欲望的深度。这时，传统意义上的文化就不可避免地出现了危机。

此外，不容忽视的是广告对现代传媒带有强迫性的指使和诱导。从某种意义上说，广告以资本的形式控制了现代传媒，从而改变了传媒的原有的主体文化角色，把传播媒介变成广告文化的宣传者和代言人。在人们的印象中，媒介的职责是准确、及时、全面地向受众告知外界事物的变动及其结果，扮演着社会秩序和文化价值缔造者的角色。但是，随着后现代消费社会的到来，在广告强大势力的冲击下，传统媒介的这种文化功能发生了异化。由于自身生存的需要和对利润的渴求，传媒不得不与广告进行合谋，成为广告信息传播最具劝服力和影响力的平台。在这种情况下，广告与现代传媒就形成了一种互相支持、不可分割的利益共同体，而传媒则彻底地失去了自身的独立性。

因此，社会经济的商品化的过程也必然渗透到大众传播媒介的日常运作中去。尽管大众传媒的公共领域性质决定了它对公众话语表达的可能性，但在以广告为代表的传播商业形式的浸染下，传媒的“公共领域”的功能日趋式微。在体育赞助商和广告商的操纵下，多国范围的卫星电视的世界杯足球比赛直播传输，可能更像是赞助商产品和品牌形象的广告展播。因此，我们不得不发问：在传播商品化的语境下，谁又能并且正在控制着公众的话语表达呢？公众在面对广告资本权力的控制时，是否真的可用“自己的力量来建构自己”？①

第二节　广告与现代城市文化

从社会学的角度来看，由于现代城市文化是以现代城市大众为消费对象，并通过城市大众传媒按照市场规律生产出来的文化产品。因此，现代城市文化本身就是大众文化的最为典型的形态。更进一步说，现代城市中无处不在的广告及其所体现出来的文化蕴涵，也为我们提供了一个重要的观察视角。不管是从现代城市的外在文化景观，还是对城市文化产业而言，广告都具有重要的意义。因此，作为现代城市文化最具代表性的外在表象和符号生产系统，广告无疑是现代城市最为典型的文化表征。

一、广告与城市文化空间

（一）认识现代城市文化

从广义上讲，文化是人类社会生活的一切方面，其内容包括社会化、社会互动、社会群体、社会制度、社会变迁和现代化等。它不仅包括艺术和文化，也包括生活方式、人的基本权利、价值系统、传统和信仰。与之相比，城市文化的内涵显然受到一定的限制，简单地说，城市文化是指在城市中发生的种种文化现象、文化因素及其相互关系的总和，其目的是为了满足人们的求知、审美、娱乐、社会交往、自我价值实现等需求。

美国城市社会学家芒福德曾说过，“城市文化归根到底是人类文化的高级体现”，“人类所有伟大文化都是由城市产生的”，甚至世界的历史本身就是人类的城市时代史。的确，城市作为人类的一种聚居方式，它的出现本身就意味着一种不同于农业文明的新文化情境的产生。这被人类学家称为“城市革命”。这里所谓的“城市革命”，实际上是一个人类社会进化过程，人类社会从以亲属关系为基础的小型农村发展到社会结构更复杂、社会文化更发达的大

---

① 刘泓．消费、象征和权力——广告文化批判．福州：海峡文艺出版社，2002. 93

型城市。美国学者帕克在《城市社会学》里指出：城市决不仅仅是许多单个人的集合体，也不单单是各种社会设施，诸如街道、建筑物、电灯、电车、电话等的聚合体；城市也不只是各种服务部门和管理机构，如法庭、医院、学校、警察和各种民政机构人员等的简单聚集。“城市是一种心理状态，是各种礼俗和传统构成的整体，是这些礼俗中所包含并随传统而流传的那些统一思想和感情所构成的整体。换言之，城市绝非简单的物质现象，绝非简单的人工构筑物。城市已同其居民们的各种重要活动密切地联系在一起，它是自然的产物，尤其是人类属性的产物。”① 因此从某种意义上说，现代城市逐渐形成和发展的过程，也就是现代城市文化走向成熟的过程。

可以说，现代城市文化本身也是大众文化的一种形态。城市大众阶层作为现代城市文化的最主要的生产者和消费者，对现代城市文化的形成和发展具有重要的作用。我们知道，城市化是一个从传统乡村社会向现代城市社会转变的社会历史过程。在城市化的过程中，现代城市对劳动力的需求越来越大，人群便开始向作为市场交换和政治经济文化中心的城市集中。当无数生活在乡村的村民像潮水一样涌向城市时，现代意义上的“大众”就在现代城市的温床上产生并不断壮大。当然，新的社会阶层的形成必然导致新的社会文化需求，城市大众阶层的兴起促使现代城市形成了新的文化景观。丹尼尔·贝尔在《资本主义文化矛盾》中充分展现了这种变化，他说：“目前居‘统治’地位的是视觉观念、声音和景象，尤其是后者，组织了美学，统率了观众。在一个大众的社会里，这几乎是不可避免的。”他进一步指出：“当代生活中有两个突出的方面必须强调视觉成分。一是现代世界是一个城市世界。大城市生活和限定刺激与社交能力的方式，为人们看见和想看见（不是谈到和听见）事物提供了大量优越的机会。二是当代倾向的性质，它包括渴望行动（与关照相反）、追求新奇、贪图轰动。”② 丹尼尔·贝尔的分析相当准确地抓住了现代西方城市大众文化发展的特征。

在丹尼尔·贝尔之前，法兰克福学派就从社会批判的角度对现代城市文化进行探讨。法兰克福学派认为，随着市场经济作为一种潮流席卷全世界，商品交换原则不仅在经济领域里存在，同时也成为文化产业赖以存在的基本原则。这时候的城市文化就不同于历史上的任何文化形态，它是资本主义发展的必然产物，与市场、商品和交换密切相关。在现代城市里，正如霍克海默和阿多诺所说的：“文化工业通过不断地向消费者许愿来欺骗消费者。它不断地改变享

① ［美］R. E. 帕克等. 城市社会学. 宋俊岭等译. 北京：华夏出版社，1987. 1~2

② ［美］丹尼尔·贝尔. 资本主义文化矛盾. 赵一凡等译. 北京：三联书店，1989. 154

乐和装潢，但这种许诺并没有得到实际的兑现，仅仅是让顾客画饼充饥而已。”① 这种对现代城市文化的忧虑已经引起了许多人的关注。

那么，我们应当如何认识现代城市文化呢？在这里，现代城市中无处不在的广告及其所体现出来的文化蕴涵，为我们提供了一个很好的观察视角。早在1917年，英国作家罗曼·道格拉斯就曾断言：“通过广告你可以发现一个国家的理想。”② 在这里，如果把罗曼·道格拉斯充满智慧的预言范围缩小一点，我们就可以更确切地说：通过广告你可以发现一个城市的文化属性。的确，不管是从现代城市的发展历史、外在景观，还是其内在的文化属性来看，广告无疑都是现代城市文化最具代表性的外在表象和符号系统。

因此，广告可以被称做现代城市的文化“表征”。需要指出的是，这里所谓的表征，实际上是一种研究方法。正如斯图尔特·霍尔对“表征”的理解：“这就是你赋予事物以意义的方法。这就是你理解人、物、事的世界的方法，以及你能对他人表达有关那些事物的某个复杂思想，或通过别人能理解的语言传播有关它们的信息的方法。”③ 更确切地说，“它就是诸种概念与语言之间的联系，这种联系使我们既能指称‘真实’的物、人、事的世界，又确实能想象虚构的物、人、事的世界”。④因而在霍尔看来，“文化就成了各种表象以不同规则和方式聚集的场所，也因而成了各种表象为了获得支配权而进行斗争的场所”。⑤这为我们在现代城市文化的视野中认识和理解广告提供了很好的视角。

（二）广告与城市文化景观

按照美国学者刘易斯·芒福德在其著作《城市发展史》中提出的观点，城市的产生和发展已有9000多年的历史。然而，如何对这漫长的历史进程进行划分和考察一直是一个难题。在这里，我们参照丹尼尔·贝尔对人类社会发展进程的划分来认识城市现代化的进程。丹尼尔·贝尔在1973年发表的《后工业社会的来临》把人类社会发展分为三个阶段，即：前工业社会、工业社会和后工业社会。如果参照这种划分标准，我们可以把城市的发展历程大体分为以下几个阶段：（1）前工业社会城市，即奴隶制和封建制度为标志的古代城市和中世纪城市；（2）工业社会城市，即蒸汽机技术和机器大生产兴起后

① ［德］霍克海默、阿多诺．启蒙辩证法．洪佩郁，蔺日峰译．重庆：重庆出版社，1990.131

② ［美］威廉·阿伦斯．当代广告学（前言）．丁俊杰译．北京：华夏出版社，2001

③④⑤Ⅱ ［英］斯图尔特·霍尔．表征文化表象与意指实践．徐亮，陆兴华译．北京：商务印书馆，2003.16，17，417

发展起来的近代城市；（3）后工业社会城市，即以信息技术为主要特征的现代城市。在城市现代化的进程中，我们同时也看到了广告逐步走向强大的影子。换一个角度来看，我们也可以从广告中窥见城市现代化的进程。

如果说城市起源的具体时间是难于准确界定的，那么我们同样很难准确地描述出广告早期的发展历史。但是，我们可以在前工业社会早期城市中看到广告的影子，虽然其形态和影响力都不太成熟。随着社会经济和文化的发展，越来越强大的广告已经在很大程度上展现出早期城市的发展水平和文化特色。例如在中国的唐诗中就有很多关于酒幌的记载，张继诗中有“高高酒旗悬江口”，杜牧诗中有“水村山郭酒旗风”等。最为典型的是北宋张择端所画的《清明上河图》，在上面我们可以看到，仅当时汴梁东门附近的十字路口，各种招牌、横匾、竖标等广告就有 30 多处。通过这些广告，我们可以了解到当时的大都市汴梁的经济状况和文化背景。

当人类社会进入工业社会以后，城市成为机器大工业生产的中心，工业生产急剧增长，产品源源不断地投放市场，使一些城市在成为工业生产中心的同时也成为商业贸易中心。在这种情况下，广告在工业社会城市中的位置变得更为突出和重要。其中最有代表性的莫过于霓虹灯广告在近代城市中的出现并迅速占据城市的每一个角落。据记载，1882 年英国伦敦安装了世界上第一个灯光广告。1910 年，在法国巴黎举办的国际汽车展览会上首次使用了霓虹灯广告，一年后，巴黎一家时装店安装了第一个霓虹灯制作的招牌，很快霓虹灯广告就成为当时最为流行的户外广告。1932 年至 1934 年，美国芝加哥百年进步博览会将霓虹灯广告的普及推向高潮。英国著名城市规划专家 G. 卡伦在《城市景观艺术》中描述道：“在所有景观因素中，广告最具个性，对于 20 世纪的城市景观来说，广告的潜在价值是不容忽视的。夜晚，它产生一种前所未有的新型景观：天空中像是浮着奇形怪状的图案，巨大的符号向人们传播信息，灯光不停地闪耀，诱惑着街上的行人。”①卡伦先生形象地说明了霓虹灯广告的商业性和艺术性特点。的确，霓虹灯广告已经在很大程度上成为都市现代化繁荣的象征。它在发挥广告媒体诉求效应的同时，还与现代城市建筑物构成了一个整体，创造出繁华的现代都市气氛。在现代城市的每一个细微间隙，广告无处不在，灯箱、路牌、公交车、地铁、候车亭……一切都成了广告赖于存在的肌体。伯格在其颇有影响的《看的方式》一书中写道：“在我们所生活的城市里，我们所有人会见到成百上千的我们日常生活广告形象。没有任何其他形

---

① ［英］G·卡伦. 城市景观艺术. 刘杰，周湘津译. 天津：天津大学出版社，1992. 126

象会如此频繁地面对我们。在历史上任何其他形式的社会中，未曾有过如此集中的形象，如此密集的视觉信息。”① 以至于令人产生这样的幻觉：一个城市广告的多少决定了该城市的现代化程度。

二战后，欧、美、日等发达国家率先进入后工业社会，城市的发展也呈现出与工业时代越来越大的差异。信息的占有和网络的发展使得城市的功能超越了以往。城市数字化和虚拟化，使城市的职能从工业制造中心、商业贸易中心逐步转为信息流通中心、信息管理中心和信息服务中心。信息时代的到来，使人类进入一个前所未有的生存状态。科学技术日新月异，尤其是互联网作为一种新的传播媒介迅速崛起，仅仅用了 5 年时间就达到了电视用了 15 年，收音机用了 38 年所完成的媒体推广。这一切彻底地改变了人们的生活和工作方式，也使城市广告所依托的媒体迅速增多。联合国新闻委员会 1998 年 5 月举行的年会，正式提出第四媒体的概念。网络成为继报纸、电视、广播这三大传统媒体之后的第四媒体。与传统媒体相比较，网络广告具有覆盖范围广、时效性强、信息量大的优势，已经成为现代城市广告系统的重要组成部分。

可见，广告在后工业社会城市中的表现方式也有了很大变化，呈现出信息化和虚拟化的特色。广告已经延伸到电影电视、互联网等虚拟空间中，从各个层面、各个范围对现代人产生影响。它已经不满足于呈现在城市文化空间的表层，而是进一步深入到整个后现代城市的文化肌理。从某种意义上说，广告已经不是城市的外在装饰，而是城市本身——它的独白，它的表情，它的形态，它的梦。

（三）广告与城市文化表现

当然，广告作为现代城市的文化表征，不仅仅是因为它作为一种特殊的文化景观出现在城市空间里，还在于广告作为一种特殊的手段，被熟练地运用于表现城市本身的文化内涵。

我们也许还记得 2004 年曾经引起广泛关注的大型山水实景演出《印象·刘三姐》。这场演出由张艺谋担任总导演，全长 70 分钟，制作耗时 5 年，投资近 2 亿元人民币，参与演出的演员有 600 多名。演出的舞台构建在阳朔县漓江与田家河交汇处、方圆近两公里的江面上，以 12 座连绵起伏的山峰为背景。在很大程度上，这场演出已经超越了其自身的意义。桂林山水、刘三姐、张艺谋，这三种中国最有感召力的国际品牌联手打造出的山水文化盛宴，无论放在哪一个领域，文化的、艺术的、旅游的、产业的、资本的……它都是一个成功的案例。以至于桂林旅游总公司已把《印象·刘三姐》与“乐满地”和“芦

① 周宪. 反抗人为的视觉暴力——关于一个视觉文化悖论的思考. 文艺研究，2000（5）

笛岩”、“象鼻山”等桂林风光列为“极品桂林”工程来进行整体推广。在这里我们可以看到，大型山水实景演出《印象·刘三姐》已经成为桂林这座旅游城市最好的广告。作为一种广告手段，《印象·刘三姐》在宣传和推广桂林的山水和文化景观的同时，自身也成为这座旅游城市文化内涵的一部分。广告与现代城市文化呈现出一种水乳交融、密不可分的状态。

另一个具有典型意义的案例是北京奥运的广告宣传片。这部同样由张艺谋导演的广告片以 2008 年的奥运会为契机，向全世界观众介绍北京的历史文化、经济建设成就以及北京在世界上的地位。据报道，在 2003 年第 21 届国际体育电影电视节上，北京申奥宣传片《新北京，新奥运》还荣获了最佳影片大奖。电影节组委会在著名的米兰市中心广场设置了大屏幕，每天下午 2 点到晚上 11 点都循环播放申奥宣传片《新北京，新奥运》，吸引了众多米兰市民和各国游客驻足观看。参加本次国际体育电影电视节的众多国际媒体对北京奥组委的参展影片兴趣浓厚，纷纷要求在他们的媒体上播出此片。客观上看，这部关于北京奥运的宣传片，对塑造北京这一国际化大都市的形象，展现北京特有的文化景观，有着极大的作用。

当然，广告活动是一项复杂运作，在表现现代城市的文化内涵和特征时，单靠做一次广告、使用一种媒体往往很难达到预期效果。因此，城市形象广告需要各类媒体发挥在功能、覆盖面、表现力等方面的优势，增大广告的接触率和到达率，充分保证广告的效果。

一般而言，现代城市以广告为手段进行自身的宣传和表现，主要有以下几种方式：

（1）户外广告。户外广告是最为简单实用的一种广告形式，醒目易记，反复诉求好。城市在利用户外广告进行形象宣传时，最重要的是位置的选择。一般而言，这一类广告都放置在城市边界入口，通常就是城市对外交通的火车站、机场、港口、码头、高速公路收费站等，这些地方是人们形成城市第一印象的地方，能够直接影响其进入城市的感受以及离开城市后的记忆。此外，城市内部及周边重要风景名胜区和旅游景点，以及城市中心商务区、历史古城区、游憩商务区等位置，都是人们对一个城市关注的重点。

（2）影视广告。影视广告最突出的优势就是形声兼备、可视性强、娱乐性高，因此成为最有效的城市形象宣传方式。我们前面所说的《印象·刘三姐》和北京申奥广告片都是比较典型的案例。此外，电视作为一种强势媒体，虽然广告价格昂贵，但作为一个城市加快品牌认知的捷径，城市的电视广告仍然不折不挠地进入了人们的视野。先是山东威海，之后是山东青岛、烟台、荣城，河北野三坡，杭州，宁波，南宁，桂林等地在 CCTV-4 大做形象广告。比如，2000~2002年，CCTV-4热播的城市形象广告有：哈尔滨国际冰雪节（诉求点：异国的情调，冰雪的魅力）、广西南宁（中国绿城）、烟台（人间仙境）、大连（浪漫之都）、三亚（如诗如画）、河南（中华之源，中原之旅）、海口（椰风海韵，南海明珠）、珠海（浪漫滨城）、杭州（情系西湖，中国杭州）、宁波（NING BO，CHINA）等等。现在，城市形象的策划和推广几乎成为一种不可忽视的潮流了。

（3）报纸和宣传手册广告。结合城市形象广告的特点，报纸上适合发布关于城市报道及游记等。而印刷品和宣传手册是城市营销中常使用的一种促销工具。宣传手册不能仅是图片及文字介绍的简单罗列，而应将一种思想、一种形象转变为一种场景。这种形式容易得到公众的信任，增强广告的说服力。

广告作为一种具有推销性质的手段，其塑造现代城市形象的方式绝不仅仅局限于此。在现实生活中，各种各样以城市的名义举办或命名的文化活动，都可以视为以广告的形式展现现代城市文化的范例。例如，在2003年举办的第13届中国国际青岛啤酒节中，“青岛啤酒”就被视为青岛这个城市的名片而推向世界。此外，还有各种名目繁多的汽车展、沙雕节、电影节等，都被城市当做展现自身优势和文化特色的机会，其中都蕴涵有广告的意味。

麦克卢汉说，总有一天历史学家和考古学家将要发现，20世纪的广告和14世纪的玻璃花窗一样，将要成为20世纪“最丰富、最忠实的反映，在反映全社会一切领域的各种活动中，其他时代的社会都只能望其项背”。① 今天，如果有艺术家描绘出21世纪的《清明上河图》，我们将会发现在这幅新的城市历史图卷中，广告将取代其他一切景观占据统治性的地位。换句话说，广告已经成为现代城市最为鲜明的文化表征了。

二、广告与城市文化产业

（一）城市文化产业的兴起

自从城市出现以后，人类文明一直是与城市发展相依相随的。比如说，雅典作为城市的发祥地之一，反映了人类早期的城市文明；15世纪以后，一批文化名城如佛罗伦萨、伦敦、巴黎等见证了文艺复兴时期人类文化、艺术和科学的繁盛；18世纪以来，随着工业革命的兴起，以第一个工业城市曼彻斯特为代表，一大批新老城市则经历了人类社会一场新的文明，也就是我们所说的工业文明。然而，在人类历史上，文化作为一种强势的产业形态在城市中出现，则是在20世纪以后。特别是在20世纪中叶以后，随着发达国家的城市逐

① ［加］马歇尔·麦克卢汉．理解媒介．何道宽译．北京：商务印书馆，2000.11

步从工业型功能向服务型功能转变，第三产业的比重不断上升，文化产业也相应取得长足的进展。

所谓的文化产业，是一种基于现代工业基础上的文化产品生产方式。关于文化产业的定义很多。1997年芬兰教育部受欧盟委托，成立文化产业委员会，该委员会对文化产业的定义被世界广泛接受，这一定义认为文化产业主要包含三层含义：（1）文化产业是基于意义内容的生产活动，即是一个涵盖数个产业领域的综合性产业，从体育、服装、建筑到几乎一切具有现代文化设计标识的产品，世界贸易中的几乎所有形式。（2）文化产业是指从艺术创作到销售的传统与现代艺术和文化领域。从这一意义出发，文化产业既包括文学艺术和音乐创作、摄影、舞蹈、工业设计与建筑设计，以及其他各种创造性的艺术活动；还包括文化艺术活动的生产和销售，如艺术场馆、文博馆，以及各种形式的文化娱乐、演出、教育活动。（3）文化产业是对文化产品进行制作和传播的行业，包括新闻出版、广播影视、音像网络等。在这个定义的基础上，我们可以看到，城市文化产业就是指与城市经济相匹配、在现代城市中具有重要位置和作用的各种产业形态，它所包含的领域十分广泛，软件开发业、信息咨询业、体育竞技业、报刊出版业、影视娱乐业、广告业、旅游业等，都可以看做是现代城市文化产业的内容。

现代城市是文明发展的产物，也是现代文明的物质载体，随着城市经济的发展和现代化水平的提高，文化因素在现代城市发展中的作用越来越显著。文化产业在现代城市中的迅速发展，许多城市的面貌和功能都发生了深刻变化。许多学者经常提到的是美国著名工业机械制造基地的克利夫兰，至20世纪60年代末，由于工业集中带来的城市环境污染和人口的大量迁出，这个城市一度极为衰败。后来，当地政府制定重点发展文化产业的规划，开始培育新的经济增长点。由于该市邻近美国和加拿大之间的伊利湖，于是开辟伊利湖旅游度假基地，同时兴建了克利夫兰大学圈，在圈内兴建了4个博物馆、3个现代化专业特色医院及全美最大的棒球比赛中心，从而形成一个文化圈。很快克利夫兰城市人口恢复，旅游、文化、体育产业使城市获得新生，文化产业的发展在克里夫兰的振兴中起到了至关重要的作用。再以纽约为例，20世纪90年代以来，文化产业成为纽约经济发展的一个主要动力，吸引了大量的外来游客和赞助人，连同金融业、商业、服务业等一起，成为了一个重要的就业部门和城市经济的出口部门。① 此外，像洛杉矶、巴黎、米兰、东京等国际化城市，或是

① ［美］罗斯玛丽·斯坎伦. 纽约市对于艺术事业的扶持. 曹荣湘译. 世界文化产业报告，2002~2003

如美国的拉斯维加斯、法国的科特达祖瓦、意大利西北部和中部的新工艺产业地区等都已成为现代文化产业的集中地。

可见，城市文化产业已经成长为国家经济中最有活力的部门。许多国家不仅把城市文化产业视为满足城市居民消费性文化需求的有效手段，也把它作为加强城市以至国家政治经济实力的重要途径。本雅明曾经把物质产业和文化产业充分发达的西方城市与童话里的“魔术森林”相比较。在《后现代主义与大众文化》一书中，安吉拉·默克罗比进一步描述：“新的消费品堆积如山，把整个城市都改变得令人难以想象，同时还创造出一个新的公共空间，这个空间不再仅仅由艺术家和作家占据，而是充斥着时装设计师、商业艺术家、摄影师、工程师、技术人员。它们的作品（比如说巨幅牙膏广告）为这个新的梦境世界增添了光彩。这种梦境不但属于统治阶级，也以大众商品的形式，属于一种通俗的乌托邦遐想。”① 从社会学的角度来看，城市社会的一个重要特征是大量的人口集聚以及不同社会阶层并存，因此，城市社会能否健康发展和进步，关键在于城市社会的整合程度。在城市文化产业化兴起之前，城市文化基本上还处于精英文化形态，由少数文化人创造，供少数上流社会享受，这时，文化与阶层分化、阶层特权有着密切的关联。当文化产业兴起之后，大众文化及其消费市场应运而兴，这不但缩短了精英文化与大众之间的距离，而且使社会文化资源为社会大众所共享。因此，文化产业以其大众化和共通性，对现代城市的整合具有两方面的作用。一方面，文化产业的发展促使城市社会在文化上形成新的整合，从而催生了涵盖不同阶层、不同人群的城市文化主流；另一方面，城市文化主流的形成反过来又将提高城市社会的凝聚力及整合功能。可见，文化产业的兴起对现代城市有着重要的意义。

然而并非所有的社会学者都如此乐观。对于西方当代城市文化产业的繁荣景象，詹明信是这样描述的：眼前的事实是，各种形式的后现代主义都无法避免被这“文化工业”所诱惑、所统摄。“在如此这般的一幅后现代‘堕落’风情画里，举目便是下流、拙劣、次货（包装着廉价物亦廉的诗情画意）。矫揉造作成为文化的特征。周遭环顾，净是电视剧集的情态，《读者文摘》的景物，而商品广告、汽车旅店、子夜影院，还有好莱坞的 B 级影片，再加上每家机场书店都必备的平装本惊险刺激、风流浪漫、名人传奇、离奇凶杀以及科幻诡怪的所谓‘副文学’产品，联手构成了后现代社会的文化世界。”② 在这

---

① ［英］安吉拉·默克罗比. 后现代主义与大众文化. 田晓菲译. 北京：中央编译出版社，2000. 28

② ［美］詹明信. 晚期资本主义的文化逻辑. 陈清侨译. 北京：三联书店，1997. 424

里，詹明信的描述客观上体现了当代城市文化产业的兴旺发达，同时也表达了一名具有批判意识的社会学家对现代城市文化产业阴暗面的某种忧虑。

（二）广告业与其他文化产业的互动

从中外广告业的发展过程中，我们可以看到，广告业已经成为现代城市文化产业的重要组成部分。特别是在美国，这种现象尤为明显。纽约被认为是世界的广告中心，位于纽约的麦迪逊大道曾有10多家美国著名的广告公司聚集于此，而成为美国广告业的代名词。此外，美国的一些重要城市，如芝加哥、洛杉矶等也逐步成为广告业的重镇。

正如斯密塞所说的，在现代都市中，广告商和媒介、受众已经联结在一种有约束力的相互关系之中。在文森特·莫斯可看来，这种现象意味着媒介商品化空间的扩展，意味着媒介商品化不仅包括媒介公司出版报纸、制作广播节目、制作电影等直接过程，而且将广告商和资本也包括进来。① 这一切决定了广告作为一种文化产业，只有在现代城市中才能找到自己生存和发展的位置。

在现代城市里，广告业作为一种文化产业，并不是孤立地存在，而是与其他文化产业紧密联系在一起的，形成一个系统的城市文化产业生态链。从社会学的角度来看，城市本身就是一个有机复合体。城市规划学家林奇说："城市可以被看做是一个故事、一个反映人群关系的图示、一个整体分散并存的空间、一个物质作用的领域、一个相关决策的系列或一个充满矛盾的领域。"② 而城市经济学家K. J. 巴顿认为，"城市是一个坐落在有限空间地区内的各种经济市场——住房、劳动力、土地、运输等——相互交织在一起的网状系统"，城市是人类物质财富的集中地，是人类精神文化的创新地，是人类文化的一个大"容器"。③ 城市是一个文化容器之说，鲜明地提示了城市在人类文化进化方面的积极意义。社会学与城市规划学家曼纽·卡斯特对城市空间有多种层面的认识，他说："城市是社会的表现（expression）。空间是结晶化的时间（crystallized time）。"④ 这些理论家的研究和论述，揭示了人类正从更高的或理性的层面认识人类创造空间形式——城市。而我们在这里要做的是，在现

① ［加］文森特·莫斯可著. 传播政治经济学. 胡正荣等译. 北京：华夏出版社，2000. 144

② ［美］凯文·林奇. 城市形态. 林庆怡等译. 北京：华夏出版社，2001

③ ［英］K. J. 巴顿. 城市经济学：理论和政策. 北京：华夏出版社，1981. 14

④ ［美］曼纽·卡斯提尔. 网络社会的崛起. 转自陈立旭. 都市文化与都市精神：中外城市文化比较. 广州：东南大学出版社，2002. 3

代城市这个“文化大容器”中，探讨广告业作为一种文化产业在整个城市文化产业系统中的功能和意义。

首先，在外在产业形态上，广告业与其他城市文化产业相互依存、相互支撑。一方面，包括传媒、娱乐、旅游、教育、咨询和服装设计等行业在内的文化产业，都需要广告业的宣传和推广。另一方面，广告业本身是一个分工极其细密的行业，具有很强的依附性，它需要其他文化产业的支持才能生存下去。广告学里把这些为广告活动提供专门服务的相关组织叫做下游公司。比如说，在广告策划中，广告公司需要借助专门的调查公司进行市场调查、收集数据、测定效果等。此外，广告业还离不开营销咨询公司、制作公司、信息中介公司和传播公司的共同支持。这样，城市文化产业就通过各种各样的业务来往形成一个密切的联合体，而广告业在其中起了重要的沟通和整合作用。

其次，广告业促使城市文化产业的产品得到有效传播并最终实现价值。城市文化产业的兴起，意味着现代城市经济增长方式已经发生了革命性的变革。传统的以物质产品的生产、流通、消费为基本特征的物质型经济，将逐步向现代化的以信息产品的生产、交流、利用和消费为主导的文化型、信息型、知识型经济转变。在城市文化产业中，文化与经济的结合越来越紧密，而且文化内容的价值在产品中的比重迅速增大。但是，产品中的文化价值并不是自然而然就会实现的，它需要一系列的社会传播和认同过程。在这个过程中，广告业充分发挥了它的角色和作用。具体而言，广告推广的是产品的品牌、款式和文化形态、审美情趣等，当一个产品的这些无形价值被广泛接受和认同时，其文化价值往往超过了实物本身的价值。这样，广告就把抽象的文化价值附加在具体产品上，从而促使其商业价值的实现。

再次，广告业在文化层面上为城市文化产业的大众化提供了社会语境，促使城市文化产业的产品得以广泛传播和认同。有学者认为，城市文化产业的发展和城市大众文化的崛起，使得都市文化产品的生产者能通过作品去寻找听众、观众和读者，去接触尽量杂多的人群，而不是仅仅沉浸在个人独有的自我感觉之中。① 在这个过程中，广告业的作用功不可没。在传统意义上，文化被视为是高雅和抽象的，往往也因此而远离了普通大众，这严重地束缚了城市大众文化产业的发展。而广告业的出现，使文化产品呈现为某种特定技术程序的产物，展现在人们面前。这样，传统的经验和习惯被打破了，广告满足了现代人实现视觉潜能、全面了解和占有现实世界的欲望。因而，城市文化产业的产

---

① 陈立旭. 都市文化与都市精神：中外城市文化比较. 广州：东南大学出版社，2002. 193

品也就更容易被都市大众广泛接受了。

但是，从社会批判的角度来看，广告业也屡屡为许多社会学者所诟病。由于广告业是以盈利为直接目的的文化产业，受到商业经营策略和生产技术手段的控制，由于商业性和娱乐性的需要，往往对暴力、罪恶、两性关系、社会矛盾及其解决方式等进行夸张或虚假的表现，可能会对都市大众在认识和感知上造成误导或欺骗。另外，广告业生产出来的大量模式化、无深度的文化产品，排斥了时间的纬度和空间的深度，也导致了文化、历史和情感资源的流失。这不但导致了都市大众自我和精神家园的沦陷，也使高雅、严肃的文化产品失去了生存的社会空间。

由此可见，作为一种城市文化产业，广告业的功能和意义都是十分复杂的。城市历史学家芒福德说："在城市发展的大部分历史阶段中，它作为容器的功能都较其作为磁体的功能更重要：因为城市主要地还是一个储藏库，一个保管者和积攒者……"① 而广告则是这个文化容器所储藏、保管和积攒的重要部分，它在这个文化系统中具有什么样的功能和意义，我们从积极和消极两方面来分析，或许才能有一个比较真实和全面的认识和理解。

【思考·练习】

1. 结合社会学理论，谈谈广告的大众文化属性表现在哪些方面。

2. 广告对当代的大众文化生产具有怎样的实际意义？

3. 广告为什么成为众多社会学家批判的对象，他们主要从哪几个方面进行批判的？

4. 如何在现代城市文化的视野中认识和理解广告文化？

① ［美］刘易斯·芒福德. 城市发展史—起源、演变和前景. 宋俊峻等译. 北京：中国建筑工业出版社，1989. 74

第六章 广告与社会控制

在社会学的研究当中，所谓“社会控制”就是社会组织利用社会规范对其成员的社会行为实施约束的过程。“社会控制”最早是由美国社会学家罗斯在其 1901 年发表的《社会控制》一书中提出并使用的。在现代社会学中，对社会控制的广义上的理解泛指社会组织体系运用社会规范以及与之相应的手段和方式，对社会成员（包括社会个体、社会群体及社会组织）的社会行为及价值观念进行指导和约束，对各类社会关系进行调节和制约的过程。狭义的社会控制是指对社会越轨者施以社会惩罚和重新教育的过程。社会学研究当中一般在广义意义上使用社会控制这一概念。①

在阐述传播的社会控制作用时，施拉姆认为：“我们利用传播作为我们自己的管理工具，用于作出决定，用于说服和操纵别人。”② 当广告携带着大量的商业信息及其意义符号渗透到实际生活中的时候，更多的社会生活就会被这些信息所浸润。因此，广告传播所携带的信息传播就成为了社会控制的一种基本模式，广告所强加给人们的知识和符号体系成为了一种新的控制范式。当我们充分认识到这一点，问题也因此开始衍生出来：广告商家在进行广告传播时是否应该多一些对社会公共道德的关注？大众媒介作为广告载体是否应该把握一定的尺度？而作为受众的消费者在面对铺天盖地的广告诱惑时，又该去寻求怎样的出路？是积极的迎接还是消极的隐退？在广告不断地刺激着人们的消费欲望，逐渐成为社会肌体一部分的时候，我们的思考也应该开始。

---

① 郑杭生. 社会学概论新修. 第 3 版. 北京：中国人民大学出版社，2003. 401

② ［美］威尔伯·施拉姆，威廉·波特. 传播学概论. 李启等译. 北京：新华出版社，1984

第一节 广告的社会责任

我们看到，随着广告活动的日益发展，其辐射作用开始呈现出难以估计的影响，可以说，广告已经深入到社会经济生活的各个方面，由经济领域迅速向社会和文化领域渗透，并逐渐形成覆盖性的趋势。广告在动员起强大的整合力量的同时，也会对社会产生巨大的破坏力量。而且，社会历史的发展进程已经告诉我们，每当一种传播样式形成它所特有的统治力的时候，其所应承担的社会责任也必然相应而生。广告也不例外。

在任何一种传播样式的框架里，施行主体所要承担的社会责任都必然要大于接受客体，因此，就广告而言，广告主与媒介作为广告活动的源头，所扮演的社会角色必定要突破原先的语意限定，其重要性也伴随着社会的进程在不断增强，并且直接决定了广告的效果及其效果增值。同时，一些与广告相关的社会问题也开始浮出水面。比如，无处不在的广告在创造经济效益的同时，会对社会环境造成怎样的影响？广告主与媒介应该如何协调与社会以及消费者之间的关系？

而消费群体在广告信息的接受和应用过程同样存在个体的消费利益和社会共同体的协调和平衡的问题。当每一个消费者面对广告信息大海的汹涌澎湃时，又如何为自己和社会的和谐寻找通向彼岸的方舟呢？在广袤的消费市场中，哪些产品是目前最被广大消费者迫切需要的，哪些产品的改进是消费者最急于想看到的，广告主与广告媒介又该如何通过恰当的广告活动引导市场，使之朝着有利于销售的轨道运转；又有哪些产品可能已经过时或者行将被淘汰，广告施行者在面对它们的时候，又将采取何种方式使之逐渐淡出消费者的购买视野，这些都是在广告活动中需要慎重思考与解决的问题。

从传播学理论出发，社会控制的思想探讨主要集中在解决传播媒介如何运作的问题上，以适应社会和文化规范的要求。在这些传播学的社会控制理论中，涉及社会控制研究的具有代表性的是“社会责任论”、“把关人”理论以及“议程设置”理论。

一、广告主和媒介的责任

（一）社会责任论

所谓社会责任论是一种对自由主义传播理论进行修正或限制的理论，又称“新自由主义传播理论”。其思想最早出现于20世纪20年代，并在二战以后流行于西方国家。二战以后不久，美国“新闻自由委员会”发表了《一个自由与负责的新闻界》等报告，最早提出了“社会责任论”的概念。“社会责任论”主张有限制的信息自由，承认政府对信息传播的干预和控制。由此，国家干预新闻信息传播的合理性在理论上得到了论证，为传播学的“控制分析”提供了必要的理论资源。由于该理论强调传播媒介与社会互动时的社会责任，因而受到广大传播社会学者的青睐。

联系到广告领域，我们不难察觉，由于广告在现代社会生活中已经承担起越来越重要的角色，广告信息的渗透开始处于一种无孔不入的蔓延状态，由此引发的自由主义与反自由主义的对抗已经成为一种必然。也就是说，这里涉及几个主要的问题：广告是否拥有绝对的自由？广告作为一种商业形式是否必须为大众和社会服务、对社会负责？政府是否应该对广告行为进行一定程度的控制与干预？

对这几个问题的回答其实正体现着不同的广告从业人员对广告理念的不同追求。持社会责任论者认为：广告没有绝对的自由，只有相对的、有条件的自由，那种完全排斥了国家政权干预的自由，是一种消极的自由；广告虽然作为一种商业形式，行使着趋利功能，但也必须为大众利益服务，对社会负责。意即广告从业人员应该既享有广告自由又必须承担社会责任；在某种程度上，他们还应该自觉地视自身为一种强有力的教育工具，自觉承担教育大众的责任，以促进社会的和谐发展；国家权利机关应制定法规、完善法制，既保护广告施行者的权利，又维护广告受众的利益，使国家机关对广告加以干预或给予处罚时有法可依。同时，广告主体自身必须做自我改进，加强自律机制，努力提高广告的真实性与引导性，使之真正成为经济与社会协调发展的助推器。①

社会责任论是广告理念发展的必然阶段，就社会控制的有效性、适用性而言，与自由主义广告理论相比，它无疑达到了更高的阶段。这种理论在广告界已经普遍显示和即将显示的社会效果无疑也是正面的。例如，广告主作为广告活动的直接源头，通过广告推销其商品是他们最初和最主要的目的。但有远见的广告主总是能敏锐地察觉到：处在社会大环境中的广告活动早已突破了原初的纯商业目标，更多的社会血液已经融入了广告肌体，成为广告活动不可或缺的一部分。基于此，部分广告主积极而精明地承担起了相应的社会责任，通过对广告的社会责任意识的强化，最终实现经济效果与社会效果的“双赢”。

2004 年 3 月份伊拉克战争爆发，美国大军压境，统一润滑油适时在中央电视台《伊拉克战争报道》中插播了一条“多一些润滑，少一些摩擦”的广告，引起了各方面的强烈反响。广告主通过巧妙的构思，敏锐地看到了当前社

① 胡申生. 传播社会学导论. 上海：上海大学出版社，2002. 232

会舆论的主流，将产品特性直接与战争联系起来，以一语双关的解说词娓娓道来，不仅宣传了企业的品牌，而且明确表达了人们对和平的向往与追求，一种人文关怀的气息喷薄而出，因而得到了众多消费者的强烈共鸣。

再如，在非典期间，一些著名企业与媒体通力合作，联袂推出的“抗非”公益广告更是企业在灾害面前强烈的社会责任感的完美体现。非典疫情爆发不久，海尔公司一马当先，立即赞助播出向坚守在“抗非”一线工作岗位的广大工作者致敬的公益广告，这也是央视推出的第一个“抗非”公益广告。该广告具有浓郁的人文气息和强烈的感情色彩，饱含着全国人民对奋战在抗击非典第一线的广大工作者发自内心的诚挚问候与深深敬意。在海尔公司的引领下，其他企业也不甘落后，纷纷以不同方式表达了对抗击非典斗争的关注，央视荧屏抗非广告一时佳品纷呈，不断涌现。在这里，广告主不仅打造了企业的品牌形象，更为重要的是，他们以这种方式展现了对社会人文精神以及树立文明观念、推广科学生活方式的深切关注，也充分体现了作为企业宣传者所具有的强烈的社会责任感和深厚广博的爱心。事实证明，广告主热心于社会事务的解决，并且能够自觉履行社会义务、传播和弘扬正确的社会目标和价值观，必定会提高其广告宣传的品位，为企业塑造一个良好的社会形象。

同时，作为广告施行者的另外一个重要组成部分，大众媒介也必须具有强烈的社会意识，主动承担起应该承担的社会责任。譬如，作为中国电视旗舰的中央电视台于2004年率先播出了一则推广使用安全套的公益广告，在社会上引起了强烈反响。据卫生部测算，目前中国实际艾滋病病毒感染者已超过100万人，若以现在每年约30%的速度增长，到2010年，全国艾滋病病毒感染者将达到1000万人。而性病、艾滋病的传播、流行，不洁性交是主要途径。预防性病、艾滋病，使用安全套是国际上公认最有效的预防方式，甚至是必须的预防措施。在我们无法根治卖淫嫖娼等丑恶现象，无法禁止婚外性行为的情况下，在人们中推广使用安全套，无疑可以大大减少性病的传播。因此，这则公益广告在中央电视台的适时播出，是对社会问题的一种关注，展示了广告主与广告媒介一种积极参与而非漠然回避的态度，值得肯定。

如果广告主对其所要承担的相应社会责任视而不见，不但不能为其所推销的产品打开一条畅通的销售渠道，还会因其拙劣的社会影响而造成产品贬值。比如，1994年9月18日晚上，某家有线电视台播出的节目中打出了这样的字幕：“敬告市民：据悉‘四不像’从雁门关进入本地区，不日将进入千家万户，请大家关好门窗，留心观察。金鑫广告策划。”区区几行小字引起了轩然大波，谣言四起，人心惶恐。其实“四不像”是来自某地的一种系列产品，事后，这家有线电视台连续十多次播出道歉声明，再三讲明“四不像”产品的来龙去脉，并受到有关部门的严肃处理，这样才算把几天来市民们恐慌的心情平息下来。如此广告非但没有起到宣传促销的作用，反而因其对社会责任的漠视，导致严重的负面效果，影响了产品销售，可谓“赔了夫人又折兵”。

当然，不可否认的是，作为一种理论，社会责任论在具体的实践过程中难以完全阻止广告商业化的巨大惯性，也无法彻底消除广告作为一种商业手段的种种弊端。但是，对社会责任的提倡至少可以让我们看到，处在社会大环境下的广告传播正在试图建立一种良好秩序的努力。

（二）媒介把关论

媒介把关论又称“守门人”理论、“把关人”理论，是一个传播学的概念。当广告的信息传播方式、传播渠道日益多样化的时候，我们有必要把媒介把关论引用到广告学的领域内进行分析。

早在1947年，传播学奠基人之一、社会心理学家库尔特·勒温就在《群体生活的渠道》一文中指出：“信息总是沿着包含‘关卡’的某些渠道里流动，在那里，或者是根据公正无私的规定，或者是根据‘守门人’的个人意见，对信息或商品是否被允许进入剧情或继续在渠道里流动作出决定。”传播学认为，任何信息的传播网络当中布满了把关人，他们控制着传播的内容和渠道，影响着传播的效果。同样，在广告信息的传播网络内，在广告主和受众之间，“把关人”起着决定继续或中止信息传递的作用。把关人可以是个人，也可以是组织。

一般来说，把关人的把关行为可以分为抑制和疏导。前者是指把关人准许某些新闻或信息流通的行为，后者则是指禁止一些新闻或信息流通或将其暂时搁置的行为。从社会控制的角度看，无论什么国家、什么时期，把关人的根本作用都是相同的，都是体现了信息决策者和传播主体的意志。由此，传播的内容以及方式在很大程度上要受到把关人的影响。

那么，广告信息在传播过程中，都要经历哪些关口，面临怎样的审核呢?其实只要我们熟悉广告的运作流程，便不难发现，所谓“把关”其实是一个广告决策者对广告信息进行采集、选择、拒绝、制作的过程。在这个过程中，把关人总是根据一定的标准、一定的因素做出自己的判断。而且这些因素通常有针对性地分布在各个信息路口，由不同的把关人进行选择与拒绝。也就是说，一则广告从制作到最终发布总是要经历诸多关口，而每一个关口都有可能站立着形形色色的“把关人”，以各式各样的标准衡量着广告信息的尺寸，检验其是否合格，是否符合某种特定的主体意志，并由此决定放行与否。

在我国，对广告信息的把关行为主要落实在两个层面：一是广告主的自律，体现在对广告信息进行有选择性的采集与生产。二是大众媒介在发布广告时对广告成品的判断、选择与拒绝。相比之下，后者扮演着更为重要的角色。早在20世纪30年代，邹韬奋先生在创办《生活日报》时就已经指出："本报对于所登载的广告，也和言论新闻一样，是要向读者负责的。""在广告的登载及选择上，《生活日报》也要显出它的特色。报纸上面登载广告，不应该专为了报纸的营业收入，而应该同时顾到多数读者的利益。"可以说，邹韬奋先生在这里充当了早期的媒介把关者的角色。

在当代，媒介传播的样式已经日益丰富，无论你愿意与否，报纸、电视、网络等传播工具或多或少占据着你的生活空间，影响着你的生活观念乃至价值信仰。这其中，广告是典型的代表。因此，大众媒介作为广告活动的载体，其所承担的社会责任日益引起人们的关注。由此引发的一系列思考开始进入许多社会学者的研究视野，而这些思考的根源其实都来自于一点：面对纷至沓来的商业利益的诱惑，大众媒介是否还应该保持把关人的身份？如果是，又该如何保持好这样的身份？在这里，就牵涉到一个实质性的问题：广告与大众媒介由谁来主导对方的话语方式，并由此影响受众消费者的价值观与对于世界现实的认同感。对于这些问题的回答，在很大程度上反映着一个国家的传播制度与广告秩序，也反映着大众媒介作为把关者的广度与力度。

在新的市场经济条件下，我国的媒介机构也在向企业化方向发展，企业化经营为媒介自身带来巨大的经济利益，推动了媒介之间的相互竞争，有利于提高传播活动的质量，但是，不可否认的是，这种经营方式也给商业主义和营利主义的抬头提供了条件。一些媒介出现了片面追求发行量与收视率而不顾社会效益的倾向，所发行的广告内容的低俗化、刺激化、虚假化以及艳情化等现象也日益严重。可以说，这些现象的出现是与某些大众媒介忽视把关、把关不严的做法紧密相连的。由此，媒介的话语方式受到了广告利益的控制，使把关的力量遭受到严重的削弱，最终也必然地破坏了广告与媒介之间的良性互动。由于广告的渗透力已经形成了独特的蔓延之势，这种破坏必将带来相当严重的隐性后果。因此，媒介的适度把关便显得尤为重要，对广告秩序的维持起着主要的作用。当然，国家相关机构应该设立一个规范的把关标准便于媒介操作。这些将在本章第二节中做详细论述。

二、广告消费群体的反馈

（一）议程设置理论

"议程设置"作为一种理论假说，最早见于美国传播学家 M. E. 麦库姆斯和 D. L. 肖于1972年在《舆论季刊》上发表的一篇论文，题目是《大众传播的议程设置功能》。这篇论文是他们在1968年美国总统大选期间就传播媒介的选举报道对选民所做的一项调查研究的总结。

该论文通过调查研究发现，在选民对当前重要问题的判断与大众传媒反复报道和强调的问题之间，存在着一种高度的对应关系。也就是说，大众传媒作为“大事”加以报道的问题，同样也作为“大事”反映在公众的意识当中，传媒给予的强调越多，公众对该问题的重视程度也就越高。因此，根据这种高度的对应关系，作者认为：大众传播具有一种为公众设置“议事日程”的功能，传媒的新闻报道和信息传达活动以赋予各种“议题”不同程度的显著性的方式，影响着人们对周围世界的“大事”及其重要性的判断。①

“议程设置”本是个传播概念上的理论，我们在这里把它引申到广告学领域，其目的在于它能很好地体现出一个广告活动的本质特征，它既可以属于纯理论的范畴，也可以是具体的操作方法。

“议程设置”理论给予广告学领域一个最重要的启示在于，广告主与广告媒介看到了自身所具有的影响能力，他们一旦掌握了这种影响能力，就可以很好地为所宣传的产品树立一个良好的销售环境，从而获得巨大的经济利益；同时，他们也看到了这种聚宝盆般的影响能力的获得需要一个精细的议程设置，而议程设置又牵涉到诸多的社会层面，需要他们加以缜密的研究与操作。比如，他们需要分析“议程设置”的三种不同作用机制，分析不同广告媒介“议程设置”的各自特点以及“议程设置”与广大消费者即受众之间的互动关系等。

一般而言，“议程设置”的作用机制可按影响力的大小分为三种。第一种机制称作“知觉模式”。也就是说，广告媒介宣传或不宣传某种产品，会影响到公众对该产品的感知。第二种机制称作“显著性模式”，即广告媒介对少数产品的突出强调，会引起公众对这些产品的突出重视。第三种机制称作“优先顺序模式”，即媒介对一系列同类产品按照一定的有限顺序所给予的不同程度的宣传，会影响公众对这些产品的优劣顺序所做的判断。一般认为，这三种机制呈现出一个影响和效果依次累积的过程，越往后效果越大，影响也越深刻。

同时，不同介质的媒体对广告的“议程设置”也会产生不一样的效果。目前的四种主要媒介：纸质媒介、户外媒介、电子媒介以及网络媒介，因为其传播信息的方式不同，会在“议程设置”中呈现出自身独特的功能特点，需要广告从业人员加以区别对待。另外，通过对不同广告受众的分析，并结合“议程设置”理论，我们可以发现，消费者对各种产品的经验越是间接，其受

---

① 郭庄光. 传播学教程. 北京：中国人民大学出版社，1999. 214

广告媒介的影响越大；消费者对媒介广告信息的接触量越大，其受媒介影响越大；广告信息在人际传播的频度越广，其影响也就越大。

当然，“议程设置”理论的提出在一个方面为广告传播指引了一条可供操作的平台。但是，我们必须看到的是，当广告主与广告媒介掌握了“议程设置”的资源与操作空间，广大消费者便不可避免地处于一种受“设置”的地位，由此在某种程度上丧失了对产品的信息权，成了一个受引导与操纵的对象。而大部分广告主与广告媒介也会运用这种似乎天然的优势，对广告消费群体进行日积月累的反反复复的“接受”轰炸。其实，很多广告主与广告媒介往往忽视了一点：过犹不及。当这种轰炸达到一种超饱和的状态，广告受众的消费神经也将受到极大的损伤，由此引发对该产品的逆反心理，并最终由接受转向厌烦，而造成“议程设置”的反作用。比如，现在在电视媒介经常出现的一种营养品广告，不求广告质量，一味地通过重复播放，恶意地在各个档的电视剧中插播，期望藉此达到一种强感知效果，但是，令广告主与媒介没有想到的是，强感知是有了，但效果却是相当恶劣的，非但没有提升反而贬低了该产品的公信力。甚至有一些广告施行者，通过不恰当的“议程设置”，为彰显自己的产品，指名道姓地恶意贬低其他同类产品，给广告秩序带来了极大的破坏。

总之，在广告学领域对议程设置理论的研究与应用需要摆在一个合适的平台上，知其法，而善其用，这样才能使广告施行者与广告接受者各得所需，形成良性互动。

（二）广告消费群体的社会反馈

在谈到广告对人类生活方式的影响时，美国广告评论家帕克德在《隐藏的说服者》中写道：我们中有许多人在日常生活的方式上，正不知不觉地受广告的影响，并受它巧妙操纵和控制。其实，帕克德所说的“许多人”应该是个很具有涵盖性的字眼，它代表着作为受众的消费大众整体。当广告主与媒介作为施行者牢牢掌握着主动权的今天，过量的信息轰炸致使消费者的知情权似乎越来越失去了其原初的厚度。那么，处于劣势的广告受众该如何面对这种愈演愈烈的广告高压？该被动防御还是主动出击？是被广告媒介控制还是等待“迎合”媒介？

其实，长期以来，西方主流传播理论对于大众的认识，基本上是把大众看做传播的对象客体，信息的传播者是传播主体，是以一种“主体—客体”模式思考传播问题。这种模式的思维方式就必然产生传播过程的传播者“单一主体论”，认为任何传播都是在传播的主体和客体的范围内进行，传播过程就是主体作用于对象或他者的活动过程。可以说，早期的传播效果研究，“子弹论”或“皮下注射论”，“传播流”和“有限效果论”等多少都是这种思考模式的结果。比如，著名的拉斯韦尔模式中，信息的传播者与大众就是对立的，大众被当做说服过程中不能作出任何反应的对象。

那么，作为多种传播形式的综合体的广告是否也摆脱不了这样的境遇？广大的消费受众是否能够维护好自身的利益？这里边就牵涉到一个消费群体的问题。群体的含义是十分广泛的，它不仅包括家庭、朋友、近邻街坊、娱乐伙伴等初级群体，也包括具有某种共同社会属性的间接社会集合体，如性别、年龄层、职业、阶层等；既包括联系松散、自发形成的社会群体，也包括存在着制度化的严密分工和严格纪律的职能群体（组织），如政党、军队、团体、企业等。群体具有重要的社会功能，这种功能，简言之，即群体是将个人与社会相联结的桥梁和中间纽带。

由于每一个社会人都无可避免地充当着消费者的形象，消费群体作为广告世界中重要的一环，应该是一个最为庞大的统计学意义上的群体。实践证明，消费者群体可以通过其消费反馈影响广告的取向，而这种影响主要是靠消费者群体组织形成的，即消费者为维护自身合法权益不受侵害而组织一个固定的社会团体，实施对广告活动的监督与管理。从国内外情况来看，消费者组织能够对广告实行监督与间接管理，发挥的作用已越来越大。在我国，全国性的消费者组织“中国消费者协会”于1985年12月成立，反映广大消费者的愿望和要求，保护消费者的正当利益，对消费品质量、价格进行监督，特别对维护广告的真实性，抵制不良广告的传播效果明显。

那么，具体而言，消费群体对广告的社会反馈主要体现在哪些层面呢？

第一，经济反馈。经济是一切商业活动的标尺，在这根最高指挥棒的操纵下，一切商业活动，当然也包括广告必然要“见风使舵”，从自身的经济利益出发寻求最佳的推销方式。也就是说，消费群体可以通过掌握、调整自己的购买取向对广告实施影响，这种影响往往是最直接，也最有效的。比如，某一产家由于其广告传播着某些不良的信息，消费群体可以通过拒绝或号召拒绝购买该产家的商品、使其经济利益遭受损失，迫使其对广告信息做出修改。

第二，文化反馈。如前所述，广告传播最主要的目的是传递商业信息，推销产品和服务，实现其经济功能。但是广告传播在传递商业信息的同时，也在不知不觉地创造或传播与生活方式相关的文化观念，即广告影响着大众文化的形成。但影响是相互的，消费群体的文化模式也必将对广告的操作形成大规模的包裹。比如，目前有许多广告便具有浓厚的“民族意味”，这与在消费群体之间形成的根深蒂固的传统文化观念是密不可分的，它直接影响了部分广告主与广告媒介的制作策略。不仅是传统文化观念影响着广告的制作，在消费群体中新近流行的文化时尚更对广告形成了覆盖性的影响，在某种层面上，可以说，广告是流行文化不倦的领路者，也是忠实的跟随者。

第三，道德反馈。在一定时期、一定社会意识形态和经济基础之下，人们要受到相应的伦理道德规范方面的约束。而这种约束对广告也是一视同仁的。广告传递的内容以及所采用的形式，也要符合伦理道德标准。一旦某种广告给社会带来负面的东西，给消费者造成这样或那样的，包括心理和生理上的损害，消费者群体可以通过形成一定规模的舆论，对广告主与媒介实施强大的道德压力，规劝或逼迫其改变广告方式。这样的范例不胜枚举。比如，日本的丰田轿车产商在我国制作了一个广告，在该广告中，他们选择卢沟桥作为其拍摄背景，当丰田汽车驶过桥面，桥上的石狮子都对其举手敬礼。该广告一经播出，国内舆论哗然，消费者极其愤怒，齐声讨伐，认为该广告严重伤害了中国人民的民族感情。最终迫使该广告立即停播，并要求产家做出了深刻道歉。

综上所述，消费群体的社会反馈是广告活动的重要组成部分，避免了广告主体的单向度操作，对广告秩序的维持起到了很好的平衡作用。

第二节　控制广告秩序的类型

当今世界，广告虽然已经渗透到社会生活的方方面面，成为日常生活的一个重要组成部分，但广告也并非随时随地、毫无条件地存在与产生影响的。由于技术载体的日新月异，广告的传播途径也变得日趋自由化和多样化，广告在承担诸多经济、社会功能的同时，其自身也受到社会诸多方面的监管与控制。在维持一个良好的广告秩序层面上，对广告活动实施一定程度的行之有效的控制，既是广告活动发展的内在要求，也是构建和谐社会不可缺少的内容之一。

一、作为控制对象的广告

社会控制原意是指社会对人的动物本性的控制，限制人们做出不利于社会的行为。随着人类社会生活的逐渐复杂化以及人们对社会秩序的认识逐渐加深，人们逐步认识到社会控制不仅是控制人的生物特性，还必须控制人的社会特性。① 广告活动是人类基于生物特性之上的社会性的产物，因此，它必然要成为受控制的对象。其社会控制的本质即社会大众（主要是消费群体）或有关部门运用各种控制手段和方式，对广告活动施加压力和影响，使广告的内容和形式符合社会或控制者自身的利益和愿望的过程。具体而言，它包括广告的

① 胡申生．传播社会学导论．上海：上海大学出版社，2002．219

自我控制和广告的外部控制两种。

（一）广告的自我控制

我们所说的自我控制对整体而言往往是一种内部控制，是系统内部维持正常运转不可或缺的主要手段。如前所述，广告活动的最终目的是要获取经济利益。任何一个广告主与广告媒介所实施的广告活动，都将以此作为活动的标尺来衡量广告的得失。为了获得更大的经济利益，广告主体必须使自身正常运转，尽最大努力减少或避免社会和公众的批评与抵制，这就需要广告组织本身及广告从业人员加强自我控制。从某种程度上说，这是广告行业的自律行为，它要比广告活动的他律，有着更为重要的意义。

首先，广告主体必须从职业道德出发对所实施的广告活动进行自我约束，自觉地遵守国家制定的各项法规、政策，服从工商行政管理部门的指导、检查、监督。这就要求广告组织制定相关的广告规则与道德规范，以做到"有所为有所不为"，比如，一切广告活动不得与社会主义精神文明建设相抵触，不得违反基本的社会道德准则，不得进行恶性竞争等。目前，《中华人民共和国广告法》是我国管理广告的最主要、最权威的专门法律规定，任何从事广告者都必须认真贯彻执行。同时施行的广告管理法律、法规、规章以及规范性文件，还有近百种。这些法规和文件都需要所有广告从业人员自觉遵守。

其次，行业自律归根结底是人的自律，因此，应加强对广告从业人员的教育，以提高广告主体的整体素质水平，从而提升广告的品位。广告活动既是一项内容复杂、专业性较强的工作，也是一项联系面广的经常性工作。它不仅需要广告从业人员具备相当的专业能力，更要求他们具备合格的社会道德水平，惟有如此，广告活动才能有组织、有计划、有步骤、有成效地进行。

再次，引入"把关者"机制，由广告主体内部通过层层把关对广告的内容和形式进行审核和监管，决定取舍和进行修改。比如专业的广告组织，通常分为四个部门：客户服务部、创作部、媒体部和市场调研部。这四个部门在分别履行着不同的业务职责的同时，也应该相应地承担把关的职能，对广告的最终成型发表相关的意见，以提高广告活动的质量，避免出现不必要的负面社会效果。另外，作为广告主体的两大支柱之一，广告媒介扮演着尤为重要的角色。媒体广告部门应加强对广告内容的审查把关，自觉抵制和杜绝违法广告和不良广告的传播。具体的审查内容通常应包括如下几个方面：（1）广告主的主体资格是否合法；（2）广告内容是否真实客观，是否会使受众产生误解；（3）广告内容和表现形式是否合法；（4）收取和查看有关广告证明。此外，还要根据中国国情，清理一切不道德、不健康、不文明的广告信息内容，保证媒体发布合法、真实、健康、有益的广告。

最后，成立专门的客户服务部，收集广告活动的实际效果，对受众的社会反馈进行深入细致的研究。广告主体应该注意到，广告在为广告主带来经济效益的同时，也对社会产生着重要的影响，与社会利益密切相联。因此，广告活动应该是社会制度、政策法规、经济、思想文化、艺术风格、民族特征以及社会风尚的统一。基于此，广告主体应通过反馈机构及时意识到自己的不足并自我修正，寻找适宜的对策，减少和避免社会与公众的批判，更好地发展自己并为社会服务。

综合以上四点，我们不难发现，广告的内部控制是维持广告活动正常运转必不可少的主要环节，同时，良好的控制效果主要来自于广告主体的自我认知和自我认识。广告主体的自我意识越强，自我控制力越大，控制效果也就越好。

（二）广告的外部控制

相对于广告的内部控制而言，广告的外部控制是一种他律行为。由于广告是一种多向度的传播，它的生存与发展必然离不开一定的环境，包括经济环境、政治环境、文化环境等。也就是说，广告必然要与其他社会系统发生诸多纵向或横向的联系。于是，在互动的过程中，广告成了受社会控制的对象，外部力量也由此进入具体的广告活动，对广告活动施加各自的影响。比如，2003年国家广播电影电视总局颁发了《广播电视广告播放管理暂行办法》，就是广电总局第一次以总局令（17号令）的形式对广播电视广告的内容、播放总量、广告插播、播放监管等进行全面的规范。

广告的外部控制主要有以下内容：

第一，对广告主体的控制。广告主体是广告活动的源头，是广告活动得以进行的最主要的力量。对广告主体的控制首先表现在对广告组织内部结构的控制，比如控制广告的整体数量、控制广告团体组织的规模、协调发展广告系统的资源分配以及控制广告媒介的内部组织体系等。其次，对广告主体的控制还具体表现在对分布在广告活动流程中的“把关人”的控制，这些“把关人”的素质如何，直接决定了控制的效果。他们必须受控于许多其他社会因素，如他们必须遵循相关的法规条例或者国家的意志进行把关，遵守职业道德，遵守社会规范。否则就有可能被停职、辞退、撤职或免职。为此，政府机关或相关部门团体常常有意封锁、淡化一些广告信息或故意公开突出另一些信息，以加强对数量庞大的广告受众进行意识形态的引导。如在每年一度的全国两会期间，对在中央电视台所播出的广告进行一定程度上的指导，规定了在这期间广告信息的适宜度，一些广告主也据此及时调整了广告内容，加入了许多相关主题。

第二，对广告形式与内容的控制。这是广告控制的重中之重，是最直接的控制对象，因为广告对社会的影响主要是通过其表达的形式和内容来实现的。目前，在我们国家，一般的广告准则是一切广告的内容和表现形式所必须遵守的最根本的原则，它适用于所有的广告，贯穿于广告活动的始终。其主要表现为广告管理法律、法规对一切广告内容和形式的要求，以及对广告内容和形式进行限制的禁止性规定。在国家广播电影电视总局颁发的《广播电视广告播放管理暂行办法》当中就规定：电视广告应当真实合法，不得含有虚假内容，不得误导消费者。应当符合社会主义精神文明建设的要求，应当遵守社会公德和职业道德，有利于人民群众的身心健康。应当维护国家尊严和利益，尊重祖国传统文化，不得含有危害国家统一、主权和领土完整的内容。商业广告中不得出现国旗、国徽、国歌及国家领导人的形象和声音。不得利用或篡改领袖人物名言作为商业广告用语。应当维护民族团结，遵守国家民族、宗教政策，不得含有宣扬民族分裂、亵渎民族风俗习惯的内容。应当维护社会公共秩序，树立社会主义道德风尚，不得含有乱扔废弃物、践踏绿地、毁坏花草树木等破坏环境，以及不利于自然生态、珍稀野生动物保护等内容。应当有利于青少年儿童的身心健康，不得含有可能引发青少年儿童不文明举止、不良行为或不利于父母、长辈对青少年儿童进行正确教育的内容。应当尊重妇女、残疾人，不得歧视、侮辱妇女、残疾人，不得出现不文明的人物形象。应当健康文明，不得播放含有色情或性暗示等内容的广告，不得播放治疗性病的广告。广播电视广告不得播放含有宣扬赌博、暴力或者教唆犯罪内容的广告。应当尊重科学，不得含有宣扬迷信、邪教、伪科学的内容。应当使用规范的语言文字，不得故意使用错别字或用谐音乱改成语。除注册商标及企业名称外，不得使用繁体字。禁止广播电台、电视台播放烟草制品广告及麻醉药品、精神药品、毒性药品、放射性药品等特殊药品广告。应当与其他广播电视节目有明显区分，不得以新闻报道形式播放或变相播放广告。时政新闻节目及时政新闻类栏目不得以企业或产品名称冠名。有关人物专访、企业专题报道等节目中不得含有地址、电话、联系办法等广告宣传内容。等等。

第三，对广告传播范围的控制。这既包括时间范围，又包括空间范围。我们可以发现，有些广告的传播在时间上是有限制的。此时可以传播，彼时却不能传播。比如有些广告是不能在特定的时间段内插播的，特别是在播报重大事件（如全国人大会议）的时候。这就是对广告传播时间的控制。有些广告的传播范围也是要受到控制的，有的只能在此地传播，而不能在其他地域传播；有的只能在国外传播，而不能在国内传播。比如，根据《广播电视广告播放管理暂行办法》规定，广播电台、电视台每套节目中每天播放公益广告的数量不得少于广告总播出量的3%；广播电台、电视台每套节目每天播放广播电视广告的比例，不得超过该套节目每天播出总量的20%。其中，广播电台在11：00~13：00之间、电视台在19：00~21：00之间，其每套节目中每小时的广告播出总量不得超过节目播出总量的15%，即9分钟。播放广播电视广告应当保持广播电视节目的完整性，除在节目自然段的间歇外，不得随意插播广告。除19：00~21：00以外，电视台播放一集影视剧（一般为45分钟左右）中，可以插播一次广告，插播时间不得超过2.5分钟。播放广播电视广告应当尊重大众生活习惯，不得在6：30~7：30、11：30~12：30以及18：30~20：00之间人们用餐时播放容易引起受众反感的广告，如治疗痔疮、脚气等类药品及卫生巾等卫生用品的广告。广播电台、电视台应当严格按照国家有关规定控制酒类广告的播出。每套电视节目每日播放的酒类广告不超过12条，其中19：00~21：00间不超过2条；每套广播节目每小时播放的酒类广告，不得超过2条。等等。

第四，对广告效果的控制。广告效果并非仅仅是广告自身的经济效益，而是各种社会因素综合作用的结果。这种综合作用就是社会对广告效果的制约，这种制约既可以增强广告效果，又可以减弱广告效果，甚至使其产生负效果。例如，由于某些广告的形式或内容在传播过程中引起广告受众的强烈不满，主管部门如广电总局可以发文要求相关广播电视媒介对该广告的内容或者不当的传播形式进行修改，以此降低受众的抵制程度，从而避免不必要的负面社会效益。

（三）控制广告秩序的主要手段

既然广告是一种受控制的对象，而且广告处于一定的社会制度当中，那么，其活动必然要受到各种各样的社会因素的制约。可是，这些因素主要是通过哪些手段来实现对广告秩序的控制的？众所周知，社会制度指的是在特定的社会活动领域中围绕着一定目标形成的具有普遍意义的、比较稳定的和正式的社会规范体系。它包括政治法律制度、经济制度和思想文化制度等，对广告秩序的控制也必然无法离开这三个层面。

1. 政法手段

行政和法律行为是控制广告秩序的主要手段，是社会因素所发挥的各种影响力之中最具强制性的一种，它是施控者运用命令、指示，通过自上而下的行政层次的贯彻执行，制定有关法律、法规和政策，对广告活动进行组织、指挥和调节，以此保障广告活动维持在一定的合法的范围内运行，为经济乃至政治目标服务。政法手段的施行者主要是与广告相关的行政机关，如各级工商行政管理部门，它们肩负着对广告活动的检查与监控职责，担任着最终把关者的角色。具体而言，政法手段主要包括以下几个方面：

（1）广告媒介控制。规定广告媒介的所有制形式是政治控制的主要内容，对广告媒介采取什么样的所有制形式主要取决于国家政治制度和经济制度。社会历史文化以及传媒本身的性质也对所有制形式的确立产生重要影响。比如在西方资本主义国家，政府对报纸等传播媒介的控制较为宽松，一般采取私有企业制度；对广播、电视等传播媒介的控制则比较严格。对于呈现在这两种媒介上的广告也采取了相应的宽松与严格并用的政策。在我国，由社会主义制度所决定，对大众媒介基本上都采取了国有制的形式，对广告管理也相应对严格。

（2）具体的行政把关。这包括：①审批。主要面向广告主以及广告代理商。通过政府颁发经营许可证等方式，限制整合广告主体的数量与规模，只有被批准登记与领取执照的广告团体与个人才能从事广告活动。②检查。要求广告制作完成即将在报纸杂志登出或在广播电视播出之前送交主审机关检查。③惩罚。对严重违反《广告法》等相关法规的行为实施相应的惩罚。

（3）规范的法律控制。法律在任何一种社会里，都是国家意志的体现，它具有极强的明确性、稳定性、强制性和权威性。因此，对于广告活动而言，其系统的建立和完善都必须通过法律手段来确立和调整。当广告活动直接伤害了广大受众的实际利益，或者某些群体的名誉权与隐私权遭受到广告活动的侵犯，都可以通过向法律机构提起诉讼，要求对广告主体的违法行为进行制裁和赔偿自己的损失。

2. 经济手段

如前所述，广告活动的最终目的是尽可能地获取经济利益，它是一切广告活动的起点和归宿，也是广告活动赖以生存的基础。因此，一旦广告成为一种被控制的对象，它的趋利性也就成为它最易于被掌控的品性。于是，经济手段也就顺理成章地对广告活动起到了最为重要的作用，在一定程度上，我们可以视之为控制广告的“杀手锏”。尤其在商品社会，经济对广告的社会控制简直如魔法一般。

首先，对广告的经济控制表现为广告媒介的所有者对广告过程和内容的控制上。谁掌握了广告媒介，谁就拥有对广告活动更大的支配权。在西方国家，某些拥有雄厚资金的广告主可以通过对媒介的控制来强行推销他的商品；而在我国，由于传播媒介的国有性质，决定了国家意识形态对广告媒介的控制，从而支配着广告活动的主导权。

其次，经济手段的控制还表现在市场规律对广告活动的调节上。广告活动所发布的信息最终是要落实到对商品的销售上，因此只有信息产品即广告制作得被广大公众普遍乐于接受，广告主体才会有更可观的销售收入和良好的社会声誉。

3. 舆论和文化手段

在社会生活中，人们对所遇到的某一社会现象会产生不同的主观反映。这些反映开始是零散的、不系统的、不一致的，但经过相互影响之后，形成一致的观点和意见，这种经过相互影响而形成一致的观点和意见就是舆论。我们知道，舆论具有相互影响的特点，可以在社会成员心里产生共鸣，它还会对目标产生难以估计的影响，对公众的行为有重大影响力。正因为舆论较强的现实性，广泛的传播幅度以及迅速的控制力，使得舆论成为一种天然的控制手段。对于广告而言，来自舆论的控制主要是受众的反馈。广告信息的反馈主要有四种：①个人的信息反馈。即以来信、来电和来访等形式直接表达对广告活动的意见和建议、批评和抗议。②结成消费组织，以群体运作方式对广告活动施加影响，比如成立消费者协会，从一般消费者的利益出发，对广告活动实施必要的监控。③通过对广告媒介的接受程度如报纸订阅数、广播收听率、电视收视率、网站访问量来显示自己对广告媒介的意见。广告媒介一般会根据各种反馈来对自己所传播的广告内容和形式进行相应的调整，以迎合不同的需求。总而言之，社会舆论对广告的控制也许不如政法及经济控制那样威严而有效，但其力量却不可小视。①

同时，商品广告不仅仅是一种简单的商业活动，它也应该是一种文化活动。因为广告向人们所传递的有关商品、服务、企业等经济、科技、文化诸多方面的信息，本来就是人类所创造的物质文化和精神文化的反映。而广告主体也经常采取“文化攻心”策略，利用文化的力量号召受众，在广告中注入文化内容，为广告增加了文化含量。因为在商品无差异、同质化造成市场竞争异常激烈的今天，广告文化的影响力往往大于广告商品自身的竞争力。如果受众认同了广告文化，那么也就可能会接受广告商品或服务，成为商品的消费者、服务的享用者。因此大部分广告主体常常需要从具体的文化背景出发来进行其广告活动，以求得生存与发展。基于此，文化对广告的控制虽然不能马上浮出表面，且不像政法与经济控制那样具有强制性和直接性，但它对广告的影响却是深层次的，往往触及广告活动的根基。

二、作为控制手段的广告

（一）广告的商业化控制

我们知道，追求商业利润是广告活动的终极目标。在这个前提下，广告与利润之间隐然有了一条微妙的导线，也就是说，广告通过对利润的无限追求，

① 胡申生. 传播社会学导论. 上海：上海大学出版社，2002

似乎也在某种程度上实现着对商业社会里的商业活动的控制。

日本学者小林太三郎对广告在美国与日本的经济发展过程中所起的作用进行分析时认为："从经济发展历史的角度看，美国是一个后起国家。然而，美国之所以能成为世界第一经济强国，是因为它具有国土辽阔、资源丰富和欧洲移民的勤劳等一系列客观因素。但如果要挖掘美国固有的推动经济发展的因素，那么，广告可以说是其中之一。在这一点上，现代史学家都是这么认为的。波特对这种观点采用了以下的表现形式，广告创造了'富有的制度'。战后，日本经济取得了世界瞩目的发展，现在已成为资本主义国家中国民生产总值仅次于美国的第二经济大国……这当然由于勤劳、优秀和具有丰富技术经验的日本国民的努力，也来自新的生产技术和设备的引进，先进的经营技术和政府的合理政策等种种因素。但也正像波特说的那样，报纸、杂志、广播等大众传播媒介的大量信息培养了人们对各种商品的需求，也使人们为满足需求加倍努力。生产水平的提高扩大了就业和投资，其结果也就使国民收入有所增加，从而使整个经济和再生产得到扩大，为此，我们应该承认广告对经济发展起到的间接作用。"① 应该说，小林太三郎的概括，充分肯定了广告对商业进步的积极作用。

具体而言，广告的商业化控制主要表现在以下几个方面：

第一，沟通产销、刺激消费。广告以传播丰富的商品信息为手段，为消费者选择商品和服务提供了依据和参考，同时为企业及其产品进入市场创造了便利，并带来更多的就业机会。促进销售是商业广告的终极目标，是一切商业广告活动的根本出发点。广告主体在制作广告以及传播广告信息的过程中，必然要优先考虑到销售的需要。适宜的广告形式与内容往往能对商品的销售起到巨大的推动作用。同时，随着产品的日益丰富多样，消费者不再像过去那样只在乎得到产品，而更多地把眼光投注到产品的优点和购买能给自己带来哪些实际利益。而广告正是通过广告媒介，把商品的性能、优点、用途等信息传达给消费者，使广告消费者能够获得巨大的选择权。由于广告媒介具有速度快、范围广、形象生动等特点，使得消费者在高节奏的现代社会生活中获取购买上便利，节省了时间。因此在这里，广告另外一个基本功用便突显出来，即刺激消费者的消费欲望。广告在这种情况下起到的是一个说服的作用，或者说，广告是在为消费者的消费行为寻找一个合适的理由。从更大的层面上讲，广告对刺激内需，扩展市场，促进商品流通起到了巨大的推动作用。

第二，提高效率、降低成本。广告大师大卫·奥格威在《一个广告人的

① ［日］小林太三郎. 新型广告. 北京：中国电影出版社，1996. 42~43

自白》中提到："随着广告的实施，带来的是节省的效果。在销售方面，它使资金周转加速，因而使零售价得以降低而不致影响零售商人的利润。在生产方面，这是使大规模生产得以实现的一种因素。谁又能不承认大生产导致成本下降呢?"归结起来，销售量是商品经济的指挥棒，因此销售量的竞争必将导致产家争相应用广告活动来向消费者提供选择，进行比较，从而激发销售活力，这也决定了广告活动的趋利性。而广告在趋利性的指导下，在把生产信息公布于众的同时，很容易引发产家在产品品性上的争相比较以及对某类产品的争相生产，从而扩大了市场容量，他们据此大量生产并大量销售，以降低成本，降低售价，最终提高市场竞争能力。产家逐渐认识到，对广告活动的大量投入，可以获得丰厚的回报，可以不断地提升自身的市场占有率，增加利润用于再生产，以集约化、规模化的模式，促使企业始终处于一个良性循环的发展状态。

第三，革新技术、淘汰落后。不可否认的是，在产品优胜劣汰的过程中，广告所产生的激发作用是不能低估的。一方面，广告推动了技术进步和产品革新的进程。如上所述，广告信息的传播一直处于一种革新的运动状态，为了获取巨大的商业利润，产家总是乐于把自己最新最优秀的产品公之于众，希望以最快的速度来抢占同类产品市场。这一切都需要建立在技术创新的基础之上，惟有不断地在企业内部进行革新与淘汰的血液循环运动，才能保证在日益激烈的竞争中处于领跑的地位，而广告则在其中充当着不可或缺的中转站的作用。另一方面，对于消费者而言，广告则加快了他们对新产品、新技术的接受、使用以及对落后产品及技术的淘汰过程。这在一定程度上使消费者获得了巨大的选择权，那种原先产家生产什么消费者就消费什么的消费模式，早已经失去了其生存的土壤，消费者通过自己的选择向产家传达着某种或赞赏或不屑的态度，而这种态度最终则形成一种要求产家进行技术革新的刺激力。

（二）广告的精神化控制

在目前的社会状态下，广告作为一种社会生产物，作为一种人类创造物，的确是一种特殊的社会文化现象，它深深地影响着社会精神秩序的稳定与重构。也就是说，广告已经日益发展为控制社会成员精神世界的一种强大的手段。那么，一旦广告具备了这种强大的控制能量，它究竟会成长为我们幸福生活的维护者还是会堕落成整个社会的梦魇?

乐观的人认为广告作为一种社会文化现象，由于社会强大的外在制约力量，以及社会对广告的正面文化利用，广告在建设和维护社会文化的过程中，其正面而积极的影响和作用，正日益加强。人们利用广告来塑造良好的企业形象和品牌形象，传达企业和品牌先进健康的文化理念，在造成社会公众对企业和品牌形象良好认同的基础上，对社会公众从消费到审美作积极的文化引导。

进而利用广告来传播先进的思想观念，倡导进步的社会道德，匡扶社会正气，直接参与社会的文化建设，这是社会的进步也是广告的进步。

但是，对广告持悲观论者则指出，当广告在创造消费、引导消费的同时，对超越现实的富裕生活方式的着力描述，对五光十色、流光溢彩的享乐世界的尽力展示，对充满诱惑力的超前消费的尽情渲染，已经超出了单纯商业信息传播的范畴，而具有了某种腐朽的观念形态的意义。英国著名学者汤因比甚至认为“想不出什么情况下广告能不是邪恶了”。①

综合以上观点，我们不难发现，无论乐观或是悲观，有一点是不可否认的，即商业广告传播在许多情况下，对人们的思想行为，对社会文化，是能发挥作用、产生影响的。虽说它不可能在社会文化观念的形成与认可过程中起决定性作用，但可加速这一过程。而且，我们还可以发现，广告对社会精神世界的控制是在商业功利性的水面下形成的一股巨大的潜流，它的影响与作用也许并不会直接浮出水面，而总是表现得颇为间接和模糊，也正因为这一潜移默化的特性，其冲击力往往是巨大的。

具体而言，广告对社会精神领域的控制主要表现在以下几个方面：

（1）政治与意识形态控制。广告是以传达信息为中心的工作，广告发布和制作过程不仅是传递物质产品信息的过程，也是传递精神产品信息的过程。从某种意义上来看，它在为经济服务时应属于经济范畴，倘若从服务对象的感化与影响上着眼，则应当属于意识形态的范畴。它能为促进科学技术和文化交流、活跃人们物质文化生活提供新的思维方式，增强其社会意识与时代精神。在某种程度上，它可以发展为一种新闻媒介的发言手段，这就涉及到广告宣传的政治性与思想性，涉及广告的舆论导向问题。在这一方面，广告虽然没有新闻、评论等新闻手段那么显著和重要，但是西方报纸已经在重视这一手段。广告除了推销商品外，还可以为某些政党、社会团体以及个人提供论坛，这就增加了新闻报道手段的种类。例如，日本在图谋进入联合国常任理事国的同时，居然还在否认侵华事实，篡改历史教科书，否认南京大屠杀，这一举动在世界范围引起了巨大的反日浪潮。在美华人就集资在《纽约时报》上刊登广告，表示华人对这一谬论的愤怒和声讨，以及反对日本“入常”的意愿。另外，在一些情况下广告也履行着传递政治信息的职责，起着与政治新闻大同小异的作用。

（2）文化与价值导向控制。这首先表现在广告对消费文化观念的冲击力上，当广告媒介通过一次次的重复传播来传达一种不同于以往的消费文化的时

① 转引自张金海. 20世纪广告传播理论研究. 武汉：武汉大学出版社，2002

候，我们可以发现，以前为大家所接受的类似“艰苦朴素、勤俭持家”的传统消费观念已经在不知不觉间淡出了我们的视野，取而代之的则是商业广告所一再宣传的“超前消费”、“高消费”等新型消费观念。其次表现在对价值取向的影响力上。《国际广告》曾作过一次《老百姓心目中“英雄”的价值观取向》的问卷调查。结果表明，京、沪、穗、渝四大城市的被访者对名牌商品、明星的认知度、认知正确率都高于对先进人物的认知度、认知正确率。被访者的心灵空间已经多被名牌和明星占据，其中又以名牌为最。这个认知度排名集中反映了在广告的影响下人们今天的价值取向、价值观念的转变。这份报告在分析转变的原因时指出：对名牌、明星的宣传很有策略性，能注意到受众对信息的需求。只要名牌、明星还存在宣传价值，对他们的宣传就会持续下去，以给认知受众一个持续的记忆刺激，人们就会自觉不自觉地对名牌、明星表现出极大的关注。同时，广告在社会文化传承、文化整合的过程中也显示了极强的功能。它一方面促进着传统文化的流传与保护，另一方面也推动着多元文化的交流融合，比如跟随着一些西方产品所带来的外国节日在本土的生根。这些都提醒我们进行当代文化建设，建立新的正确的价值观念体系，决不能忽略广告文化的力量。①

(3) 生活方式控制。广告可以提供现代生活信息，引导人们进行生活方式的变革。商业广告展示商品世界日新月异的变化，给人们送来改变物质生活的信息，对全新的现代生活方式进行生动的描述，为人们变革生活方式提供了可资借鉴的参照。广告展示的那些能够为人们改变生活方式提供物质条件的先进商品和满足人性需要的体现文明的生活方式，不但对受众具有很大的吸引力，而且具有示范和引导作用。人们跟随社会前进的脚步，模仿着广告和其他传播媒介中的范式，不断改变着自己的物质生活、精神生活。这种改变不是旧物更新的改变，而是方式的改变。广告既是生活信使、推销员，又扮演着生活导师的角色，拿着令人眼花缭乱的新奇商品，告诉人们应该怎样生活。虽然人们有时讨厌他的喋喋不休，或许也不理睬他的广告商品，但最终还是接受了他的生活方式的诱导，难以摆脱广告的操纵。②

第三节　社会问题和公益广告

在一片流光溢彩之中，广告给了现代人以无限的承诺，在承诺的背后隐藏着的是深刻的物质与精神的双重指向。可以说，在现代社会，广告如同一面镜

①② 商业广告的文化功能与文化责任. 中国广告网 CNAD. com

子，反映出人类充满欲望的面容。于是，在这种无止境的观照之中，一扇侧门在镜子的一角慢慢打开，我们发现伴随着欲望堆积而来的一股灰暗的力量经由这扇门统统涌入，其势之强，其面之广，令人揪心甚至惶然惊叹。这便是虚假与色情广告。它们成了广告社会一种永远的伤痛。幸亏在身后还有一种广告形态——公益广告，在对广告做着属于自己的救赎。

一、广告的社会问题：虚假广告和色情广告

首先，虚假与色情广告印证着广告品格的失衡。广告是有品格的，它的品格首先在于真实，向消费者提供真实的信息是广告活动最为基本的道德操守。当然，我们不反对广告信息的适度艺术夸张，但问题在于现在的广告活动似乎已经远远不止于夸张，它们的重心发生了某种可怕的转向，即对自身产品的过度粉饰以致使用欺骗与色情手段来实现利益的增肥。我国的广告法规认为：凡广告内容与事实不符，广告主的许诺没有兑现的广告均属虚假广告。此类例子不胜枚举。再者，性暗示成了目前广告创意的主流趋势，在性感的外衣下其实隐藏着厚重的商业躯壳。譬如“劲浪”牌口香糖的电视广告：先是一位表情慵懒、衣着性感的外国美女依偎在床上，挑逗地对着观众说：“我觉得还不够耶！”再是一位英俊的外国男士一边发动着摩托车一边说：“我希望我能更有力！”然后是一间酒吧里，一位娇滴滴的女子温情脉脉地看着身边一男士说：“更有劲，我会更喜欢！”最后，“劲浪”牌口香糖突然出现，画外音高喊着：“……让你感觉就像一浪接一浪！”语言的挑逗、身体的展示成了此类广告的共同需求。由此我们可以发现，虚假广告的特质在于“瞒”，通过对部分事实的遮掩获取额外的利益；而色情广告的特质在于“挠”，用语言与身体的暧昧联想撩拨消费者（尤其是男性消费群体）的欲望眼神。就在这一“瞒”一“挠”之间，广告的品格已经发生了严重的失衡。更为可怕的是，虚假广告本身便常常以色情为载体，刺激大众的购买欲，虚假与色情的联姻也许将是广告的末日。

其次，虚假与色情广告折射大众媒介的失责。在商品时代，大众媒介失去原先不愁衣食的温饱状态，转而自谋出路，成了某种意义上的利益个体。当它们在为自身寻求经济利益的时候，一些问题便产生了，被视为媒介天职的社会责任感常常因为利益的牵扯，变得渺小甚至若有若无，于是对广告信息的把关常常被漠然地搁置，成了一句虚无的理论用词。譬如贵州某地一家房地产公司跟业主们打起了官司，因为该公司在广告和宣传当中承诺的绿地和会所并没有相应地提供给业主，业主们自然集体抗议。而面对业主的抗议和投诉，当地媒体竟然集体失语，没有做出任何相关的报道和评议。有关人士分析指出，因为

这家公司是当地最大的一家房地产公司，是这些媒体常年来的核心广告客户，这些媒体自然是不敢得罪了。应该说，这个案例凸显了大众媒介所面对的悖论式的尴尬与失责，一方面想树立作为大众媒介的威信与亲和，一方面却又害怕因阻塞利益来源而陷入生存的困境。在这种尴尬面前，一些媒介选择了对原则的背离，导致相当一部分内容虚假，欺骗消费者或内容违法，侵犯社会公德的广告频繁在各个媒体上登堂入室。在一些都市报上，我们经常可以看到一些某某医院医治性病疑难杂症妙手回春、药到病除的广告，而实际上很多只是一种江湖骗子的吹嘘。更为离谱和令人气愤的是，一些媒体竟公然刊登一些色情广告，什么这里是你快乐的乐园，是你寂寞发泄的天堂，然后是色情声讯台的电话。面对媒介形形色色的无序与失范，我们应该有一个清醒的认识。我们知道，对于媒介而言，生存的确是第一要素，但是需要首先明确的是，媒体作为一种社会公信力，肩负着伸张社会正义、表达民众声音、抨击社会弊病、引导社会舆论等一系列重要职责。为最广大的人民群众服务应该是诸多媒体不可推卸的责任，他们首先面对和服务的应该是人民群众，而不是极为少数的个人和单位。因此，媒体不应该成为少数利益集团的宣传工具，更不能成为少数群体的利益代言人，而应深刻地认识到生存的根基其实在于民众利益的维护、民众声音的传达，如果失责成为一种习惯，那么媒体最终将为民众所唾弃。

二、公益广告的社会责任

（一）公益广告的内涵和特征

一般来说，公益广告是指为维护社会公德，帮助改善和解决社会公共问题而组织开展的广告活动。这类广告所传播的信息内容，主要是有关道德、教育、环境、健康、交通、公共服务等，涉及人们当前关心的社会问题，与社会公众利益密切相关。随着社会精神文明建设的加强，公益广告的地位也显得越来越重要。公益广告一般由特定的行政部门或群众团体组织出面策划，通过由广告客户、媒体和广告公司等组成的公益广告机构，可由企业、广告公司、媒体或政府机构出资赞助广告活动经费，还可由大众传播媒介免费提供时间或空间，典型范例如中央电视台播出的“广而告之”节目。

公益广告最早出现在美国。在我国，随着广告事业的日益发展与完善，公益广告的发展也取得了可喜的成绩。特别是开展的“中华好风尚”、“自强创辉煌”、“下岗再就业”等主题的公益广告活动，产生了较好的社会影响，鼓舞了一大批的相关群体。

总体而言，公益广告的主要特征有如下两点：

其一，公益性，不以营利为目的。这是公益广告最本质的特征。由于公益广告是以维护社会公德、改善社会精神生活为目的，其出发点便天然地与商业广告区别开来。也就是说，公益广告的出现使广告行为从纯粹追求经济利益转向对社会利益的追求，它所关注的是人们的良知，提倡的是社会道德责任，传播者往往力图将一定的价值判断和文化内涵通过一定的创意形式传达给受众。在这里，原本浓厚的商业气息被人文关怀所取代。譬如 2002 年在中央电视台六套节目中播出的以预防艾滋病为主题的系列公益广告，从倡导科学预防到告知相关知识，从提醒世人珍惜生命、洁身自好，到消除常人对艾滋病患者和感染者的误解、恐慌、排斥、仇视心态，分别针对性地播出了"预防是全社会的责任"、"传播途径和预防措施"、"悔恨吸毒篇"、"日常接触不传染"、"不要歧视艾滋病患者"等六条主题系列公益广告。在这些广告中，传播者将目光聚焦于社会中最为特殊的一个群体——艾滋病患者，在内容的组织与传播的情感诉求上，没有采取局外人的旁观心态，而是融合了真挚的爱心与情感，从维护这一特殊人群的合法权利出发，呼唤社会人群间的理解与关爱。在这样的传播过程中，公益广告被赋予了对人类、对社会更为积极的人性关爱。

除此以外，我们必须敏锐地察觉到，公益广告开始呈现出一种新的发展趋势，即商业利益与公众利益的统一。也就是说，在商家的商品营销广告中，自觉地将商家的商业利益和社会公益利益结合起来，比如环保、绿色食品、节约能源、可持续发展以及社会道德的提倡，成了众多明智商家的广告传播诉求和选择。在这种以公益为主题的广告传播中，商家和消费者找到了一个互相认同的渠道，商家的形象得以展示，消费者则在认同之中表达了自己的社会态度和价值取向。于是，公益广告成了品牌形象塑造的最佳方式。此时，公益广告不仅仅是公众心声的传播渠道以及表达公众精神的途径，它同时也成为了企业的品牌传播的最佳平台。最经典的范例莫过于 2003 年的统一润滑油所作的公益广告，它借助 2003 年伊拉克战争的国际局势争端，做了紧跟形势契机的广告宣传——"多一些润滑，少一些摩擦"，不过是短短 5 秒钟，却因为其成功地利用了广告受众的公益观点和道德精神，以此营造出巨大的认同感和亲和力，将公益价值与经济利益做了极为巧妙的结合，使自身产品在一夜之间成了家喻户晓的知名品牌。

其二，公众性，传达大众的声音。公益广告是为社会共同利益而不是某些团体或组织服务的。这种对全社会成员利益的关切，归根到底都是对人类共同价值与尊严的敬重，是当仁不让地承担起了传播、弘扬、引领真善美的职责。正因如此，公益广告所传播的公益观点和社会热点，有别于商业广告所隐含的消费价值观，它以质朴和真诚来传达人性的良知和准则，代表着广大受众的心声和需求，在一定意义上最符合受众的情感模式和价值取向，因此最能获得不同阶层、职业、文化程度的受众的价值认同，同时也成了社会内部加强沟通和某种凝聚力的标志。1998 年，我国的公益广告活动，就是围绕着下岗不失志的自强精神和万众一心、众志成城的抗洪精神进行传播，取得了相当好的效果。而 2003 年，在抗击非典的斗争中，公益广告也很好地扮演了激励民众、互帮互助的角色。可以说，这些公益广告所传递的内容正是公众的心声，是当时公众最为需要的一种利益的体现。又如，在“9·11”事件发生后的一周内，在美国最昂贵的广告版面《纽约时报》上，以往铺天盖地的商业广告被公益广告所取代。“美国运通”在整版广告中表示，“我们的心与受难者紧密相连”，并保证一切业务照常运作。“美林证券”也表示了对美国金融稳定的信心，同时呼吁“面对巨大的灾难，全世界热爱自由的人民将与美国人民一起带着悲悯、勇气与力量继续前进”。150 多个全美犹太组织联名广告，除表示哀悼外，宣称“我们将继续与恐怖主义、仇恨和暴力进行不懈的斗争”。美国全国教育联盟以半版的篇幅，对全美的教师家长和儿童工作者提出六大建议，包括“不要对孩子隐瞒真相，让他们参与到哀悼的过程中来”，“表现出可供模仿的平静，与孩子共进晚餐，帮助他们做功课，让日常生活尽量平和”等等。最能体现美国精神的莫过于美国社会主流价值的追求和强调。跨国公司 Ethan Allen 以总裁 M. Faroog Kathwari 的名义在 9 月 16 日的《纽约时报》上发布整版广告：“美国强大力量的所在是人民的多元化与他们享有的自由。我们期待美国领导人继续致力于不同信仰的人民之间的团结，继续巩固美国的基本价值，即宽容、勇气、智慧和公正。”由此，在广告中传达了公众的声音，他们以整体利益作为最终的价值取向，为公益广告的公众性特征作了最好的注脚。①

（二）公益广告的社会价值

有学者认为，我们可以从不同的角度看待广告，可以不把广告死板地看做是经济事件，而把它看做是一种社会政治事件。它讲述着或参与着社会中各种力量之间正在进行的游戏。公益广告将理所当然地承担起重新塑造广告品格的重任，甚至以此对社会价值的良性呈现与塑造起到难以预估的作用，因为公益广告反映的是社会主流文化的价值观。它以提出及解释社会发展目标与价值为内涵，为知识背景、教育程度、生存环境、认知能力各不相同的社会人群，开辟了较为平等的广泛接触社会主流文化信息，分享人类及民族文化成果的最便捷化的途径。

首先，公益广告是社会主流价值观的形象传达。公益广告天然地承担着传

① 催人泪下的消防队员队服. 中国广告，2002（1）

承道德教化的责任，虽然由于某些客观条件的限制，它也必然地体现着某些利益集团的思想与价值观念（比如出现了“企业署名公益广告”的样式），但在大部分情况下，公益广告主要还是一种人文关怀的体现，是社会主流价值观的大融合。它通过大众传播途径，对人们的某种行为进行劝导，以升华人们的心灵，激发人们的美好情感。同时公益广告不同于法律，不是强制人们遵守，而是说服人们执行。现代广告常常借助优良的视听手段来影响受众，这便使得广告信息的承载获得了某种形神俱佳的保证，其渗透力也实现了空前的飞跃，相比传统的道德传播，现代公益广告的手段弥补了简单说教的空洞，它可以通过声音与画面所营造的视觉美感强化心灵的感染，通过清新质朴的语言清洁日益厚重的封尘。如中央电视台 2001 年 11 月为配合《公民道德实施纲要》的贯彻落实，推出的四则公益广告：《共同的力量》、《同升一面旗，同爱一个家》、《将爱心传递下去》、《爱我中华，再创辉煌》。通过画面中鲜艳的国旗，步伐威武的军人，行人凝神仰望的双眸，孩子无邪的笑脸等诉求信息表达，渲染出了鲜明的爱国、爱家、爱社会的公民道德主题。

其次，公益广告是社会价值观多元化的反映。公益广告作为一面人类精神层面的镜子，社会价值观的急剧变革必然会在公益广告中凸现出来，而这种凸现往往表现出多元化的特征。1999 年由张艺谋执导的《知识改变命运》系列公益广告曾引起观众的广泛反响。《知识改变命运》每条 1 分钟，以人物为主体，用纪实手法讲述一个个人物的命运。人物以普通百姓为主，涉及各行各业，有科学家、教师、工人、农民、学生、运动员、艺术家等，他们以真挚的情感、自身的经历，讲述“知识改变命运”这个共同的主题。而陈凯歌所执导的其首部公益广告片《橘子》则通过一个西北农村女孩子的故事，以“教育不仅仅为了知识，爱才是果实”为主题词，对“知识改变命运”这样的传统教育主题提出了大胆质疑。陈凯歌认为，中国教育长期存在一种实用主义倾向，“知识改变命运”就是一种当前被普遍理解并接受的教育价值观。当“知识改变命运”被漂亮的影像包装传播时，人们是否想过，按知识把穷人变成富人的表象去理解，这句话体现了一种实用主义倾向和狭隘性。陈凯歌解释，他的《橘子》是一种“审视和提示”。《橘子》提倡一种爱的教育，这种教育是广义的，不是功利的。两则公益广告在这里引发了两种教育价值观的争锋，而这恰是转型期各种社会价值观共存并相互冲突的具体表现。

最后，公益广告体现人文关怀并参与社会价值体系的重构。这是一个瞬息万变的时代，历史在生产无数优秀成果的同时，也必然留下了许多的垃圾。随着经济的发展，各种社会性疾病和不治之症、各种破坏资源的顽劣行为相继出现。而公益广告所承担的责任正是倡导文明新风，营造健康和谐的社会氛围。

它在对人的关注、尊重和维护、对人的主体性的弘扬的层面上推动着社会进步，推动人类社会向健康文明的方向发展。在我国，公益广告已经被作为规范社会公德与精神文明建设的一个重要手段，央视广告部在《广而告之》开播之初就声明："它通过提醒、批评、规劝，向广大人们群众传播各种有利于社会的思想、行为方式和道德准则，以改变人们的价值观和道德观，达到培育良好社会风气，促进社会文明与进步的目的。"国家四部委也早在1997年就联合发出《关于做好公益广告宣传的通知》，强调指出要"充分发挥公益广告在社会教育、文化传播、舆论导向等社会主义精神文明建设方面的功能"。由此可见，有学者认为，公益广告其实发挥着文化整合与审美教育的双重社会功能。在文化整合上，它可以重塑国民文化性格，疏导大众社会心理，营造时代文化氛围，参与社会文化建设；其审美功能则通过受众欣赏作品时的心理满足与精神愉悦得以实现。

【思考·练习】

1. 联系广告实例，理解传播学社会控制的基本理论。
2. 消费群体对广告的社会反馈主要体现在哪些方面？
3. 控制广告秩序的主要手段有哪些？
4. 公益广告的特征及其社会价值是什么？

第七章 广告与大众传媒

近代大众报刊出现以后，“大众传媒”这个名词开始出现在人们的视野当中。如今的大众传媒，是指在传播过程中由拥有采编人员的报刊、电台、电视台、万维网等传播组织和能够复制、传递信息符号的现代化设备组成的传播渠道。通常把报纸、广播、电视、杂志并称为“四大传媒”。随着数字化、网络化的发展，互联网络以迅猛的发展速度冲破了传统“四大传媒”的格局，成为不可小视的“新媒体”。

事实上，大众传媒发展的核心在于媒介技术。每一次传播技术的进步带动传播媒介的变革，同时也必将给广告传播工具带来革新，使广告传播拥有更广阔的空间，进而推动大众传媒史以及广告传播史的发展进程。

在20世纪的最后20年里，世界政治、经济、意识形态、社会机构、文化等都在发生深刻的变化。全球化的浪潮，使传统的民族—国家的文化系统之间的边界正在以某种方式消解和融合，取而代之的是以跨国公司为代表的全球资本主义。在全球化的经济背景下，跨国广告传播所带来的经营策略、创意构想、信息传达以及传播形态就必然呈现出全球化时代跨文化传播的所有可能性。从这一意义上说，在全球化的语境下，广告传播承担着跨文化汇流、文化冲突和文化捍卫的使命。而在全球化时代的文化背景下，包括广告传播在内的世界传播秩序的斗争也必将更加激烈，无序或不平衡的传播秩序将影响世界不同民族社群的文化认同和文化延续，从而在一定程度上影响全球的现状和将来。

第一节 大众传媒发展和广告

从传播学的角度来看，大众传播媒介通过各种技术手段传达、放大、延长人类信息，如语言、文字、书刊、电视等，使得人们在传递信息过程中远远超过其他生物。正如加拿大学者麦克卢汉所说的——媒介是人的延伸：文字是视觉的延长，笔是手的延长，书是眼睛的延长，无线电通信是人耳朵的延长……所以人们称大众传播媒介是“社会放大器”。可以说，正是借助于大众媒体，使得现代广告传播获得了更为迅速、广泛的传播效果，同时也开创了广告传播的一个又一个新纪元。

一、大众传媒和广告的演进

（一）近代报刊媒体和广告代理制

今天意义上的报纸，实际是经过了很长时间的发展与完善才形成的。世界上的第一张报纸究竟诞生于何时何地，学术界有很多的说法。有人认为1609年，德国《报导与新闻报》是世界上第一张报纸①；但是也有人认为在1597年意大利的佛罗伦萨就已经出现了报纸，而且得到佛罗伦萨大公特许，每周刊出一次商业公告。② 随后的17世纪初，在欧洲的几个国家的大城市都陆续有了报纸。

一些学者认为，第一份报纸广告是1622年出现在英国最早的报纸《伦敦周报》上刊出的一张书籍广告。③到17世纪末，英国出现了大量的商业报纸，上面刊载进口商品价格及其他商业信息。1710年，英国规定，报纸定期内在固定的位置连续刊登同样广告的，可以适当制定收费标准。这促使广告费成为报纸收入的主要来源。1704年，美国第一张报纸《中外公闻周报》改名为《波士顿新闻通讯》，改刊后第一天出现的报纸里就出现了广告。广告由著名的发明家富兰克林制作，其表现手法新颖，开创了广告应用艺术手法的先例。为此，富兰克林拥有“广告之父”之称。

中国的近代报业发端于外报，学术界一般认为澳门的《蜜蜂华报》是中国境内的第一份外文报纸。而中国境内的中文报纸最早出现在香港。1857年11月3日《香港船头货价纸》在香港地区创刊。④ 同时该报还是我国最早的中文商业报和广告报。“逢星期二、四、六初版，一张两版，从1859年5月7日（己未年四月初五日，礼拜六）出版的第237号所载内容看，该报首载少量‘新闻’看，其余均为广告，包括‘出口船’、‘前往旧金山’船、‘前往新金山’船等船期广告和出卖‘松木’、‘铜片’、‘洋硝’等类商品的广告及

① 丁长有. 广告传播学. 北京：中国建筑工业出版社，1997. 116
② 裘正义. 世界宣传简史. 福州：福建人民出版社，1993. 322
③ 裘正义. 世界宣传简史. 福州：福建人民出版社，1993. 322
④ 卓南生. 中国近代报业发展史1815-1874. 台北：正中书局，1998

‘鸦片行情’等。”① 早期的报纸广告业大都来源于为报纸出售版面，进而发展到为报纸撰写广告文案。

杂志是从报纸衍变来的。“杂志”一词最早出现于1731年在伦敦出版的《绅士杂志》，自此报纸和杂志逐渐分道扬镳。与报业广告发展的水到渠成不同，杂志广告出现得很迟，大约在1844年才出现第一则杂志广告。因为在早期的杂志创办者眼中，广告刊登越少表示一份杂志的“体面”程度越高，一直都不愿意让出版面刊登广告。后来广告主逐渐认识到杂志作为广告媒体的优势，才使杂志出版商意识到广告与杂志相互依赖、相互成长的可能性。

早期杂志多是些综合性的杂志，后来为了顺应企业营销向细分市场发展的要求，逐渐出现了针对特定细分市场的杂志种类。杂志种类逐渐增多，使杂志逐渐向类型化方向发展，这给广告主针对各自的细分市场挑选不同种类的杂志提供了更多的方便。同时为了吸引更多广告主购买杂志版面，杂志出版商也做了很多努力。

在我国，杂志的真正发展是在改革开放以后，但发展速度却相当惊人。杂志的迅猛发展不仅体现在数量和种类上的增加，更多体现在一些观念的转变。例如以前有些销量很好的期刊是“不屑”刊载广告的，如全国发行量很大的《读者文摘》（现更名为《读者》）在1991年以前都不登载广告，有点像西方早期体面杂志的做法，但是后来也意识到杂志与广告的共生性，开始在封底和插页有选择地刊登广告。虽然与西方相比，我国杂志刊登广告数量最多只有七八版，远远低于西方30~40版的水平，不过也为广告主选择杂志作为广告媒体提供了可能性。

报刊作为最早产生的大众传媒，从诞生那天起就展示出强大的广告传播能量。美国现代经济发展史上的事实证明，广告业和传媒业之间具有密切的互动关系。贝尼格的《控制革命》一书的数据统计表明，在美国无线电广播诞生时，美国广告费用中有48%为报纸，18%为直接邮寄，9%为杂志，3%为商业报纸，2%为户外展示，其余20%归数以百计的其他更加专业化的媒介，如乡村周报等。② 美国当时的广告费用的分布显然表明广告业对报纸，尤其是日报的强烈依赖。与此同时，报纸对来自广告的收入也依赖日深。1879年，美国日报的总收入中40%来自广告。至1919年，来自广告的收入几乎占美国日报的总收入的2/3。1902年，芝加哥的一家百货公司Mandel Brothers同《芝加哥

① 刘家林．中国近代早期报刊广告源流考．新闻大学，1999

② 张咏华．媒介分析领域的重要理论成果．新闻大学，2000

论坛报》签约，每年在该报以10万美元的一年统一收费率每周6天刊登公司的整版广告，此事一时成为了重大新闻。

可以说，近代报刊的兴起为现代广告业的萌芽提供了重要的阵地和推动力。广告代理制正是在报刊广告发展的基础上，顺应大众传媒时代广告业发展需要而产生的。

广告代理制是指广告活动中，广告主委托广告公司实施广告宣传计划，媒体通过广告公司承揽广告业务的经营体制和机制。在这种广告操作模式下，企业只负责提供市场战略企划，而具体的广告策划书与媒介实施，则交给其广告代理公司完成。早期的报刊广告业的发展大都来源于为报纸出售版面，进而到为报纸撰写广告文案。这些广告活动主要也是由个人自办或报刊社附带办理，并不成为一种专门的行业。尽管1630年巴黎曾经出现过类似广告公司的服务，但其业务是十分有限的。因此，一些重视广告推广的大公司基本上会设立广告部，而报刊业纷纷设立广告部，负责向广告主兜售报刊版面，其间当然也不乏个人从报纸包下版面，然后再卖给客户。他们对广告业的发展尤其是广告代理制的萌生，做了重要的尝试和探索工作。虽然还是散兵游勇，但是从他们的行为上，我们已经可以看到广告代理的端倪。在美国南北战争时期，曾出现了一次全国性的广告活动。当时的财政部长考克起用广告代理人沙托克协助发行美国战争公债。在他的努力下，当时有5 000多种报刊刊登推行公债的广告，结果公债销售获得了20亿美元的成绩。可以说，广告在其中发挥了重要的作用，而广告代理人在其中所发挥的作用也让人们看到广告代理制的光明前景。

1841年，沃尔尼·B·帕尔默在费城创立了美国最早的广告公司。他们向客户收取服务费，并从报纸那里包下版面，然后卖给客户；同时，他们也充当广告主的代理人。这个迈出现代广告业重要的一步，标志着现代广告业的广告代理制的萌芽。具有现代特征的第一家广告公司是美国艾尔父子公司，1869年成立于费城。他们在1870年说服报社，首创了佣金制度，即替广告主代买版面，然后收取相当于广告费15%的佣金。这种做法后来又推广到了杂志。从此一种全新的行业——广告代理业诞生了。

1887年成立的美国报业联合会，明确广告代理人可以在代理业务中收取佣金。这大大推动了美国近代广告业的发展。到1900年，美国全年广告费金额已经达到5.42亿美元，比1865年增长了11倍。提供现代广告服务的广告代理人全面代替了过去的散兵游勇，他们为客户提供广告计划、广告创作设计等，与今天已无二致。

20世纪初的中国广告业在外国商品广告的带动下也曾经达到一个高速发展期。1911年世界广告学会在美国成立后，万国函授学堂上海办事处便与我国广告文化界人士联合发起组织了“中国广告公会”，“这大概是中国广告文化史上最早与世界有联系的惟一一家全国性广告机构”，“在一定程度上推动了我国广告业与国际广告业的接轨”。① 为了在激烈的商战中展开竞争，那些外国企业和较有实力的民族工商业都在企业内部设立广告部，开展广告活动。而更多的那些没有条件设立广告部的企业便依靠广告代理商经营各种广告活动，因而促使了一些广告社和广告公司的成立。“仅 20 年代，上海的广告公司和广告社就有 30 家之多……到了 30 年代，上海进入广告的全盛期，号称四大广告公司的华商、联合、美商克劳与英商美灵登在广告运作上日趋专业化，他们十分重视广告画面的设计与文字撰写，努力提高现代广告的艺术水平……”②

广告代理制的出现，表明现代广告时代已经来临。

（二）现代电子传媒和广告发展

19 世纪末 20 世纪初，电波发射技术进入传播领域。继电报、电话等的发明，广播、电视相继问世，为广告传播活动开辟了广阔的前景。较早出现的无线电广播对于现代信息传播业的影响是极其深刻的，它标志着大众传媒从印刷时代进入了电子时代，意味着信息传播更快捷、更广泛、更易于接受。

美国是世界上最早开设广播电台的国家之一。1906 年世界上第一座广播电台在美国创建。第一个取得营业执照的电台是匹兹堡市西屋电气公司电台。下面是一则关于最早的广播广告节目的故事。“1920 年 9 月 29 日，匹兹堡市的一家百货公司为推销其自制的收音机，刊出一则广告，表明每台收音机售价为 10 美元。这则广告引起了西屋电气公司的注意。公司想到如果播出广播广告节目，一定可以推动收音机的销售。于是向美国商务部申请了营业执照，是年 11 月 20 日开始播音。虽然当时听广播的不足 1 000 人，但社会影响却非常巨大。”③

从 1920 年到 1923 年间，美国的无线电台迅速发展到了 576 座，很快进入了一个稳定增长阶段。1922 年 8 月 28 日，纽约的一家房地产商出资 100 美元，向美国电话电报公司设在纽约的 WEAF 电台购买了 10 分钟的广告时间，在当天下午 4 点 55 分开始播出以“问候”顾客为主题的广告。这是迄今知道的世界上最早的付费广播广告。而到 1928 年时，美国广播广告的费用已经达到 1 050 万美元。

---

① 赵恩芳. 现代广告文化学. 济南：山东人民出版社，1998. 29
② 赵恩芳. 现代广告文化学. 济南：山东人民出版社，1998. 37
③ 丁长有. 广告传播学. 北京：中国建筑工业出版社，1997. 125

1922年底，美国人奥斯邦在上海创办中国无线电公司，并于1923年开始向上海播音。这是我国的第一座广播电台。而完全由中国人自己办的电台是诞生于1926年的哈尔滨无线广播电台。在全国解放前，我国广播电台最高记录是131座，收音机拥有量在100万台左右。新中国成立以后，大力发展广播事业，全国各省、市、自治区都建有地方性电台，一度使广播在我国成为比报纸、电视普及面、覆盖域都广泛的大众媒体。

无线电广播的“黄金时代”是20世纪的30~40年代。尤其在第二次世界大战前后，广播事业盛极一时。不过好景不长，40年代后期，电视的问世为整个传播业带来了空前的革命，这种声情并茂的传播媒体很快吸引了亿万观众，也吸引了广告主的兴趣。许多西方观察家甚至大胆预言“电视宣言了电台的死亡”。第二次世界大战后，尤其是20世纪50年代，电视在世界各地普及起来，观众数量也随之急剧上升。据意大利艺术理论家古阿而福的资料统计：1958年，全世界上电影院的人数就达150亿人次，而看电视节目的观众多达2 000亿人次。

1958年5月1日，我国第一家电视台——北京电视台（中央电视台前身）开始试播，每周两次，每次一个半小时到两个小时。同年9月2日开始正式播放电视节目。1972年，中央电视台开始发展彩色电视播放业务。1979年1月28日17时5分，上海电视台播出了国内第一条电视广告“参桂补酒”。自此以后，我国电视也与广告结下了不解之缘。如今电视广告的影响已经远远超出其他广告，位居第一。

广播电视的出现不仅改变了过去媒体广告的结构，同时也正在改变媒体和广告业之间的关系。广播在鼎盛时期，一度凭着巨大的传播效率，吸引着广告主将以往全部投给印刷媒体的钱转投给广播，致使广播广告收入占当时各国广告收入的比例连年上升。电视的出现更是使得电视广告迅速攀升到了四大传媒之首。随后的时间里，电视广告收入都具有压倒性的地位。电子传媒时代，广播电视为广告带来了良好的传播效果。这种例子，在我们生活当中随处可见。最典型的是哈尔滨制药六厂，目前企业的总资产尚不到亿元，但是它们2000年度投入电视广告的费用竟然达到7亿元左右。当然他们的投资并非是盲目的，因为1999年的广告投入为企业增加了46%的利润——哈药六厂的税后利润从1998年的1 698万元增长到1999年的2 483万元。在许多人看来，电子传媒正在缔造一个“商业神话”：广告可能创造巨大的回报，广告所产生的利润甚至是生产技术的改进或者扩大投资所不能比拟的。

随着广播电视的普及，它们与广告之间的关系也变得日益密切。在广播电视发展初期，广告主采用赞助的方法，出钱资助整套节目，并对由其资助的节目进行直接控制。美国骆驼牌香烟就曾从1947年起开始资助全国广播公司的新闻节目。后来鉴于独立资助电视节目的方式开销太大，大多数企业无力支持，因此才出现了插播广告的形式，同时也使得更多的广告主加入到利用电视媒体的行列中。但是从那以后，电视也逐渐变成了主动适应广告的媒体，电视对广告的依赖性越来越大。如今大多数国家的电视广告占电视传播费用中最大的一部分资金来源。这也就无怪乎美国全国电台电视广播协会会长哈罗德·费洛斯雷在20世纪50年代后期就感叹道，假如广告突然停止，那将使全国400家电视台关闭。与此同时，电视业对于广告主的依赖也使得广告主对电视节目的渗透性日益突出。判断一则电视节目好坏的标准不仅仅在于收视率的高低，更在于广告主愿不愿意出资赞助。现在的发达国家，除了禁止或严格限制播放电视广告的国家，任何一家电视台在制作节目时都会考虑广告主的意见，并征求主要广告主的意见。

随着现代科学技术的发展，电视还向卫星传送、网络化发展，使得电视业的覆盖域不断地扩展，其受众面也不断扩大。可以说，现代传播技术为电子传媒业走向跨国发展，实现产业的国际化、全球化提供了良好的条件，而与此同时广告也逐渐地拓展起跨国业务来，广告业的全球化也逐渐地步入了成熟期。

二、新的传媒技术和广告

（一）传播技术的数字化和网络化

1995年，美国麻省理工学院教授兼媒体实验室主任尼葛洛旁蒂在他的著作《数字化生存》中，将我们现在所处的时代定义为“数字化时代”。他认为，如果说物质时代世界的基本粒子是“原子”的话，那么构成信息时代新世界的基本粒子就是“比特”（bit）。“信息高速公路的含义就是以光速在全球传输没有重量的比特。”尽管“数字化将决定我们生存”的论断一度招致一些人的质疑，但相信没有人能否认眼前的事实：数字化时代已经来临了。

在传播的过程中，数字传播主要是以计算机为工具，以二进制代码0和1为载体的信息表达和传播方式。这种传播技术的变革主要源于计算机的诞生。1946年，世界上第一台通用数字计算机问世，这是人类科技史上具有深远意义的一个里程碑。1981年8月12日，美国国际商业机器公司（IBM）推出了第一台个人计算机（PC：Portable Computer）IBM5150后，更为计算机在各行各业包括传媒业中的普遍使用打开了大门，由此也带来了大众传媒的又一次革命性变化。计算机技术的不断提高和广泛使用，大大提高了人类处理、存储信息的能力。而计算机网络的出现，又大大提高和扩展了人类信息传播的能力。

数字化是指“信息（计算机）领域的数字技术向人类生活各个领域全面

推进的过程，包括通信领域、大众传媒领域内的传播技术手段以数字制式全面替代传统模拟制式的转变过程”。① 简单地说，数字化发展经历了五个阶段。第一阶段，20 世纪 50~80 年代，英文符号和数字的表达阶段，这个阶段使用的技术是“信息交换美国标准代码”，其数字化影响主要限于科学技术领域。第二阶段，20 世纪 80 年代，文字处理阶段，这时计算机的功能从处理数字、字符扩展到文字，它带来了科学工作者“大换笔”和“大换脑”。第三阶段，从 1990 年代开始，数字化发展到多媒体阶段。这时候计算机才真正走进了“寻常百姓家”，开始影响人们的工作、生活、休闲和娱乐。1995 年，网络开始出现，它是数字化发展的第四阶段。网络是计算机三大前沿技术——网络技术、数据库技术和人工智能技术结合的产物。而网络和多媒体技术又将数字化推进到最新发展阶段——虚拟化阶段。②

报刊数字化的进程开始于 20 世纪 70 年代，主要是排版印刷工艺环节的革命，即用计算机激光照排系统和平版胶印代替统治了 400 年的铅排铅印。中国书报刊自 80 年代中期开始使用这一技术，经过“748 工程”（即 1974 年 8 月启动的汉字精密照排研制工程）20 年的开发、推广，在 90 年代中期，基本完成了从铅排到激光照排的过渡。“这一巨变使书报刊出版业告别了铅与火，进入光与电的时代。”③ 进入 20 世纪 90 年代，随着计算机网络技术的发展，各大报社纷纷建立采编业务网，编辑部和其他部门开始普遍使用包括计算机在内的多种数字设备。90 年代中期以后，互联网的迅速发展使报刊社的全面数字化进入了议事日程。报刊社通过自己的网站发布新闻信息，报刊电子版（或称网络版）形态出现。

报刊数字化迈向更全面更成熟的标志是报社综合新闻业务网（NISN，News Integrated Services Network）的建立和运作，它构成了报社的数字化平台。这一自动化管理的网络系统实现了对报社生产和管理的全过程一体化控制。另一方面，20 世纪后期，随着大容量光盘的存储介质的出现，以及多媒体技术的开发与应用，当代出版业的“出版”概念较传统有了重大改变：数字化的电子出版物开始不断涌现。而广义上电子出版还要包括网络出版，即出版物以比特文本的形式通过计算机信息网络传送或由读者直接从网络上调阅的形态。虽然这些电子出版物对于报刊阅读方式似乎没有本质的改变——打开电脑，从网上或光盘中调阅报刊内容，只是印在纸上的文字变成了显示器上文字而已，

---

① 闵大洪. 数字传媒概要. 上海：复旦大学出版社，2003. 1

② 鲍宗豪. 数字化与人文精神. 上海：三联书店，2003. 22

③ 闵大洪. 数字传媒概要. 上海：复旦大学出版社，2003. 12

但是它的传播网络却为报刊传播提供了更广阔的潜在市场。尤其通过互联网络的世界性传播，报刊能够突破传统的传播途径，打破地域局限，扩大报刊影响。这意味着我们可以随时从网上阅读美国的《纽约时报》、英国的《泰晤士报》、法国的《世界报》。我国的《人民日报》、《CHINA DAILY》、《经济日报》等许多报纸也纷纷推出了自己的网上电子版，把互联网作为报纸发行的另一种新式印刷版。

20 世纪 90 年代中期出现了全新的数字音频广播（DAB，Digital Audio Broadcasting）。它是以数字音频为技术基础、计算机技术为辅助的广播，节目信号传输的载体和节目播出的是数字音频信号。数字技术在广播领域的发展和应用，是广播发展史上继模拟技术后的第三个里程碑。

数字技术与电视的结合，同样也给电视发展带来了革命性的变化。数字电视（DTV，Digital TV）从传播方式划分，包括卫星数字电视、有限数字电视和地面无线数字电视；从画面的清晰度划分，包括高清晰度电视（HDTV）、标准清晰度电视（SDTV）和普通清晰度电视（LDTV）。当然，电视的数字化绝不仅仅只是画面质量的提高，它带来的将是多样性的服务和交互式的服务，如浏览互联网、远程教育、视频点播等，为电视机、收音机、计算机“三机”功能交叉，广播电视网、电信网、计算机信息网“三网”业务融合提供了技术上的可能性。值得一提的是，目前我国各大电视台正积极发展网上视频点播、专项视频服务、有线电视宽带上网等服务。可以预见，在未来的几年里，我国的电视观众将拥有更多、更便捷、更具主动性的电视节目收看方式。

数字化和网络化的最大特点是开放、共享、兼容，其进程使得传统的传播格局及传媒自身发生了重大的变革。传统产业面临数字传媒新产业的颠覆，与此同时过去泾渭分明的信息（计算机）业、电信业、大众传媒业三大领域，不仅出现业务上相互交叉及“三网融合”的趋势，而且出现了跨领域的并购与整合。

任何先进的技术一旦向公众开放，它都将成为传媒的一部分并为广告传播所迅速采用。造纸术和铅印技术将报刊广告推上了历史舞台，无线电波技术的运用催生了广播广告，电视机的出现则迅速地让广告商尝到了电视广告的甜头。在数字时代和网络时代，传统四大传媒及广告业同样也将数字技术纳入了其核心技术和普遍应用的技术。因此，这一切日新月异的变化，最大的受益者莫过于广告业，使得广告的传播进入全面“渗透”的时代，也使得全球化媒体和广告的全球化变成可能。

（二）网络广告发展的现状和问题

前面我们提到，互联网是数字化的一个重要产物。它出现以后很快就得到商业化运作。自 20 世纪 90 年代中期，互联网商业化运作后，在全球得到了迅速发展和空前普及。如今，互联网已经和报刊、广播、电视传媒一样成为举足轻重的传媒形态。根据美国互联网广告局（IAB）1999 年的统计，互联网的网络广告就达到了 46 亿美元，第一次超过了有线电视的广告总收入。

网络广告一般可以分为广义和狭义两种。广义的是指企业在互联网上发布的一切信息，包括互联网域名、网站、网页、E-mail 等；狭义的是指建立含广告内容的点击条，用户通过点击，被带入广告主的万维网（WWW，World Wide Web）节点。以下除了特殊说明，我们所说的网络广告指的是广义的网络广告。

网络广告的历史要追溯到何时，我们已经很难界定了。有人认为最早尝试在 Internet 进行商业宣传的是两个美国律师 Laurence Canter 和 Martha Siegel。1994 年夏，他们向 Internet 的 7 000 多个新闻讨论组发送了自己的法律服务广告。然而事与愿违，他们的广告换来的却是网民的"狂轰滥炸"，有的"黑客"破坏了他们的信息，导致他们通向信息高速公路的通道被阻断，而不利于他们的谣言则在网上四处传播。不过就在同年的 10 月 14 日，网络杂志 Hotwired 在其网络版主页上成功发布了第一个网页广告，其中包括 AT&T、VOLVO 和波音公司等 14 个客户的广告横幅。

我国业内人士认同的第一个商业性网络广告出现在 1997 年 4 月，广告主是美国 IBM（国际商用机器公司），广告发布网站是 Chinabyte。当年全国的网络广告销售额仅为 200 万元人民币。到 1999 年，我国的网络广告才真正开始启动，据业内资深人士统计，到 2000 年网络广告收入已超亿元人民币。①

经过短短几年的发展，网络广告已从试验阶段发展成每年十多亿美元的产业。目前互联网广告的主要形式有：

（1）横幅广告（Banners）。这是最常见的网络广告形式，通常位于网页顶部或底部，或网站易于交互的页面上。

（2）按钮广告（Buttons）。它形式上与横幅广告大体相同，只是尺寸较小，往往在屏幕的一角排列，点击进入后出现详细内容，表现手法简单明了。

（3）弹出窗口广告（Daughter window），又称弹跳式广告。在用户进入网页时，广告宣传页面会在网页的上方跳出。

（4）直邮广告（E-mail newsletters）。许多网站公司通过免费信箱在发给用户的新闻邮件中，加入广告内容。类似随报刊发放的广告。

（5）赞助广告（Content sponsorship）。通常由一家或几家客户以赞助的形

① 冯璞如. 传统媒体广告业的潜在对手——网络广告. 中国广播电视学刊，2000（10）

式进行，在赞助内容中标有公司 logo 及超链接到公司网站，以此扩大品牌知名度。主要有内容赞助、栏目赞助和节目赞助等几种形式。

（6）新闻讨论组（Discussion group or chat）。广告主可以组织在网上进行新闻讨论，就产品性能、优劣性等发表全体讨论和观点发布，或与专家进行在线问答解疑。这给广告主提供了更多接近目标客户的机会。

（7）信息页面（Information pages）。企业可以建立自己简单的网站，或只针对某些产品类别进行重点宣传。在用户点击其他网络广告形式时，通过超链接进入该页面查询相关产品信息，或进行在线登记后提交。

（8）导航广告（或称目标通讯）。在门户网站或相关网站的导航点上建立自己网站的引导。

作为最新的广告媒体，网络广告日趋兴旺的同时，也面临来自对广告发布的评估计量的挑战。从技术角度来说，受众目标最明确的交互性网页广告可以成为最能精确计量的广告媒体。由于用户的主动参与，它可以精确了解每则广告的旗帜或按钮的点击数。但是广告主对由网络广告提供商的统计数字并不满意，因为网络广告商完全可以编制程序制造出“泡沫”点击率。即使是一些独立的监测网络广告效益的评估机构所提供的权威统计有时也不能反映真实情况。因为一个用户可能多次点击，从一个网页跳到另一个网页，而对广告内容并未留下多大印象。因此对广告主来说，点进率或访问率比点击率更有意义。

目前各网站和网络广告提供商的广告计费标准不尽相同，有的按传统媒介的价格模式即千次印象成本（CPM）计费，有的包月计费，有的则按实际点到页面次数计费，而对点击次数（hit）、印象次数（impression）和点进次数（click-through）尚无统一的定义。因此，网络广告的进一步发展有待于对其有效性及影响力的正确评估以及建立在此基础上的价格模式的进一步改进和完善。总的来说，网络广告的定价模式缺乏标准，而网络作为一种媒体，本身的复杂性也妨碍了整个标准化的过程。虽然网络广告业“环境混乱、信息缺乏”，但是业务量却仍然蒸蒸日上。难怪传统传媒都不得不正视来自于网络的威胁，纷纷借助数字化和网络化技术，提升自己的竞争力。

第二节　广告与传媒产业

改革开放之后，尤其是市场经济体制确立后，我国大众传媒业的运行机制、传播观念、传播手段和方法等都有了相应的调整，我们对大众传播媒体的性质、作用的认识已经有所变化。同时，借鉴国外研究界对大众传媒属性的探讨，我们认为大众传媒具备有政治意识形态和经济产业双重属性。明确大众传媒的双重属性对于正确认识传媒产业、发展传媒产业具有十分重要的意义。在强调其政治属性的同时，还必须重视其经济属性，必须讲究经济效益和社会效益的统一。

跨媒体经营是近几年来国际传媒界出现的新的发展潮流，也是今后传媒业发展的必然趋势。跨媒体经营是将报纸、广播电台、电视台和互联网站的采编作业结合起来，资源共享，集中处理，衍生出不同形式的信息产品，通过不同的平台，传播给各类受众。其实质是整合内容与渠道资源，从而取得最大的效益。由此，广告和跨媒体公司经营之间的关系也产生了新的动向，朝着更加多元化的方向发展。

一、大众传媒的双重属性

（一）大众传媒的属性特征

改革开放之前，由于某种社会政治与历史的传承，我国的大众传播媒体如报纸、广播、电视等，都是依靠国家财政供养的事业单位，被视为纯粹的上层建筑意识形态的设施之一，其宣传教化的作用被强调到近乎惟一的程度。改革开放之后，尤其是市场经济体制确立后，大众传媒业的运行机制、传播观念、传播手段和方法等都有了相应的调整，我们对大众传播媒体的性质、作用的认识已经有所变化。同时来自国外各种媒体的挑战，也要求我们尽快做好同发达国家和地区跨国媒体集团全面竞争的准备。其中十分重要的一个问题是对大众传播媒体的行业性质的界定。

关于大众传媒的属性问题，我国学术界见解不一。他们观点的交锋之处主要集中在它到底是“事业”还是“产业”的问题上。

不同的观点概括起来主要有几种：

（1）“多种属性”说。有学者提出了报纸是一种附带有形物的服务形式的观点，试图化解理论界长期存在的报纸是不是商品的争论。随之有学者研究纸质媒体时提出了报纸的“多种属性”说，认为报纸是一个综合体，具有政治属性、信息属性、文化属性和商品属性。近年在研究报业集团时有学者又提出，我国的报业集团完整的提法是有中国特色的、社会主义的、现代化的报业集团，其基本属性包括：国家属性、政治属性、时代属性、产业属性。

（2）“公益性事业”说。有学者认为，报纸、广播、电视的运行过程中，虽然有一部分经营行为，但从总体上说，它的发展和建设不是以盈利为目的的，而是社会公益性的投资。正因为如此，报纸、广播、电视在许多方面得到了国家的财政支持和优惠政策，许多重要的基础设施是由国家财政拨款兴建的。特别是老少边穷地区的广播电视事业在相当长的时期内还离不开国家财政拨款，否则诸如“村村通广播电视”这样造福于民的工程就难以进行。

（3）“特殊产业”说。持这种观点的学者强调，我们社会主义国家的性质，决定了报刊、广播、电视是党、国家和人民的喉舌。大众传媒的工作就其根本性质和任务来说，它首先是属于宣传思想、意识形态领域的工作，报社、广播电台、电视台实际上是党和国家的舆论宣传机构。他们主张，报社和广播电视部门只能按照党性原则、新闻宣传规律规范自己的行为，反对将市场经营活动中的商品交换原则引入到宣传工作中。

（4）“传媒产业化”说。持此论者认为，20 世纪 90 年代初，国家就已经把报纸、杂志、广播、电视列入第三产业行列，他们把大众传媒业面向市场、发展经营的改革实践称之为“传媒产业化”，或者认为是在逐步向“产业化”迈进。有的学者在文章中直截了当地指明，产业化即市场化、商品化。

综观上述观点，“多种属性”说和“公益性事业”说对于大众传媒的定性都过于严谨，显然已经不符合我国大众传媒市场在近些年的实际情况。在市场经济体制确立之后，我国大众传播媒体很大一部分已面向市场，进行企业化运作，虽然它们也保留公益性功能，但已非纯粹的“公益性事业”了。“特殊产业”说十分明确地承认大众传媒的产业属性，但又过分强调这一产业政治功能方面的特殊性，这样便掩盖了大众传媒业的产业特性，不利于该产业的发展和与国际的接轨。“传媒产业化”说的可取之处是勾勒了我国大众传媒业的发展路径，尤其是我国加入 WTO 后大众传媒业的必然走向。但主张把媒体改组成公司，完全按企业来办，这显然也是不符合现实国情的。毕竟大众传媒机构不管怎样改革，也不能仅仅追逐经济利益，它还要承担传播精神文明的社会责任。

从西方来看，由于西方资本主义国家的传媒从发展的初期就有大量的商业资金注入，广告业始终能紧跟传媒业的发展步伐。因此，从全球范围看，自从大众报业出现以来，大众传播媒体的产业性质就已经得到了逐步确立；待电影、广播、电视等现代媒体出现后，大众传播媒体的产业性质更加明显。但是，应该说，西方的传媒研究学者，都认为大众传媒与意识形态之间存在着密不可分的联系——媒体的意识形态功能（角色）是大众传媒的重要和首要的功能。随着传播全球化的深入，大众传媒几乎进入和影响了现代所有的政治场景和政治活动，而另一方面，控制与利用大众传媒早已成为政治行为主体必须考虑的重要政治行为之一。在大众传媒和政治之间，政治对大众传媒的影响是决定性的。这表现在：政治对大众传媒的政治性和阶级性归属具有决定性影响，也就是统治阶级掌握着“文化霸权”；政治发展状况对大众传媒的发展水平具有决定性影响，政治秩序的良好可以带动大众传媒的繁荣，反之则传媒业也会受到反面影响。

另一方面，从国外的现代传媒业的发展来看，大众传播媒体在兼顾特定宣传任务的同时，作为十分重要的产业，为资本主义社会创造了巨额财富，并成为现代社会投资回报率最高的产业之一。自20世纪以来，那些超级媒体跨国公司向全球的成功扩张，始终同雄厚的资本积累联系在一起。美国在全球信息媒体市场上的销售额已经达到每年2 500亿美元，1996年，美国进入“世界电视百强”的24家电视公司收入总和超过500亿美元。

据国家权威部门统计，中国传媒产业已成为继电子信息、制造业、烟草业之后的第四大利税产业。近年来，中央政府也出台了促进媒体产业化发展的措施：限期撤并中央和地方政府各部委局所属的报纸，令其与政府部门脱钩，依靠产业化经营模式谋求生存和发展，改变长期以来的“官办官订”的报纸存活机制。应该说，这项政策将报纸“逼”上了产业化运行的轨道。

因此，大众传媒的产业属性是其重要的双重属性之一。换句话说，在强调其政治属性的同时，还必须重视其经济属性，必须讲究经济效益和社会效益的统一。因此在面对一个买方市场的情况下，要想为社会所接受，大众传媒的生产者就必须在相当程度上考虑如何进行媒体产业经营的问题。

（二）大众传媒的“二次销售”

我们知道，媒体之所以是成为特殊产业，在于它拥有的是双重市场——零售市场和广告市场。而这种双重市场的根本在于传媒产品具有双向销售的天然属性，即传媒产品具有高回报潜质：既可以靠出售产品得到收入，同时又能够向广告客户收取高额费用。普通商品出售一次即完成其价值交换，而传媒产品存在着两次售卖现象。媒体在向受众提供和推销信息的同时，又提供给广告客户一定的版面或媒体使用时间。在这两次售卖的过程中，受众和广告客户都必须支付一定的货币使媒体完成传播过程中的价值实现和资源补偿。从中我们可以看到，传媒产品在传播过程中，产生了发行和广告两个收入。其中广告收入远远大于发行收入。

报纸、杂志产业的发行收入是指通过报纸的订阅、零售获得的收入，电视产业的“发行”收入是指卫星电视和有线电视的“收看费”，而广播则不能从“发行”中获得任何收入。但即使是报纸、电视这样的有发行收入的产业，也由于印刷、纸张及电视制作费用的高额投入使得发行收入甚至不能为维持媒体基本运作提供有效的补偿，因此，它不能成为传媒产业的赢利部分。尽管报纸的发行竞争和广播电视节目的推广对于传媒收入的直接贡献十分有限，但作为传媒产业主打“产品”的中介，由此带来的发行量的上升和收视率的提高所获得的成规模的社会注意力资源，则可以给它带来巨额的利润回报——即对传媒所凝聚的规模巨大的社会注意力资源所感兴趣的广告客户的广告费投入。有统计表明，在市场经济最为发达的美国，报纸的广告收入占其总收入的70%左右，广播电视的广告收入也均占其总收入的95%以上。①

但是，媒体的发行和广告并不是一种并列的关系，从“发行量螺旋”模式我们可以清楚地看到：发行量上升——→对广告商吸引力增强——→办报资源增加——→报纸质量提高——→刺激发行量进一步提高；反之，发行量下降——→对广告商吸引力下降——→办报资源减少——→报纸质量恶化——→发行量继续下降，直至难以为继。这种螺旋循环模式对于电视（收视率）、广播（收听率）和网络（浏览率）也是一样成立。从中我们还可以看出，发行市场不仅具有实现传播功能、衡量媒体质量、获得发行（或销售）收入的作用，最重要的是它还具有重要的隐性功能——吸引广告客户，带动广告市场。经过大量数据分析发现，发行市场的传媒产品表现，即发行量上的差异会在广告市场上成倍放大，发行量大的传媒产品通常可以获得远远超出其发行量比例的广告收入，而居于次要地位的竞争对手，虽然在发行量上仅少一点，但是在广告收入上却有可能被抛得很远。

不过，还有一点在该模式中并没有得到体现。还是以报刊为例。在报业市场上，读者和报社之间按商品成本原则进行交易，而广告主则按价值原则来支付购买报社的广告版面费用。按成本原则定出的价格一般是“顺价”，而按价值原则定出的商品价格往往是“高价”。但是，一旦报社有了丰厚的广告收入，就可以不遵循售报的成本原则，即不按“顺价”，而是以低于报纸的生产成本甚至纸张成本的廉价出售报纸，从而吸引更多的读者进入报纸传播网络，扩大无形资产，形成良性循环。广播、电视和网络媒体则更是以“无偿”出售节目来完成其与受众的交易。

从报纸的“负定价”发行（即报纸的定价低于它的成本）和广播电视节目的“无偿”收视中，我们可以知道，传媒业并不是依赖出售自身产品获得全部经济回报的。而这也是传媒产业不同于其他产业类型的一个重大区别点。加拿大著名的传播学者麦克卢汉曾经在20世纪60年代明确指出了传媒的特殊经济运作形式：传媒所获得的最大经济回报来自于“第二次售卖”——将凝聚在自己的版面或时段上的受众“出售”给广告商或一切对于这些受众的媒体关注感兴趣的政治宣传者、宗教宣传者等。

我们可以看到，伴随着新闻信息的流动，有一种稀缺资源也在流动，那就是受众的注意力。换句话说，传媒业是以社会注意力资源为主要经营对象的经

① 范东生. 传播学原理. 北京：北京出版社，1990. 338

济产业。传媒业的经济学基础是注意力经济理论。这套理论包括目前正在崛起中的以网络为基础的“新经济”，其本质也是“注意力经济”。由于人们的信息主要来自视觉，所以又有人把注意力经济称为“眼球经济”。在这种经济形态中，最重要的资源不是传统意义上的货币资本，也不是信息本身，而是相对于无限信息供给而言的有限需求——注意力。麦克卢汉在分析免费电视的经济回报时指出，电视台实际上是通过一个好的节目来吸引观众的关注，观众的付出不是金钱，而是排他选择后的关注——这是一种隐性的收费，而当社会上的注意力资源越有限，这种能够将这种稀缺资源凝聚起来的“注意力产品”的价值就越高。因此，大众传媒在产业经营的过程中，之所以能够产生巨大的经济效应，很重要的一点就是传媒信息及文化能够吸引众多消费者的注意力，并形成强大的消费驱动力，最后通过购买传媒产品，完成它的价值创造过程。

二、广告与媒体营销

（一）广告和媒体经营的特征

传媒产品逐步走向市场和传媒市场逐步形成、发展的过程，促使媒介产业的经营成为现代传媒面临的重要问题。在西方发达国家，传媒早已形成了庞大的产业规模。现代传媒业已经高度商业化，激烈的竞争使广告收入一般在传媒业收入中占到3/4强，甚至更多，成为传媒业发展的主要支柱。

为了更好地推动我国传媒产业化进程，我们必须弄清楚媒体经营的相关特征及其和广告的关系。

首先，要考虑媒体经营的非经济因素。从经济学角度来看，传媒业生产和传播的信息产品的消费往往不能等同于一般商品的消费。前面我们说过，传媒业具有的意识形态属性和产业属性，并不是完全平等的。新闻传媒的意识形态性质更具有本质性，也就是说，新闻传媒终究不能成为以赚取利润为终极目标的一般企业，而只能是一种政治上担负着重要社会责任和义务的、在经济上可以以产业方式运作的特殊组织。因此，在媒体经营过程中，广告的制作和投放，首先要牢记的是不能与当地的政治、法律、民族文化等意识形态相违背。2004年，国际著名运动品牌耐克的一则广告，就因为涉嫌有损中国的民族情感，而遭到网民的抨击，最终被迫从各大媒体中撤播。

此外，由于我国传媒具有事业单位、企业化管理双重身份，使得传媒业在经营过程中，还要受到非经济因素的制约。因此，在媒体的广告价格形成机制中，定价因素应当考虑政治和经济两个方面，如图7-1所示。

其次，协调广告主和受众的利益平衡。在传媒经营的“两次销售”中，媒体可以说是一仆侍二主，一个主人是受众，另一个是广告主。但是当两个

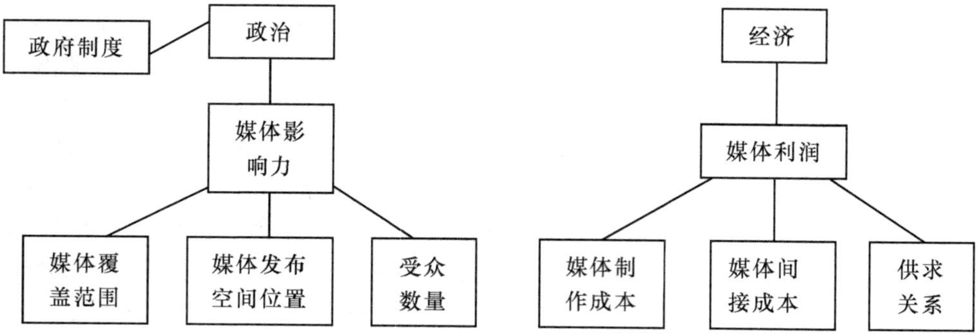

图 7-1　媒体价格形成因素

"主人"发生矛盾时，"仆人"应当服从谁？或者说，传媒业的产品定位到底应当取决于受众还是广告商？传统观念认为，多数人的看法是服从受众；传媒业的政治属性，也要求如此；从"发行量螺旋"模式来看，也认为受众的注意力是传媒经营中"两次销售"得以实现的基础。但是从注意力经济的观点看问题，这种观点是不全面的，事实上注意力的使用者——广告主是另一个上帝，在某种情况下还是更重要的真正的"上帝"。

目前媒体广告收入的绝对比例，也集中反映了媒体对于广告业的"寄生性"。广告客户在某种程度上成了媒体经济杠杆的砝码。近年甚至出现少数几家大的广告客户左右省级电视台经济实力的局面。在 1997 年的下半年，国内各地电视台的广告收入曾不同程度地出现下滑趋势，究其原因是，国内诸多大企业，如长虹、海尔、康佳等，纷纷"抢滩"凤凰卫视中文台，并将部分资金转向互联网广告宣传。因此，从理论上来说，媒体的受众生产要在坚持社会效益第一的前提下，尽可能地满足广告商的要求。

美国学者达拉斯·斯密塞的"受众商品论"认为：传媒生产的思想、娱乐、形象，是为了吸引受众的，这与以前小酒店为了吸引顾客饮酒而提供"免费午餐"没有太大的差别。在他看来，受众或受众的劳动力才是媒体的主要产品。广告商为取得受众而付钱给媒体公司，受众于是被转交给广告商。这就意味着"媒体商品化"不仅仅包括媒体公司出版报纸、制作广播电视节目、制作电影等直接过程，而且把广告商或资本也包括进来了。在这个过程中，最关键的问题在于，在媒体产业链中，媒体制造了符合广告商需要的受众。这也就决定了媒体在开设一个新栏目或板块时，他们需要考虑的是广告主的意识先行问题，而不是内容或是受众取向先行的问题。

但是，在考虑广告主的利益的同时，受众的利益也同样必须充分尊重。否则，受众会以他们的反馈机制构成对广告效果的制约。关于这一点，我们在第六章的相关章节当中已经涉及。

第三，有效目标收视率和受众的购买力问题。应该说在更多时候，媒体和广告商拥有较多的注意力资源并不等于拥有较多的广告资源。不同人的注意力价值从广告商角度看来是不同的。比如一则手机广告，对于那些生产商、已经拥有手机的或不能决定是否购买的人，他们怎么想并不重要，重要的是了解可能买产品的人——目标消费者的想法。换言之，购买力比注意力更重要。因此，成熟的广告商采购媒体广告时，不仅看价格、发行量、收听收视率、访问量，更要看该媒体的受众群是什么，即寻找有效的“目标收视率”。只有正确选择、运用传播媒体，形成最佳的媒体组合，向目标受众适时地传播广告信息，才有可能获得最大的传播效果。这在广告业中又叫广告传播媒体策略。它同广告定位策略、创意表现策略一样，是广告总体战略指导之下的重要策略之一。

在做电视广告排期时不仅关注载体、时段和费用预算，还要看到达率（在特定时段内，收看过某一频道节目的不重复观众人数与观众总数的百分比）、暴露频次及千人成本等要素。广告播出后，还关心效果评定，即在每次广告发布之后分析目标观众是否看到了广告。在广告商看来，广告诉求对象与报纸的目标读者重合度越高，广告的效果越好。因此，传媒业在经营过程中，必须先行考虑广告商的营销策略和目标客户，对节目板块进行有针对性的设置和编排。具体地说，就是要求在创办节目或开设版面时，必须考虑到目标受众群，包括节目或版面是做给谁看的、会有多少受众群、受众群的构成类别、广告客户对该类受众群的预期如何等。传媒业经营者要认真研究媒体不同观众群的特殊需求，选择好目标市场，充分做好传媒的专业化、分众化的节目，不断开发新的媒体板块资源（纸媒和网络媒体的版面设置编排，电视广播的播出时段编排），开发和培养新的受众群体，吸引广告投放，实现传媒经营效益的不断增长。

其实，广告主经常发现由于自己的广告策略不妥，造成了巨大的浪费。有一专业生产妇女用品的企业在全国二十多家报纸上连续刊登了半年的广告，可品牌知名度与销售业绩却并不见长。企业对此大惑不解。后来广告界人士分析：据调查统计，女性阅报率为 7.4%。也就是说，绝大部分女性缺乏看报的习惯，即事实上，绝大多数妇女并没有接触到它的广告。换句话说，它的广告费用有92.6%是打了水漂。

（二）广告和跨媒体营销

2000 年 1 月 10 日，在人们欢庆千禧来临之际，美国在线（AOL）与时代华纳（Time Warner）宣布合组为美国在线时代华纳公司。这场以互换股票实现的合并，交易价值高达1830亿美元，创下全球迄今为止并购案之最。正如时代华纳公司董事长莱文所宣称的："这是一个历史性的时刻，新时代的媒体巨子已经真正诞生了。"在媒体领域看来，这桩交易标志着传统媒体产业向新兴的跨媒体产业的转移。

如此巨额的资金运作行为，其背后更深远的意义是什么呢？一言以蔽之，两者将首次实现传送渠道与媒体和娱乐信息内容的大融合。公司的发展战略是步入各类传媒协同发展的轨道，即美国在线的互联网业务与时代华纳的电视及出版物将互动发展。合并后，该媒体集团麾下拥有包括AOL、有线电视、广播、报刊、出版、影视娱乐、音乐、网络等所有类型的传媒业务和上百个著名媒体品牌。此前已为美国20%的家庭提供服务的时代华纳公司的有线电视系统将为美国在线提供一个宽带接入的入境。当所有的这些宽带途径和上网设备（包括电视机）联结在一起时，美国在线—时代华纳将拥有世界上最多的信息内容，这些内容将吸引到世界上最大的受众群体，最多数量的订户，最大数量的广告，同时可以进行最庞大的电子商务活动。由此我们可以看出，美国在线和时代华纳的"世纪合并"，旨在借助跨媒体的平台，发挥各自在传统媒体和网络媒体的优势，将内容和传播技术有机结合，相互整合各自的内容、客户关系、销售渠道与技术，创建一个融影视、杂志和网络服务为一体的超级媒体帝国。

此举应该说导致了世界传媒格局的重要变化。为了抢占未来传媒新高地，国际传媒巨头不甘落后，纷纷通过并购、合作等措施，打造新时代的跨媒体平台。据2001年4月的统计，全球最大6家跨国媒体集团依次为：美国在线—时代华纳、迪斯尼、贝塔斯曼、维亚康姆、新闻集团和维旺迪-环球。它们占据着全球新闻、影视、书报刊、娱乐等市场的最大份额，几乎在全世界每个地区都取得了非常重要的文化和经济地位。它们无一不是各类传媒的集大成者，无一不是新传媒市场的积极开拓者。

对于此类跨媒体经营的模式，美国人凯文·曼尼在他的著作《大媒体》中称之为"大媒体"（mega-media）。这是作者自创的新词，意在描述传媒业不分领域全面竞争的现象，而且传统大众传媒业、电信业、信息（网络）业都将统一到一个新的产业之下，即"大媒体业"。在他看来，大媒体业不仅会呈现出爆炸性的成长，另一方面也会造成内向"崩陷"的效果，即所有的企业都会投入同一个市场，不是与他人结盟，就是要和过去从未竞争过的对手博弈。也就是说，媒介汇流与整合的趋势并不只显现在传播科技上，媒体产业的垂直与水平整合，也宣告了"大媒体"或"跨媒体"时代的来临。

从传媒业的经营来看，“跨媒体”经营的实质是整合内容与渠道资源，从而取得最大的效益。事实上，在此之前，国际上已经出现了大型跨媒体集团。媒体围绕内容创意可以衍生出大量的产品与服务，这既包括传统媒体部分，也渗透进入了其他传统行业。这种衍生效益吸引了传统媒体业和其他传统产业纷纷实施多元化战略，实现跨媒体、跨行业和跨地域经营。在数字信息时代，媒体的混业经营则进入了内容与信道重新整合的新阶段。国际超大型媒体集团从原有的多种媒体混业经营，开始向多种媒体与信息技术、通信网络融合的跨媒体经营发展，正是数字化技术和网络信息技术为此提供了技术支持。

当然，跨媒体整合，并不是为整合而整合。如此巨大的优势，是不同媒体之间的关联性和协同效应（synergy），即“1+1>2”。跨媒体的策略，就是通过各种媒体之间的协作、互动，或者说，通过各媒体之间的互相支持、反馈和促销，达到互相造势、降低成本和资本增值的作用。同时，在跨媒体的规模化优势下，各种媒体在自己的领域发挥优势，以取得最大的效益。①

2001 年电影《哈利·波特》首映当日即创下好莱坞有史以来最好的单日票房纪录——3 350 万美元，此前该纪录一直由《星战前传》保持（2 850 万美元）。上映短短 5 天，票房就已经突破 1 亿美元大关，累计高达 1.04 亿美元，仅次于 1999 年《星战前传》5 天 1.05 亿美元的销售纪录。电影成功的魔法主要应该归功于跨媒体营销运作。美国在线—时代华纳公司交互推广模式（cross-promotion），即利用不同媒体推广电影，同时电影也倒过来推动其他媒体。无论是美国在线的网络资讯，华纳的大西洋电影公告板，还是集团旗下著名的娱乐杂志《娱乐周刊》，都借近水楼台之便，大量报道该电影的台前幕后。主流媒体的炒作几乎使所有的娱乐媒体都在谈论这部电影。

广告对于媒体的运作和意义在跨媒体营销时代也悄悄地发生着变化。从媒体对于广告策划方面来看，在传统传媒业时代，媒体策划方式是对单个媒体种类的选择，“此乃无法避免的选择，因对一媒体的使用必然意味着对另一媒体的放弃”。这是一种比较的方法，是一种分配的艺术。但是在跨媒体营销时代，广告的媒体策划则是对各种媒体的混合，以及对媒体变异形态的挑选。这就意味着，我们的选择范围由齐整的数百种变成了纷繁复杂的数十万种。而传统的媒体策划也将晋级为更加高级繁复的媒体优化策划工作。

从广告对媒体的影响来看。传统传媒业对于广告具有一种天生的“寄生性”，广告收入在其营销收入中占据着绝对的比例。然而跨媒体营销时代，随

① 陈超，钱晓文. 关于跨媒体集团建设策略的思考. 新闻实践，2002（5）

着跨媒体集团的垂直业务专业化能力不断强大，以至于可以从“跨媒体”到“跨行业”，实现多元化经营，不断提升内容产业收入，逐渐摆脱广告收入一枝独秀的利润格局。例如迪斯尼公司围绕米老鼠及其伙伴这一内容产业基石，向公众提供一揽子家庭娱乐解决方案，充分利用动画人物形象，不仅经营媒体，而且进军旅游业、零售业等，使迪斯尼王国的资产获得最大限度的增值。①

再以电影《哈利·波特》为例，电影和相关广告本身只是构成了公司的第一轮收入；之后直接诞生的副产品，如原声唱片、家庭影碟，构成了第二轮收入；与电影相关的人物副产品，如服装、玩具、主题公园等构成了第三轮收入。集团旗下的各个公司基本上都能够从专业出发，经营各类不同的延伸产品。这样高密度的专业分工既降低了整体运作成本，又可以按照统一的预算和规划，运用不同媒体的优势发展产业链条和价值链条。在美国以上几个层次的衍生产品的利润已占到整个电影利润的75%~80%。②

第三节　全球化媒体与广告

“全球化”一词自然是由国际经济领域衍生出来，但如今早已突破了经济领域的特定性，具有了广泛的包容性。全球化如今已经成为当今社会的典型特征。在这个经济活动过程中，媒体和广告活动也成为全球经济的一部分并演化成为跨国广告活动和全球化媒体时代的到来。

跨国广告活动的出现是资本主义跨国经济发展的结果。从1899年美国的智威汤逊公司在伦敦开设了第一个海外办事处开始，广告人的领域和机会变得国际化，而一个世界的想法也逐渐深入广告人心中。1926年智威汤逊与美国通用汽车公司签订了合作协议，促使它们在欧洲各地正式筹建分公司，开展国际广告业务。麦肯广告也在1927年伴随着美国标准石油公司走向世界，它还协调可口可乐闯荡五湖四海，进而成长为一个强大的跨国广告公司。到了20世纪40年代和50年代，智威汤逊和麦肯带领着美国的广告代理商进入国际舞台，它们在一个又一个的国家里建立公司的海外分公司，奥美、杨罗必凯、达彼斯、DDB等大公司，也纷纷响应客户的要求，到世界各地建立起分公司。而到了20世纪80年代以后，跨国公司的发展和全球品牌战略的风行，更进一步刺激了跨国广告活动的全球化进程。

---

① 陈超，钱晓文. 关于跨媒体集团建设策略的思考. 新闻实践，2002（5）

② 袁晓懋. 哈利·波特照亮跨媒体营销. 企业活力，2002（4）

一、全球化时代的媒体特征

(一) 全球化媒体时代的形成

在15世纪地理大发现之后，伴随着殖民者进行海上贸易的，除了货品外，作为第一媒体的报纸也是必备之物。当然那个时候，报纸只是作为一种信息在流动，并不是作为一种媒体，确切地说是作为一种产品在全球拓展。

当殖民者开始建立殖民地统治的时候，殖民主义国家就允许本国报业在塑造殖民地媒体系统的工作中发挥作用。殖民者在所到之处创办具有宗主国色彩的报刊以维护自己的统治。此外，在拉美的墨西哥、巴西，非洲的埃及、几内亚等发展中国家出现了由西方殖民者创办的首份报纸。尽管当时传播技术的发展还处于低级阶段，但是具有划时代意义的是，一个以欧洲为起点，将欧、亚、非、拉美联结起来的信息传播网络已经初步形成，由此也奏响了媒体全球化的序曲。

19世纪中期，随着电报的发明和欧美各国国内电报通讯系统的建立，世界迎来了电讯时代。电讯技术的成熟，为国际通讯社的建立提供了技术支持。法国的哈瓦斯社、德国的沃尔夫社、英国的路透社、美国的港口新闻社（今美联社）纷纷应运而生。他们从向工商业、银行界提供金融、经济信息起步，逐步发展成为向报纸提供综合消息的新闻社，并逐步地开始在全球扩张业务，大大推动了把世界缩小的进程。

事实上，全球化媒体时代的出现和形成还有一个认识发展变化的过程。1962年，加拿大传播学者马歇尔·麦克卢汉首先提出了“地球村”的概念，肯定了电视传播的威力。1969年布热津斯基在《两代人之间的美国》中正式提出“全球化”概念。① 后来约翰·奈斯比特在《大趋势》中又提出，人造卫星的出现是成长中的信息社会所缺少的技术催化剂。他认为，苏联1957年发射的第一颗人造卫星标志着全球信息革命的开始，开启了全球卫星通讯的时代。正是人造卫星让地球成为“地球村”的。阿里·穆罕默德则认为，卫星传播仅仅是从科技层面回答了“是什么导致了地球村”的问题，而只有传播进入了真正的全球化市场，全球化传播语境才是现实的，才能真正回答“是什么承载了全球化”的问题。②

美国著名媒体研究学者爱德华·赫尔曼和罗伯特·麦克切斯尼在《全球

---

① ［法］阿芒·马特拉. 传播全球化思想的由来. 国际新闻界，2000（4）

② International Communication and Globalization. edited by Ali Mohammadi, Sage Publications. p3

媒体——全球资本主义的新传教士》中，通过对全球媒体的分析研究，想确定以下四个密切相联的观点：

第一，全球商业媒体网的加快发展已成为过去10年中一个显著的发展趋势，越来越决定了世界上大部分国家媒体的方向和内容。

第二，全球商业媒体网是由10来个，大多数设在美国的跨国媒体公司控制的。这些公司不仅在寡头垄断市场上经营，而且通过很多的合资和联合把全球媒体网编织成一个宽松的“卡特尔”网。

第三，就整体来看，全球媒体网是市场经济全球化进程中不可缺少的组成部分。一方面，通讯与信息提供了巨大的、不断发展的投资领域。另一方面，全球媒体为广告商提供了一个重要的聚合地，推动需求和用户第一的价值观为全球媒体市场的车轮加快运转加油。

第四，全球媒体网存在着根本的结构上的缺点，这就限制了它为民服务，甚至阻碍了富有意义的自我民主管理的发展。它倾向于进一步把媒体的控制权集中在精英企业中，商品的销售要取决于广告商的利益。①

（二）全球化媒体时代的特征

应该说，全球化媒体的构成至少有几个层面的问题：技术的、经济的、政治的、文化的、社会的。其中促使全球化媒体时代产生的关键性因素则应当是前两者。

1. 从技术方面来看

传播本质上是把远方的事件带入人们的地方性之中，与传播媒介克服距离的概念是紧密联系在一起的。② 从所有电子传媒形式的英文词汇中，我们可以进一步得到词源学角度的佐证：“电视”（television）、“电话”（telephone）、“电报”（telegraph）的词根都来自古希腊语 tele，其意是“一种射线”的意思，“广播”（broadcasting）一词更是一目了然了。

梅罗维茨在他的著作《没有地方的感觉》中，一语道破了传媒改变现实时空社会的玄机：“传媒的演变已经降低了人们在体验他人和事件中身体在现场的重要性……现在，有形束缚的空间变得不那么重要了，因为信息能够穿越墙壁，迅速在广阔的距离中穿梭。结果，人们在哪里，已经跟一个人所知道的和所体验的越来越没有什么关系了。电子传媒已经改变了时间和空间社会的相

① ［美］爱德华·赫尔曼，罗伯特·麦克切斯尼．全球媒体——全球资本主义的新传教士．甄春亮等译．天津：天津人民出版社，2001．242

② ［英］约翰·汤姆林森．全球化与文化．郭英剑译．南京：南京大学出版社，2002．226

互影响的意义。”①

传播媒介的演变提供给个体也许是不断先进全面的文化体验，而一个传播技术系统对一个时代和国家的社会经济的发展则起到了直接影响作用。传播学的加拿大多伦多学派代表人物哈罗德·英尼斯曾指出：“各种媒介文化同各种社会形态也是对应的——口头文化象征着部族社会，活字文化代表的是作为同质化个人的集合体的近代社会，电视文化则产生出将地球全体居民连接起来的大部族社会。”②

2. 从经济角度来看

如今的传媒业早已被纳入产业经济范畴。传播媒体的全球化不过是媒体公司抢占国际市场利益的一种竞争过程。媒体全球化指的是媒体经营活动的全球性，具体表现为媒体生产、销售和传播的全球化，以及媒体管理、法规和影响的全球化。这就意味着：具有全球化运营的媒体公司；全球节目的基本产销形态是全球采集；媒体产品在全球范围内销售。从这个意义上来说，当代传媒是以互动的方式和跨国媒体公司结合在一起来推动全球化媒体时代进程。

永无止境的市场营销驱动力和广告公司不断变化的需要为全球媒体公司提供了许多新的机遇。但同时，在决定媒体的内容方面，广告商的作用越来越大。目前，控制全球媒体新系统的是30~40家大型跨国公司，而雄踞全球市场顶峰的是十大媒体寡头（其中大部分以美国为基地），它们控制了全球3500亿美元娱乐业营业额的25%（1994年）。图书出版业虽然由于语言的差异不像电影和音乐那么集中，但全球最大的10家出版公司仍占1995年销售额800亿美元的25%。全球五大传媒帝国通过宣传、广告，已控制了世界人民的精神和灵魂，特别是年轻一代，他们已成为可口可乐和麦当劳的一代。

3. 从文化层面上说

美国学者认为，“全球化”的意义在于权力和传播伸展到全球各地，压缩了时空，重构了社会关系。1850年太平天国的起事，在三个月后才传到我国西北各省，而在今天，世界上任何一个地方发生的战争，在几分钟内就传遍了全球，人们对战争的详情和起因了如指掌。卫星电视和跨越国界的报刊提供了每个细节，互联网上的种种意见揭去强词夺理的伪装，在全球性媒介的聚焦

① ［英］约翰·汤姆林森. 全球化与文化. 郭英剑译. 南京：南京大学出版社，2002. 226

② ［日］竹内郁朗. 大众传播社会学. 张国良译. 上海：复旦大学出版社，1989. 30

下，人类社会透明了，掩盖真理的阴谋和巧辩失去了效力。

然而，也有学者提醒我们注意：媒体的全球化是否真如某些专家所想象的那样“使任何国家的陈词滥调都被别的国家的创新冲刷得一干二净，知识增强了社会的民主潜力，也促进了人类行为的现代性和科学性”① 呢？事实上，从美国哈佛大学肯尼迪学院院长、美国国防部前助理约瑟夫·奈概括的“软力量”一词中我们也可以寻找到一些答案。“软力量指的是意识形态、文化和道德诉求，是通过精神和道德诱惑去干他们想的事情。软力量是说服别人相信和同意某些行为准则、价值观念和政治制度，以促使他们按预期目的行事。软力量依靠的是某种思想、文化的吸引和根据特定的价值标准和政治制度设置别人的议程的能力。”② 我国传播学者李希光认为：“这个软力量的形成与强大，得益于以美国为大本营的由西方强大的跨国媒体控制的全球信息传播体系。在这个体系内制造和流通的新闻和娱乐产品弘扬西方的制度、组织机构和主流价值观，并使其合法化。西方认为非主流的信息、思想、体制、组织和个人在这个主流媒体体系内得不到转播或正面报道。”③

由此可见，全球化传播并不意味着人类进入了一个平等的“地球村”。以美国为首的“文化帝国主义”，企图通过市场支配、全球文化的传播统治全球。当然，全球化所带来的究竟是文化的同一化还是本土文化的差异性，究竟是全球文化的一体化还是文化的多元化？终究是个复杂的政治文化和经济的命题，值得我们做深入的研究和探讨。

4. 从社会层面上说

尽管跨国媒体传播的主观上的目的是盈利，但是，当前的全球化媒体的传播语境仍然很难凌驾于“民族—国家”传播语境之上。这表明，全球化媒体传播语境中蕴含的传播自由不是无所限制的，它具有超越国界的信息传播流向，又要受到来自特定“民族—国家”的一定程度的制约。这导致的结果是，既培养出一定的世界同一性，又维护着特定地区、国家与民族的独特性，两者的此消彼长过程就是斗争的过程。对此美国著名的未来学家阿尔温·托夫勒在1990年《权力的变移》中就质疑到“全球化不等于同一化”。“我们可能看到的不是已故加拿大传播学家马歇尔·麦克卢汉所预言的单个的地球村落，而是大量不同的地球村——它们都被纳入新的传播系统，同时又努力保持或增强各

---

① 刘建明. 媒介全球化的价值宝库. 国际新闻界，2001（6）

②③ 李希光. 软力量与全球化传播. 媒体的力量. 广州：南方日报出版社，2002. 22。

自的文化、种族、国家或政治个性。”①

鉴于当前的世界格局依然是以“民族—国家”为基础，那么可以预测在相当长的时间里，全球化语境虽有其更强劲的信息技术支撑，但传播理念多样化并存的格局仍然会大致持续下去。全球化传播语境自然要求信息传播的自由流通，但各国政府也自然会为保护自身的利益而以不同方式在不同程度施加限制。如此一来，全球化传播语境恐怕不能得以顺利发展。

二、全球化媒体和广告的全球化

（一）全球品牌和国际广告的发展

正如商业咨询人士凯尼奇·奥梅指出的那样，全球运作要求真正的“视角等距”，以对待本土市场同样的方式、同样的注意力对待所有战略市场。他认为在日本、欧洲、北美开展业务的本田公司就是个范例：“该公司的经理层在思想上和行动上都不给公司划分日本业务和海外业务。事实上，在本田公司的词汇表里就找不到‘海外’这个词，因为该企业从一切重点客户出发等距离地看自己。”②如同T·莱维特在其颇有影响力的《销售想象力》中指出，全球化背景下的跨国公司超越了残留的国与国差异，力求将全世界当做少数几个标准市场，而不是许多符合顾客要求的市场来对待。因此，全球的竞争必然推进了“时空压缩”。

在一份“可口可乐企业使命”文件中，记录着可口可乐的经营秘诀：“以可口可乐为核心，我们拥有的是一个具有卓越品牌和服务的世界性系统。藉由这个系统，我们的授权商与生意伙伴可把‘满意’与‘价值’传递给顾客与消费者。这么做，我们会强化我们全球的‘品牌资产’。我们在90年代的目标很简单，就是要扩张我们的全球系统，以接触不断增加的消费者，让他们能时时享受我们的品牌及产品。”③ 正是在经营上强调全球化的“卓越的品牌与服务”，可口可乐藉以维持了与消费者广泛亲密的关系，由此也成为全球公认并推崇的品牌。

早在20世纪80年代初，美国哈佛大学商学院营销学教授T·莱维特就总结了可口可乐的全球营销经验，认为廉价的航空旅行和高新电子通信技术正使

---

① ［美］威廉·哈森. 世界新闻多棱镜——变化中的国际传媒. 张苏译. 北京：新华出版社，2000. 158~159

② ［英］戴维·莫利，凯文·罗宾斯. 认同的空间. 司艳译. 南京：南京大学出版社，2001. 149

③ 刘博，杨旭庆. 中外经典广告成功策划. 贵阳：贵州人民出版社，2004. 35

世界成为一个共同市场，消费者近乎相同的品位、需求、生活方式将超越民族、地域、文化的限制。他相信生产标准化产品并在全世界销售将成为各个跨国公司追求最大利润的一种趋势，而这一种趋势带来的是公司营销的标准化，作为营销一部分的广告宣传也将实现标准化。

以全球性的著名品牌万宝路为例，它的国际广告运作有一套严格的标准。具体来说，有六大国际化标准：

（1）牛仔是英雄，他控制着周围的世界；

（2）牛仔必须是可信的，不必问每个细节的真实性；

（3）万宝路图片必须是自然拍摄的，决不是人工制作或矫揉造作的；

（4）万宝路广告必须以最高标准执行，以确保最佳效果；

（5）万宝路广告的主题必须保持不变，具体设计必须富于变化；

（6）万宝路世界必须是美妙的，它的美丽景色和难忘画面必须始终被强调。①

T.莱维特教授的理论引起了国际广告界长期的关注与争论，同意其观点的广告人士或广告公司着手将理论变为实践，即用相同的策略、构想、信息以及尽可能相同的媒体来制作和传播标准化的现代广告。例如，万宝路香烟通过西部牛仔形象把品牌信息传遍全世界，高露洁公司通过全球化广告将产品销售到40多个国家，松下电器公司把National（对中国市场）、Panasonic（对欧美市场）统一为Panasonic这一全球统一品牌等。

在爱德华·赫尔曼和罗伯特·麦克切斯尼看来，20世纪90年代后期的全球媒体的发展的一个重要原因，是跨国公司及其广告起了“核心作用”。毫无疑问，这是一个全球商战的时代，这个时代最有力的战术武器就是广告。全球商业广告的发展是开拓全球市场的重要组成部分。随着全球经济一体化进程的加快，跨国广告业逐渐发挥着重要的作用。尤其是到了20世纪80~90年代，广告代理商中出现了并购、联合的高潮。到现在，经过一系列的并购，类似于英国的WPP集团、美国的奥美（Omnicom）集团和Interpublic广告集团、日本电通（Dentsu）公司、英国的Cordiant公司和美国的扬雅（Young & Rubicam）广告公司等全球广告组织涌现出来，其中每个组织在全世界都拥有很多代理机构。麦肯·埃里克森预测全球广告业将从1995年的335亿美元增长到2020年的2万亿美元。亚洲、拉丁美洲和东欧是人均广告费增长最快的地方。预计在可见的将来，全球广告业的增长速度会超过国内生产总值的增长速度。

---

① 刘博，杨旭庆．中外经典广告成功策划．贵阳：贵州人民出版社，2004. 26

（二）跨文化传播对广告的影响

国际营销并不是按照一种既定的国际承认的准则和道德观念来进行的，究其原因，就在于营销绝不是一种单纯的产品的买卖行为，它同时也是一种复杂而微妙的文化行为，它与社会风俗、文化偏见以及人们的意识观念、价值取向等有着不可分割的联系。成功的国际营销，意味着不同文化间彼此有效的交流和适应。如何克服不同文化人群之间交往差异的问题，是对跨国广告的一大挑战。

与国内广告相比，跨国广告的最大特点，就是它所依托的传播媒体的交流要涉及不同的国家、不同的民族和不同的文化。人认识和观察事物的基本方法取决于文化因素。观察主体的文化归属不同，对信息的理解和处理也就不一样。因此，怎样克服不同文化种属间的交往差异，从而适应从一种文化到另一种文化的转变，便构成了对国际广告活动的巨大挑战。

文化是人类环境中的人为部分，即是人们的知识、信仰、艺术、道德、习俗以及人作为社会成员所获得的其他能力和习惯的总和。它是一个群体所拥有并享用的全部生活设计。企业要通过广告媒体来寻求与人们需求的有效对接，就不能不使这一媒体与文化发生联系。事实上，企业在跨国广告活动中，无时无处不在与异域的文化打着交道。文化渗透于策划、设计、制作、传播等全部广告活动之中。制作一则广告画面，必须使用一些相关文化所认同的信息符号，设计一项促销广告的方案，必须让它的主题思想、表现手法以及传递方式等行之有效的创意被目标市场所接受。

总之，在全球经济一体化进程中，了解目标营销国的文化特征和文化背景，综合双方的文化差异，对相关文化的适应是跨国广告活动成败的关键。企业在筹划和实施跨国广告活动的过程中，不仅要对各种文化环境保持高度的警觉和敏感，而且在全面深入了解的基础上，还必须准备随时为投其所好而积极地适应。

1. 品牌策略与文化差异

商品从一个国家销售到另一个不同文化特征的国家，商标是其最直观的标志，体现着不同的文化内涵。众多优秀的国际品牌不仅起到了引导消费、促进生产的作用，而且表达了不同的文化特征和不同地域的人们相同的追求和向往。以汽车品牌为例，表现力量和威武的如日本富士重工的“雄狮”，美国福特公司的“美洲狮”；表现速度和安全的日本五十铃的“御马”，美国克莱斯勒的“公羊”等等。但是如果不考虑品牌在其他国家的文化特征和含义，就会引起国际市场消费者的反感甚至厌恶，进而影响消费者行为。如雪佛兰公司的“Nova”在西班牙语里含义为“不合适”，“沃尔沃”在拉丁语里是“翻滚”，大众公司的“杰特”在意大利和阿根廷俚语中是“坏运气”的意思。这样的品牌势必影响产品在有关国际市场的销路。

跨国公司一直把创立全球性品牌作为一项重要的战略。其中的佼佼者首推可口可乐公司。随着产品的升级换代，可口可乐品牌始终在世界100多个国家和地区保持统一形象。而我国出口到海外市场的“洋”品牌，如“Haier”就因其适应海外市场的文化环境，使该品牌易于被不同文化背景的人们所接受。实践表明，该品牌为打开国际市场，创造良好的销售业绩起到了显著的作用。

跨国公司在全球推销产品的同时，应首先研究消费者对品牌的接受习惯，然后试图迎合这一习惯。其中允许有地区性的差别，但应有明显共性，避免因价值观念、文化背景、宗教禁忌等产生的品牌负面效应。研究不同经济环境中文化差异和消费模式的联系，推行全球品牌的营销策略。

2. 广告营销与文化差异

跨国广告是国际营销活动发展的产物，其目的在于通过各种适应国际市场特点的广告宣传，使产品能迅速进入国际市场，为产品建立声誉，扩大产品销售，实现销售目标。然而国际市场和国内市场有很大差别，这种差别是由不同的物质文化水平、不同的风俗习惯、不同的地理环境、不同的生活方式和消费观念等因素造成的。不同地区和国家的文化类别不同，其文化内涵也是不同的。

由于文化、历史、地理环境和宗教信仰的不同，各国人民对色彩、数字及标志图案的好恶是千差万别的，这是因为各国人民的道德规范的不同。跨国公司的广告策划者必须掌握各国消费者的不同的道德要求和爱好，根据产品广告自身的特点，如色彩、造型、商标图案、包装装潢等是否符合当地市场的文化习俗的要求，是否迎合当地人的喜好心理和审美观念，是否与当地人的价值观念相悖来确定广告营销策略。这些是决定产品能否为当地消费者接受的重要因素。

我国的丝绸服装是出口畅销的商品。由于文化的差异，印有菊花图案的旗袍无法打入巴黎市场。同样，被我们视为“出污泥而不染”的荷花，也不应该出现在进入日本市场的产品的广告图案中，因为荷花在当地的文化中被视为不祥的图案。其他国家如美国，视蝙蝠为不祥图案，这也与我国文化中蝙蝠之“福”的文化内涵相悖。再如，拉丁美洲人所忌讳的紫色，被认为是专供死者使用的颜色；英国人忌用人像做服装图案和商品广告装潢，也忌用大象和孔雀图案；法国人忌讳黑桃和仙鹤图案，忌讳黄色的花，也讨厌德国纳粹军服的墨绿色。因此，认清不同文化体系之间明显的差异，就必须对每一个特定市场的文化内涵进行分析，以及了解人们对包装造型、色彩等方面有无禁忌等风俗，避免因广告而产生的负面效应。而近年来出现的耐克广告、立邦漆广告、麦当劳广告的风波，至少也是对中国文化的误解和无知。

3. 媒体习性和文化差异

各国对广告媒体的使用情况有不同的规定，对此不了解也将给跨国广告的跨文化传播带来很多不必要的麻烦。不同国家对广告管理的目标不同，会支持发展某些广告媒体，限制甚至取消另一些媒体，如沙特政府对广播和电视实行严格控制。有的国家还通过广告税的高低来调节各种广告媒体的选择和使用，如奥地利税则规定：电视插播广告和广播广告征收10%的广告税，市内张贴广告征收10%~30%的广告税。法国是欧洲广告业比较发达的国家，广告业起步较早。1912年在巴黎出现了世界上第一个广告商，1910年第一次出现霓虹灯广告，现代招贴广告也是最早出现。法国人十分喜欢户外广告，除首都巴黎、名胜古迹地区不准设置广告外，其他地区，各式各样的广告随处可见。如此这般，对广告表现形式和传播媒体的选择自然也有很大的影响。

（三）全球化时代的广告使命

应该说，西方资本主义的内在扩张倾向决定了世界经济的发展趋势。伴随着西方企业从本土社区为市场范围的地区性公司逐渐演变为跨国公司，市场营销也变成了一种跨国的商业传播过程。作为营销传播主要内容的广告，自然也就必须跟随市场的变化而变化。

当然，当这些跨国广告公司及其代理的产品打开世界上一个个国家的大门的时候，其手中的战略蓝图也开始了变化。他们在全世界的舞台上开始了“全球化”的结盟。但我们更关心的是这些跨国广告公司一旦与大众传媒相结合，那么，他们便用自己的广告文化把世界市场上的文化空间填满。对于这一点，显然不仅仅是理论上的预设。实际上，在当今世界传媒发展的格局中，广告所占据的版图越来越大，其文化影响也越来越强烈，甚至已经超过了任何一种传播内容，成为经济和文化全球化最有力的推动者之一。

跨国媒体传播的主观上的目的是盈利，但在盈利的过程中从客观上起到了为全球化时代的资本主义经济进行意识形态和文化方面的宣传和渗透作用。

为此，国际传播学家巴格笛坎早在1991年就尖锐地指出：“跨国媒体公司对世界上不同种族在思想、文化和商业上行使着在历史上前所未有的权力。无论凯撒、希特勒、富兰克林、罗斯福或任何教皇都没有像媒体跨国公司那样能左右传送给民众的信息。民众根据这些来自媒体跨国公司的信息作出从选举时该投谁的票到吃什么东西最合适等各种决定。”①

---

① 杨伯溆. 全球化：起源、发展和影响. 北京：人民出版社，2002. 391

因此，在面对广告跨文化传播时出现的文化交锋，如何以富有东方本土化文化色彩的广告，在西方语境中寻找到自己的声音，是全球化时代本土广告人的一个重大使命。20世纪70年代，以不结盟运动为主体的发展中国家试图建立“世界信息和传播新秩序”的斗争早已随着东欧社会主义国家的崩溃而淡出了历史舞台。当今的全球化媒体系统牢牢地掌控在五大传媒帝国手中，其宣传、广告控制着世界人民的精神和灵魂。发展中国家开始把更多的注意力，集中到实际的国际传播理论上来，关注国际传播及相关的技术如何能有助于发展国内的经济和文化，减少对国内的社会文化产生有害的影响。它们像发达国家那样，日益集中在如何应付向“信息社会”全球性转变的挑战。

在今天全球化时代，我们的国际广告实践该如何面对国外广告来自外来经济和文化的冲击呢？我们认为至少有两点值得重视：

首先，要正确对待本土文化优势。

世界上绝大多数民族都容易产生民族文化优越感，认同本土文化中熟悉的事物，而贬低外来文化中生疏的事物。这就使得国际广告活动中的文化差异、文化认同的问题变得复杂起来。我国是一个有着几千年历史的国度，拥有着辉煌灿烂的民族文化，广告策划、工作人员往往容易下意识地以自身的文化经历作为经验的基础，以其国内的见解来作为解决异域文化差异的参考准绳，这将会导致广告人产生文化幻觉，从而以相同的广告策略来解决因文化差异而导致的不同的行销问题。所以国际广告的策划人员一定要克服本土文化优越感的消极影响，努力学会以他国的文化价值观来看待世界。

同时，我们也要善于利用本国文化的特质参与全球文化交流与交锋。当前的中国广告与世界的许多广告大奖无缘，对此许多人提出是因为东方文化与全球广告的创意理念存在差异和冲突，但实际上本土文化同样具有创意的智慧。台湾的广告人张金石总结了自己从1991年起主办亚太广告奖12年的经验，提出了8项东方文化的创意特质，① 这正是我们参与世界广告发言的有力武器。

第二，要了解文化差异。来自不同文化的传者与受者在传播行为和赋予意义方面的差异是很大的，国际广告的策划者要深入地了解对象所在国、所在地区的文化差异。

所谓了解文化差异，其知识领域包括两个层次：第一层次，称为实质性知识。例如当地的商业习惯、内陆交通等实际知识，它们都可以从现代传媒中获取。第二层次，称为解析性知识。例如当地人的处世态度、生活观念及个人在社会中扮演的角色等。这些往往要从日常人际交往的深入了解中才能得到，所以解析性知识是一种由文化参与而来的感觉。

---

① 刘泓. 消费、象征和权力——广告文化批判. 福州：海峡文艺出版社，2002. 248

“全球化”是一个极其复杂深刻的研究课题。今天，人们在讨论全球化的后果时，不再局限于经济全球化。人们开始关注思想政治、意识形态和文化的全球化。对于我们来说，应该关心的是：跨国广告公司“全球化”理念所带来的文化问题。所以，全球化并不如一些人所想象的那样，仅仅是又一次带给我们希望的机会。我们现在需要回答的是，文化的全球化最终带来的究竟是全球文化的一体化还是文化的多元化？

在这全球化时代的世界体系中，以美国为首的资本主义核心国家依赖其对全球政治经济和文化资源的控制而不可避免地占据着霸权地位。正是在这种全球竞争背景下，许多发展中国家文化本土化的运动正在兴起。然而，这些文化本土化应该说并没有能够阻挡全球化的进程，许多人认为由于消费主义意识形态和自由经济已经为全球化铺平了道路，文化本土化运动只能是迫使跨国公司采取某些措施适应各国的民族文化的本土诉求，全球化的趋势已经不可阻挡。因此，面对这种趋势，本土化的广告人又将如何做好文化准备呢？

在全球化的经济背景下，跨国广告传播所带来的经营策略、创意构想、信息传达以及传播形态必然呈现出全球化时代跨文化传播的所有可能性。尽管广告传播是以经济营销目的为宗旨，但是，广告传播所承载的理念和价值已经在点缀、侵蚀和重构着我们的文化空间，广告传播的文化灵魂也已构成了文化研究与批判的重要维度。从这一意义上说，在全球化的语境下，广告传播承担着跨文化汇流、文化冲突和文化捍卫的使命。而在全球化时代的文化背景下，包括广告传播在内的世界传播秩序的斗争也必将更加激烈，无序或不平衡的传播秩序将影响世界不同民族社群的文化认同和文化延续，从而在一定程度上影响全球的现状和将来。

【思考·练习】

1. 近代报刊媒体的发展和广告代理制形成的关系怎样？

2. 分析现阶段对大众传媒属性特征的几种不同认识。

3. 大众传媒的“二次销售”模式是什么？如何理解报刊发行过程的“亏本发行”现象。

4. 什么叫跨媒体经营？分析现代媒体经营的发展趋势。

5. 全球化时代的媒体发展的特点是什么？如何把握全球品牌传播和广告的关系？

6. 如何理解全球化背景下广告传播过程的“本土化”和“全球化”的关系？

第八章 广告与后现代社会

20世纪60年代，西方资本主义社会进入了一个崭新的发展阶段——后现代社会。社会学家丹尼斯·贝尔认为，前工业社会的主要矛盾是人与自然的关系，而后工业社会的主要矛盾是人与人的关系的矛盾，即在一个物质财富匮乏的问题基本解决的富裕社会当中，人们如何通过各种信息媒介达成人际间的交往、沟通和共识。

因此，面对新的历史语境，世界的政治、经济、文化观念都将呈现多极化、多元化的发展态势，广告与社会的互动关系也就必然呈现出新的命运和使命。

第一节 后现代广告的崛起

一、从现代社会到后现代社会的消费

（一）后现代消费时代的到来

西方社会学家通常把现代时期界定在19世纪中后期到20世纪50年代。这一时期历史上被称为“第二次工业革命”。科学技术的飞速发展使得社会发生结构性的巨大变革。几乎社会生活的每一个方面都在经历着巨变，特别是伴随着电力工业革命、福特主义标准化生产所导致的大众消费时代到来，以及现代消费观念的变革趋势，对社会关系、物质文化、社会规范以及日常生活中各种关系都产生了深远的影响。从消费的层面来说，如果说在现代前期的资本主义发展是以英国为代表，消费模式是以新教伦理占统治地位的简朴为主要代表的话，那么，进入现代时期，则以迅速崛起的美国为代表，并形成了以消费主义为核心的现代消费文化。

第二次世界大战以后，随着经济的普遍繁荣发展，西方国家社会当中大多

数人进入了相对比较富裕的阶段。西方社会、日本及某些东南亚国家中可以享有物品和服务等消费的人群越来越多。消费作为一种社会、文化和经济活动，消费主义作为一种意识形态，无不使得“消费民主化”的进程得以出现。经济学家加尔布雷斯在1958年就宣称美国已经进入了“富裕社会”的时代。应该说，到了20世纪60年代，人们对社会生活各种选择的个人自由和需求越来越高，全球化进程的加快也使得这种力量的影响不可能仅仅局限在富裕国家的范围内，而是通过教育、大众传媒、旅行和跨国公司传播到世界各地。

这个时期有代表性的个人消费品和休闲方式有：

1954年，电视时代开始，英国30%的家庭拥有电视机，到了1963年这个数字上升到89%；

20世纪50年代，“T”一词出现，表明青少年文化越来越明显，并且产生了自己的市场、音乐和其他文化；

1956年，“摇滚音乐”出现，埃尔维斯·普莱斯利以一首《伤心旅馆》赢得国际声誉，一时间，电影、摇滚和叛逆的时装变得时髦起来，流行音乐成为了产业；

20世纪60年代，公众拥有自己的汽车时代到来，郊区化不断加快而城区中心在压缩，超级市场的购物方式开始大规模流行起来；

20世纪60年代，世界高层次的教育体系开始迅速发展；

20世纪60年代，国际观光旅游开始起步。①

美国社会学家丹尼斯·贝尔在《资本主义文化矛盾》中分析道，大众消费的出现，除了技术革命使得家用电器（如洗衣机、电冰箱、吸尘器等）广为普及外，还得益于三个社会发明：（1）采用装配线流水作业进行批量生产，使汽车的廉价销售成为可能；（2）生产销售的发展，可以利用科学手段鉴别购买群体和刺激消费欲望；（3）比以上发明更有效的是分期付款购物的推广，彻底打破了新教徒害怕负债的传统顾虑。汽车是大众消费的象征，而电影则是大众消费的强有力的催化剂。电子媒体的发展，广告的全面渗透，更为大众消费火上浇油。从根本上说，汽车、电影、电视是技术上的发明，而广告术、一次性商品和信用赊买才是社会学上的创新。

应该说，伴随着消费成为一种资本主义的文化实践和一种意识形态，促进了新的消费群体的兴起。20世纪50年代起，尤其是70~80年代期间，出现了以消费为“生活风格”的新消费团体。这些消费群体的消费特性，不在于他们的外在特征，诸如年龄、性别、种族或职业所决定的社会阶层等因素。正如

① ［英］罗宾·科恩，保罗·肯尼迪. 全球社会学. 北京：社会科学文献出版社，2001. 84

有社会学家所描述的："早期的市场营销把消费群体精确分为几个社会经济类别，以利产品更准确地瞄准消费者。而现代的市场营销，已经从划分社会经济团体，进展到发掘'新的'类别——生活风格、生命阶段以及人们共同的兴趣和渴望。"①

这种"生活风格"的消费模式的改变，实际上具有某种社会学的意义。社会学家费瑟斯通认为，这种"生活风格"在当代消费文化当中，它所指的是个性、自我表现以及风格的自我意识。随着生产技术的变迁、市场分众的过程以及消费者对更多产品类型的要求，消费者对消费有了更多的选择权。费瑟斯通说道："这说明我们正走向这样的社会——其中的群体都没有固定的社会地位，人们所追随的生活方式（表现在选择服装、休闲活动、消费商品、整体气质），已经超越了特定群体的范围。"② 我们正迈向一个没有固定身份团体的社会，在这样的社会中，选择生活风格不再需要配合固定的身份团体。即不再有任何足以决定消费模式的"固定的社会身份团体"或"社会阶层"，摆脱了无论是凡勃伦与齐美尔在19世纪末讨论的身份团体还是20世纪下半叶社会学家探讨的身份团体。身份的流动状态已经取代了先前的稳固团体归属，先前存在的社会分化和社会不平等形式逐渐变得不相关，在这里，社会性对身份不再具有参照意义，集体的团结一致正在消失。费瑟斯通称此为"后现代"消费社会。

后现代主义作为20世纪60年代左右出现于西方发达国家的泛文化思潮，是一个含义复杂和涵盖领域广泛的术语，涉及艺术、文学、语言、政治、伦理、哲学甚至经济、消费等诸多领域。从消费的层面来看，"直到20世纪后期的后现代资本主义，消费才成为真正的最名副其实的文化活动，消费成为后现代性的主要特性之一，甚或惟一"。③ 法国社会学家鲍德里亚在《消费社会》中，首先明确消费社会是资本主义发展的第四阶段。消费文化的出现，消解了精英文化与大众文化的界限，精神文化的生产已从高尚的地位、高雅的格调变为普通的商品生产，而商品的供求关系又促使文化要不断地变换形式，导致了在文学、艺术、影视等领域出现了五花八门的有别于现代主义的表现形式。

因此，在20世纪70年代以后，许多社会理论学家开始转移自己的注意力，关注战后普遍富裕和无所拘束的消费时代中急剧变化的文化状况。美国学

① 杨魁，董雅丽. 消费文化——从现代到后现代. 北京：中国社会科学出版社，2003. 194

② ［英］西莉亚·卢瑞. 消费文化. 南京：南京大学出版社，2003. 248

③ 杨魁，董雅丽. 消费文化——从现代到后现代. 北京：中国社会科学出版社，2003. 190

者詹明信观察到，在20世纪下半叶，商业贸易稳步渗透到社会生活的各种领域，所产生的结果是“一次爆炸”。文化在整个社会领域里迅猛扩张，以至于我们社会生活当中的一切，从经济价值和国家权力，到实践活动，乃至心理本身的结构，都可以说成为‘文化的’。”① 詹明信的见解概括了当代消费社会的增长对文化机制和经济机制的同化程度，已经使得我们几乎无法再把这两种作用机制区分开来。这不仅意味着文化已被经济商业的过程所吞噬，而且在这种转型当中，销售、生产、分配、交换等经济过程都逐渐地“美学化”和“文化化”了。正如彼得·科斯洛夫斯基在有关后现代经济文化的阐述中指出的：“当代经济‘重新伦理化’、经济‘重新文化化’的发展，表明了对经济与社会相分离状况的一种扭转，同时也表明了科学方法上的转向，即从自然科学确立的事物运动的机械论向经济文化与经济的文化化的转向。它标志着物质—技术导向的经济学向象征—文化导向的经济学的转变。”②

彼得·科斯洛夫斯基认为，后现代消费文化正从大众消费向充满审美和文化意义要求的消费过渡。产品的威信不是由物质的质量决定，而是由象征—文化质量所决定。这是一个普遍的趋势，在促销、广告、产品设计、消费品销售中，文化成了一个经济要素。在后现代消费文化的主导下，任何产品都有其特定消费对象。挖掘目标对象的文化层次并进行恰如其分的传播，成为产品制胜的关键因素。而后现代产品赢得消费者青睐的根本，体现在其对产品符号的构筑上。产品符号无非由其外观造型和销售包装来体现。在此，产品符号是一种设计语言，这种语言向目标消费群传达符合其文化层次和需求的特定信息，因而，设计体现出交往的特性。设计—交往—符号的三位一体化，在传统社会包括现代社会中是不存在的。在现代及传统社会中，设计让位于功能，设计的交往性和符号性也不可能完全体现，甚至根本不存在设计的交往性和符号性。

在现代主义者的观点中，消费是用来标示社会地位与阶级距离的，拥有传统地位的消费者借着严谨的礼仪教养来显示其出身士族的尊严，而新兴的财富阶级则以衣着、饮食、艺术欣赏与娱乐方式来彰显其生活风格。不过，在后现代社会中，消费者追求愉悦的本质则完全渗透甚至解消了原有的消费区隔。根据鲍德里亚的说法，大众媒体的兴起导致影像符号的全面混乱，旧社会建构的符号秩序已经瓦解，包括广告在内的媒体讯息所散布的杂乱风格、不连续意

① ［英］布赖特·特纳．社会理论指南．第2版．上海：上海人民出版社，2003．447

② ［德］彼得·科斯洛夫斯基．后现代文化——技术发展的社会文化后果．毛怡红译．北京：中央编译出版社，1999．123

符、琐碎部分的拼贴，艺术品位的雅俗不分与大量复制，构成了景象奇特的后现代消费社会。

（二）后现代企业的新经济文化体系

有人认为，后现代所给予的历史的遭遇是一种历史的终结。把 20 世纪末定位为现代世界的历史终结，意味着我们正处于所谓的现代文明这一巨大文化工程的终结点上。因此，在后现代社会背景下，历史的转折涉及任何领域，自然包括经济管理领域。现代企业的终结以及后现代企业的兴起和所伴随的新经济文化体系的出现也都是历史的必然。

尽管，后现代思潮渗透到经济管理领域相对较晚，但是，其意义堪比库恩所说的“科学范式的革命”。需要指出的是，后现代是对现代的超越，包括对其哲学基础和各种范式的超越。后现代企业管理思潮源于 20 世纪末，同后现代哲学、文化理论一样，也充满着不确定性和歧异性。后现代管理理论必须真正建立在“后现代”概念及理论的基础之上。如果没有后现代哲学与文化理论为基础，后现代企业理论将成为无源之水。作为一次企业制度的彻底革命，其背景是知识资本拥有了“权力话语”，从而颠覆了传统资本主义社会中的企业和消费者的关系。

彼得·科斯洛夫斯基认为现代和后现代文化表现为两个时期的生产文化和消费文化的差别。生产文化主要表现为现代工业生产文化向服务型经济的后现代生产文化转换。“工业生产文化是由可预言性、完全监控和以终极产品为准的因素决定的。决定性的是产出。因此，工业生产变化可被描述为功能和批量导向的、现代的亦即‘阳性’的生产文化。而服务型经济的生产文化则指向过程化，它并不对产品生产进行全面监控，也不仅关心最终产品，还要关心产品的形成的进程。它更强烈地体现为一种交往式的、情境式的、后现代的、‘阴性’的生产文化的理想类型。服务型经济的‘产品’比工业型经济的产品有更强的文化和象征性的特征。”消费文化则主要表现为“在后现代经济的需求与消费方面，需求与消费的社会文化模式已发生变迁。当代消费文化正在从大众消费向充满审美和文化意义要求的消费过渡”。①

然而，正如彼得·科斯洛夫斯基进一步指出的，实际上可实现的后现代生产并不是纯“阴性的”，“阳性的”工业还要保留。但是，与工业文化相比较，后现代的生产文化带有更强烈的非物质的生产文化特征。真正的后现代生产文

① ［德］彼得·科斯洛夫斯基. 后现代文化——技术发展的社会文化后果. 毛怡红译. 北京：中央编译出版社，1999. 125

化其实是“阳性”文化与“阴性”文化的融合。

我国管理学家张毅在其《后现代企业与管理革命》① 中认为，由现代向后现代的转折是当今人类的出路所在。现代公司文化建立在“现代性”或现代精神的基础之上，因此，这无疑也是现代公司文化的终结点。从工业导向到服务导向，从重视物质生产到重视非物质生产，是现代企业到后现代企业的革命性转变。

后现代经济所创造的文化并不在劳动之外，这和传统社会及现代社会总是把文化与闲暇时间联系在一起的现象是完全不同的。正如彼得·科斯洛夫斯基所阐述的那样：“‘文化经营’与经济的文化化，其含义是应当将文化引入工作世界，而不是引入工作之外的业余时间范围中。”② 认为文化只和业余时间有关的观点是一种典型的现代乌托邦，其隐含的观点是：文化社会意味着工作的终结。在纯粹进行“阳性”生产的工业化的现代社会，在由现代建筑师所规划的巨大城市中，劳动与居住、工作与休闲、生产与文化被昼夜不停息的流水线作业和人为的空间距离割裂开来。正是基于以上观点，后现代经济才会创造一种真正健康和符合人类本性的文化经营模式——即将劳动与休闲以及充满乐趣和自我实现感的创造有机地融合在一起。这是对现代经济与生产文化的彻底颠覆。

彼得·科斯洛夫斯基在其《后现代文化》一书中，阐述了后现代社会艺术与经济的关系。他认为，“走向文化经济的发展是趋于文化情境与文化领域相互渗透的后现代发展的一部分。文化经济表明，文化与经济共属一个整体，文化政策与经济政策必须共同推行……当代文化经济与艺术的相互渗透，是后现代文化领域相互渗透作用的一个例证。如果经济行为是艺术化的，并且艺术愈益走向日常生活而非只是为艺术而艺术的不结果实的花，那么，这种相互渗透既符合艺术的要求也符合经济的要求。”③ 后现代文化经济与现代经济存在着诸多不同，具体区别见表 8-1。④

---

① 张毅. 后现代企业与管理革命. 云南：云南人民出版社，2004. 本节的讨论基本上以该书的有关章节为基础展开，许多的观点和材料也出自该书

② ［德］彼得·科斯洛夫斯基. 后现代文化——技术发展的社会文化后果. 毛怡红译. 北京：中央编译出版社，1999. 136

③ ［德］彼得·科斯洛夫斯基. 后现代文化——技术发展的社会文化后果. 毛怡红译. 北京：中央编译出版社，1999. 138，139

④ ［德］彼得·科斯洛夫斯基. 后现代文化——技术发展的社会文化后果. 毛怡红译. 北京：中央编译出版社，1999. 139

表 8-1　　　　后现代文化经济与现代经济的区别

	现　代	后现代
经济本体论	自然科学的：产品与要素的机械运动	精神科学与自然科学的
经济伦理学	由于经济机械论，经济伦理成为多余的	经济伦理是必要的
经济在文化中的地位	自主的	相互包容的
经济文化	工业导向的，大量生产	服务导向的，较少规模特征
劳动态度	职业社会	文化社会
艺术与经济	相互排斥	相互渗透

因此，随着资本主义经济的发展从工业化进程到后工业化，文化愈来愈被纳入商品生产的范畴。彼得·科斯洛夫斯基指出，在文化哲学与社会哲学概念上，经济属于文化领域。以经营文化的观点来从事经济活动，正是后现代经济与现代经济的本质区别。经济之所以成为文化，首先是因为在后现代社会，越来越多的重大的经济行为是由文化决定的。人们的投资和消费行为取决于文化，甚至就是一种文化创造或文化选择。因此，彼得·科斯洛夫斯基才会说："企业家的真正业绩恰恰体现在技术知识、经济学知识与文化—美学知识及有关能力的融合中。"① 如此，经济成为最理性、最具创造力的文化生产领域，它不仅满足人们的物质需求，同时也满足人们的精神需求。这使得后现代的经济及其产品即那些在市场社会中拥有霸权话语的品牌成为真正意义上的文化英雄。一个伟大品牌的塑造，在某种意义上说就是通过整合各种资源，将技术知识、经济学知识和文化美学知识有机地融合在一起，从而产生了卓越的创造。因此，彼得·科斯洛夫斯基进一步阐述说："文化社会中的企业不仅是一个生产工场，而且是企业文化和人们相互交往的场所。企业的经营目标应该是

① ［德］彼得·科斯洛夫斯基. 后现代文化——技术发展的社会文化后果. 毛怡红译. 北京：中央编译出版社，1999. 118

‘文化经营’。”①

彼得·科斯洛夫斯基为我们揭示了后现代社会经济与艺术关系的本质，也揭示了艺术（文化）对后现代经济的重要性。如上表所显示的，后现代社会经济与艺术（文化）是相互包容、相互渗透的。没有艺术也就没有后现代经济。这一点可以从设计艺术对后现代企业的形象、品牌的重要性中得到体现。

（三）后现代媒体和消费

20世纪60年代以后，人类的信息传播技术经历了一个质的飞跃，追求数字化、多媒体化、双向互动和个性化的后现代媒体构成了与传统现代媒体的显著不同。当然，从本质上说，后现代代表一种新的社会政治经济的阶段，是“一种作为文化代码的‘语言’层面上的话语解构和建构活动，一种话语的‘解码’和‘再编码’活动”。② 从这一意义上说，我们运用后现代媒体理论重要的在于以后现代话语或思维方式来解释广告活动和现象。

以电视媒体为例，电视虽然是在20世纪30年代就出现了，但是开始普及却是在50年代，而这一时期与西方资本主义的经济繁荣，特别是美国历史上的“战时繁荣”③ 时期相吻合。这显然不是一种巧合。经济的发展是新技术得以存在和发展的重要条件，因此，可以说是经济的繁荣诱因促使了电视媒体的普及。“广播电台的飞速增长反映了生产消费品（如肥皂、麦片、冷饮、牙膏、香烟、罐头）的厂商以及生产耐用品的厂商对电台广告时间的需求量”，而电视等电子媒体的出现更是进一步与消费文化携手，不断地宣传生产者的信息，促进消费文化的扩张，“从此以后，工业社会进入了所谓‘后工业社会’，消费文化开始全面渗透，人们的生活中再也离不开电视”。④ 到了后现代社会，大众媒介和消费文化密切结合，共同进行“符号”世界的宣传，提倡“符号”消费，真正形成后现代社会所说的“仿像”社会。

阿伯克龙比对电视的后现代主义特征做了如下的概括：“图像与现实之间不再有隔阂”、“现代文化已经达到青睐形式、忽视内容的地步”、“不考虑高雅文化与通俗文化之间的差异性，也不管历史时期存在的区别”、“自我指认”、不遵循“写实和叙事的传统手法”、“具有零散性”。实际上，媒介的环

① ［德］彼得·科斯洛夫斯基. 后现代文化——技术发展的社会文化后果. 毛怡红译. 北京：中央编译出版社，1999. 124

② 盛宁. 人文困惑与反思——西方后现代主义思潮批判. 北京：三联书店，1997. 37

③ ［美］保罗·萨缪尔森、威廉·诺德豪斯. 宏观经济学，第16版

④ 杨伯溆，李凌凌. 资本主义消费文化的演变、媒体的作用和全球化. 新闻与传播研究，2001（1）

境再造功能，都在极力创造一种“真实”，通过图像、声音等试图模仿现实，使受众有一种亲临真实的感觉，最终通过“媒介现实”来认识世界和社会。“媒介在建构我们对社会现实的感受方面，在建构我们对作为这种现实的一部分的感受方面，起着某种作用”，“只有媒介才能建构我们对现实的感受”，媒介“这面镜子是我们现在所拥有的惟一现实”。① 后现代社会中，媒介现实与客观现实已经没有区别，人们生活在一个符号的世界当中，消费符号的同时也享受符号，所有的意义已不存在，形式的表现就是一切。

后现代所展现的反叛性，反布尔乔亚的、反道德的以及享乐主义的乌托邦，似乎夸大了借着要弄符号可以达成社会解放与秩序重组的革命宣言。但是，后现代主义论者如鲍德里亚虽然过度神秘化符号资本的宰制功能，但他所预期的“过分真实”现象，随着近年来新传播科技的发达，如交互式媒体的勃兴，计算机网络的发达，与关于“虚拟真实”（virtual reality）的产品的不断开发而成为可能。几乎可以确定的是，未来传播媒介的崛起势必影响广告与消费者之间的主客体、主被动关系。

后现代主义学者马克·波斯克曾以第二代媒体时代为例，指出在数字化信息高速公路风潮的引导下，卫星科技与计算机、电视与电话等媒体进行相互整合，使原来“长而强”的单向式媒介被“宽而弱”的整合性传播媒体取代。波斯克认为，新时代的媒体打破了旧有媒体的强势操控机制，以网络整合连接的方式建构了一种集制作、分配、消费于一身的交互式多元体系。换句话说，新媒体松动了原有的信息生产者与消费者的二元对立关系，进入这套通信网络系统的使用者既扮演符号的消费者也扮演生产制造者的角色。新铺设的光纤网络一方面具有传送数字化制码影像的能力，另一方面也使传输速度大为提高。如果接收者可以在最短的时间收到每秒二十四格的画面，或是自由地与网络的任何一点自由交谈，那么后现代所标榜的去中心的、直接的、打破二元对立的、超越时间空间感的传播模式，将革命性地改变人类的消费生活。

嗅觉敏锐的广告业者自然也感受到第二代媒体的变革风潮。从 1993 年开始，美国的《广告时代》杂志就开辟“交互式媒体”专刊，许多广告商开始向网络进军，做跨媒体的多元结合。以邮购业为例，产商可以将产品目录的电子版本寄至计算机用户的信箱中。计算机用户想要上线检索产品价格与型号时，可以通过信息浏览器程序上线。

未来的广告业也会利用“虚拟真实”（virtual reality）接口设计来达到身临其境的效果，这不但意味着使用者全新的感官体验，也代表着影像秩序通过

① ［英］尼古拉斯·阿伯克龙比．电视与社会．南京：南京大学出版社，2001.246

消费者的主动操弄而重新组合。举例而言，在媒体整合之下，观众打开电视再也不会看到千篇一律以相同角度拍摄高速中急转弯车辆的汽车广告。借助虚拟实体的辅助，观众可以按键，打开车门，观看新款的汽车增添的配备，并利用计算机提供的仿真驾驶系统，体验一下高速驾驶的快感。观众甚至可以选择查阅该车种的耗油率、刹车状况，试试看行李箱的大小，查询车种的销售情况及价格，或是连接到其他电子杂志的数据库，以了解不同车款在性能及价格方面的评价。交互式媒体的传播方式也会彻底打破人类传统的线性阅读及思考的习惯。在未来的广告中，阅听人运用关键词连接到其他参考文件（hyper link）来获得相关的资料。如此一来，交互式的按键选择设计将是传播效果成功与否的关键之处。此外，由于传播技术的进步，知识的大量复制会累积达到一种难以想象的地步。消费者解读信息的能力与策略，将主导文字与图形接口设计者的创意走向。交互式的多媒体广告歌颂感官的飨宴，庆贺消费者主权时代的来临。新时代的广告创意工作者面临的最大挑战，并不是忙碌地增添消费氛围的符号隐喻，而是设计兼顾娱乐与启发性的图形界面，让消费者在电子网络中悠游自在地耍弄符号，透过主动式的参与建立自身的意义系统与符码王国。

在这种情形之下，广告讯息投射的意义，就显得比现实生活还要真实。因为在迈入后现代消费社会的过程里，真实与符号不再区分，所产生的“过分真实”现象，取代了原有的符号秩序。对于后现代论者而言，真实不过是一种符号操弄建构的表象，因为从来就没有所谓真实的起源，自然也没有如何判断真伪的问题。后现代的广告文化强调全面的不确定性，符号的操弄与建构，透过快速的复制与移转拟仿一种似真似幻的真实，用平面的视觉映象颠覆深度意义，从而掩盖影像背后隐藏的深层效果。

二、后现代广告的营销传播背景

（一）整合营销传播

如果说在资本主义早期的以产品为中心的市场营销阶段，营销是基于4P模式开发出好的产品，并给予适当的定价，辅以相应的销售渠道并配合强力的促销，营销价值就可以基本实现，那么现在这一些就远远不够了。因为消费者所面对的产品或者品牌大都很少具有差别性，它们功能和使用价值上同质化的程度，与其促销和广告上的雷同模式无出二致。

而种种迹象揭示了一个现实，按照消费者需求形成产品、价格、通路和促销信息，这些似乎都不难完成，但是仅仅凭借这些，如果没有与消费者实现良好的沟通，营销价值也无法实现。在这种状态下，实现营销价值的核心指向已经发生了根本转变，它不再是传统的基于产品主体的通路促销模式，而是消费者对产品或者品牌的认同与关系。因此，营销在很大意义上取决于传播，正所谓营销即传播，传播即营销。

按照传统广告理论的核心观点，广告“只是为产品所作的销售信息，从事广告的人员事实上不过是推销产品或劳务而已”。① 所以其主要任务似乎就是简单的“让我告诉你”，这个“我”就是产品，而“你”就是消费者。从传播学上看，这种以广告为主的营销传播形式，只注意信息发送者（即信源），而忽略了信息接收者，因此也就忽略了传播过程。所以乔治·盖洛普认为“这就是为什么自二次大战以来，广告进步不多的原因，因为广告只针对产品本身，完全忽略可能购买的消费者”。② 但是，在新的背景下，这种状况已经发生了根本的转变。

早在20世纪80年代，就有人发现传统广告已经很难奏效，因此力图把各种营销传播手段协调运用以创造更好的传播效果。受其影响，一些广告代理商根据企业需要也开始改变自己的工作方式。比如著名的奥美广告就改名为整合营销传播集团。但是从理论上提出“整合营销传播”概念的，却始于美国西北大学丹·E·舒尔茨教授1993年出版的《整合营销传播》一书。应该说经由舒尔茨从理论上所建立起来的整合营销传播思想，是广告乃至于全部营销传播观念在新的市场和技术背景下的一个巨大转变，它改变了我们对营销传播的许多传统看法，甚至一些由广告大师们所建立的经典理论也受到了挑战，从而对广告的现代发展产生了深远的影响。

就营销传播而言，产品的差异化也越来越难以创造，消费者对于各种资讯的选择性储存和处理已经成为一个基本的事实，我们不得不面临着这样的选择：

（1）不论使用什么媒体工具，其中产品或服务的信息必须清楚一致。经由多种途径传送的讯息，如果相互矛盾，就一定会被消费者漠视。

（2）如果在传播中所使用的信息未经整合，由于消费者在讯息处理中会产生矛盾，这些讯息很可能就不会被处理，所以厂商必须要传递整合讯息。

（3）因为消费者已没有可能去费心判别各类讯息，其结果是产品和服务变得更难区隔。所以营销组织传递的讯息必须清楚、简明，并且有说服性，这也就要求把所有形式的营销传播活动整合起来。

（4）在实现营销过程中，传播将成为维持关系不可或缺的因素。关系成为品牌与消费者联系的纽带，任何公司、产品或者品牌如果与顾客没有达成双

① ［美］丹·E·舒尔茨. 广告运动策略新论. 北京：中国友谊出版公司，1994. 2

② ［美］丹·E·舒尔茨. 整合营销传播. 呼和浩特：内蒙古人民出版社，1999. 12

向沟通，双方的关系就会破裂，消费者也就会拂袖而去。

整合营销传播由此诞生。对于这个概念，美国广告公司协会定义如下："这是一个营销传播计划概念，要求充分认识用来制定综合计划时所使用的各种带来附加值的传播手段——如普通广告、直接反应广告、销售促进和公共关系——并将其结合，提供具有良好清晰度、连贯性的信息，使传播影响力最大化。"① 这个定义的关键所在是致力于各种促销形式的结合运用，以使传播影响力得到最大化，按照这种理解，广告和促销都处在整合营销传播（IMC）体系之中，其核心都是组合成一个声音"Speak with one voice"。

当然，IMC 还不止于此，按照舒尔茨对整合营销传播的解释，IMC 理论和实践建立在五个重要特征上，这五个特征代表了 IMC 的基本特点：

（1）影响行为

（2）从现有或潜在的客户出发

（3）运用一切接触方式

（4）获取协同优势

（5）建立关系

正是出于这种理解，所以一种普遍的观点认为："整合营销传播是发展和实施针对现有和潜在客户的各种劝说性沟通计划的长期过程。整合营销传播的目的是对特定沟通受众的行为实际影响或直接作用。整合营销传播认为现有或潜在客户与产品或服务之间发生的一切有关品牌或公司的接触，都可能是将来信息的传递渠道。进一步说，整合营销传播运用与现有或潜在的客户有关并可能为其接受的一切沟通形式。总之，整合营销传播的过程是从现有或潜在客户出发，反过来选择和界定劝说性沟通计划所采用的形式和方法。"②

这个定义所包含的视野更为广阔，它代表了一种更成熟、更全面、更彻底的整合营销传播观念，在这个意义上，整个营销过程中的每一个环节都在与消费者沟通，让消费者了解这项产品的价值，以及它是为什么样的人而设计。过去广告是利用大众传媒实行单向诉求和灌输，促销的重心放在激发和诱使，现在却要求实施双向沟通。双向沟通意味着厂商和消费者在进行着某种资讯交换的活动，意味着在双方之间存在着源于资讯交换与分享共同价值的关系。整合营销传播的一个关键所在，就是把营销传播致力于一种互动交流，所以它的任务就在于通过与客户之间建立稳定关系以实现营销目标。当整合营销传播进入

① ［美］乔治. E. 贝尔齐等. 广告与促销：整合营销传播展望. 大连：东北财经大学出版社，2000. 13

② 舒尔茨等. 全球整合营销传播. 北京：中国财政经济出版社，2004. 65

更深阶段时，具有革命意义的观念变革才开始展现出它的魅力，可以说正是这种观念的变革最终引导营销传播从价值到方法的根本转变。诸如完整、协同、互动、关系、沟通、接触、反馈等，而其间至关重要的第一层级的概念更是整合营销传播的核心所在。

1990 年美国市场营销专家劳特朋提出的整合营销概念，认为企业的全部活动都要以营销为主轴，相应地他把营销要素进行了全新调整，用“4C”——Consumer（顾客欲望与需求）、Cost（满足欲望与需求的成本）、Convenience（购买的方便性）以及 Communication（沟通与传播）取代了传统的“4P”——Product（产品）、Price（价格）、Passage（通路）、Promotion（促销）。在这种转化模式中，可以看出一个显著的对比变化：传统以“产品”（Product）为起点的营销及营销传播，主动权掌握在生产商手中，所以营销传播就是促销，惯用的概念是促销（promotion）、推（push）、诉求（apeal），然而现在一切改变了，核心的概念只有一个，那就是沟通（communication）。沟通就是以消费者需求为中心，每一个环节都建立在对顾客认同之上。它的一个突出特点是改变了传统营销传播的单向传输方式，通过传播过程中的反馈和交流实现双向的沟通，而沟通进一步确立了企业、品牌与消费者之间的关系。所以整合营销传播在很大程度上就是试图通过沟通确立关系。

（二）社会营销观念

社会营销是一种运用商业营销手段达到社会公益目的，或者运用社会公益价值推广商业服务的解决方案。社会营销在这个意义上和其他商业营销是一样的，都是追求对于消费者行为的成功影响和改变。一般说来，消费者的行为改变有三种可能方式：（1）规则干预，即强制性的干预；（2）利益干预，以利益为动力实施的干预；（3）关系干预，是社会中最重要的干预方式，它通过改变受众与干预者的关系，将对象的行为整合到干预者期望的路线上来。利益干预是一般商业营销的典型模式，而关系干预与一部分的规则干预则带有社会营销性质。与一般商业营销模式比较，社会营销中所追求的行为改变动力更多来自社会动力而非商业动力。

经济学强调的“经济人”只具有经济理性，强调行为动力来源于利己算计；社会学中的“社会人”则有社会性，认为人们的行为动力不仅仅只是利益算计的结果，甚至也不仅仅是理性（比如追随时尚），还有来自于其他方面的约束和考虑（比如风俗）。而社会营销原理承认，人既有经济理性，同时又有社会理性。企业为公众提供商品的同时也在涉及一种全面的服务，甚至包括一种公共产品的服务。

在过去的十几年中，在世界各国的政府部门、公立和私营机构的支持下，社会营销在世界各地许多国家都得以迅速发展。它曾经被用来推广很多健康产品和服务，其中包括：安全套、避孕药品、香皂、戒烟产品、蚊帐、加碘食盐、艾滋病自愿咨询与检测等。到目前为止，直接和公开地使用“社会营销”说法的项目很多是针对某些国家或地区的卫生健康问题，由国际资助机构以援助资金的形式展开的。比如在防艾滋病方面的社会营销项目资金主要来自英国政府国际发展部（DFID）、美国国际发展署（USIA）和联合国机构。当前国际上在公共卫生领域主要的社会营销执行机构有：前景集团（Futures Group）、国际人口服务机构（PSI）、DKT国际机构和玛丽斯特普国际组织（MST）等。在援助资金的支持下，社会营销机构通过对其推广的产品进行价格补贴，或者联合生产商和经销商，对项目提供推广宣传的费用，要求生产商或经销商降低产品价格，使目标人群可以承受得起。但这里的社会营销定义是狭义的。

联合国近几年倡导PPP（Public Private Partnership）模式和BSR（Business for Social Responsibility）运动。联合国开发署、联合工发组织、世界银行等机构在其发展项目中，更加强调PPP模式的价值。在这个模式中，联合国组织鼓励政府部门与私人部门充分合作，积极利用商业机制中的合理成分，来提高公共发展项目的效率和运行动力。另一方面，包括国际劳工组织、联合国教科文组织和更多的非政府组织支持企业更多地具有承担社会责任的自觉意识和行动，争当企业公民（Corporate Citizenship）——做生意的公司不仅仅是要做生意，还要有社会责任，比如说生产汽车的企业，不能只管动力不管汽车排气，不能只管时尚不管安全。相当一部分的跨国公司将企业公民作为自己企业发展远景的重要组成部分。

在中国，企业对于社会营销原理的借用已经悄然开始。福田汽车旗下的时代汽车公司在2004年启动的“时代知识工程”是中国企业使用社会营销技术的一个典型案例。结合中国城乡居民普遍重视子女教育这一实际情况，这一项目的第一阶段主题为“时代汽车为用户子女提供助学金”，希望借此机会为卡车司机的孩子创造一个良好的学习环境，帮助用户解决他们的后顾之忧；孩子考上大学——父母心中的夙愿，时代汽车适时推出“时代知识工程”第二阶段活动，为在活动期间考上大学的新用户子女提供奖学金。“时代知识工程”以具体行动体现了时代汽车“创造美好未来”的一贯品牌理念，显示出其行业领头羊的风范。同时也通过关心用户的孩子，确实让用户真切体会到了厂家用心之良苦，找到一条提升用户情感收益的独特道路。

站在商业服务和产品的角度，消费者已经习惯了同时也有些厌倦了过于商业性的直接的价值诉求，尤其是高附加值产品，人们愿意在同质的产品之外看到更多的显示经营人格的因素。而在品牌的深层价值里面，实际上商业化的功能只代表了在生意意义上一个企业公平地追求交换的能力，但是不管你如何标榜自己的品牌，一个企业无法脱出势利的范畴。因此，在消费者的社会特性中发掘，不仅仅有助于我们理解目标消费群体的社会文化特性及其需求变化的根底，同时找到了驱动人们关注品牌的新视角或者新素材。

与竞争对手相比，飞亚达拥有更庞大忠诚的手表用户，由于手表消费趋向短周期化，手表再置率在提高，但简单直接降价吸引老顾客又会负面影响品牌价值。飞亚达与希望工程启动“让所有的孩子与时俱进”的合作项目，让所有的飞亚达消费者将六成新以上的旧表捐给希望工程的孩子，就可以六折得到任何一款新的飞亚达手表。飞亚达作为希望工程“长征助学”活动的惟一手表赞助者，通过长征沿线活动将手表送到希望学校孩子们的手中。飞亚达通过与希望工程的合作，实现对于其庞大的用户群的再利用；树立品牌的社会形象并开辟了新的销售动力源；客户群体得到实惠和慈善心理满足的情况下，提升客户满意度和忠诚度；在同行业中近年最有特色的促销活动，与竞争品牌的明确形象区隔；飞亚达由此建立和青少年群体的渊源，为发展新的青少年时尚表品牌和产品奠定伏笔。

当然，用好社会营销的手段，需要我们认可社会营销的特殊价值，它在一定程度上恰恰弥补了我们在传统意义上将消费者的社会动机和经济动机人为割裂的缺陷。在专业的社会营销家的视野中，必须明了社会生活的人际关系和人际交往的文化原理；敏感社会流行体系的发生原理和社会心理变迁动力；将一般的营销手段、社会动员方法和社会营销手段整合协调成为具有内在合理性的一致行为，持续服务于组织所追求的目标；最后，即使我们在开始的时候是功利性地使用社会营销技术，但是最终我们要在实践社会营销的过程中，巩固和发展营销人员的社会知识和社会理想——这恰恰是我们很多传统营销知识中最薄弱而社会营销最强调的部分。

第二节　后现代广告传播的特征和意义

20世纪80年代，巴黎大街上随处可见这样一幅海报：在碧海背景下，站着一位穿着比基尼泳装的妙龄女郎，边上的一行文字使这张海报与众不同：“在9月2号，我会脱掉上面的衣服。”巴黎众多先生女士期待着9月2号的到来。9月2号，在新的招贴画上，果真不见了美丽胴体上面的两点，女郎身边的文字变为：“在9月4号，我会脱掉下面的部分。”全巴黎都为这张海报激动着。9月4号，在新的广告画中，女郎果然一丝不挂，但只是一个远远的曲线优美的背影。广告文字俨然是："××保险公司，说到做到。"整个事件仿佛是后现代广告的缩影：为了引发消费欲望，必须同时提供另一种欲望的影像。在对形象的根本性欲望中，形象是大于存在的，不是存在本身，而是关于存在的形象成为你可以进入这个世界的启示和可能。商业广告的运作很好地把握了这种启示和可能，而它表达的就是把每一种有限使用价值都扩大为对形象的根本性欲望的满足，从而向买主推销。从文化的角度看，广告形象构置和宣扬了一种虚拟语境，即人类不是直接认识自身所处的感性世界，而是在两者之间插入虚拟语境，使人们通过它来认识世界。它不仅仅是一种音像制品、一组视听符号，它更代表着一种观念和意识对人的有意识或无意识的冲击。

美国学者杰姆逊指出，后现代文化的一个突出特征就是形象取代语言成为文化转型的典型标志。并且杰姆逊认为，我们应该将形象与以电视为核心的信息社会联系起来，特别是与广告联系起来。电视出现后，代替收音机成了最基本的媒介，而且随着电视的出现，广告得到了爆炸性的发展。广告及广告形象这一问题成了我们所称的后现代主义的中心问题。

不少著名品牌的广告表现从具象到抽象，最后游离于产品本身之外。不是商品，而是广告形象成为现代人的需要与依赖，形象消费成为一种自我定性的神圣"仪式"，成为人与世界、人与人之间的惟一联系。成功的广告外延到一个产品起不到作用的范围，形象的定位与设计的价值要比产品本身的意义更加重大。忘掉产品！这已成为后现代广告的表现方式。在广告中，产品已从中心退居边缘，或者根本就不出现。传统的说服方式或表层的暗示已经走到了尽头。今天，若想使产品具有诱惑力，广告的分量已经超过了产品本身，如果广告剧本具有出色的构思，产品自然也坐享其成。真理已不再存在于产品当中。

"后现代"并不是一个一维的时间概念，而是一个表征人的精神生存状态的文化概念。不管是作为商业艺术或者纯粹艺术本身，广告总是要呈现出一定时代人们的生存状态和精神追求。特别是 20 世纪 90 年代以来，后现代广告从价值取向上关注人的现实存在状态、关注人类社会的问题，广告策略上注重观念营销，图像风格上体现仿真与超级写实，创意思路上高扬时尚、颠覆传统等方面，呈现出后现代社会人的精神生存状态，而成为后现代广告的新形态。①

---

① 吕尚彬. 人本观广告的新形态. 兰州大学学报，2002（6）. 本节对后现代广告的分析基本上以该文为基础展开，许多观点和材料也出自该文。

一、后现代广告传播的特征

（一）以人为中心的广告

如果说20世纪的主流广告是在大卫·奥格威等人的“推销主义广告”理念的指导下，以物为本，强调“一切广告都是为了推销商品”的话，那么，以人为中心，关切人的生存状态，满足人的整体需要，关注人的个性发展，以人为本，则是后现代广告的核心理念。后现代广告的价值取向与一般的广告关注人的不同在于它关注的不是人的“理想状态”，而是后工业时代人的真实存在状态和人类社会的问题。

作为后现代广告的代表，贝纳通广告首先是从人类社会各个方面的热点问题来寻求创意资源，揭开生活的种种伪饰的面纱，展示“世界的真实和真相”。它表现出人们普遍关注的社会问题——疾病、暴力、贫穷、战争、种族、灾害，向世人展示当今生活的冷酷和现实的矛盾。借用贝纳通广告公司创意总监托斯卡尼的话说，广告“不仅是一种传播方式，更是一种我们时代的表达”。

从1992年起，贝纳通推出了以“United Colors of Benetton（贝纳通组合色）”为主题的广告运动，以当年精选出的新闻照片为背景进行概念营销。以此为标志，贝纳通广告被视为当代文化潮流的重要组成部分。例如，《患白化症的黑人姑娘》的画面上，一群黑人少女正在列队前进，举行庆祝活动；一个患白化症的黑人少女自惭形异，窘态油然而生，她似在躲避旁观者好奇的目光。作品运用反讽的手法，使种族歧视的偏见昭然若揭。《伸着舌头的不同皮肤的孩子》的照片上，“尽管他们人种不同，肤色不同，但他们的舌头都是一样的颜色”。而在1996年获嘎纳广告节金狮奖作品《心脏》的画面上，只有三颗一模一样的心脏，心脏上分别标注“WHITE（白）”、“BLACK（黑）”、“YELLOW（黄）”，图像似乎十分简单，诉求十分清楚，内涵却让人回味再三。人类皮肤的颜色大不相同，但却具有共同的本质，正如我们的心脏相同。在种族歧视、民族矛盾、宗教仇杀此起彼伏，甚至导致灾难和战争的现实背景下，解读《心脏》，能够使人感悟到对于人类的多样性的宽容、容忍和尊重的强烈的呼唤。

对于战争，贝纳通广告往往以批判性的眼光审视着人类的冷酷和仇杀，促使社会公众直面和反省触目惊心的现实。它曾经创作了三例著名的反战广告。一幅是《浑身油污的鸟》：1992年海湾战争期间，数以百万桶计的石油飘浮在海面上，海边一只全身沾满原油、垂死无助的小鸟依然奋力睁开双眼，用火红的眼睛凝视着周围布满油污的黑色的世界，似乎在等待死亡。这也使人想到成千上万只美丽的鸟在飞向死亡，它们将带着浑身的油污被淹死或累死。这只鸟既是征战带来的环境污染的象征，也是交战双方牺牲品的象征。1994 年贝纳通推出了《知名战士》（又名《血衣》）的广告。画面核心意象“血衣”的主人，是农科学院的学生，他临近毕业只差两门课的考试，而且已经准备与交往多年的女友结婚。但是，他的所有的梦想和追求，都在波黑战争的炮火中化为乌有，只剩下他生前最后一刻穿过的那套血迹斑斑的军衣，静静地躺在白色的背景下。血衣和军裤的对比，通过直接的视觉冲击再现战争的残酷和对生命的毁灭。1999 年 4 月 23 日，贝纳通又推出《科索沃》：在一滩血迹前，两位女人正在哭泣。这两位哭泣的女人，正是战争中丧失了儿子、丈夫和亲人的千千万万妇女的象征。

如果说贝纳通广告是直接关注人类社会问题，从视觉上阐释“世界的真实和真相”的话，那么台湾的意识形态广告则是后现代社会人的精神生存状态的视觉呈现。意识形态广告往往抓住一些零碎、断裂的生活片断，刻意地进行描绘和渲染，揭示出消费社会里人的异化状态。例如，1998 年中兴百货《森林篇/樱花篇》的文案写道：“衣服是这个时代最美好的环境/他觉得这个城市比想象中还要粗暴/她觉得甩飞机的几率远远大于买到一双令人后悔的高跟鞋/他觉得人生脆弱得不及于一枚 A 型流行感冒病毒/她甚至觉得爱人比不上一张床来的忠实…… 不安的人们居住在各自的衣服里寻求仅存的保护和慰藉/毕竟在世纪末恶劣的废墟里/衣服会是这个时代最美好的环境”。这里，表现出来的是后现代人的失望、脆弱、焦虑、怀疑和不安，“我”已经退缩到衣服里，只有“衣服会是这个时代最美好的环境”。社会的情绪、世纪末的心态在意识形态广告里得到充分展示。

又如中兴百货 1998 秋装上市《服装就是一种高明的政治，政治就是一种高明的服装》的文案：“衣服是性别，衣服是空间，衣服是阶层，衣服是权力，衣服是表演，衣服是手段，衣服是展现。衣服就是一种高明的政治，政治就是一种高明的服装。”《书店篇》的文案：“有了胸部之后你还需要什么？脑袋！到服装店培养气质，到书店展示服装。”这些广告作品所传播的并不是完整的商品信息，而体现出模糊性、散漫性、反叛、变形等“不确定性”因素，体现出对一切秩序和构成进行消解的后现代主义精神，使广告处于一种动荡的否定和怀疑之中，根本抛弃逻辑叙事而展现出令人眼花缭乱的关联偏差的可能性。

作为主体人的自我消失状态也经常成为意识形态广告的重要话语资源。例如，中兴百货《衣柜篇》、《货架篇》的文案标题写道：“三日不购衣便觉面目可憎”；1999 年春装上市的广告文案如是说：“经济不景气不会令我不安，银行倒闭不会令我不安……缺乏购物欲才会令我不安”。自我被本我挤压、精神被物欲排斥的心态被表现得淋漓尽致。因而，人完全被物所役，以至于购物并不是主动的行为，而是物“强迫”人去购买，“自我”不再是自觉的、自由的、自主的。“衣服不是我要买的/你看我的衣橱已经爆炸了/如果不是他们自动修改标签上的数字/又告诉我只有我拥有排挤别人购物的权利/我怎么会买呢？/所以现在你知道了/不是我要买/而是我非要买不可”（2001年中兴百货周年庆预购《罪恶男篇》、《罪恶女篇》文案）。

（二）“观念营销”的传播策略

广告毕竟是广告，广告的首要功能在于沟通品牌与消费者。后现代广告并不否定广告的市场工具性，超越的是传统广告“销售第一”或“销售惟一”的缺陷，强调的是以生活者为目的；销售不是目的，而是手段；商品、品牌、广告为人服务，而不是相反。不过，在后现代广告里，演化为“观念营销”的广告策略。观念营销作为一种广告沟通策略，强调的是提倡并传播一种基于消费者心理和社会意识形态的观念，从而深入受众心灵深处并为受众所理解、接受，甚至引发共鸣。

菲利普·科特勒曾把人们的消费行为大致分为三个阶段：第一是量的消费阶段，第二是质的消费阶段，第三是感性消费阶段。在第三阶段，消费者所看中的已不是产品的数量和质量，而是与自己关系的密切程度。他们购物在很多时候是为了追求一种情感上的渴求，或者是追求一种商品与自我概念的吻合。随着消费需求的日趋差异化、多样化、复杂化，现代社会进入了重视“情绪价值”胜过“机能价值”的时代，即人们更加重视个性的满足、精神的愉悦、舒适及优越感。①

观念营销的实质是后现代人“符号”化生存状态的广告表现。“在后现代世界中，客体和商品都是符号；在使用或者消费它们的时候，我们使用或者消费的也是符号。”② 新的消费手段正在编制并且操纵着符号，而正是这些符号才控制着我们的行为。因此，就餐、购物、度假等与人们通常所定义的“需要”关系不大或者根本无关。“总的来说，我们是为了表达我们与同人的异同点而吃，而不是为了满足我们对食物（以及一般的对生存）的需要而吃。在吃大麦克时，我可能本以为我们是正在消费一个令人荣耀的汉堡包，但事实上，我们正在吃的是一个客体—符号。”③ 换言之，后现代社会的人们消费的

---

① 潘惠德. 感性消费与广告形态. 中国广告，2001（4）：12

② ［美］乔治·瑞泽尔. 后现代社会理论. 谢立中等译. 北京：华夏出版社，2003. 232

③ ［美］乔治·瑞泽尔. 后现代社会理论. 谢立中等译. 北京：华夏出版社，2003. 325

是精神符号，而不只是物的功能。

观念营销策略的一个基本的支撑点就是品牌观念。后现代广告之中，传统广告所极力宣传的产品、企业或服务等传统广告核心信息已经退居到次要地位，取而代之的是品牌观念。后现代广告着力展示的不再是产品的功能、企业的形象或者服务的效用，而是品牌的内涵。品牌不只是一个产品的徽章，而“是产品与消费者之间的关系”的象征。广告所做的种种努力在于设法使品牌与顾客之间建立“罗曼史”。品牌的具体内涵，只是一个观念。“在品牌自身行为的历程中，始终起着核心作用的不是其他，而是观念……观念这一不断流动的东西只属于意识形态的范畴。它只是借助于物来表现自己而已。……如果说一个人拥有灵魂，那么品牌也同样——观念便是它的灵魂。”①

实际上，文化研究学派的研究者早就发现广告言说意识形态。他们认为，广告“最常见的意识形态策略，就是说明这个群体的利益怎样‘真的’大体上等同于整个社会的利益或者整个人类的利益。数年前查尔斯·威尔逊那句名言‘对通用公司有益的，对这个国家也是有益的’凝缩了意识形态的根本原则。”② 不过，传统广告的意识形态言说，遵循的是放大原则，把消费群体的、企业的、广告主的利益“大体上等同于”社会的、人类的利益。但后现代广告与传统广告明显不同。后现代广告依照“缩小”的策略来言说意识形态。所谓“缩小”指的是广告主竭尽全力通过广告强调企业的产品或服务是符合消费者的生活方式和自我实现的需要，是能够为“我”带来生活的意义与快感。与此同时，产品和市场的高度同质化迫使广告主和广告代理公司寻求差异化营销、个性化营销的途径。因此，“品牌个性”就成为广告意识形态言说的主要议题。“我玩，故我在”、“我有，我可以”、“我运动，我存在”、“我自信，我成功”、“我选择，我喜欢”、“我喜欢，我拥有”等广告语十分明显是在建构一种迎合个人化发展和自我倾向的观念追求“思想盟友关系”。李维斯牛仔装抛开了“适用所有人”的诉求，而宣称“让它们成为你自己的”；耐克运动鞋也成为独立自主、积极进取的精神的代名词，展现的是战斗力、决心、成就、乐趣，以及运动带来的心灵慰藉与回馈。这里，品牌的核心内涵演化成为个性和自由的象征。这样，品牌本身作为概念符号所蕴含的心理、精神价值远远大于商品本身的使用价值和交换价值。

观念营销策略的另一个基本的支撑点便是受众的个性心理世界。在后现代

① 吴扬文. 开启后广告时代. 中国广告，2002（9）：80

② ［美］理查德·奥曼. 广告的双重言说和意识形态：教师手记. 王广州译. 转引自罗刚. 文化研究读本. 北京：中国社会科学出版社，2002. 397

社会，作为“宏大叙事结构”中的主体消失了，但作为“此在”的“我”尽管是碎片化的，却格外令人珍惜。因此“我”的存在、“我”的感受和体验成为人们能够感觉和把握的惟一“真实”。“我”的需要与欲望、个性化的体验、快感与愉悦，成为人们生存的基本追求。

在观念营销的策略指导下，个性的张扬、快感与愉悦、人类深层心理、社会热点问题等自然成为后现代广告表现的新宠。例如，耐克运动鞋的文案《三围只是买衣服时的尺寸罢了》，简直就是一篇女权运动的宣言：“‘标准三围’是男人窥视女人的借口/36、24、36 则是男人虚荣程度的量化/男人就是这样用女人的身体布下陷阱/然后光明正大地骚扰你/别赞助男人好色！/把男人的观点从女人的曲线上驱逐干净/ 因为/ 对女人而言/三围只是买衣服时的尺寸罢了”；《你决定自己穿什么》的文案，则是“自我”的宣言：“找出你的双脚/ 穿上它们/跑跑看、跳一跳……用你喜欢的方式走路/ 你会发现所有事物的空间都是你的领域/ 没有任何事物能阻止你独占蓝天/ 意外吗？你的双脚竟能改变你的世界/没错/ 因为走路是你的事/怎么走/ 由你决定/ 当然/ 也由你决定自己穿什么！”又如，李维斯牛仔服从 1999 年以来，连年推出以十几岁的青少年为主角的展示其个性追求和体验的异常个性化的“真实的事情”、“让他们成为你自己的”等广告运动，着重强化品牌与受众的情感联系，使李维斯成为个性的象征。或者通过他们一生最具纪念意义的第一次经历：如第一次接吻、第一次音乐会、第一次尴尬场面……或者通过他们如何用剪、撕、补的方法自己处理加工李维斯牛仔裤以使它更具个性的经历，来捕捉最为个性化的瞬间，将品牌与个性紧紧地联系在一起。①

（三）超级写实与拼贴的图像化表述

在图像的风格上，超级写实与拼贴，这是后现代广告的重要特点，也是后现代社会人的精神生存状态的图像化表述。

后现代广告图像的超级写实展示“痉挛的美”给人以难以抗拒的视觉冲击力。其广告作品，就通过时空的交错，现实与图像的拼贴，让人体验到“真实的虚幻”或“梦幻的真实”。这种虚幻的真实，在一定意义上是人对“拷贝世界”的感受。由于大众传媒的传播积淀，在人与感性世界之间事实上形成了一个由信号、图像和模拟构成的“拷贝世界”，从而使人们对现实产生了一种不稳定的、被美化的幻觉。因而，“作为社会中的人，我们越来越生活

① 胡晓芸，李一峰. 巅峰之后——牛仔装品牌 Levi’s 的复兴之路. 现代广告，2002（3）：37

在现实的图像或画面之中，而不是直接生活在现实之中。”① 后现代广告的这种图像风格或许正是人的仿真与超现实的精神困境的投影。

例如意识形态广告的中兴百货秋装上市《货架篇》的画面中，刚刚竖起主体框架结构的“房子”处在脚手架的包围之中，但急不可耐的“她”已经买回整整一个货架的日用百货。“她”正弯着腰察看着货架，似乎还在考虑买点什么。脚手架包裹的房子雏形、货架、日用物品、少女等意象拼贴在一起，构成一幅“怪异”画面。

再如 PC Home Online 网络家庭《物质篇》里，两个物品陈列和装饰风格一致的客厅一“上”一“下”、方向相反拼接在一起，似乎展示的是生活中年轻职员的生活情景，但每个器物旁边的黄色顺序编码条又告诉你这是“非现实”，特别是将图形旋转 180 度时，广告图像的“上”和“下”又完全置换。

拼贴既是后现代人的生存状态，也是后现代广告营造“真实的虚幻”的基本手法。把表征历史与未来、正义与邪恶、理性与非理性、想象与现实、经典与通俗、优美与丑陋、崇高与低俗等相互矛盾的视觉元素组合在一起，表现差异而不是统一，表现“感觉的真实”和对现实生活的感受的原生态而不是乌托邦式的追求，颠覆传统的优美、崇高等美学观念，呈现“怪诞”、“不确定”的风格，这正是后现代广告的拿手好戏和风格秘密。因此，后现代广告中，历史感消失了，历史元素与现实感受拼贴在一起，沉重而严肃的历史被性感和欲望所解构。

迪塞尔服饰《现代会议的诞生篇》：艺术家、服装与性别也可以巧妙地组合在一起成为欲望与性别的拼贴；中兴百货《梅兰芳篇》：想象与现实、优美与丑陋、正义与邪恶可以杂糅在同一作品之中；迪塞尔电视广告《清晨 5 时篇》、《小石城篇》：自由与压抑、真我与面具、神话与现实可以共存。

在索尼游戏机电视广告《大厨篇》中，一个带着高高的帽子、穿着雪白的制服的厨师正在厨房里烹制一块牛排。这位厨师竟然把一口痰吐到牛排上，然后又拿起牛排在马桶内壁涮了一圈，并且把鼻屎放进牛排等等。正是通过拼贴，后现代人的“内爆”生存状态，生活的断裂、现实的乖张、感觉的荒诞、内心的苦闷、世界的混乱、人际的冷漠，甚至人的深层心理中的破坏欲和恶作剧都被淋漓尽致地表现出来。

后现代广告的图像与古典的、现代的文学艺术作品意象的互转刻意营造出超脱现实的陌生感和幻觉感。在这种“互文性”里，高雅文化与通俗文化、

① ［英］尼古拉斯·阿伯克龙比. 电视与社会. 张永喜等译. 南京：南京大学出版社，2001. 43

时尚与经典“内爆”为一体。图像可以互文，文案符号也可以互文。例如，2001年中兴百货春装上市河床篇、金属篇广告文案《美好的生活就是最温柔的报复》写道：

“你应该阅读楚辞九歌中的巫仪，让以为看哈利·波特就不会变成麻瓜的人变成麻瓜；……”“你应该到五星级饭店叫江浙外烩，让不懂餐桌礼仪的服务生没有小费可拿；你应该用法文录电话答录机，让假日找你加班的主管当场哑口无言；你应该把写满报复的和前男友的日记本资源回收，让亚马逊之林继续茂盛葱郁……”

（四）高扬时尚、颠覆传统的创意思路

关于时尚，台湾意识形态广告公司的创意总监许舜英讲得透彻：“时尚已经不是一种产业，它是生活方式的核心影响中枢。它既是目的，也是手段；它既是过程，也是目标；它既是理论，也是实务；它既是实体，也是虚构；它既是短暂的流行，也是深层的结构；它既指涉物质，也指涉修辞；它既是生活化的，也是舞台化的；它已经是当代生活的主要特征之一。”① 既然时尚已经成为“生活方式的核心”，时尚作为广告的主要议题就是自然而然的。

因此，后现代广告绝不故作高雅或深沉，拒绝时尚，而是充分高扬时尚，展示时尚，表现时尚的魅力。不过，后现代广告的时尚表现，各有侧重。贝纳通广告表现的是“政治时尚”和“社会问题时尚”；意识形态广告展示消费时尚；迪塞尔广告体现个性时尚。后现代广告以其想象力的大胆、出位、奇特、怪异，推翻陈规，对包括现代广告在内的传统文化进行颠覆和解构、创新和超越，建构出后现代广告的独特商业艺术景观，展示出作为商业艺术生生不息的创造力和生命力。高扬时尚，这是后现代广告颠覆传统的利器。

法国的让·马贺·杜瑞在其《颠覆广告》当中，从创意角度，已经总结出一套实施颠覆的法则。这种法则包含三个步骤：对比传统、进行颠覆、预设前景。② 颠覆的起点是传统。广告创意颠覆方法所指涉的传统包括市场传统、消费者传统和广告传统。市场传统就是有关市场策略的根深蒂固的成见；消费者传统是有关消费的一些先入为主的想法或人人认同的观念；广告传统指的是一些广告制作与表现的常见手法。颠覆传统，首先要辨认传统，然后挑战传统。广告创意实施颠覆的具体的思考方法：第一，改造，让人们用不同的眼光来看它。第二，翻新，让人们用不同的心境审视同一事物，“广告必须让不奇

① 曾玉萍. 锋发韵流许舜英. 国际广告，2001（4）：95

② ［法］让-马贺·杜瑞. 颠覆广告. 陈文玲，田若雯译. 北京：中国财政经济出版社，2002. 56

怪的变成奇怪，熟悉的变成不熟悉。”① 第三，复杂化，让人们看到以前从未看见的特质。对传统进行颠覆，必须以预设前景为前提。预设前景也就是企业所要达到的目标。“这目标是前景，它不但是一个理由、一种哲理、一份使命感，它还能激发品牌的多种可能性，向主张颠覆的方向前进。”② 前景由梦想而来，它是企业的理想形象，是一个趋近完美的难以实现的理想，但也是一个可以把企业、产品和消费者的真实需求联系在一起的立场。“前景就是品牌活力的源泉。前景可以整合品牌的能够与抽象的意境；前景还可以引导消费者认知品牌”。③

后现代广告的创意“颠覆”似乎更为彻底。如果说，一般的广告仍然在市场、消费者、产品三要素之间寻求沟通创意的话，那么，后现代广告则远远跳出了这一创意窠臼。它们不仅颠覆了现代广告的市场传统、消费者传统和广告传统，而且颠覆了广告的文化基础。这种彻底的颠覆表现在：从价值取向上关注人的现实存在状态、关注人类社会的问题，是对传统的物本观广告的颠覆；广告策略上突出观念营销，是对产品营销的颠覆；图像风格上的仿真与超级写实，是对传统广告艺术的颠覆；创意思路上高扬时尚、颠覆传统，是对经典文化、纯粹艺术的颠覆。

二、后现代广告的发展趋势

（一）广告传播的隐性化

日益进步的计算机技术促使媒介改变着自身的形态。以往的媒介致力于向尽可能多的人提供尽可能多的新闻、娱乐和信息。随着新科技在全社会的普及，信息的筛选，复制和传递更加便捷，向特定的人传递特定的内容成为可能，媒介细分化的趋势不可阻挡。这使得消费者和媒介间关系发生了变化，媒介与受众间的互动性增强。不只是新媒体，传统媒体也开始创造与受众更多沟通和反馈的机会。

总有一天，完全的个人化媒体会成为现实。将来的电视也会成为互动化的媒体，在规模庞大、更新迅捷的节目资料库，受众可以挑选自己所需要的任何节目，并可以进行快进、倒放等各种操作，个人化的服务将会极大地提高受众

---

① ［法］让-马贺·杜瑞. 颠覆广告. 陈文玲，田若雯译. 北京：中国财政经济出版社，2002. 101

② ［法］让-马贺·杜瑞. 颠覆广告. 陈文玲，田若雯译. 北京：中国财政经济出版社，2002. 124

③ 吕尚彬. 人本观广告的崛起. 兰州大学学报，2002（6）：110

收看电视的满足程度，但互动电视的流行可能使广告处于尴尬境地。一般而言互动服务是收费的，所以电视台再也不能像现在这样疯狂地插播广告，没有人愿意在收费的节目中看到广告的身影。再者，广告会被直接跳过，随着技术的进步要做到这一点会非常简单。

但是，有一些办法可以用来帮助广告摆脱困境，即“隐性广告”。“所谓隐性广告是指与显性广告（在媒介中位置固定、自成体系与媒体的正常内容界限清晰、容易分辨的广告）有着很大不同的商业宣传，它表现出很强的渗透性，并非形式上的广告，有的还与媒体内容互为一体，其功能与目的和广告并无两样，但其间接效用较广告更胜一筹。”①

极受年轻人喜爱的剧集《流星花园1》中有这样的情节，西门被小优拉去楼顶看日出，当太阳升起来的时候，远处巨幅广告牌上“西门子电器/我的最爱”的“子电器”三字因为太阳的照射而模糊，从男女主人公的视角看去变成了“西门/我的最爱。”不知道西门子有否向《流行花园》提供赞助，若有的话，这笔赞助花得很值。《流星2》中这样的情节也很多，每一个认真看过的人肯定都知道杉菜和F4的手机是索尼爱立信的，因为他们的手机在收到短信或电话时经常得到特写镜头。在电视、报纸、杂志、广播等传统媒体日益膨胀，而经济效益日益萎缩的今天，越来越多的新型媒介出现，它们超出传统媒介的局限而有自己的特点，而这种特点是在某种程度上预言广告发展的一种新趋势，即广告传播的隐性化。

2005年的春节联欢晚会当中的隐性广告可真不少，继朱军、冯巩《谈笑人生》中的“喜力啤酒”、《祝寿》中的“娃哈哈非常可乐”、“珍奥核酸”、《浪漫的事》中的蒙牛牛奶隐性广告之后，零点钟声敲响之际歌手胡雁演唱的《平安中国》再次被指有为平安保险做广告嫌疑，而一位业内资深人士在匿名接受采访时，更是暗指这一歌曲有广告成分。

作为大众文化的电影已经有了100多年的历史，在现代营销的催化下，电影中的广告元素的利用成为目前的一种新的媒介。这一方面是电影本身商业性的需求，另外一方面是因为现实生活是电影创作的现实源泉，电影是现实生活文化的真实而艺术的再现。再而电影明星是生活中最具代表性的人物而被广大受众所效仿，从而找到广告主投放的理由。

“如今的编剧不是考虑人物性格塑造，而是考虑怎么在电影中塞进更多的广告。”这是所有好莱坞编剧经常挂在嘴边的抱怨。比起好莱坞编剧，冯小刚的电影毫不逊色，除了宝马汽车，惠普笔记本电脑、佳能数码摄像机和便携打

① 张翔，赵金涛．我国隐性广告现状问题分析．广告大观，2005（5）：24

印机、诺基亚手机、长城润滑油、《北京晨报》……各种不同领域不同类型的广告在《天下无贼》中的戏份已经超过了主演刘德华和刘若英。在电影营销中，这类手法通常有一个正式的名称“电影隐性广告”，而商家则将之称为“植入式营销”。不同的称呼其实都在讲同一件事情。通俗地说，如果你看过一部电影之后说“007 戴‘欧米茄’手表可真帅”，或者“奥迪跑车实在是太漂亮了”，那你就已经无意中成了电影隐性广告的受众了。最早的有据可查的电影隐性广告出现在 1951 年的《非洲皇后号》上，在其中明显出现了戈登杜松子酒的商标。而历史上最有名的电影隐性广告是在《外星人》中，主人公用一种叫“里斯”的巧克力豆把外星人吸引到屋子里来。《外星人》是一个里程碑，之后美国电影中的隐性广告就越来越多，并越来越受到观众和业内人士的重视，广告手段也日见翻新。

一般说，特写镜头是电影隐性广告最喜欢“栖身”的地方。当影片中的主人公和某赞助公司的产品同时出现的时候，往往会出现一个超过一秒的特写镜头。《天下无贼》将这一招数发挥到极致：影片开头，刘若英色诱傅彪，刘德华微笑着端着 DV 缓缓走近，镜头一直停留在 DV 屏幕——LOGO 上；在寺庙中，刘德华偷了一大袋子手机，他拉开旅行袋，特写镜头：每一个都是诺基亚；甚至在影片结尾，刘德华为保护傻根的 6 万元死在火车夹层中，镜头也不忘缓缓地从刘德华的脸转到身旁的手机上。

产品名称直接出现在影片的台词中，也是常见的电影隐性广告手段之一。《阿甘正传》里有一句经典台词：“见美国总统最美的几件事之一是可以喝足‘彭泉’牌饮料。”有时候，电影中甚至会出现真正的产品广告。比如在《少数派报告》的开头，街头的大屏幕上就完整地播放完了一段“凌志”广告。《天下无贼》里实在没有什么情节能够让刘德华像《我，机器人》里的威尔·史密斯一样大声地说：“我只穿 2004 年产的匡威鞋”，就只好让刘德华逼着傅彪写了一个宝马转让书，大声地把“宝马汽车”念了一遍。

最有效果的广告莫过于让产品直接在电影中“扮演角色”。为了配合《我，机器人》中的未来车战场面，奥迪公司专门设计了一款概念跑车 RSQ；《黑客帝国》是另一个经典案例：由于故事对现实生活的嘲讽态度，很多产品，尤其是汽车在影片中都被低调处理，但一款“诺基亚 8110”手机却在影片中起到了至关重要的作用。《天下无贼》并不是一部动作戏，但是为了“长城润滑油”，冯小刚还是安排了一场惊险场面：刘若英和刘德华汽车上发生争执，争执中车在路上失控，对面一辆大卡车呼啸而来，近了，近了，卡车上写着五个大字：长城润滑油。而如果不是为了“惠普”笔记本电脑和打印机，《天下无贼》里的警察根本没必要采用画家身份来掩盖自己，画下嫌疑人的行为——一个微型照相机就足够了。

电影中的广告植入其实是一种品牌与品牌之间的强强联合，是一种“双赢”。基本上，只要选对了合作影片，这是一场“双赢”甚至很难让你明白到底是谁搭了谁的顺风车：《外星人》中的隐性广告使“里斯”巧克力豆的销售量跃升了65个百分点。《玩具总动员》中“土豆头先生”的出场使这一款玩具的销量上升了4500个百分点。据估算，《黄金眼》一片所带来的广告效益使宝马汽车公司多卖出了价值2.4亿美元的汽车！《黑客帝国》令凯迪拉克重新成为时尚话题，同时凯迪拉克在全球重要市场巡回时也播放黑客专场，并且请来了好莱坞的特技制作高手详细讲解那段飞车戏的拍摄过程。

正因为电影隐性广告的“双赢”效益，近年来电影隐性广告越来越成为一桩大买卖。洛杉矶甚至出现了一家专门负责联络电影隐性广告的公司：“拍摄它”（Feature This）。该公司老总杰伊·梅说：“大公司和电影制片厂之间形成了越来越多的联合体和伙伴关系……五六年之前，产品的隐性广告可以节省10万到50万美元的影片预算，但现在这个数字已经没有极限。”作为这句话的证明，据统计，《少数派报告》中使用了15个品牌，为影片节省了2500万美元。

面对越来越喧嚣的电影隐性广告，“好莱坞报告者网上版”的专栏作家马丁·格罗夫的观点很有代表性：“如果一个片中人物在喝一瓶没有商标的啤酒，不如让他喝一瓶‘喜力’更真实些。所以，片中人物在电影中喝‘喜力’啤酒无可厚非，但如果他喝了一口后放下瓶子说：‘天那，喜力啤酒真是棒！’那就是另外一回事了。”而另一句话似乎更为重要，“制造一个难忘的广告是了不起的事，但是需要更多了不起的事才能塑造起一个难忘的产品。”——无论是对广告商，还是对电影导演。

虽然国内企业也逐渐意识到电影广告元素的商业价值，但这种新的广告形式的发展与成熟还需要一定的时间，因为影视剧的制作是有时间限制的，剧本、演员、导演、道具的事先安排性不可能等着某一家或者是出价最高的赞助商来决定。某种程度上说，一些场景中的广告元素与电影本身的融合略显僵硬，这样的广告会遭受受众的反感，从而没有达到预期的效果。虽然国内几部非常叫座的电影，国际性大公司纷纷参与（参见表8-2、表8-3、表8-4），但国内的企业在这方面非常保守，还没意识到电影广告元素的商业价值与其利用方法方式。再而国内电影的整体行业前景并不容乐观，商业电影的运作营销水平还很落后，其电影制作水平与西方甚至韩国、日本都存在一定的差距。这在一定程度上削弱了广告主的热情，但无须质疑这种新的广告形式的前景是很乐观的。

表 8-2　　**2003 年电影广告元素利用情况**

NOKIA6108	《双雄》《黑客帝国》
爱立信	《将爱情进行到底》《古墓丽影》
MOTO	《无间道 3》《手机》
三星 V208	《黑客帝国 2》《黑客帝国 3》
熊猫	《地下铁》
迪比特	《魔幻厨房》
南方高科	《英雄》

表 8-3　　**2003 年贺岁片《手机》赞助商**

首席赞助商：MOTO	500 万人民币
独家赞助商：中国移动	300 万人民币
汽车独家赞助商：BMW	150 万人民币
手机无线合作伙伴：美通通信	100 万人民币

表 8-4　　**2004 年贺岁片《天下无贼》赞助商**

首席赞助商：中国移动	650 万人民币
手机独家赞助商：NOKIA	200 万人民币
影像设备独家赞助商：佳能	200 万人民币
汽车独家赞助商：BMW	200 万人民币
笔记本电脑独家赞助商：HP	200 万人民币
网络独家赞助商：淘宝网	200 万人民币
服装独家赞助商：白领服饰	200 万人民币
家具独家赞助商：曲美家具	200 万人民币
手机无线互连合作伙伴：美通无线	100 万人民币
荣誉赞助机构：长城润滑油	100 万人民币

（二）广告方式的体验化

2004年底，在“广州弈方”长达300米的商业长廊成为市民们体验电视文化的乐园：在中国首个“世界电视日”那天，APPLE及其合作伙伴已与弈方签订入驻意向协议。弈方的诞生将体验经济的崭新商业模式引入了中国，并带来了全新的消费模式——“体验+消费”模式。弈方提供了这样一个独具特色的集体验、展示、销售、服务于一体的平台，将冷漠的科技元素与E时代的个性消费激情相碰撞，融合出一个崭新的多媒体体验空间，使冰冷的科技元素和火热的个性消费得以神奇融合，创造出令人难以忘怀的消费体验。相比传统的营销模式，自然更能培养出忠诚的消费群体，因此也被业内专家称为“多媒体品牌有效的市场营销手段”。

作为全国首个以体验营销为主要销售手段的多媒体文化广场，弈方甫一推出即成为数码产品店大升级的驱动力。目前，弈方已引入诸多位列世界500强的龙头商家，各类超级品牌和产品互为亮点，优化资源整合，为多媒体商家搭建了一个“品牌联动”的大舞台。

2004年，国内饮料巨头健力宝一改传统的饮料广告中的明星代言人的传播模式，启用网络游戏高手进行促销宣传，与网络游戏商开发与茶饮料代表人物相关的网络游戏进行茶饮料的促销。应该说，这种游戏营销传播是网络时代伴随网络游戏的发展而形成的一种新兴的营销手段。中国移动的“动感地带”和中国电信的“互联星空”的推广，就是利用手机游戏将一系列产品与游戏相联系，充分展示了游戏营销的魅力。

游戏营销实际上是一种体验营销。体验是人的内心感受。人类文明出现以后，就产生了体验。但是，在漫长的历史过程中，体验都是只有文化意义，没有经济意义。只有当体验融入了经济活动当中，成为了经济效益的来源，体验被推到经济活动的重要位置，才有了体验经济。应该说体验经济是从服务经济当中发展出来的。但服务的质量要求提高到一定的层次，以消费者的体验作为服务质量的衡量标准的时候，提供的服务就成为了一种体验。体验经济是一种后现代主义的经济模式，娱乐、教育、逃避现实和审美构成了体验王国的四个组成部分。宽泛地说，游戏能够带给参与者这四种感官与内心的体验，人们在游戏中体验到了消遣、娱乐。现代网络游戏在一定程度上是技术进步的产物，需要游戏者在思考过程调动收集、整理、分析、计划、创新等高强度思维，无形中有助于思维的锻炼，这一点也得到不少研究者的验证；而且游戏，特别是高对抗性的竞技游戏，它通过快感来诱使游戏者对其所提供的思想的对象进行思考，从而获得更多的快感，这种再生产的快感大多体现为成就感而不是游戏中的原始快感，这也是竞技游戏的本质；快感的获得使受到社会等各方面的压力的现代人找到一种能有效缓解压力的方式，得到一种逃避现实的体验；而很多设计精良的游戏以其独特的创意和画面的精致给游戏者很好的审美体验。游戏正是因为带给游戏者完美的感官体验才如此风行。可见，与体验有着千丝万缕的联系正是游戏营销的一个显著特点，这一点为我们进行游戏营销提供了一个显而易见的突破点。

美国颇具影响力的未来学家费丝·波普康在其著作《爆米花报告》中描述了10种趋势的生活方式，其中有一种是“奇异冒险”，符合人们在情感上从日常生活中逃脱的需求，且这种需求目前有日益增加的趋势。渴望冒险的趋势是创造崭新的奇幻产品与服务，或是把奇幻的感觉加入目前产品服务的大好良机。而游戏营销正是抓住了这种生活方式的存在与特点，产品的特点迎合了人们追求“奇异冒险”的心理与趋向，给有这种心理的人提供了一个承载心理的载体，满足了他们追求这种生活方式的愿理和需求。有需求就会有市场。

一般来说，代言人是广告商在综合分析竞争环境、竞争对手以及消费者心理的基础上，结合自身产品特点，寻找一个产品的物化对象，它可以是一个实实在在的人物，也可以是一个虚拟的代言人，比方说卡通或漫画人物。在游戏营销中，寻找与产品或者游戏相贴切的代言人也是一种常用的谋略。网易为促销其开发的网络游戏《大话西游》邀请了周星驰和杨千桦作为代言人，考虑到的首先是周星驰的同名电影《大话西游》。从游戏的娱乐性和轻松风格来说，周星驰和杨千桦的大众形象都正是游戏《大话西游》所追求的效果。可以说两位代言人为游戏的成功立下了汗马功劳。

如今，消费的热点是最新、最棒的产品和品牌“体验”。即使是在一成不变的家用清洁品领域，生产商也正尽力使清洁的“体验”变得更加令人回味。而“体验经济”的出现，彻底昭示了一个后现代消费文化时代的来临。由于体验的个体性，大众消费已经不再占据主流，一元论的生产政策也逐步让位于多样化、非集中化的生产。不论是戴尔电脑还是海尔冰箱，都可以根据每一个客户的喜好而进行个性化加工。

【思考·练习】

1. 如何理解后现代消费的特征？
2. 后现代企业文化建设的新经济文化体系的特点是什么？
3. 如何理解后现代媒体环境当中的广告符号的虚拟性和真实性？
4. 后现代广告和传统现代广告的区别在哪里？
5. 联系实际，阐述隐性广告传播和广告传播的体验化方式的发展趋势。

参考文献

1. [美] L. G. 希夫曼，L. L. 卡纽克. 消费者行为学. 俞文钊，肖余春等译. 上海：华东师范大学出版社，2002
2. [美] 道格拉斯·凯尔纳. 媒体文化——介于现代与后现代之间的文化研究、认同性与政治. 丁宁译. 北京：商务印书馆，2004
3. [加] 文森特·莫斯可. 传播政治经济学. 胡正荣等译. 北京：华夏出版社，2000
4. [美] 迈克尔·W·阿普尔. 意识形态与课程. 黄忠敬译. 大海：华东师范大学出版社，2001
5. [美] 威廉·阿伦斯. 当代广告学. 丁俊杰等译. 北京：华夏出版社，2001
6. [美] 埃弗利特·E·丹尼斯，[美] 约翰·C·梅里尔. 媒介论争——19 个重大问题的正反方辩论. 王纬等译. 北京：北京广播学院出版社，2004
7. [美] 詹姆斯·B·特威切尔. 震撼世界的 20 例广告. 傅新营，蔚然译. 上海：上海人民美术出版社，2003
8. [德] 尤尔根·哈贝马斯. 认识和兴趣. 郭官义，李黎译. 上海：学林出版社，1999
9. [法] 涂尔干. 社会学研究方法论. 北京：华夏出版社，1988
10. [德] 马克斯·韦伯. 社会学的基本概念. 台北：远流图书公司，1993
11. [英] 布赖特·特纳. 社会理论指南〔第 2 版〕. 李康译. 上海：上海人民出版社，2003
12. [加] 马歇尔·麦克卢汉著. 埃里克·麦克卢汉，弗兰克·秦格龙编. 麦克卢汉精粹. 何道宽译. 南京：南京大学出版社，2000

13. [意] 葛兰西. 狱中笔记. 曹雷雨等译. 北京：中国社会科学出版社，2000
14. [美] 杰克逊·李尔斯. 丰裕的寓言：美国广告文化史. 任海龙译. 上海：上海人民出版社，2005
15. [美] 托马斯·英奇. 美国通俗文化简史. 施咸荣译. 桂林：漓江出版社，1998
16. [美] 朱丽安·西沃卡. 肥皂剧、性和香烟——美国广告 200 年经典范例. 周向民，田力男译. 北京：光明日报出版社，1999
17. [法] 马歇尔·麦克卢汉. 理解媒介. 北京：商务印书馆，2000
18. [德] 维尔纳·桑巴特. 奢侈与资本主义. 王燕平，侯小河译. 上海：上海人民出版社，2000
19. [美] 托马斯·库恩. 必要的张力. 纪树立等译. 福州：福建人民出版社，1981
20. [德] 马克斯·韦伯. 新教伦理与资本主义精神. 于晓，陈维纲等译. 北京：三联书店，1987
21. [德] 彼德·科斯洛夫斯基. 伦理经济学原理. 孙瑜译. 北京：中国社会科学出版社，1997
22. [法] 让·鲍德里亚. 消费社会. 刘成富，全志刚译. 南京：南京大学出版社，2000
23. [法] 埃米尔·迪尔凯姆. 社会学方法的规则. 胡伟译. 北京：华夏出版社，1999
24. [美] 苏特·杰哈利. 广告符码：消费社会中的政治经济学和拜物现象. 马姗姗译. 北京：中国人民大学出版社，2004
25. [法] 罗兰·巴特. 神话——大众文化诠释. 许蔷蔷等译. 上海：上海人民出版社，1989
26. [英] 戴维·巴勒特. 媒介社会学. 赵伯英译. 北京：社会科学文献出版社，1989
27. [美] 约翰·奥尼尔. 身体形态：现代社会的五种身体. 张旭春译. 沈阳：春风文艺出版社. 1999
28. [法] 让·鲍德里亚. 物体系. 林志明译. 上海：上海人民出版社，2001
29. [英] 汤林森著. 文化帝国主义. 冯建三译. 上海：上海人民出版社，1999
30. [英] 迈克·费瑟斯通. 消费文化与后现代主义. 刘精明译. 南京：译林出版社，2000
31. [美] 凯茨·大卫斯. 组织行为学. 北京：经济科学出版社，1989
32. [美] 丹尼斯·K·姆贝. 组织中的传播和权力：话语、意识形态和统治.

陈德民等译. 北京：中国社会科学出版社，2000
33. [英] 安东尼·吉登斯. 社会学. 赵旭东等校译. 北京：北京大学出版社，2003
34. [美] L. A. 科塞. 社会学导论. 天津：南开大学出版社，1990
35. [美] 戴维·波普诺：社会学. 第 10 版. 李强等译. 北京：中国人民大学出版社，1999
36. [法] 雅克·拉康. 拉康选集. 褚孝泉译. 上海：三联书店，2001
37. [英] 多米尼克·斯特里纳蒂著. 周宪，许钧编. 通俗文化理论导论. 阎嘉译. 北京：商务印书馆，2001. 200
38. [法] 让·克鲁德·考夫曼. 女人的身体，男人的目光. 谢强，马月译. 北京：社会科学文献出版社，2001
39. [美] 珍妮弗·克雷克. 时装的面貌. 舒允中译. 北京：中央编译出版社，2000
40. [美] 波利·扬-艾森卓. 性别与欲望. 杨广学译. 北京：中国社会科学出版社，2003
41. [英] 约翰·伯杰. 视觉艺术鉴赏. 戴行钺译. 北京：商务印书馆，1999
42. [美] 阿瑟·科尔曼，莉比·科尔曼. 父亲：神话与角色的变换. 刘文成，王军译. 北京：东方出版社，1998
43. [美] 乔纳森·H·特纳. 社会学理论的结构. 吴曲辉译. 杭州：浙江人民出版社，1987
44. [美] 凡勃伦. 有闲阶级论——关于制度的经济研究. 蔡受百译. 北京：商务印书馆，1997
45. [法] 塞奇·莫斯科维奇. 群氓的时代. 许列民等译. 南京：江苏人民出版社，2003
46. [美] 乔治·瑞泽尔. 后现代社会理论. 谢立中等译. 北京：华夏出版社，2003
47. [英] 尼克·史蒂文森. 认识媒介文化. 北京：商务印书馆，2000
48. [美] 约翰·费斯克. 理解大众文化. 北京：中央编译出版社，2001
49. [美] 丹·E·舒尔茨等. 广告运动策略新论. 北京：中国友谊出版公司，1991
50. [英] 多米尼克·斯特里纳蒂. 通俗文化理论导论. 阎嘉译. 北京：商务印书馆，2001
51. [美] 丹尼尔·贝尔. 资本主义文化矛盾. 赵一凡译. 北京：三联书店，1989

52. [美] 约翰·菲斯克. 解读大众文化. 杨全强译. 南京：南京大学出版社，2001
53. [英] 迈克·费瑟斯通. 消费文化与后现代主义. 刘精明译. 南京：译林出版社，2000
54. [美] 罗兰·罗伯森. 全球化——社会理论与全球化. 梁光严译. 上海：上海人民出版社，2000
55. [德] 霍克海默，阿多尔诺. 启蒙辩证法. 洪佩郁，蔺日峰译. 重庆：重庆出版社，1990
56. [英] 奥格威. 广告大师奥格威——未公诸于世的选集. 北京：三联书店，1996
57. [加] 文森特·莫斯可. 传播政治经济学. 胡正荣译. 北京：华夏出版社，2000
58. [美] 杰姆逊·弗雷德里克. 快感：文化与政治. 王逢振等译. 北京：中国社会科学出版社，2000
59. [法] 让·鲍德里亚. 完美的罪行. 王为民译. 北京：商务印书馆，2000
60. [美] 卡尔·博格斯. 政治的终结. 陈国刚译. 北京：社会科学文献出版社，2001
61. [德] 斯瓦尔德·斯宾格勒. 西方的没落. 刘世荣译. 北京：商务印书馆，1995
62. [美] R. E. 帕克等. 城市社会学. 宋俊岭等译. 北京：华夏出版社，1987
63. [英] 斯图尔特·霍尔·表征——文化表象与意指实践. 徐亮，陆兴华译. 北京：商务印书馆，2003
64. [美] 托马斯·英奇编. 美国通俗文化简史. 任越等译. 桂林：漓江出版社
65. [英] G·卡伦. 城市景观艺术. 刘杰、周湘津译. 天津：天津大学出版社，1992
66. [英] 安吉拉·默克罗比. 后现代主义与大众文化. 田晓菲译. 北京：中央编译出版社，2000
67. [美] 詹明信. 晚期资本主义的文化逻辑. 陈清侨译. 北京：三联书店，1997
68. [美] 凯文·林奇. 城市形态. 林庆怡等译. 北京：华夏出版社，2001
69. [英] K. J. 巴顿. 城市经济学：理论和政策. 北京：华夏出版社，1981
70. [美] 刘易斯·芒福德. 城市发展史——起源、演变和前景. 宋俊峻等译. 北京：中国建筑工业出版社，1989
71. [美] 威尔伯·施拉姆，威廉·波特. 李启等译. 传播学概论. 北京：新华

出版社，1984
72. ［日］小林太三郎. 新型广告. 北京：中国电影出版社，1996
73. ［美］詹姆斯·韦伯·扬. 广告传奇和创意妙招. 林以德译. 呼和浩特：内蒙古人民出版社，1998
74. ［美］爱德华·赫尔曼，罗伯特·麦克切斯尼. 全球媒体——全球资本主义的新传教士. 甄春亮等译. 天津：天津人民出版社，2001
75. ［英］约翰·汤姆林森. 全球化与文化. 郭英剑. 南京：南京大学出版社，2002
76. ［日］竹内郁朗. 大众传播社会学. 张国良译. 上海：复旦大学出版社，1989
77. ［美］威廉·哈森. 世界新闻多棱镜——变化中的国际传媒. 张苏译. 北京：新华出版社，2000
78. ［英］戴维·莫利，凯文·罗宾斯. 认同的空间. 司艳译. 南京：南京大学出版社，2001
79. ［美］罗宾·科恩，保罗·肯尼迪. 全球社会学. 文军译. 北京：社会科学文献出版社，2001
80. ［英］西莉亚·卢瑞. 消费文化. 张萍译. 南京：南京大学出版社，2003
81. ［德］彼得·科斯洛夫斯基. 后现代文化——技术发展的社会文化后果. 毛怡红译. 北京：中央编译出版社，1999
82. ［美］保罗·萨缪尔森，威廉·诺德豪斯. 宏观经济学. 第16版. 萧琛译. 北京：华夏出版社，1999
83. ［英］尼古拉斯·阿伯克龙比. 电视与社会. 张永喜等译. 南京：南京大学出版社，2001
84. ［美］丹·E·舒尔茨. 广告运动策略新论. 刘毅志译. 北京：中国友谊出版公司，1994
85. ［美］丹·E·舒尔茨. 整合营销传播. 呼和浩特：内蒙古人民出版社，1999
86. ［美］乔治·E·贝尔齐. 广告与促销：整合营销传播展望. 大连：东北财经大学出版社，2000
87. ［美］丹·E·舒尔茨. 全球整合营销传播. 北京：中国财政经济出版社，2004
88. ［美］乔治·瑞泽尔. 后现代社会理论. 谢立中等译. 北京：华夏出版社，2003
89. ［美］尼古拉斯·阿伯克龙比. 电视与社会. 张永喜等译. 南京：南京大学

出版社，2001
90. ［英］约翰·斯道雷．文化理论与通俗文化导论．杨竹山等译．南京：南京大学出版社，2001
91. ［美］让-马贺·杜瑞．颠覆广告．陈文玲，田若雯译．北京：中国财政经济出版社，2002
92. ［美］詹姆斯·韦伯·扬．广告传奇和创意妙招．林以德等译．呼和浩特：内蒙古人民出版社，1998
93. ［英］戴维·莫利，凯文·罗宾斯．认同的空间．司艳译．南京：南京大学出版社，2001
94. ［美］爱德华·赫尔曼，罗伯特·麦克切斯尼．全球媒体——全球资本主义的新传教士．甄春亮等译．天津：天津人民出版社，2001
95. ［美］L．G．希夫曼，L．L．卡纽克．消费者行为学．俞文钊，肖余春等译．上海：华东师范大学出版社，2002
96. ［日］星野克美著：符号社会的消费．黄恒正译．台北：远流出版社，1988
97. 张金海，姚曦．广告学教程．上海：上海人民出版社，2003
98. 张金海．20世纪广告传播理论研究．武汉：武汉大学出版社，2002
99. 何修猛．现代广告学．第2版．上海：复旦大学出版社，1998
100. 辞海．上海：上海辞书出版社，1980
101. 陈向明．质的研究方法与社会科学研究．北京：社会学科学出版社，2000
102. 郭庆光．传播学教程．北京：中国人民大学出版社，1999
103. 欧力同．哈贝马斯的“批判理论”．重庆：重庆出版社，1997
104. 杨伯溆．全球化：起源、发展和影响．北京：人民出版社，2002
105. 吴健安．市场营销学．合肥：安徽人民出版社，2004
106. 丁俊杰．现代广告通论．北京：中国物价出版社，1997
107. 丁俊杰．广告学导论．长沙：中南大学出版社，2003
108. 欧阳康．现代广告．北京：中国社会出版社，1996
109. 刘泓．消费、象征和权力——广告文化批判．福州：海峡文艺出版社，2002
110. 万俊人．道德之维——现代经济伦理导论．广州：广东人民出版社，2000
111. 汪和建．现代经济社会学．南京：南京大学出版社，1993
112. 王宁．消费社会学——一个分析的视角．北京：社会科学文献出版社，2001
113. 何佳讯．品牌形象策划．上海：复旦大学出版社，2000
114. 何佳讯．现代广告案例—理论与评析．上海：复旦大学出版社，1998

115. 周晓红. 现代社会心理学. 上海：上海人民出版社，1997
116. 陈家华，麦箴时. 中国儿童与广告. 北京：中国社会科学出版社，2004
117. 刘利群. 社会性别与媒介传播. 北京：中国传媒大学出版社，2004
118. 王政，杜芳琴. 社会性别研究选译. 北京：三联书店，1998
119. 苏红. 多重视角下的社会性别观. 上海：上海大学出版社，2004
120. 李银河. 中国婚姻家庭及其变迁. 哈尔滨：黑龙江人民出版社，1995
121. 王晓，付平. 欲望花窗：当代中国广告透视. 北京：中央编译出版社，2004.
122. 陆学艺. 当代中国社会阶层研究报告. 北京：社会科学文献出版社，2001
123. 邵培仁. 传播学导论. 杭州：浙江大学出版社，1997
124. 吴士余. 大众文化研究. 上海：三联书店，2001
125. 徐崇温. 法兰克福学派研究. 重庆：重庆出版社，1990
126. 扈海鹏. 解读大众文化. 上海：上海人民出版社，2003
127. 倪宁. 广告学教程. 北京：中国人民大学出版社，2001
128. 孟繁华. 众神狂欢. 北京：今日中国出版社，1997
129. 陈立旭. 都市文化与都市精神：中外城市文化比较. 广州：东南大学出版社，2002
130. 郑杭生. 社会学概论新修. 第3版. 北京：中国人民大学出版社，2003
131. 丁长有. 广告传播学. 北京：中国建筑工业出版社，1997
132. 裘正义. 世界宣传简史. 福州：福建人民出版社，1993
133. 卓南生. 中国近代报业发展史 1815-1874. 台北：正中书局，1998
134. 赵恩芳. 现代广告文化学. 济南：山东人民出版社，1998
135. 闵大洪. 数字传媒概要. 上海：复旦大学出版社，2003
136. 鲍宗豪. 数字化与人文精神. 上海：三联书店，2003
137. 范东生等. 传播学原理. 北京：北京出版社，1990
138. 刘博、杨旭庆. 中外经典广告成功策划. 贵阳：贵州人民出版社，2004
139. 张则忠、严谨. 中外商品趣闻. 北京：中国经济出版社，1993
140. 杨魁、董雅丽. 消费文化——从现代到后现代. 北京：中国社会科学出版社，2003
141. 张毅. 后现代企业与管理革命. 昆明：云南人民出版社，2004
142. 盛宁. 人文困惑与反思——西方后现代主义思潮批判. 北京：三联书店，1997
143. 陆扬、王毅. 大众文化与媒介. 上海：三联书店，2000
144. 周晓明. 人类交流与传播. 上海：上海文艺出版社，1990
145. 王晓明主编. 在新意识形态的笼罩下——90年代的文化和文学分析. 南

京：江苏人民出版社，2000
146. 陈立旭. 都市文化与都市精神：中外城市文化比较. 广州：东南大学出版社，2002
147. 罗刚. 文化研究读本. 北京：中国社会科学出版社，2002
148. 李希光. 媒体的力量. 广州：南方日报出版社，2002

后 记

我们选择“广告社会学”这一课题进行研究，不仅仅是出于广告理论系统建设的需要，也是为了对广告行业发展过程所暴露出的社会问题做进一步的思考。这就注定了我们的研究似乎在本书写作完成之时才刚刚开始。尽管我们知道这一起点和未来的道路都将充满艰辛和困难，但是我们愿意为此而努力。因为我们相信：广告的生命之树常青。

本书由刘泓负责制定研究计划和编写大纲，并承担了全书的统稿工作。各章节的撰写分工如下：导言（刘泓）、第一章（刘泓）、第二章（刘泓）、第三章（卢佳音、刘泓）、第四章（连水兴、刘泓）、第五章（连水兴、刘泓）、第六章（林清华、刘泓）、第七章（郭健、刘泓）、第八章（刘泓）。林姗、曾舒予参与了书稿注释和参考文献的整理工作。福建师范大学传播学院院长、博士生导师颜纯钧教授认真细致地审读了本书的大纲和部分章节内容，提出了宝贵的修改意见。

本书能够做为“高等学校广告学系列教材”之一，要感谢本系列教材的主编张金海教授、黄升民教授。他们的鼓励也使得我们对这一课题的进一步研究有了信心。

本书的编写还得到了“福建师范大学教材建设基金”的大力支持，让我们有更加愉悦的心情进行这一课题的研究。

在研究和写作过程中，我们参阅了一些著作与文章，在此向为我们提供了理论资源和广告案例的编著者表示真诚的感谢。

最后还要感谢武汉大学出版社的任翔、高璐和宋玲玲三位编辑，是他们辛苦的工作才使得本书得以及时、顺利地出版。

刘 泓

于福建师范大学传播学院

2006年5月